エトルリア学
ETRUSCOLOGIA

マッシモ・パロッティーノ著
Massimo Pallottino
小川　熙訳

同成社

ETRUSCOLOGIA, 7th edition by M. Pallottino
Copyright ©1984 Ulrico Hoepli Editore S.p.A., Milano
su licenza di Ulrico Hoepli Editore S.p.A., Milano
Japanese translation rights arranged
with Ulrico Hoepli Editore S.p.A., Milano, Italy
through Tuttle-Mori Agency, Inc., Tokyo

第7版の序文

　本書第7版は、イタリアの内外でつねに好評をもって迎えられ、この主題の「定本としての古典」とまで判定されるに至った一冊の書を、内容・構成において大幅に修正したものである。近年この分野の発見が相次ぎ、研究が進歩するとともに、短い時間で個別の情報のみならず少なくとも部分的には本書の発想そのものを修正させることになったのだが、高い評価を受けた初版における問題提起に限界があったとしても、責任は著者に帰するものではないだろう。

　『エトルリア学』の初版（1942）から第6版（1968）までの四半世紀に、その内容は新しいデータと参考文献によって著しく拡充されたが、全体の構成を根本的に変更することにはならなかった。しかし第6版以後の数年間に、エトルリア文明に関する知識と批評は前例のないほどの驚くべき速さで発展した。そこで1973年の再版、および1975年の英語版（David Ridgway）において、新しい研究成果を付記することに努めたが、当然のことながら最新の事実を扱うまでに至らなかった。そうしたわけでもはや引き延ばすことのできない全体的見直しの必要が生じたのであり、それなしでは本書は図書館の「古典」の棚に置かれることはなかっただろうし、現在の科学と文化の実用性から完全に見放されていたに違いない。

　確かにこの作業に立ち向かうには非常な勇気が必要だった（躊躇する著者を決意させたのは信頼する友人でもある版元の鼓舞であった）。問題だったのは、最近年の考古学的調査の結果とその解釈によって生まれた知見、エトルリア世界という特化された環境のみならずイタリア、あるいはより広範に地中海全般に関わる現象についての新しい仮説や見通しの驚異的な堆積を集め、それらについて熟考し、活用することであった。そして本書のすべての部分において最新の研究の水準に適合させ、同一の意図のもとに作品全体を活性化させることであった。

　エトルリア文明に関する知識と問題点の全体像を、組織的に明快に一般大衆

に提供するという当初の意図は、決して断念するものではなかった。しかし本書はこの主題に多かれ少なかれ直接に関心をもつ研究者にとってもまた、科学的議論に対する貢献とエトルリア学の文献としての存在意義をもった一つの指針の役割を果たすことになった。この研究分野において、調査の進展、種々の知見の比較、大学の授業科目としての採用、さまざまな出版などによって関心が高まるにつれ、筆者においても本書の批評的内容や、あえていえば啓蒙的方向性をさらに価値づける義務感から逃れることはできなかった。

かつまた、まさに最新の考古学的発見の結果により、エトルリア人の起源、歴史、制度、経済、宗教、美術、および先史文化、オリエント、ギリシア、イタリキ人、ローマとかれらとの関係などについての多くの面での問題性が増大することになった。新しい地平、より奥深い舞台裏が開かれたことにより、すでに理解されたと信じられていた事柄の意味に異なる光が与えられ、背後のニュアンスが増大し、説得力が場合によって弱まったり強まったりした。そしてその他の予想外の現実が垣間見えることになる。とりわけいまだ未知ではあるが将来明らかにされるべき事実、したがって現在のわれわれが再構築する構図は暫定的で弱体といわざるを得ない事柄が何であるかを予告しているのである。

今日われわれの前にある古代エトルリアのイメージは、数十年前のものとは明らかに異なっている。知識の前提の多様性や、歴史認識の一般的発展との微妙な関係において特に変わったのは、古代文明世界の発展の枠組みにおけるエトルリアの経験の意義と規模について、時間の経過に伴って時々刻々発表されて現在に至るエトルリアに関する総体的判断である。こうした省察の重要性が示唆するところにより、新版の序章はこれまでの「エトルリア学の足取り」に代わって、エトルリア人の世界に関する古代から現代までの知識の集大成という形をとることになった。

最近の傾向という点では、導入部のみならず全体の展開に反映されている。エトルリア人の謎の伝説を膨らませてきた孤立、「特異性」という慣習的な暗黙の了解や、主として骨董的・断片的・皮相的な認識から脱して歴史的文脈における明確な用語としてエトルリアを位置づけることは、現代批評の主要な課題であり、それはすでに始まってはいるがますます精力的な意志を必要とする。

こうした要請に応えるべく、エトルリアの起源からローマに組み込まれるまでの正真正銘の歴史を輪郭づける意図をもって本書の最初の部分を根本的に修正した。しかし歴史的パースペクティヴをもった追究は、エトルリア文明の地形的考察やさまざまな面に関する論述においても取り入れられた。これらの中で、領土、経済、社会の問題と、現在研究者たちの関心が集中していると思われるそれらの相関関係の点に特別の注意が向けられた。

本書の当初の計画は、言語を論じた最終部分の問題提起・内容に関しても何ら変更はない。全体のバランスからしてこのテーマに費やしたページが多すぎるという判断もあり得るだろう。しかし、エトルリア語の問題はエトルリア学研究者にとって難事の象徴のような中心的課題であり、依然として一般の間に存在する好奇の的であることを念頭に置く必要がある。要点を正しく説明するためにはこれ以上簡略にはできなかったであろう。かつまた、エトルリア語の碑文が新しく続々と発見されることといい、研究法が進歩し、多くの学説が提出されることといい、近年の進歩はきわめて速く、奥深く、あえていえば革命的であったことも特筆されるだろう。このことによって本書の言語に関する部分の大幅な修正が余儀なくされた。

こうした修正・拡充にもかかわらず、本書は一つの巨大な概論、あるいは手引書としての完璧な情報という形になり得なかった。つまり初版時と同様に、一つの限界内での総まとめに留まったのである。すなわち、新しい資料と問題の発展があまりも膨大で難問であるだけに、もれ落ちることなく主要な要素をとり扱うことが筆者に課せられ、1983年までに修整された最新の科学的研究成果に光を当て、個人的であるとはいえ読者側の反響を決して無視することのないような総括的な解釈・評価をそれらの要素について提出する必要があった。

修整原稿を印刷所に渡し、これが科学と文化に少しでも貢献できることを信じながら、きわめて魅力的な研究材料と多くの省察の刺激を提供してくれた人々に、筆者は謝意を表したい。具体的には、編集を完成させ、出版の手助けをしてくれた人たち、特に Mauro Cristofani、Gigliola Caporali Bonucci、Filippo Delpino、Adriana Emiliozzi Morandi、Giuliana Nardi Brunetti、Maristella Pandolfini Angeletti、Paola Baglione の諸氏、そしていうまでもなく、本書の初版から親愛を込めて支援を頂いたオエプリ（Hoepli）出版社の方々である。

目　次

第 7 版の序文　i
エトルリア世界の知識への序論　1

第 1 章　イタリアと地中海の歴史におけるエトルリア人 ………… 27
　Ⅰ　イタリアの曙　28
　Ⅱ　エトルリアの起源　69
　Ⅲ　アルカイックの開花　90
　Ⅳ　イタリキ世界の中のエトルリア　148

第 2 章　エトルリア文化 ……………………………………………… 199
　Ⅴ　エトルリアの都市と墓地　200
　Ⅵ　政治的・社会的制度　226
　Ⅶ　宗教　242
　Ⅷ　文学・美術　260
　Ⅸ　習俗と日常生活　282

第 3 章　言語の問題 …………………………………………………… 301
　Ⅹ　問題の設定　302
　Ⅺ　エトルリア語の文書とその解釈　314
　Ⅻ　言語学的知識　335

訳者あとがき　377

凡　例

1. エトルリアおよび古代イタリアに関連する固有名詞（特に地名）については、原則としてラテン語による表記が用いられるが、その遺跡の場所が現代も都市として存続する場合には、現代イタリア語での表記を並行して採用した（例：古代名カエレ Caere ＝現代名チェルヴェーテリ Cerveteri）。ただしその区別は慣用的である。
2. ラテン語の片仮名表記では、読みやすさを優先して、長音、短音の区別を省略した。
3. 一般的でない片仮名表記の地名・人名については、初出のみ原語を付記した。
4. 古代史においては一般に紀元前の特定の主題を対象として年代を表す場合に「前」が省略されるが、本書では誤解を避けるためにあえて「前」と「後」を明記した。
5. ＊は原注（ただし一部を割愛しているので原書の番号とは異なる）。＊＊は訳注。
6. 原注の大部分は参考資料としての専門的な論文の引用であり、日本語版での必要性を考慮して大幅に割愛した。
7. 〈　〉は造形芸術の作品名（通例の呼称）を表す。

エトルリア世界の知識への序論

予備的考察

　古代史という重大な問題の中で、過去においても現在においてもエトルリア文明は格別の重要性をもち続けている。それはこの文明の創造性、この民族の領土的拡張や存続の長さ、遺物や記録資料の豊富さ、近東、ギリシア・ローマの文明に比較することさえできないほどの人類の進歩をもたらした遺産のためというのではなく、古代以来、そして近代にはより一層のこと、その特別な諸要素が知識人たちに強い刺激を与え、かれらがその魅力を浮き彫りにして大衆にまで広めることになった問題性のゆえなのである。いずれにせよ、アルカイック時代の地中海の中心部におけるエトルリアの経済的・政治的・文化的な重要な役割を考え、地中海地域と中央ヨーロッパの文明の橋渡しという意味のみならず、古代イタリア半島の種々の民族、ことにローマ文化に及ぼした影響の大きさを考慮するなら、エトルリアに対するこうした歴史学の関心が不当ということはできない。

　エトルリア世界の重要性は、18世紀の教育においては軽々しく過小評価されたり、時には地方的で平凡なヘレニズムの模倣的現象という見方から低次元のものとみなされたりしたことは事実であり、オリジナルの文献が存在していたにもかかわらず、帝政ローマ期の初め頃からエトルリア語の使用が完全に消滅したために直接資料を欠き、不幸なことには、後述するように、われわれが頼りにできる残存するギリシア・ローマの文人による間接資料もきわめて少ないため、歴史的事実の意義や周辺の状況を十全に評価する可能性が奪われている。しかしその代わりに、膨大な考古学的遺物が存在し、しかも絶え間なく新発見がもたらされ、文献資料との比較・関連においてそれらが研究されることによって、古代エトルリア人[**1]の物質的・精神的な文明やそのある程度の時間的発展に関する知識の広いパースペクティヴが開かれることになった。

　古典時代の著述家による情報に関していえば、ヘロドトスに始まるギリシア

2 エトルリア世界の知識への序論

文学に現れるほぼ同時代の出来事についての散発的・断片的な言及と、一部はラテン語による分析研究（とりわけエトルリアとローマの関係について）と、他方ではポリビウス、ワロ、キケロ、ディオドロス・シクルス、ウェルギリウス、ティトゥス・リウィウス、ハリカリナソスのディオニシウス、ストラボン、セネカ、プリニウス（大）、タキトゥス、プルタルコスや、その他大勢の歴史家、詩人、学者たちの残存する作品の中で取り上げられたギリシア史に由来するヘレニズム=ローマ時代の回顧的な知見について語ることが可能である。しかし残念ながら、エトルリア人を特定的に対象としたモノグラフは現存せず、アウグストゥスの甥たちの家庭教師であった文法家ウェリウス・フラックスの『エトルリア史』（*Libri rerum Etruscarum*）や、学識あるクラウディウス帝の20巻に及ぶギリシア語による『エトルリア人』（*Tyrrhniká*）の標題が知られているのみである。しかし、もしこれらの文書の一部でも伝承していれば、エトルリア学の基本的状況や研究史全体が徹底的に違っていただろうということはいうまでもない。とはいえ実際は、特にその伝統が部分的にはローマの信仰形態に生き続けているきわめて特異なエトルリアの宗教の分野に関して非常な関心をもって古代人が書き残したテーマの意義の偶然的な再発見といったことに満足するしかない。種々の点において、多少とも信頼性があり重要なデータが、ローマ時代後期、特にウェルギリウスの作品の注釈を行ったセルウィウスや、キリスト教徒やビザンティンの著述家の記述からともかくも得られるだろう。[*1]

第二の資料として碑文の分野がある。これは考古学的に由来が明らかであり、遺物の特徴や発掘の状況に結びつき、表記された記録の内容が、ある意味ではオリジナルなエトルリア語文字記録の消失を補うことになる。碑文に加え、エジプトで発見された〈ザグレブのミイラ〉[**2]の麻布の手書きの文章は、唯一で例外的な「書籍」的文献資料である。エトルリア人がかれらの言語で書き残したこれらの記述は、量的にも質的にも限られているとはいえ、古代エトルリアの宗教・政治制度・社会組織・日常生活の種々の様相を、部分的ではあるが直接的な正確さをもってわれわれに知らせてくれる。さらにフェニキア、ギリシア、ウンブリア、ラティウムの言語で書かれた碑文の一部からも、いくばくかの有用な情報を得ることができる。[*2]

加えてエトルリア人の居住していた領域に遺されていたり、あるいは現在発

掘中の膨大で変化に富む遺物が存在する。すなわち、それらは明らかに「無言」ではあるが、地理的・時間的・機能的な分類が可能であり、また伝承的なデータや複数の碑文の共通の意味が偶然に解釈できたり、文化史的な深い地層を構成する総体的な情報を秘めているということによって「雄弁」な考古学的資料なのである。具体的には、集落の分布、都市・聖域・墓地の発達、建築とその装飾、出土品、とりわけ信仰や風俗に関する重要な証言が得られる造形美術（彫刻、テラコッタ、絵画、デザイン、金属工芸、ジュエリー）などについて発信しようとしているのである。まさに文献資料が少ないという理由によって、エトルリア文明の再構築のためには遺物の研究が圧倒的な重要性を占め、エトルリア学はある意味では考古学研究の形態をとり、先史時代の研究方法に対応するように見えるのは明らかである。このことは、のちにより詳しく再考することになるが、われわれの認識に限界があるということを意味するとはいえ、完全に歴史的段階にあった一つの文明の評価を絶対的に無にすることではない。[*3]

　われわれが取り組もうとしている問題は、技術的・地理的・時間的・文化的の要素についてはすでに十分に明らかにされている現実である。古代以来、エトルリア人についてはその名称で表された明確な統一的概念が存在していた。すなわち、ギリシア人はかれらをティレーニ Tirreni と呼び、ローマ人はトゥスキ Tusci あるいはエトルスキ Etrusci と称したが、これらは、接尾辞に多少の違いがあるにせよ、まずまちがいなく Turs- という語幹に由来する。またハリカルナッソスのディオニシウスによれば (I-30)、かれらの土着の名はラセンナ Rasenna だったと思われ、確かにエトルリア語の文の中に Rasna- の形が現れるのが見出される。[*4] そしてこれらの言葉から、トゥスキア Tuscia、あるいはもっと頻度の高いエトルリア Etruria という地名が生まれるのである。しかし、ギリシア人が伝統的に用いたティレーニという呼称は、歴史時代のエトルリア人を特定して表すだけでなく、英雄時代の伝説に語られるかれらの祖先の船乗りたちや、時にはイタリアから出てエーゲ海地域に定住した集団を指すこともあったことを念頭に置く必要がある。[*5] さらに、ティレーニ人の住む地域であるティレニアという語は、エトルリアだけではなく、より広義にイタリア、あるいは西方世界全体を意味することもできた。エトルリアという地名は、アウグストゥス帝が行ったイタリア半島の行政区分の第七管区に継承されるが、

実際にはティレニア海、テーヴェレ川、現在のトスカーナとエミーリア州を隔てるアッペンニーニ（Appennini、以下「アペニン」と表記）山脈で囲まれる地域を指し、それはエトルリア人が起源からローマに吸収されるまで、一貫して継続する主要な根拠を築いて生活を営んできた場所である。ただしエトルリア人の存在は、一時的にはその範囲を越えて特にカンパニア地方や北東イタリアなどでも記録されることもあった。ローマ時代後期や中世においてはトゥスキアという呼称が優先する（最後に、古代エトルリアの北部に現在のトスカーナという名が与えられることになる）。

エトルリア人という呼称のもとに、紀元前1000年期の間、イタリアの中核部に一つの強力な民族的共同体――近代の表現を用いれば「国家」（ネイション）、古代の文人の用語では ethnos、gens、nomen などが近い――が確かに存在したといえる。そのアイデンティティは主として、ラティウム人、ウンブリ人[*3]、ウェネティ人[*4]などの他の周辺の民族や、ギリシア人、フェニキア人のように同一の歴史的次元にあった民族のアイデンティティとは異なる、言語の統一体があったという点に認められる。さらにその特質を決定するものとして、宗教、習俗と、エトルリアに限ったことではないにせよ、行政的・社会的組織、技術、芸術的表現の特有の伝統などがあげられる。こうした特殊性はすでに古代から注目されていた。たとえばハリカルナッソスのディオニシウスの「（ティレーニ人は）言語においても、生活習慣においても他のいかなる人種にも似ていないことが認められる」(I-30) という有名な言及が思い出される。しかし今日では、長期にわたる発見と考察の結果、そうした古びた記憶が具体的ではっきりと輪郭づけられたイメージに変えられ、これらの特質がきわめて明確なものとなっている。かつまたエトルリア世界のアイデンティティは、民族的な個別性という点に認められるのみならず、一方では、エトルリアについてはアルカイック期および古典時代のギリシアのような一つの国民国家という概念を欠いて多くの都市の集合体の形をとり、それぞれの都市に際立った政治的・文化的ヴァリエーションが存在し、類別化され、より豊かで陰影をもつものとなり、他方では、前史時代の形成期、海上および陸地における拡張の段階からローマの征服による衰退に至るまでの複雑な発展のストーリーがあり、この二つの要素によって類別化され、より豊かで陰影をもつものとなるのである。加えて、東方

世界、ギリシア、イタリア半島の残りの部分、アルプス北側のヨーロッパの一部との関係において、独立か相互依存か、あるいは部分的な影響を受けるかといったさまざまな様態が考えられ、そうした点においても独自性が明らかである。

　要するに、エトルリア人について知るということは、再構築が可能な範囲内において、古代世界の歴史的経験の枠組みの中にあるかれらの文明を知り、その価値を解釈することにほかならない。エトルリア学とはこの意味における学問と理解したいと思う。以下の記述においては、そうした学術分野の進歩の基本的な歩みが示され、ことにしばしば正確な情報をもたない一般大衆を啓蒙するために、いわゆる通説に対する正しい説明が与えられるだろう。そして最後に、最新の調査の展望と解釈の方向性が提出されるだろう。

エトルリア研究の歩み

　近代におけるエトルリア世界の発見は、古代研究の歴史の最も興味ある一章となるものである。その経緯については何度となく話題となってきたが、しばしば考古学的発見、言語の研究、美術の理論、民族の起源のような最も激しい論争の的となった問題がセンセーショナルな挿話に焦点を当てて個別に皮相的に扱われてきた。異なる分野における進展の相互の関係におけるのみならず、古典研究の全般的進歩、歴史的思考の発展、近代的な方向性に向けられたさまざまな連続的局面においてもまた、科学的検証のプロセスの一貫したヴィジョンが一様に欠落していた。エトルリアの歴史の正確な論点は、15世紀末から19世紀前半にかけての人文主義、トスカーナのルネサンス、啓蒙主義、ロマン主義の流れの中で各時代の理論と哲学の枠内で議論され、準備段階から始まってなんらかの科学的な成果に達したわけであるが、ようやく近年に至り、そうした関心が急速に正しく批評的な方向に向かって成熟し、集中するようになったということができる。

　以下に時代順に述べるのは、古代エトルリアに関する知識とその解釈への漸進的なアプローチの行程を示す出来事、人物、業績に関する主要なデータである。その内容は以下のように容易に分類することができるだろう。1）18世紀までの知識集積の「前史」、2）19世紀全体にわたる広範な科学的態度の獲得の

時期、3）20 世紀におけるより学際的な考究とより完成した歴史批評的な学問分野の成立。

　古代トゥスキ人の記憶は中世後期のトスカーナの種々の文献や人文主義文学に蘇るのだが、ルネサンス文化において、古典文化の中で明らかに識別できる現象としてのエトルリア世界の証言に最初に邂逅することになる引き金は、古代の遺跡や遺品の発見に対する関心の目覚めであった。古代墳墓や碑文の散発的な発見が人々の好奇心をそそり、15 世紀末の数十年から 16 世紀初頭にかけて、アンニオ・ダ・ヴィテルボ Annio da Viterbo や、シエーナのシジズモンド・ティツィオ Sigismondo Tizio といった知識人たちの幻想に満ちた文学を生み出す栄養となった。アルベルティやジョルジョ・ヴァザーリによって、エトルリアの建築と美術の研究が緒についた。その刺激の一つとして重要なのは 16 世紀半ばにおける〈アレッツォのキマイラ〉の発見であった。16 世紀にはエトルリアに対する関心の対象は、教皇領のトゥスキアからトスカーナに場所を移す。そこは文化的関心のみならず、メディチ家の政策についても好適な地であり、17 世紀には発掘調査（ヴォルテッラ、コルトーナなど）がいよいよ盛んになり、出土品の研究は「エトルスケリーア」（エトルリア・マニア）という言葉を生み出した。

　地域の知識人たちの郷土愛がトスカーナの古代の栄光を過大評価させることになり、それによってエトルリアの遺物の知識を広めるのに貢献したが、古代世界の他の民族の中でエトルリア人を特別に、しばしば誇張して称揚する傾向を生み出すことにもなった。16 世紀がローマの再発見の時代であり、19 世紀はギリシアの発見の時代となるように、18 世紀は疑いもなくエトルリア発見の世紀とみなすことができよう。エトルリアに関連する古代人が残した情報は、精力的な労作であるとはいえ信憑性に欠ける空想の産物のような要素が混然と詰め込まれているのだが、それらを総合的に検討しようとする最初の試みは、スコットランド人デンプスター T. Dempster の著した『王たちのエトルリア』（1616-25）であるといえよう。しかしこの書が出版され評価を得たのはようやく 18 世紀前半になってからであり、ほとんどその内容を踏襲して、以下の著作が相次いで生まれる。

　ブオナローティ F. Buonarroti『王たちのエトルリア』の注解（1723-24）

パッセリ G. B. Passeri『デンプスターについての補遺』(1767)

同『エトルリアの陶器画』(1767-75)

マッフェイ S. Maffei『原イタリア人に関する考察』(1727)

同『文献的考察』I-VI (1737-40)

ゴーリ A. F. Gori『エトルリア博物館』(1737-43)

同『グアルナッチ博物館の文化財』(1744)

同『コルトーナ博物館』(1750)

グアルナッチ M. Guarnacci『イタリア人の起源』(1767-72)

1726年に「コルトーナ・エトルリア・アカデミー」が創設され、この分野の活動の中心的存在となり、グアルナッチの『論考』(1738-95)の各巻にその成果が現れている。

イタリア外ではフランスの偉大な古代研究者ド・ケリュス A. C. Ph. de Caylus の『エジプト、エトルリア、ローマ、ガリアの古美術収集』(1752-62) をあげておく。しばしば恣意的・空想的な推論や結論の価値、あるいは批評的方法の形式より以上に、18世紀の「エトルスケリーア」は、考古学資料や遺物の探索・収集に対する情熱と勤勉さという点において肯定的に評価されるだろう。それらは時には、文字資料が失われている場合など、一定の価値を有するからである。

18世紀のエトルリア研究の頂点をなすのはランツィ L. Lanzi が著した『エトルリア語およびイタリア各地の言語に関する考察』(初版1789、再版1824) である。これは碑文と言語に関するのみならず、歴史学、考古学、美術史の分野にもわたるエトルリアについての認識のささやかな「概説」というべきものであった。ランツィは言語学=碑文学の分野で多くの実証を行い、「エトルスケリーア」の我田引水に反発し、たとえばそれまでエトルリア製といわれてきた彩画陶器をギリシア製であると正当に判定したほか、より広くエトルリア美術にギリシアの強力な影響があったという認識のもとで、より視野の広い確実な方法による研究態勢がとられる新しい時代の先駆けをなすものだった。エトルリア美術についてようやく最初の正当な時代区分が始まろうとしていたといえる。その後19世紀のヴェルミリオーリ G. B. Vermiglioli、オリオーリ F. Orioli、ミリアリーニ M. A. Migliarini、ファブレッティ A. Fabretti などの一連のイ

タリア人碑文学者がランツィの系列に続く。要するにランツィは多くの点において、とりわけ多様な関心の対象を一極に集約させたという意味において、近代エトルリア学の真の創始者であったと確言することができる。

　一方、エトルリアに関してのみならず、いわゆる反ローマ主義的な背景による古代イタリアの諸民族を称揚するという方向性をもった 18 世紀的な思潮（マッフェイ、グアルナッチ、ラーミ G. Lami、デニーナ Denina ほか）の延長が、19 世紀前半の考古学者、歴史家、エッセイストたちの作品に明らかに認められることを念頭に置く必要があり、すなわち啓蒙主義からロマン主義の精神に移行し、ついにはリソルジメント（イタリア国家統一運動）の国家主義的思潮の血脈となったのである。この思想的傾向の最も顕著な現れは、ミカーリ G. Micali の作品（『ローマ人支配以前のイタリア』1810、フィレンツェ、『古代イタリア諸民族の歴史』1832、『古代イタリア諸民族の歴史を語る知られざる遺跡』1844）によって代表され、それは決して過小評価されるべきではなく、考察の鋭さという点において歴史科学の新しい地平を開く可能性を示している。いまや歴史学の際立って急速な進歩の影響が広く行き渡りはじめている。

　新しい世紀は事実、タルクイニア Tarquinia、ヴルチ Vulci、チェルヴェテリ Cerveteri、ペルージャ Perugia、キュージ Chiusi その他、とりわけ南エトルリア各地のネクロポリスの精力的な発掘調査と決定的な価値をもつ発見によって幕が開かれる。コルトーナやヴォルテッラにおける基本段階としての個人収集が 18 世紀の活動を特徴づけるとするなら、いまやフィレンツェの大公博物館（後に現フィレンツェ国立考古学博物館の中核部分となる）、ローマのグレゴリアーノ・エトルリア博物館（現在ヴァティカン博物館に含まれる）、ペルージャのエトルリア・ローマ博物館におけるエトルリア資料の収集が中心となり、一方、カニーノ公ルチャーノ・ボナパルテや、銀行家カンパーナの収集品はイタリア国外に流出し、パリのルーヴル博物館やロンドンの大英博物館など、その他多くのヨーロッパの博物館のエトルリア美術収集を構成することになった。ついで、18 世紀末から 19 世紀初頭にかけて、ヴィンケルマン J. J. Winckelmann が先頭に立ち、ヴィスコンティ E. Q. Visconti、フェーア C. Fea、カニーナ L. Canina、ゲルハルト E. Gerhard、ミューラー K. O. Müller、ニーブール B. C. Niebuhr らが継承したギリシアのオリジナルの文物との直接の接触に

よる刺激から生まれた古代文明研究全般の革新的進歩が決定的なものとなっており、しばしばかれらの個人的な関心からエトルリア世界とも直接対面することになる。同じ頃、シュレーゲル F. Schlegel やボップ F. Bopp によって、言語学の生半可な前近代的な知識から抜け出して比較言語学が起こり、インドヨーロッパ語の体系の定義が確立した。

　こうした一連の動きにより、学問全般の進歩の状況の中で、エトルリア文明の知識は 18 世紀的な段階から歴史学・考古学・文献学的方法に基づく 19 世紀の局面に決定的に移行した。進歩を示す一つの重要な出来事は、1829 年、前述のゲルハルトをはじめとする研究者のグループや、「極北派」（[英] Hyperborean Company）といわれる北欧のアマチュア・グループが中心となってローマに「考古学通信協会」（Instituto di Corrispondenza Archeologica）を設立したことである。数十年にわたってエトルリアに関する研究や発見の情報が、『紀要』（Bullettino）『年報』（Annali）などで発表された。また、前述のカニーナ（『沿岸部エトルリア』1846-51）、ゲル W. Gell（『ローマとその周辺の地形学』1846）、デニス G. Dennis（『エトルリアの都市と墳墓』1848）、ノエル・デ・ヴェルジェ A. Noël des Vergers（『エトルリアとエトルリア人』1862-64）などによって、地形学や遺物研究の態勢が確立された。特にデニスの著作は文化史全体の中に位置づけられたエトルリアの認識を普及させたことで有名である。

　やがてこれまで発見された遺物、美術品、工芸などの収集品を整理した目録や、グレゴリアーノ・エトルリア博物館のカタログ（初版 1842）などの出版が相次ぐ。そして出土品を類別して特化した目録も発表されはじめる。すなわち、陶器類の「全集」とでもいうべきゲルハルト『陶器選集』（1840-58）、鏡についてはゲルハルト『エトルリアの鏡』（1839-67）およびケルテ G. Körte の著作（1897）、骨壺についてはブルン H. Brunn とケルテによる『エトルリアの骨壺の浮彫』（1870-1916）が出る。遺跡における調査は、強奪とまでいわないとしても、依然として品物を選別する作業とみなされていたのだが（ヴルチのネクロポリスの大掛かりな盗掘のケース）、それが研究者の監督のもとでの徹底的に学術的基準による傾向が現れ、そうした綿密な発掘の報告も発表された。造形芸術に対する関心は、18 世紀の知識人になじみの深い神話の関係に向けられており、主として主題の研究や、形象の由来・比較、すなわち図像学の枠に

留まっていた。ギリシア美術と比較することによって、エトルリア美術は大部分模倣作とみなされて否定的に判断されることになる。19世紀末にようやく現れたマルタ J. Martha の『エトルリア美術』（*L'art étrusque*, 1889）において、古代エトルリア人の美術に関する総合的判断の最初の試みが明確な方法によって理論づけられることになる。

　この時代は特に、碑文研究の分野で実りが多い。すでに述べたランツィの追随者として、イタリア人研究者の活動の頂点をなすのは、ファブレッティの用語解説付『古代イタリアの碑文全集』（*Corpus Inscriptionum Italicarum*）〔*C. I. I.*〕（1867）の刊行であり、これに付随してガムッリーニ F. Gamurrini の編集による3冊の補遺と、『付録』（1880）が出される。エトルリア語研究の批評的方向性が確立したのは19世紀の最後の30年間である。それらの中ではコルセン W. Corssen、デーケ W. Deecke、パウリ C. Pauli、ブッゲ S. Bugge、ヘルビヒ G. Herbig、ラッテス E. Lattes などがいる。最大の問題はエトルリア語の解釈法と、インドヨーロッパ語属に含まれるか否かということであった。そして同時に、エトルリア人の起源の問題が浮上した。それは古代の文献や言語的な推論に基づくだけではなく、エトルリアおよびエミーリアの文明の初期の段階に関する新発見（1856年にボローニャ近郊で火葬の墳墓が発見された）や、イタリア先史時代全般に関する知識の進歩と関連するものである。これらの問題については、ヘルビヒ W. Helbig、ウンゼット I. Undset、ピゴリーニ L. Pigorini、ブリツィオ E. Brizio、ダーン F. v. Duhn などが貢献する。最後に、主としてエトルリア世界におけるギリシア=ローマの伝統に関するデータの収集と彫琢に基づく総合的理解の枠組みにおいて基本的な重要性をもち、いまも有効性を保つ一つの作業を忘れるわけにいかない。すなわちミューラーの『エトルリア人』（1828）であり、1877年にデーケによって言語学と考古学に関する修正を加えて再刊された。

　エトルリア研究のより進んだ第三期は、19世紀の最後の数十年から、特にイタリア統一後に公的な責任ある機関が介入して行われた組織的・計画的な考古学調査が強化されたことである。タルクイニア、ヴェトゥローニア Vetulonia、ナルチェ Narce、ボローニャのネクロポリスが発掘され、エトルリアの最も古い局面、すなわちヴィッラノーヴァ文化[**6]に関する知識が豊富になり、確実なも

のとなる。ヴィッラノーヴァ文化はいまやエミーリア州を越えてティレニア海沿岸のエトルリアの領域にまで拡大し、東方化される。またマルツァボット Marzabotto の計画された住居址が発見され、このほかファレリイ Falerii、オルヴィエート Orvieto の神殿跡が発掘されて建築の装飾部品が出土する。20世紀に入ると、カエレ Caere、ヴェイオ Veio、タルクイニア、ポプローニア Populonia、ロゼッレ Roselle などの大型の都市遺跡の調査が着手され、さらにアドリア海岸のスピーナ Spina その他の港湾やピルジ Pyrgi、グラヴィスカエ・スル・ティレーノ Graviscae sul Tirreno、そしてヴィテルボ Viterbo 県フェレント Ferento 近郊のアクアロッサ Acquarossa、シエーナ県ムルロ Murlo 近郊のポッジョ・チヴィターテ Poggio Civitate などが発掘され、より小規模な場所で調査が進行しているところもある。いずれの場所でも、革命的とまでいわないとしても、エトルリア文明に対する 19 世紀的認識を大きく変える結果が得られている。

　いうまでもなく、一般の近代考古学におけるのと同様に、エトルリア学においても発掘は科学的基準に基づいてきわめて慎重に行われ、位層的見地から最も進歩した技術的方法（航空写真、地層の化学的・物理的・電磁的試掘など）[*6]にいたるまで、できる限り多くの考察に値するデータが得られるように努められた。こうした活動には、南エトルリア、トスカーナ、ウンブリア、エミーリアの各考古管理局（Soprintendenza archeologica）などの国立の機関のみならず、イタリアのさまざまな科学研究所や外国から派遣された研究者たちも協力し、そうした態勢はいまも続いている。エトルリア圏内に加えて、ラツィオ、カンパーニア、ウンブリア、ピチェーノ、北イタリアにおいても、重要度において劣ることなく、互いに関連性のある発見が相次いだ。それらの調査はそれぞれが孤絶したものではなく、そこに立ち現れる世界は、イタリアのみならず、ギリシア、東方などの周辺地域との関係といった古代文明全般の発展の視野の中に組み込まれる意義深いものであった。

　新しい発掘の結果にも伴い、すでに存在していたエトルリアのコレクションと合わせて、いくつかのイタリアの大規模な公立博物館が誕生する。フィレンツェ（ミラーニ L. A. Milani によって創設されたエトルリア地形学博物館）、ローマ（ヴィッラ・ジューリア国立博物館）、タルクイニア、キュージ、ペルー

ジャ、ボローニャ、フェッラーラ（スピーナ博物館）などであり、加えてオルヴィエート、フィエーゾレ Fiesole、アレッツォ Arezzo、シエーナ、グロッセート Grosseto、マルツァボットなどに地方博物館が生まれ、ヴァティカンのグレゴリアーノ・エトルスコ博物館、コルトーナ Cortona のアカデミア・エトルスカ博物館が整備された。さらに19世紀末から20世紀初頭にかけて、ヨーロッパ（たとえばコペンハーゲンのカールスベルグ彫刻博物館）およびアメリカなどの外国の博物館におけるエトルリア関係の収集が拡充された。

　この間、発掘の全体的報告や個別の分野などについて、以下のような出版が相次いだ。エトルリア文明の最も古い局面についてはモンテリウス O. Montelius の『イタリアの原始文明』（*La civilisation primitive en Italie*, 1896-1904）、絵画についてはタルクイニアとキュージの墳墓に関する一連の小冊子『イタリア古代絵画の遺物』（*Monumenti della pittura antica in Italia*, 1937以降）、テラコッタの建築装飾についてはアンドレン A.Andren による『エトルリア=イタリック神殿出土の建築テラコッタ』（*Architectural Terracottas from Etrusco-Italic Temples*, 1939-40）、棺についてはヘルビヒ R. Herbig の集成『初期エトルリアの石棺』（*Die jüngeretruskiscen Steinsarkophage*, 1952）、彩色陶器についてはビアズリー J. D. Beazley の『エトルリアの陶器画』（*Etruscan Vase-Painting*, 1947）。発掘作業の進展に並行し、カニーナやデニスがすでに開いていた指針に沿って地名の表記や都市とその領土の地形学的観察が、この時期により決定的に批評的性格をもつようになる。この点については、ニッセン H. Nissen の『イタリア国事情』（*Italische Landeskunde*, 1883-1902）の中のエトルリアに関する部分と、より特化されたソラーリ A. Solari の4巻からなる『エトルリアの歴史的地形学』（*Topografia storica dell'Etruria*, 1915-20）があげられる。しかしとりわけ特徴的なのは、それぞれの都市を考古学的・歴史的に異なる様相をもつものとみなすモノグラフ的研究に向かう傾向である。すなわち、ボローニャ（グルニエ A. Grenier、ドゥカーティ P. Dukati）、キュージ（ビアンキ・バンディネッリ R.Bianchi Bandinelli）、コルトーナ（ネッピ・モドーナ Neppi Modona）、ポプローニア（ミント A. Minto）、ソヴァーナ Sovana（ビアンキ・バンディネッリ）、ヴルチ（メッサーシュミット F. Messerschumidt）、タルクイニア（パロッティーノ M. Pallottino）、カプア（ウルゴン J. Heurgon）など

である。なお、後述する最近の数十年に出版されたエトルリアに関する概説書の多くが、エトルリア諸都市についての記述に当てられている。[*7]

　地形学的研究に結びつくのは建築史の問題であり、特にエトルリアの神殿とその装飾、そしてより数少ないが市民的建築や住居などの起源・特徴・発展に関するものである。すなわち、ドゥルム J. Durm の『エトルリア人の建築術』（*Baukunst der Etrusker*, 1890）に始まり、近年にはパトローニ G. Patroni、アンドレンなどの業績がある。さらに、ギリシアや古代イタリアの都市研究もエトルリア世界の考究に広く寄与した（カスタニョーリ F. Castagnoli、マンスエッリ G. A. Mansuelli、マルタン R. Martin など）。一方で現在に至るまでますます関心が高まる造形芸術の現象に対する批評的深化は、二重の要素によって活発化する。すなわち、一つには特に〈ヴェイオのアポロ〉の出土（1916）などのいくつかの新発見であり、さらには古典主義とアカデミズムを超克し、地方的あるいは古代後期の美術などを含む古典主義と無縁の美術の再評価に向かう同時代の批評という"外的"な一般的傾向である。そこからギリシア美術に対して「エトルリア美術」、あるいは「イタリキの美術」[**7]のオリジナリティと確実性が"爆発的"に是認される状況が生まれることになる（デッラ・セータ A. Della Seta、アンティ C. Anti、カシュニッツ・ヴァインベルク G. Kaschnitz-Weinberg、ファン・エッセン C. C. van Essen）。ついで、より厳密な歴史的再評価の基準による部分的な修正が行われた（レーヴィ D. Levi のほか、特にビアンキ・バンディネッリその他による[*8]）。ドゥカーティの『エトルリア美術史』（*Storia dell'arte etrusca*, 1927）や、ジリオーリ G. Q. Giglioli の『エトルリア美術』（*L'arte etrusca*, 1935）のように、いまや必要な修正は不可能とはいえ、なお有用な総合的解説書も見逃すことはできない。

　エトルリアとイタリア全般の前史・先史の研究と発見の進捗により、20世紀には根本的に編年を組み立てる試みに到達した。すなわち一方では青銅器時代から鉄器時代に継続する文化的様相を区分するという比較的方向におけるものであり、他方ではエトルリアの遺物を東地中海文明に属する地域からの輸入品または模倣した作品と対比することによって得られるデータに基づく絶対的方向の考究がなされる。後者においては、特に放射性炭素の測定による科学的な年代決定の方法——必ずしも完全に受け入れられたわけではないが——が援用

されている。明らかに、エトルリアのみならず半島のその他の地域や地中海全域にわたる相次ぐ突発的な考古学的発見が、19世紀以来いまも専門分野として研究されているエトルリア人の起源の論議（パレーティ L. Pareti、シャヘルマイヤー F. Schachermeyer、ドゥカーティ、パロッティーノ、アルタイム F. Altheim、ヘンケン H. Hencken）に関して徐々に問題点を明確にすることに一役買ったのであった。

　起源の問題に加えて、現在の研究課題はエトルリア諸都市の政治・行政・宗教の制度の問題に集中していると考えられる。ここではローマにおける類似の問題（特にローマ法の研究においての大きな課題）や、イタリキ世界での同様の問題との関連が考慮されるだろう。さらには、日常生活の形態、習俗、経済、社会組織などに関する研究も欠くものではなく、これは葬祭の碑文から読み取れる膨大な固有名詞の資料の分析から姿を現すものである。さらに宗教・呪術・信仰に関する古くて新しい関心も特筆されねばならない。そして最後に、19世紀末に現在までに知られている最長の碑文である〈ザグレブのミイラ〉と〈カプアの瓦板〉、最近はエトルリア語とフェニキア語の"バイリンガル"による〈ピルジの金板〉が発見され、こうした基本的な重要性をもつ文献の分析によって碑文学・言語学の研究が拡充された。絶え間なく増加する碑文資料について、それまで分散していた収集の記録に代わり、1893年にパウリによって『エトルリア碑文集成』（*Corpus Inscriptionum Etruscarum*）〔*C. I. E.*〕の編集が着手され、これはいまだに完成されていない。20世紀を通じ、トルプ Torp、ブオナミーチ G. Buonamici、フィーゼル E. Fiesel、コルツェン、トロンベッティ Trombetti、ヴェッテル E. Vetter、デヴォート Devoto、オルツシャ K. Olzscha、スロッティ Slotty、リックス Rix、クリストーファニ Cristofani、などの研究者のチームにより、時には決定的な重要性をもつ目覚ましい結果を伴って、碑文学・解釈学・文法学の研究が大きく進歩しつつある。

　エトルリア学にとっての格別に重要な一つの時期は、1920年から1930年にかけてであり、この間前述のようにヴェイオをはじめとする多くの考古学的発見がなされたわけだが、それにつれて学会や知識人の間にエトルリアの美術・文明に対する非常な関心が急速に高まった。最も重要なことは、エトルリアの美術のみならず、民族の起源、言語、宗教、社会など、根幹に関わる諸問題の

議論を同一の場に収斂させる動きが初めて現れたことである。フィレンツェがこうした動向の中心の一つとなり、イタリア人および諸外国の研究者が参加し、「国民会議」(Convegno Nazionale, 1926)、「国際エトルリア会議」(Congresso Internazionale Etrusco, 1928) が相次いで開かれ、「エトルリア学常設委員会」(Comitato Permanente per l'Etruria, 1927)、少し遅れて「エトルリア・イタリキ研究所 (Istituto di Studi Etruschi ed Italici, 1932) が創設され、これは国際的なレヴェルにおいてもエトルリア研究の促進・調整を図る最大の機関となる。そして 1927 年以降、年刊誌『エトルリア研究』(Studi Etruschi) が発行される。これらすべての活動はミントに負うものであり、パレーティ、ドゥカーティ、ジリオーリ、レーヴィ、デヴォート、ペルニエ L.Pernier、ネッピ、モドーナなどの研究者が協力した。

　同じ頃、エトルリア世界の示唆するものは、ヨーロッパ文学・文化そのものについても多少の影響を及ぼすこととなった。特に第二次大戦後、かくも開かれて活気に満ちた諸々の活動、協同作業、組織作りは近年スピードを上げて新たな広がりを見せる。さまざまな個人的貢献に加え、特に「エトルリア・イタリキ研究所」が主催する定期的学会をはじめとし、学術的会合がしきりに催され、大掛かりな「エトルリアの文明と美術」展 (1955, 56) がヨーロッパの主要都市で開かれる。つねに想定を超える発掘、既存のものと新しく出土した遺物の最新のテクノロジーを用いた分析と修復が行われる。[*10] イタリアの大学ではエトルリア学の専門講座が設けられ、フィレンツェのみならず、ローマではローマ大学のほか、国立エトルリア＝イタリキ考古学研究所やその他のイタリアおよび外国の研究所において種々の活動が展開される。そしてフランス、ベルギー、オランダ、ドイツ、スウェーデンなどの諸国でも、エトルリア研究の伝統が形成されることになる。一般向けの情報の普及については、19 世紀には前述のミューラーとデーケがあげられるのみだったのに対し、20 世紀に入るとドゥカーティ『古代エトルリア』(L'Etruria antica, 1927)、ノガーラ B. Nogara『エトルリア人とその文明』(Gli Etruschi e la loro civiltà, 1933)、ルナール M. Renard『エトルリア学入門』(Initiation à l'étruscologie, 1941)、そして本書の初版 (1942) などの出版がなされ、最近年には総合的解説書（著名なものとしてはブロッホ R. Bloch、フォン・ヴァカーノ O. W. von Vacano、バンティ、リチャー

ドソン E. Richardson、スクラード H. H. Scullard など）などがある。こうした業績は知識の進歩を概観するだけでなく、後述するように、研究の方法と歴史的解釈に関する新しい地平の開拓を反映するものである。

"エトルリアの謎"：神話と疑似科学

エトルリア学の歩みを簡単に見てきたが、エトルリア人の世界に対する近代の文化的関心のもうひとつの側面をなおざりにすることはできない。すでに述べたように、18世紀以来、直接的文献資料の欠如と残存碑文の特殊性とによって、この捉えがたいはるかなる世界は、その時代に得ていた知識の範囲を超えて、知識人たちに非常に強烈な魅力ある存在となった。「エトルスケリーア」の影響は教養人の枠外にまで及んだという面もある。たとえば、イギリスの陶器産業において、1769年にウェッジウッド社が「エトルリア工房」を立ち上げて模作を生産したり、新古典主義的趣味の周辺で工芸分野にヒントを与えるといったことである。しかし特に、19世紀初頭の古墳壁画とラツィオのマレンマ（湿地帯）地方の土中にあった陶器や装身具の驚くべき発見は、先に触れたデニスの好著を筆頭とする一連の紀行文を通じて全ヨーロッパに広められ、そこから特別のロマンティックな雰囲気が生み出され、それはいまなお終息することはない。

エトルリア碑文の解釈、言語の分類、民族の起源の問題などに関する研究者の結論の出ない論争もまたエトルリア人の「謎」という考えを広めることに手を貸すことになり、科学的な状況を定義する（幾分意味ありげな）言い方という以上に、一種の不合理な理解の仕方、近代文化に深く根差した観念的・感傷的な立場、学問の進歩とは無縁の世代によって継承された一つの共通認識となっていく。

たとえばエトルリアという主題は、現代文学、特に D. H. ローレンス（『エトルリア遺跡』*Etruscan Places*, 1932）や A. ハクスリー（『くだらない本』*Those Barren Leaves*, 1925 および『恋愛対位法』*Point Counter Point*, 1928）のようなイギリスの作品に主要なモティーフを与えたが、それらを通じて古代エトルリア文明の解釈が、ギリシア＝ローマやキリスト教の文明の合理的・倫理的な秩序とは対照的な「失われた世界」、あるいは陽気で淫蕩で自由気ままな自然児で

あったという神話に変質させてしまったように見える。つまり19世紀から今日に至る詩人、小説家、エッセイストたちの作品においては、非常にしばしばエトルリア人の魅力や神秘性が強調されたのである。こうした文学的幻想は明らかに、エトルリア文明について考古学的・歴史学的な考究、すなわち科学的な正当性をもったデータによって生まれたイメージを飛び越え、偏見と逸脱を育んでしまったのである。エトルリアに対する近代人の情緒的態度は大衆の間に強い好奇心を生み出し、出版、新聞、テレビの分野でこの話題が人気のテーマとなり、出土品のとどめを知らぬ収集熱が起こり、贋作産業が横行し、ひいては美術や装飾、ファッションにまでヒントを与えることになった。

　学問的研究の分野もまた、副次的で核心に迫るものではなかったとはいえ、以上のような事実に直接の関連が生まれる。最近数十年間に頻繁に登場し続けているエトルリア人、その文明、とりわけ言語についての疑似科学的・好事家的刊行物のことを問題にしているのである。こうした試みに共通しているのは、幾世代にもわたる調査によって蓄積された研究成果は、真実に到達するためには個人の天才的直観に比べれば二次的なものか、もしくは全く役立たないものでしかないという先入観をもっているということである。かれらは批評的方法の理念を無視し、証明することをないがしろにして仮説を確定に変えてしまう傾向があり、きわめて空想的な結論を楽しむのだが、その無定見ぶりは要するに、そうした論拠がしばしば根本的に相互に矛盾しているからなのである。それは17-18世紀的な教養の無邪気さ、滑稽さをいまだに留める歴史学や言語学の対応法であり、ある意味では「エトルスケリーア」の時代錯誤的な継続なのである。こうした現象はすべて奇蹟的に解明されることを期待する「エトルリアの謎」という暗示的な雰囲気に組み込まれるものであり、即興的な解決（不幸な場合には真摯な研究者でさえも全く免れなかったわけではない）や、大衆にセンセーションを巻き起こす疑似科学的結論づけが、この上もなく馬鹿げたものであるときでさえ、しばしばまかり通ることになるわけである。エトルリア人の起源や類縁関係が、すべての大陸（アメリカさえも！）で探し求められたのである。

　特に言語の問題に関しては、エトルリア語が全く解読不可能であるという偏見が依然として広く行き渡り、そのことから、解読の「鍵」が突然発見された

というニュースがほとんど定期的といってもよいほど頻繁に現れるが、それは束の間のジャーナリスティックな反響を呼ぶのみで、しかも早々に忘れられるのである。疑いもなくこうした状況がエトルリア学者の知見や問題意識に対する公衆の判断を絶えず迷わせ、研究者たちの解説的・啓蒙的な作業をますますむずかしくするのだが、したがってそうした作業がますます要請されることになるのである。

現在のエトルリア観

　これまで要約したエトルリア学の経緯は、具体的事実に関する知識が増え続けたということのほかに、新しいことを知る驚きから始まって批評的な判断に至る思考の絶え間なき発展があったことを示している。最近の発掘による発見と研究はいよいよ速度を増し、エトルリア世界に関するわれわれの理解と認識の根本からの修整の可能性を考えさせるような想定外の視界を開くものである。問題解明の過程は進行中であり、いわばきわめて流動的であり白熱しているといえる。だから研究者たちが提示しつつある方向性を評価するのはまだ早計であるかもしれないことを意味する。しかしこうした方向性と、将来的研究のための豊かな批評的刺激について、未解決の問題性と暫定性という条件付きであっても、可能な限り教育的な価値をもとうとする意図において、ここでそれらに注意を怠るわけにはいかない。

　さらに、最近数十年の間に、エトルリア学は歴史科学としての完結したアイデンティティを確立していったということができる。過去においてエトルリア研究は古典古代研究の枠組みの中で捉えられ、そしてよく知られているように、ギリシア゠ローマ世界の知識はその広範さのゆえに、同一の研究者が統合的に把握することは不可能であり、言語学、文学、考古学、美術史学、歴史学、宗教学、法学など、それぞれの一貫性のある伝統のもとでの専門性が要求されてきた。その結果として、エトルリア研究についてもまた、異分野の専門家たちによってばらばらに進められ、つまり実際には文献学者、歴史学者、古典考古学者、インドヨーロッパ言語学者などが、しばしば偶然的に、相互の接触なしに取り組むことになった。協同作業の必要性は、前述のように、1920年代にエトルリア研究の関心が高まるとともに感じられてきたが、相変わらず各個の

分野の照合あるいは総合ではなく、単なる「顔合わせ」に過ぎなかった。ようやく前述のノガーラの著作において、エトルリア世界の総合的解釈のために考古学的方法と文献学方法を収斂させる傾向が認められると考えられる。なお、18世紀のランツィの業績もそのような方向性をもっていたが、それは全く異なる知識と批評的基準に基づくものだった。この路線は本書の著者とその一派によって発展し、エトルリア学はエジプト学、アッシリア学その他のような古代研究と同様に、自律的・一元的な研究の対象として完全に位置づけられることになる。このように理解されるエトルリア学は、かつてのように直接的な文献資料に欠け、あれやこれやの断片的データをもとにして生まれた考古学的・言語学的、あるいは"骨董趣味"的理論づけではなく、歴史学的学問分野としてますます確立されねばならない。しかし現在において、歴史学とは古い文献によって伝承された情報、すなわち書かれた文字の資料にのみ頼るのではなく、一定の局面では、時には絶対的に、文字資料から漏れた経済活動、個人生活、習俗、下層階級の状況などに関わる考古学的資料の解釈を基盤とするものであることをわれわれは認識している。

　そして現在の研究が向かっているのはまさに古代エトルリアの歴史的肖像の解明である。すなわち、ヘレニズムからローマ時代の著述家たちにとって、エトルリアはすでに最盛期を終わっていたわけで、この文化は海賊行為、残忍さ、好色、奢侈、信心深さ、呪術等々の伝説的ステレオタイプにはまり込んだものとして見られていた。こうした古代文化に対する共通認識が、前に述べたようなエトルリア人に関する近代の神話を醸成したことは否めない。しかし、より重要なことは、そういう従来の研究の状況においても、エトルリア文明の周辺との関係や時間的形成の過程とは無関係に、かなり抽象的な、いうなれば単純化された方法でその特徴を定義し、描写しようとしてきたことである。すなわち、エトルリア人の制度・信仰・習俗・技術・生産能力・生活形態・美意識などの総体が、地中海世界の最も高い文明をもつ諸民族（とりわけギリシア人）の共有財産に属し、歴史的条件の変化に応じて変容したものであることを考慮せず、エトルリア人の海洋における活動、エトルリア人の風習、エトルリア人の精神性または迷信性、「エトルリア美術」が、その際立った特徴をほとんど意識せずに過大評価して語られたのである。漠然とした「エトルリア性」よりも

こうした外部との関係や展開に強調点を置くこと、あるいはこうした「エトルリア性」における外的要素や発展過程を認めることが、まさにエトルリア研究に具体的な歴史学的な規模を付与することを意味するのである。要するに、一方においては、しばしば着目されてきたエトルリア人の外部からの孤立という考えから脱し、他方ではかれらの連続する発展の様相を明確にするということである。

　疑いもなく、古代イタリアおよび古典世界全般の民族的・歴史的枠組みの中で、エトルリア民族をいわば異分子とみなそうとする明らかな偏向がつねに存在したし、現在もそうである。こうした概念もやはり古代まで遡るのであり、多くの記述において、エトルリア人が不可思議な起源[11]をもつ民族と広く信じられていたことと、ギリシア人・ローマ人や知られていたその他の民族との根本的な相違[12]がはっきりと確認されているが、そのこと以外に、前述のような奇妙な風習や宗教的心性を前にして好奇心と驚きの表現がそれとなく現れる。なお起源の問題については、本書の序論で紹介したハリカルナッソスのディオニシウスの確固とした判断が一つの典型を示している。「エトルリア性」という孤絶し、迷走する考えは、近代において、伝統的見方の影響もあるし、特に言語について、これまで知られている他の古代言語の構造と根本的に異質であるという客観的理由のために再び浮上する。エトルリア文明の説明しがたい神秘的な性格に関する偏見が醸成され、なんらかの方法でエトルリア人をそれ自体、その枠内に閉じ込めた研究対象として扱う傾向が強く現れるのである。

　いままさに考古学的発見の進歩と批評的考察の成熟によって、こうした問題設定を見直し、誤りを修正し、再評価することが求められている。第一に近年の発掘による大量の出土品によって明らかとなった青銅器時代から鉄器時代に至る先史時代イタリアの文化現象の全体的発展と関連する個別の要素、第二に外来人の侵入あるいは植民という素朴な仮説とはいまや完全に離別した民族の起源の問題、民間崇拝、伝統、美術品、政治的・社会的構造、その他あらゆる文化的表現においてますます鮮明となるギリシアの存在、第三にエトルリアの退廃の証言として、リベッツォ F. Ribezzo、ウルゴン、トレッリ M. Torelli らの古い直観の後追いをする形で、共和政および帝政初期ローマの文学・歴史書への周到な接近、第四として言語問題において、構造的に大きな不一致があるに

もかかわらず、ギリシア語、ラテン語、その他のイタリキの言語との接触が広範囲にわたることが今日では認められつつあるという事実、すべてこれらの新しい注目点（第1章以降で詳述）が、エトルリア文明が周辺世界と無縁の現象であるという評価を無効とすることに一致している。

　もし古代人とわれわれ近代人の目に映るこのような異常性、あるいは特異性を正当化するなんらかの態度があったならば（実際にあるのだが）、現在これに対し、ギリシア的なるものの進歩のダイナミズムに反して強いアルカイズムと保守性を特徴とする文明という意味において、イタリア（あるいはより一般的にギリシアおよびイタリキ世界）に「無縁の団体」の存在とする見解とは異なる見方が垣間見える。それならば具体的な歴史的説明を試みる必要があろう。ここで問題としているのは、信仰の形態、特に葬祭に関する風習に見られる前史時代以来の"プリミティヴ"な理念に結びつく精神性、芸術表現、そして核心の部分は非インドヨーロッパ語の古層に由来をもちながらインドヨーロッパ語の圧力からも免れない言語などに対する視線である。

　非常に古い時代の残存要素が理解しがたい形で、ギリシア・ローマの古典文化に似つかずにエトルリアに現れることは驚くに値しない。しかしこうした理念を改めて確かめておく必要があるだろう。エトルリアは東地中海の文明の発達したいくつかの中心に比べ、域外で開花した文明である。このことによって辺境が時間的に遅れをもたらす条件に従わざるを得ないのだが、後述するように、西方のどの地よりも早く急速に、突発的に歴史の舞台に登場してくる。したがって、ここでは他の地では消失した世界の痕跡を感知し、歴史的記録としてなんらかの形で継承して存続しているのである。かつまたエトルリアは外部の新風を拒否することなく、むしろ積極的に歓迎し、それ自体が伝統の要素となる堆積を徐々に築いていったように思われる。こうして古典文明全般の枠組みの中でエトルリアを考えると、独自性、矛盾、素早い対応、遅滞、有機的進化、不連続性といった複雑であいまいな印象が生まれる。より詳しく時代を区分していえば、鉄器時代の盛期からアルカイック期全体、そして前5世紀初めに至る時代には、東地中海（特にギリシア）とエトルリアに共通する一貫した進化が存在するということができるだろう。これに対し、われわれが特別に「古典期」と呼ぶギリシア文化の最盛期以後は、エトルリアはもはやギリシアの知

的、芸術的、政治・社会的、技術的進歩から取り残され、保守主義とギリシア の影響に対する反動の現象が一層明らかなものとなってくる。そして最後には、「エトルリア性」はいよいよローマが主導するイタリア半島の統合の局面に向かうのである。

　以上のような状況により、われわれはもうひとつのより重大な研究の必要性を考えなければならないことになる。すなわち、再構築できる限りにおいて、時間的区分によるエトルリア世界の歴史的発展の概略を示すことである。「文明」という抽象的認識から「歴史」の概念、つまり社会構造の発達と経済的背景の注意深い観察、今日「事件史」と定義される意味において（前述のように文献そのものはもともと少ないとはいえ）事実の連続を分別すること——そうした方向に関心が移行したことが、近年の批評的研究（本書の筆者をはじめ、ウルゴン、トレッリ、コロンナ Colonna、スクラード、ザレスキー N. N. Zalesski、フス A. Hus、ウェーバー K. W. Weber など）において明らかになっている。このことについてはスプリンナ・ディ・タルクイニアのラテン語の"頌歌"[**10]や、イタリアの歴史上最古の文字資料とみなされる〈ピルジの金板〉のアルカイックの刻文のような、碑文学の分野における想定外の発見に負うものが大きかった[*13]。こうした新しい作業から生まれた結果については、本書の冒頭に述べた歴史的問題の展開の中で理解されるだろう。

　その中でますます歴然と現れる重要な要件は、エトルリアの二つの時代の連続性と区分の問題である。すなわち第一はエトルリア人が地中海地域において実質的な重要性を獲得し、ヘレニズム=ローマ時代の著作者たちが海上およびイタリア全体における失われた偉大な勢力という準神話的世界として描写しているような強力な経済的・政治的・文化的発展の時代であり、第二はエトルリアが限定された地方的なスケールに縮小し、自らの古い伝統のうちに閉じこもり、ついにはローマに吸収されるまでの衰退の時期である。エトルリア世界の歴史のこうした編年的二分性——前9世紀から5世紀までの第一期と、前1世紀までの第二期——は、さまざまな現象が錯綜し、経過が流動的であるゆえに、絶対的な単一の構図で捉えられてはならないが、いずれにせよ、説明可能な方向性が前提となるものである。事実現在もなお以前と同様に、一方では勤勉で冒険心に富み、経験主義的才能を有し、奢侈を好んだアルカイック期のエトル

リア人の精神性と、他方では後期エトルリア社会の閉鎖的で慣例偏重的な性格とを、同じ尺度で評価したり混同したりするむずかしさがある。

　これまで述べたことは、古代世界の歴史的発展の構図の中でのエトルリアの存在の意味、重要さを総合的に評価するための合理的・具体的な形での問題提起を示唆するものでもある。問題は、最近の数十年間に見られるように、制度史的・宗教史的・美術史的な現象の解釈に関する詳細な研究の根底を多少なりとも明瞭に提起するものであるから、この序論の結論において触れておく必要があろう。要するに相反する二つの態度が存在する。すなわち18世紀に古い「エトルスケリーア」が高揚し、20世紀初頭に熱狂が再発したのに対して、近代においては、エトルリアの現象が地中海の偉大な諸文明に対しては地味な地方的なものであり、ローマの形成に寄与したとはいえ、古代史の流れにおいて影響を与えたものではないという限定的な批評的態度がとられているのである。

　しかしながら、最近のいくつかの発掘調査によって明らかになった結果は、もう一度以上のような判定の見直しを迫るように思われる。以下に問題点を指摘する。まず第一に、ヴィラノーヴァ文化タイプの鉄器文明が普及したことがエトルリアの領域を北イタリア・南イタリアに拡張させる存外な早熟性をもたらしたことはいまや異論がないこと。沿海部エトルリア諸都市（カエレ、タルクイニア、ヴルチ）の人口、商業、文化が異常に飛躍し、地中海地域全体に産物を輸出し、ピルジ、グラヴィスカ、レジズヴィッラ Regisvilla の商港の国際化が進み、前7世紀に早くも同時代のギリシアの大都市にも劣らぬ数の碑文が存在し、ギリシアの美術品輸入の拠点となり、ギリシア人美術家を歓迎する入口の役を果たしたこと[**11]。ピルジ、ポッジョ・チヴィターテ・ディ・ムルロ、アクアロッサ、グラヴィスカにおける壮大な建築遺跡の発見[*14]。これらの資料がすべて主としてアルカイック期のエトルリアに関するものであることは意味深い。ギリシア人、カルタゴ人と競合するティレニア人の地上・海上における勢力についての古代以来の伝承を確認すれば、事実上エトルリアが時期的に限られるにせよ、地中海世界の歴史と文明において決して二次的なものではない役割を果たしたと断言することができるだろう。

原注

* 1 古代エトルリアに関する古典文学の資料について総合的にまとめたものが待望されるが、まだ生まれていない。ローマ大学エトルリア学・古代イタリア学研究所に完全な目録があるが、出版には至っていない。しかしエトルリア文明の個別の分野（制度・宗教その他）に関するほぼ満足すべき調査資料が存在し、それらについては第1章以降に言及される。
* 2 エトルリアの碑文資料全般については、第3章に詳述。それら個別の碑文の歴史的・古文書の問題は、該当する各節で言及。
* 3 考古学的資料については次章以降に具体的に扱われる。エトルリア研究に対する近代の概念、および各種の情報を同次元に収斂させて活用するという点については p. 18 以下を参照。
* 4 語幹 Turs- は、キュージの貴族 Tursikina の場合のように、おそらくイタリキの人名の系列との関係がある。Tusculum、Tuscana など、都市の名にも多く現れる。
* 5 この問題については、エトルリア人の起源に関する論述を参照。
* 6 これらの技術が史上最初に適用されたのがエトルリアの遺跡であった。
* 7 第2章の「エトルリアの都市とネクロポリス」の項を参照。
* 8 p. 275 以下に詳述。
* 9 第3章の言語に関する部分で詳述。
* 10 特にフィレンツェ文化財保護局による展覧会「考古学的修復」とそのカタログ（1969）、『修復以後のエトルリア遺跡の新しい解釈』（1971）の目覚ましい業績がある。
* 11 「起源の問題」の項も参照（p. 69 以下）。
* 12 たとえば雷に関するエトルリアとヘレニズム＝ローマの概念の比較について、p. 337 以下を参照。
* 13 「歴史」の語が意図的に使われるのは Zalesski（1965）、Hus（1976）、Weber（1979）、Torelli（1981）の著述においてである。ピルジとタルクイニアの歴史的重要性については、特に pp. 129 以下と p. 173、pp. 179 以下を参照。
* 14 この点については第1章の歴史的考察の部分で詳述。

訳注

** 1 ローマ人ははじめエトルリア人をトゥスキと呼んだが、それが住む地域を意味するトゥスキアはエトルリア南部の現在のヴィテルボ周辺を指していた。なお日本では「エトルスク」という呼称が用いられることが多い。これはフランス語の形容詞 étrusque に由来すると思われるが、この場合、より正しくは「エトリュスク」でなくてはならない。また多用される「エトルスキ」はイタリア語の形容詞の複数で、そのまま「エトルリア人」を意味するが、本書においては「エトルリア人」と表記する。
** 2 19世紀半ば頃、クロアチア人の収集家がエジプトで一体のミイラを入手する。かれの死後、ミイラを巻いていた麻布に書かれていた文字が研究され、著名なエジプ

ト学者ブルグシュが古代エジプト語の可能性を指摘したが、その後1892年にウィーンの言語学者ヤコブ・クラールがエトルリア語であることをつきとめる。黒インクで書かれた文字は230行、約1350語にのぼり、現在までに発見されているエトルリア語の文書として最長のものである。年代は前250年頃と推定される。ザグレブ考古学博物館蔵。

**3　ウンブリ人（ラテン語およびイタリア語 Umbri）とは石器時代からイタリア中部のポー川以南、テーヴェレ川以北からアドリア海沿岸に存在した原住民で、前1000年頃にはやや縮小してアペニン山脈の南麓の現ウンブリア州のほぼ全域とマルケ州の一部を含む地域に定住して半農半牧の生活を営んだ。隣接するエトルリア人とは終始友好関係にあったと思われるが、前3世紀にローマに吸収される。現在のトーディ Todi、グッビオ Gubbio などに、丘上集落の跡があり、わずかな出土品からラテン語由来の文字をもったインドヨーロッパ語族であったことが確認されている。なお一般に原始・古代においては、由来を一にする人々（民族・氏族）の名称が先に生まれ、その集団が定住した地域にその人々の名にちなんだ地名が付けられるから、本書では「ウンブリア人」ではなく、「ウンブリ人」と表記する。

**4　ウェネティ人（［ラ］Eneti、Heneti、Veneti、［イ］Veneti）は現在のヴェネツィアを中心とするイタリア北東部に前2000年期の中頃に登場したインドヨーロッパ語族で、ヘロドトスによればバルカン半島のイリュリア人の一部が移住したとされたが、近年の言語学的研究から中部ヨーロッパとの関連が提言され、依然として確証されていない。前8世紀頃から半農半牧による文化が栄えるが都市を形成するには至らなかった。前3世紀にはローマに吸収される。現在ヴェーネト州の地名の由来となるが、本書では「ウェネティ人」と表記する。

**5　necropolis は「死者の町」の意。古代都市においては城壁などに囲まれた都市の場合、原則的に市内に墓所が設けられることはなく、エトルリアの場合には場外の離れた場所に墳墓を集めてあたかも生者の都市空間と対応するように区画配置した。

**6　ボローニャ近郊のヴィッラノーヴァで、鉄器時代初期（前10-9世紀）の火葬用の蓋付き骨壺が発見され、これによって代表される文化が広くイタリア中部に存在し、エトルリアの地域と重層する部分が多いため、これがエトルリア文化に移行したという仮説が有力である。

**7　［イ］italici（複数形）は広義では「古代イタリアの（人）」と訳されるが、狭義では古代にイタリア半島中部から南部にかけて定住したいくつかのインドヨーロッパ語族を指し、したがってエトルリア人は含まれない。本書では「イタリキ（人）」と表記する。

**8　1898年にカンパニア州サンタ・マリーア・カプア・ヴェーテレの古代墳墓から発見されたテラコッタ製の板（60×50 cm）。前5世紀半ば頃と見られる書体で62行、約390語が刻まれていて、〈ザグレブのミイラ〉に次ぐ長さのエトルリア語資料。ベルリン博物館蔵。

**9　ピルジは現ラツィオ州サンタ・セヴェリーナ Santa Severina 近くにあるエトルリア遺跡であり、前 6-4 世紀にカエレの外港の一つとして栄えた。この地の神殿址の一つから 1964 年に発見された 3 枚の金の延べ板（長辺約 20 cm）には、2 枚がエトルリア語、1 枚がフェニキア語で碑文が彫られているが、内容が必ずしも一致しないので、厳密な意味での「バイリンガル」資料とはいえない。

**10　スプリンナ Sprinna はタルクイニアの最も有力な氏族で、前 6 世紀から政治的権力を奮い、5 世紀にはシラクーサと戦うアテナイに味方してエトルリア人として初めてシチリアに軍勢を送った。タルクイニアのフォールムで発見された三枚の大理石板の碑文〈頌歌〉にはラテン語で前 4 世紀のアウルス・スプリンナの事績が刻まれている。

**11　レジズヴィッラ（[ラ] Regae）は現在のヴィテルボ県モンタルト・ディ・カストロ市レ・ムレッレ Le Murelle 地区に位置し、都市国家ヴルチが領有したアルカイック後期の商港の遺跡が確認されている。

第 1 章
イタリアと地中海の歴史におけるエトルリア人

I　イタリアの曙

伝承された諸説

　近代文献学の父、テオドール・モムゼンはローマの起源に関して、「なにはともあれ歴史学は、下手な作り事でしかないのに歴史のように思わせようとするようなおとぎ話を真に受ける風潮を排除しなければならない」と書いた。そのときかれは、イタリアの起源の関連において、たとえ著名な学者の研究や権威によって好意的に保証されているとはいえ空想の域を出ない古来の伝説よりも、もっと大仕掛けな考古学および言語学の精密な調査が近代科学の手によってなされることは予想しなかったに違いない。

　当初は近代科学そのものがアボリゲネス人[**12]やペラスゴイ[**13]といった原住民に関する神話について、不正確な考古学的資料に基づき、ある種の文化的現象らしきものに対しては恣意的な解釈を与えて愚弄する立場をとってきたのだが、結局は図式的解釈を改めてそこに現れる人物を実在とみなし、テッラマリコリ人（terramaricoli）、アペニン人（appennini）、原ヴィッラノーヴァ人（protovillanoviani）、ヴィッラノーヴァ人（villanoviani）などという呼称を与えることになった。そして古代イタリア半島の諸言語の形成という点については、インドヨーロッパ語から空想の（実在しない）「共通古代イタリア語」が芽生え、それからラテン語、ウンブリ語、オスク語などが派生したと理解した。すべての文化的変化や進歩は、外来の侵入者たちによるものと説明したのである。

　すべてのこうした再構築の試みは、われわれの現在の研究、とりわけ最近の考古学的発見の革命的ともいえる進展を前にしてはいまや幼稚で誤謬に満ちたものに見えるかもしれないが、それでも時にはほとんど堪えがたいような教条主義として数十年間根を下ろしてきたし、その刻印があまりにも深いので、今

日でさえわれわれが新しい対立概念を提出するにあたって、それから生まれた用語や表現を無意識に流用することになっている。

　しかし 19 世紀の科学が古代の神話に代わって独自の「神話」を創り出したとしても、そのことにわれわれはあまり厳しすぎるべきではあるまい。かれらが到達した結果に対する満足感と確信は、18 世紀のバロック的知識の暗影が急速に消滅し、「方法」という新しい犯すべからざる武器を獲得し、進歩を妄信し過去の知的活動を侮蔑する全く新しい探求に対する若々しい熱意というものを思えば、たとえ正当化されなくとも理解されるであろう。

　一般的に古代以来、伝統的に、イタリアのそれぞれの種族、それぞれの都市の歴史の起源は、「偶発的な」、あるいは奇蹟的な外的な出来事として把握されていた（渡海してきた一人の英雄の到着とか、神々による都市の創設などである）。こうした複雑な伝説をご破算にした後も、19 世紀末の歴史家や考古学者たちは、古代イタリアの民族誌を形成させたに違いない一定時の「始まり」、つまりある決定的な一つの事件という考えから免れることができなかった。そして先史時代におけるインドヨーロッパ語族の「イタリキ人」の侵入こそそれにあたると考えたのである。かれらは新しい言語と新しい文明の運び手だったはずである。そこで、すべての先史文化は必ずそれぞれ異なる民族に対応するはずだという前提（後に「コッシンナ Kossinna**14 の法則」と呼ばれることになる）に立ち、自動的に考古学的データと言語学的データを一致させようと試みられたのである。

　19 世紀に声高に唱えられて定着したインドヨーロッパ語の一体性の概念は、歴史上の一定の時期に一定の場所に出現し、歴史的には関わりのない諸民族、すなわちケルト人、ゲルマン人、イタリキ人、ギリシア人、スラヴ人、アルメニア人、イラン人、インド人たちが、起源的に親密な血縁関係をもつという概念をもたらした。一つの言語の出現は一つの民族の到来を意味するものにほかならなかったのである。そのことから、先史時代の広域の民族移住がローマ帝国末期における蛮族の侵入と類似のものとする考え方が生じた。そしてとりわけ、先史時代のイタリア半島へのイタリキ人の侵入は大陸からであったとする説が生まれる。

　一方、19 世紀末の数十年間の間に、ヨーロッパ大陸での考古学的発見に基づ

いて、先史文化の年代や内容の輪郭が徐々に姿を現してきた。新石器時代に青銅器時代が続く。この発見は革命的な出来事であり、時期的にポー川流域にいわゆるテラマーレ（Terramare）文化が出現するのもこの時期のことであったと考えられてきた。テラマーレというのは先史時代に湖上に杭を立て、土堤と溝で囲んだ住居の住民をいう。死者の火葬の風習を証明するいくつかの粗末な墳墓が発見されている。テラマーレ文化が北イタリアに現れた隔絶した現象であり、アルプス湖水地方の先史時代の住民の湖上家屋に構造的に類似しているという事実、青銅器時代末期のアルプス北側の集落群の火葬の風習の早い登場と広い伝播、すなわち後に「棺の原」の時代と呼ばれた現象と、そして全般的にテラマーレ文化と中央ヨーロッパの青銅器文化との類似性など、これらすべてが青銅器文化を有する諸人種がアルプスからイタリアに移住したとする仮説に有利であるとみなされた。そしてこれはイタリア先史時代の展開において根本的な重要性をもつ新しい出来事と思われたから、キエリチ G. Chierici、ヘルビヒ、ピゴリーニ L. Pigorini といった研究者たちにとって、インドヨーロッパ語族の侵入、すなわちイタリキ人の到来をその理論で説明することは正しいと思われたのであった。

　この説は、熱心な著名の擁護者たちによって「ピゴリーニの法則」と命名され、一時期、イタリア先史時代の言語学的・考古学的事象を説明するためのかなめ石の存在となった。それはイタリア文化発祥の時代における発展が、アルプス北側に由来するなんらかの決定的な刺激によるものであることを結論づけた。そしてテラマーレ文化の波及が半島の変容の唯一の要因とみなされるにせよ、あるいはドナウ川流域地方から他の人種が相次いで侵入してイタリアの鉄器文化の起源となったにせよ、文明化のプロセスは必ず北から南へと方向づけられたように思われる。テラマーレ人の痕跡は半島のさまざまな地域で確認され、たとえばターラント（プーリア州）近郊のスコーリオ・デル・トンノ Scoglio del Tonno では北イタリアに見られるものに類似した出土物の存在を根拠として、そのような説が立てられた。ついにはローマの起源でさえもそこに結びつけることになってしまった。すなわち、四角形の都市、四方位基点に従って引かれた直線道路による碁盤形の平面計画や、パラティーノ Palatino という名前そのものなどが、都市ローマの起源を「杭でできた柵」（palizzate）の上に

住む先史時代人に帰属させようとする論拠となったように思われる。こうしてロムルスとレムスの神話に代わり、科学の名においてテラマーレ人の神話が生まれたのである！

　ピゴリーニ学派に対して、20世紀初頭の数十年間、北方に由来すると想定された侵入者ではなく、イタリア半島の先住民族と文化の重要性を確定しようとしたさまざまな分野の研究者が、はじめは疎外されていたが、徐々に積極的に声を上げ始めた。地中海民族についての理論づけをおこなった人類学者セルジ G. Sergi や、考古学者・先史民族学者のパトローニなどである。シチリアにおけるオルシ P. Orsi の発見、コリーニ G. A. Colini や、レリーニ U. Rellini の中部・南部イタリアにおける発見から、以下のようなことがわかってきた。半島および島嶼における青銅器文明の発達は先行する新石器時代、金属器時代前半（銅石併用時代）との完全な断絶を示すものではないこと。外部からの進歩の要因の大部分は、エーゲ海とバルカン半島で開花した文明の影響を受けた地中海に由来すること。文化の伝播はむしろ南から北に向かったこと。テラマーレ文化は比較的限定的な地域に限られ、後発のものであることなどである。このようにピゴリーニ説は覆されたのである。特にレリーニの研究によって確定された半島の青銅器文明は、はじめ「エクストラ・テラマーレ文化」という刺激的な名前で呼ばれたが、現在はアッペンニーノ文化という呼称が一般に受け入れられている。それはある意味で統一されたイタリアの最初の形ともいえる広がりをもつ重要なものであり、レリーニはその文化の担い手を「イタリキ人」であるとした。

　しかし相変わらず言語学的な問題が残っていた。すなわち、イタリキの諸言語がインドヨーロッパ語族に属するということが、大陸に由来する要素と見られたからである。しかしながらやがてすぐに、アスコリ G. I. Ascoli から始まる言語起源の研究によって、イタリキ人の諸言語、特にラテン語の語彙の中に非常に多くの初期インドヨーロッパ語的要素の存在が確認されることになる。それはイタリアの最初の住民たちが渡来人に完全に抹殺されたのではなく、イタリキ人の「エトス」（民族的特性）の形成に効果的に関わったに違いないことを意味していた。さらにインドヨーロッパ語の到来は正真正銘の民族の交替があったのではなく、小さな集団の流入や商業的・文化的な接触による結果に過

ぎないとして、外部からの侵入そのものを否定、もしくは限定するところまで進んだ。パトローニによって表明された「言語的発酵」という理念がそれである。イタリキ人の起源を決定づける要素としての北方由来説はこのようにして、むしろ根底にあって優先する地中海的要素に育まれた土着文化という反対論に移行したのであった。

　二つのどちらの言い分も、極端で論争的、感情的、あるいは短絡的なものであった。近年の発見と研究によれば、きわめて断片的で絶えず見直しを迫るような考古学的資料は、侵入説であれ土着説であれ、その論者が想像する以上に複雑であり、既成の枠組みの中で再構築するのがむずかしいものであることを示している。なにはともあれ、ギリシアおよびヨーロッパ大陸と同様にイタリアにおいて、青銅器時代から鉄器時代への移行を特徴づける火葬の風習の起源と伝播の問題がある。かなり異なった人種や文化の領域にわたるその伝播の広がりからすれば、この現象は単一な大規模な侵入といった形をとるような民族移動に帰することはできないだろう。とはいえ、新しい宗教思想や埋葬習俗の漸進的導入が、一定の地域における人々の時々刻々の移動と関係があることは否定することはできない。イタリキ人土着説の最大の支持者であるパトローニでさえ、かれが「原ヴィッラノーヴァ人」と名づけた半島最初の火葬の墳墓はアドリア海から渡来したドナウ地方あるいはバルカン地方からの移民の小さな集落のものだったことを認めている。一方、パレーティのような歴史家やデヴォートをはじめとする言語学者たちは、火葬の風習をイタリキ人、それも東方の、いわばオスコ＝ウンブリ語族の祖先に限定して密接な結びつきがあると考えている。そして先史時代にイリュリア人がドナウ＝バルカン地域から大規模に拡散したという説（ポコーニー H. Pokorny、ピッティオーニ R. Pittioni）もまたかなりの支持を得ている。イリュリア人はアドリア海方面のイタリキ人（ウェネティ人、アプリア人）の起源を決定づけるのみならず、まさにイタリキ人の民族性全般を構築する要素だというのである。

　こうした諸々の仮説の展開において、より問題を複雑にしているのがエトルリア人の起源の問題である。それは一般にどこからきたかという由来と初期の事績のみならず、イタリアへの渡来の道程と手段についても異なる意見がある。何人かの人によれば、インドヨーロッパ語族の「イタリキ人」の大陸への

移住と同じ形と考えられるし、大部分の研究者たちは、古代の史料の解釈に加え、まさに言語の相違とそのエーゲ=アジア地域との関連に基づいて、東方から海路で到来したと推測した。このことにより、古代イタリアの移民の状況、ひいては歴史そのものを「地中海の」エトルリア人と「ヨーロッパ人」のイタリキ人の対置という一種の図式的二元論に統合する根強い確信が生まれた。ただしその理念は、インドヨーロッパ語化される以前のイタリアの土着的要素の現れをエトルリア人に認めようとした人たちのように、その他の解釈の可能性を全く考慮しないものであった。いずれにせよこの問題は次項で詳述することになる。

最近数十年までの見解の流れは以上のように集約されるのだが、第二次大戦後、考古学的発見・研究の例を見ない増強と目覚ましい批評的見解の前進により、図式的でしかも多くの点で非実証的な復元を図ろうとする理論の大勢を乗り越え、それに代わってデータの複雑さに対してより配慮し、より陰影に富んだ評価を与えながら、蓄積された知識に新しいパースペクティヴが開かれ、同時に問題性が拡張されていった。古代イタリアの直接の先行者について、そしてイタリアの歴史的構築の始源についての研究の拡張と深化というこのプロセスに関し、エトルリア文明の起源をより総合的な文脈において理解するために不可欠な前置きとして、以下に要諦を示したいと思う。

考古学的資料

考古学的な視点は、かつてしばしば信じられていたのとは違い、それ自体では民族的・歴史的実態に関する情報を提供するには不十分であるとはいえ、データの豊かさと多様性ゆえに、文献資料が普及する以前の状態における人々の生活や社会の発達を知るための確実に明白な基礎となるものである。現在では、特にベルナボ・ブレーア Bernabò Brea がリグーリア州のアレーネ・カンディデ Arene Candide の洞穴とシチリアのエオリア諸島でおこなった発掘調査や、カシュニッツ=ヴァインベルク、ピットーニ、ミューラー=カルペ H. Müller-Karpe、ペローニ R. Peroni らによる大幅な修整、組織的な分類の作業などに引き続いて、50 年前よりはるかな正確さをもって考古学的状況を位置づけること

が可能である。それによりイタリア先史時代の最終局面（「原史時代」と命名することもできる）について、以下のような発展段階をたどることができる。1）新石器時代。初期、中期、後期に区別される。数千年に及ぶこの間にイタリアにおける居住民の基礎が生まれるとみなされる。2）紀元前3000年期から2000年期初頭に至る金属器時代の初期、あるいは銅石併用時代。地域による相違と明らかな進歩の過程が現れる（エーゲ＝アナトリア、東ヨーロッパ、「釣鐘型杯」の西ヨーロッパなどの影響）。3）前2000年期前半の初期青銅器時代。[**16]ただしこの前後の局面との明確な区別はむずかしい。4）前2000年期中葉の中期青銅器時代。アペニン文化と称し、印刻文のほか、雷文、菱形文、螺旋文などの幾何学文が施された陶器が出土し、半島ではほぼ均一の形をとる。外縁地域ではミュケナイからの輸入が始まるなど、エーゲ海地域の影響が現れる。5）前13-12世紀の後期青銅器時代。後期アペニン（または亜アペニン）文化の様相を呈し、ミュケナイ文明の最終段階に一致し、その陶器がイタリア全土に発見される。ただしポー川流域ではすでに述べたテラマーレ文化が開花する。6）前2000年期末から1000年期初めにかけての晩期青銅器時代。「原ヴィッラノーヴァ式」といわれる典型的な火葬の墳墓がイタリア全土に広がり、金属器をはじめとする新しい形式の製品が生まれる。このことは、地中海地域、すなわち亜ミュケナイ、原幾何学時代のギリシアとの関係が弱まるのと逆に、平原埋葬のヨーロッパとの交流が盛んになることを示している。7）最後にいわゆる鉄器時代であり、古代イタリアの民族的・文化的アイデンティティをもったいくつかの集団が形成され、南イタリアとシチリアへのギリシア人の植民が始まり、エトルリア、ラティウム、カンパーニアで最初の都市が誕生し、こうして歴史時代への移行が決定的なものとなる。

　古代イタリアの歴史的構造が形成される経緯は、以上に要約した通りである。しかし明らかに集中して注目しなければならないのは、この形成を決定づける状況、つまり青銅器時代から鉄器時代への進行に関わるいまのところ矛盾するきわめて複雑ないくつかの問題である。この現象を理解するためには、これまでもつねに激しい議論の的となってきた編年的な判断と、イタリア外の地域、すなわち特にギリシアと関わりのある東地中海とヨーロッパ大陸の文化的現象との関係の研究をおろそかにすることができない。以下においてこの問題の研

究の現状を可能な限り要約しよう。しかしこれらに関するすべての知見は今後の発掘調査の進行によって修正されるかもしれないことを予告しておく。

　考古学的資料を時間的に整理するための研究は、一つには連続性、その期間、局面の共存（比較編年）、他方では年代そのもの（絶対編年）を決定する方向に向けられる。第一の目的は資料そのものの分析、すなわち、層位的データ、地形学的範囲（いわゆる水平層位学）、形態的変化と発達、確実に関連する各種の物品の出現の頻度（たとえば一つの墳墓の副葬品全体）などについての観察と批評的解釈によって達せられる。一方、絶対年代決定は、文献による直接的資料が存在しない場合、歴史的に実証された古代文明の他の地方に由来するか、もしくはともかく編年的概要が確かな外来製品（この場合は近東とエーゲ地域）の存在に加え、副次的にせよ同時代性を推測させる相互的接触の証によってのみ可能となる。しかし付け加えれば、周知のように、現在では出土した有機物の物質の科学的分析、特に炭素放射能の測定（C14）や木材の年輪の計測（年輪年代学）に基づく、より直接的な年代決定法が存在する。とりわけ C14 法については、最近の研究によって欠点が明らかになり、年輪測定のデータに基づく修正の必要が指摘され、有効性に対する不信感が生まれてはいるが、イタリアの先史時代研究にたびたび活用されて、しばしば一貫性のある納得いく結果を出している。

　イタリアの青銅器時代の中期・後期の展開の状況はかなり明らかである。一方では後期アペニン文化・亜アペニン文化の進行、他方ではミュケナイの影響を受けた南部、沿海地方、島嶼部の外縁地域に代表される半島の一律な文化的様相を知ることができる。ミュケナイの影響というのは、主としてヘラディック後期の陶器類の輸入に現れ、最も古い時期（ミュケナイ I、II 期）にはさほど多くないが、ミュケナイ III A 期に増加し、III B 期にピークを迎え、III C 期には漸減する。いまのところ、この影響が直接見られるのはプーリア、シチリア東部、エオリエ諸島のほか、サルデーニャ、カンパーニア、エトルリア南部であり、イタリアのその他の地域でも散発的に発見されているようである。こうした際立った現象は疑いもなく活発な航海と交易の活動を反映するものであり、ターラント近郊のスコーリオ・デル・トンノやシチリアのタプソス Thapsos などで想定されているような「準植民市」型の拠点が設けられた可能性が

ある（後者ではまさに計画都市の痕跡が姿を現している）。この現象の頂点はミュケナイの政治的・経済的最盛期（前14-13世紀）にあたり、その衰退後もしばらく続くが、やがてイタリア半島先端部とギリシア西部との限定的な関係に縮小してゆくことになる。

　アペニン文化の「先史時代」のイタリアと、イタリアに最初の「歴史的」接種をもたらしたミュケナイの海上からのアプローチという二つの文明の間に明瞭な相違があるとしても、相互の浸透の兆しがないわけではない（プーリアのコッパ・ネヴィガータ Coppa Nevigata から中部イタリアのティレニア海地域のルーニ・スル・ミニョーネ Luni sul Mignone に至る地域での初期的都市構造の出現や、東方由来の青銅製副葬品の存在、ヴァイオリンの弓型の留め金の普及など）。エーゲ海地域の影響の波は、特に後期青銅器時代に著しいものとなり、さまざまな点において発達・変化・開放の兆しを与えることになる。すなわち、ヨーロッパ大陸の初期の平地埋葬との関係、ポー川流域のテラマーレ文化と後期アペニン文化の交流、火葬の普及の始まり、金属産業の盛行、エオリエ諸島のミュケナイ化と後期アペニン文化の重層（おそくとも前13世紀中頃）などが起こるのである。

　次にくる晩期青銅器時代は一層あいまいで複雑に見える。事実、東地中海からの輸入、あるいは直接的影響についての編年的"ガイド"は完全に途絶え、フェニキアとギリシアとの接触や、南イタリアおよびシチリアにおける最初のギリシア人の植民が始まる鉄器時代に再び姿を見せることになる。同様に青銅器時代から鉄器時代への移行期とみなされるこの時代の編年については、二つの異なる見解がかつてあり、部分的にはいまでも続いている。第一はイタリアの鉄器時代文化の開始を前10世紀まで遡らせて晩期青銅器時代を単なる短い移行期とする見方（モンテリウスやヘンケン）であり、第二は「亜ヴィッラノーヴァ文化」の現象を前9世紀から8世紀まで引き延ばす説である。いまのところ晩期青銅器時代はもしかすると前12世紀から始まり（その前の後期青銅器時代との線引きはむずかしい）、おそくとも前11-10世紀にまたがり、その文化的な特徴のある部分は9世紀初めまで継続する可能性もある、きわめて長期にわたる実質豊かな時期であったとする意見が優勢である。いうまでもなく、それは著しい変化と断絶の時代であり、まさにこの時代的環境に、歴史的イタリ

アの形成をもたらした決定的状況の中核があったとわれわれは改めて考えたくなる。

　事実この時代に、伝統的な生活様式と変革の目覚ましい兆しが、衝突とはいわないまでも、並列し、交差するように思われる。確かに亜アペニン文化の基層は執拗に存続していた。しかし、火葬の風習という明白で革命的な現象がその上に重ねられる。火葬はヨーロッパの平地埋葬の変化形としてすでに北イタリア（カネグラーテ Canegrate、モンザ Monza、カジナルボ Casinalbo、クレスペッラーノ Crespellano、レッジョ Reggio、ボヴォローネ Bovolone、など）や、南イタリア（プーリアの沿岸地方の橋頭堡としてカノーザ Canosa に中期青銅器時代から確認される）に出現していたが、いまやアルプス地方からシチリアに至る全土において密集したネクロポリスの形で現れる（最も有名で重要なものをあげれば、北ではアスコーナ Ascona、マルペンサ Malpensa、フォンタネッラ・マントヴァーナ Fontanella Mantovana、サン・ジョルジョ・ディ・アンガラーノ S. Giorgio di Angarano、ビズマントヴァ Bismantova、中部ティレニア海沿岸ではヴァッレ・デル・フィオーラ Valle del Fiora、モンティ・デッラ・トルファ Monti dellaTolfa、アドリア海沿岸ではピアネッロ・ディ・ジェンガ Pianello di Genga、南東部ではティンマリ Timmari、トッレ・カステッルッチャ Torre Castelluccia、メッシーナ海峡周辺にトロペーア Tropea、ミラッツォ Milazzo)。

　これらの墓には非常によく似たいくつかの特徴がある。なかでもしばしば双耳の骨壺が使われていることで、これは次代のヴィッラノーヴァ文化の骨壺と似ているので、パトローニは「原ヴィッラノーヴァ」という呼称を採用した（他の研究者は「前ヴィッラノーヴァ」を用いる）。しかしこの時代の陶器と青銅器の特有の装飾様式は、墳墓の中だけでなく、住居や倉庫（蓄財用と宗教用用具とがある）の中の品物にも見られ、アルプス以北の平地埋葬の文化の強い影響を示し、すなわちイタリア特有の現象である「原ヴィッラノーヴァ」的要素を残しながらも中央ヨーロッパ世界への接近が見て取れる。われわれにとって最も重要なことは、それが北から南までのイタリア全土に共通する現象であり、アルプス以南の統一的視界を開く最初で唯一の時点を意味するということである。それに対応する現象が、すでに述べたように、ギリシアとの海上の接触が

減じたことであり、その証拠に陶器の輸入と模作がきわめて少なくなり（ミュケナイ III 期＝亜ミュケナイ期と原幾何学時代の影響がわずかにプーリアに見られる）、いわゆる「中世ヘレニズム」の東地中海文化の衰退と混乱の現象との関わりが考えられる。しかしながら、イタリアにおいては同様に前代と比較して衰退が起こったというべきではない。反対に、最近の考古学調査によれば、人口的・社会的・経済的・文化的に発達を遂げたことが考えられる（ヴァッレ・デル・フィオーラ、ルーニ・スル・ミニョーネなどの南エトルリアの記念碑的建造物、ポレジーネ河岸のフラッテジーナ Frattesina の大規模な港など）。

晩期青銅器時代に関しては研究者たちが現在非常に関心を高めている多くの問題点がある。すなわち、火葬人種の起源と移動（人種あるいは風習の移動があったのか、あったとすればどの程度なのか）、半島に先住した土葬人種、あるいは滞留する亜アペニン文化との関係、ほとんどいたるところに兆候を残す「原ヴィッラノーヴァ文化」自体に編年的区分を設ける可能性、最終的段階において、鉄器時代の大規模な地域文化の形成の前触れとなる地方的相違が生まれる予兆などの問題である。この点に関して典型的なのは、前 10 世紀に開花した現ラツィオ州のいわゆるコッリ・アルバーニ Colli Albani（ローマ南東の丘陵地帯）の様態であり、際立った特徴をもっていた（小屋型棺、矮小な遺物、テラコッタの小人物像）。この文化に対しては「原ラティウム」と命名することができる。ある意味で同様に、北イタリアの諸文化に「原ゴラセッカ」**[17]、「原エステ」**[18]、「原ウェネティ」、プーリアでは「原ヤピージ」**[19] などという呼称が与えられ、一方「原ヴィッラノーヴァ」は晩期青銅器時代にヴィッラノーヴァ文化が伝播する地域、すなわちエトルリアに限って用いられる。

地域的相違に関しては、「原ヴィッラノーヴァ文化」の墳墓とは別のこの時代の他の要素についても注意する必要がある。すなわち、エオリエ諸島とシチリア島内部にも多少の影響をもついわゆる「アウソニア II 期」**[20] の文化、とりわけシチリア東部の宗教文化についてであり、そこでは非常に古くから滞留する地方的伝統（人工の小洞窟を用いた土葬墳墓）を基盤として、依然として強固なミュケナイ化の局面（北パンタリカ Pantalica）**[21] から中間期（カッシービレ Cassibile、デッスエーリ Dessueri）**[22] を経て、鉄器時代全期にわたる（南パンタリカ）断絶のない発展をたどることが可能である。

I イタリアの曙 39

　一般に鉄器時代と呼ばれる時代——先史時代の区分、特にヨーロッパ大陸における大きな文化的変遷に関連して用いられる術語——はイタリアでは実のところ長期にわたる均質的で判然とした編年の次元として現れるものではない。むしろ鉄の使用の出現と普及、幾何学文様と具象的造形を伴う豊富で種類の多い物品、贅沢な副葬品とともに埋葬された墳墓、社会的・経済的差異が生まれ、原都市的形態に住居が集中し始めることなどに特徴づけられる新しい発展の一局面であり、ある地域（ギリシアの植民が起こる南イタリアと特にティレニア沿海部のエトルリア）では特定の時期（前9世紀）に青銅器時代の様態に代わってかなり急速に「歴史的」局面とみなされ得る、より高度な文明のレヴェルに移行するのに対し、他の地域（半島内陸部、アドリア沿海部、北イタリア）では、かなり先の時代、時にはローマによる統一までその本質的痕跡を留めながら存続することになる。要するに、一つの時代というより一つの状況であり、文字に記された歴史の直前、または部分的には同時期であり、まさに「原史時代」（protostoria）と定義するのにふさわしい。

　いずれにしても最も目覚ましい事実は、はじめから現れる地域文化グループのきわめて明確な相違であり、各グループにおいて、ローマ以前のイタリアで顕著な大規模な歴史的な民族的統一体のいくつかがすでに形成され、あるいは形成に向かいつつあったことを容易に認めることができる。もうひとつの一般的特徴は、土葬と火葬という対照的な風習の違いによって二つの地域文化が分けられることである。土葬はシチリアを含む半島の南とアドリア沿海部であり、火葬が行われたのは北イタリアとティレニア沿海部とカンパーニアの一部、そして一時的には内陸の縦軸部分である。葬制に関するこの分離もまた、鉄器時代の文化とともに、先代ではまだ流動的だった伝統がより固定的なものとなる兆候である。

　さてここで土葬が優先する地域から始めて、種々の現象を整理してみよう。シチリアは、一般的な意味で（そしてある種の限定的部分では特定された意味で）原史時代の南イタリアの範疇に属しているが、すでに述べたように、青銅器時代に由来するさまざまな地方的伝統が継続していることと、島の東部（パンターリカ、フィノッキート Finocchito の地下墓地、アドラーノ Adrano の洞窟倉庫の装飾青銅器など）および西部（サンタンジェロ・ムクサーロ S. Angelo

Muxaro、ポリッツェッロ Polizzello におけるミュケナイの模作)など、さまざまなかたちで現れる独自の特徴(たとえば幾何学文様や「羽毛文」と呼ばれる彩色陶器など)をもつこと、という二つの点で、独自性を有するといえる。シチリアの鉄器文化はギリシア人の植民以前と同期に存在し、特に前 6-5 世紀に盛んとなるが、史料が示す通り明らかにシークリ人 Siculi とシカーニ人 Sicani[**23]に属していた。

　現在のカラブリア(カナーレ Canale、トッレ・ガッリ Torre Galli、フランカヴィッラ Francavilla など)からカンパーニア(ヴァッレ・デル・サルノ Valle del Sarno、前期ヘレニズム時代のクーマ Cuma)に至る南西イタリアは、石材や土を積み上げた穴型墳墓で代表される文化圏に属し、前 9-7 世紀に栄えたが早々とギリシアの植民の影響を受けて変質する。この地域の原住民は、記録によれば、エノートリ人 Enotri[**24]、アウソーニ人、オピキ人 Opici[**25]、イータリ人 Itali[**26]、モルゲーティ人 Morgeti[**27]、シークリ人などの種族であったと考えられる。その影響は前 8 世紀にはより北方のラティウム(デーチマ Decima)まで及んだことは注目に値する。この文化としての一つの特例はバジリカータ州(ロッカノーヴァ Roccanova、クラーコ Craco、フェッランディーナ Ferrandina)に見られるいわゆる「エノートリ式」と呼ばれるカーテン風の幾何学文様の陶器の存在である。これと類似する形でプーリアの文化も発達し、これは南から北に向かって地域的な分布の違いがあり、メッサーピ人、ペウケティア人、ダウニ人 Dauni(全体としてヤピージ Iapigi、またはアープリ Apuli ということもある)などの種族に属していた。

　ここでわれわれは、鉄器時代の始めからほとんどローマの征服の時期に至る継続性、そして都市的文明に向かう進歩という一つの壮大な現象をはっきりと見ることができる。その証明となる特徴は、時代によって多少の違いがあるが、幾何学文様の彩色陶器、人像型に掘られた石碑(ダウニ人の領域に特有)、壁画のある墓室、大規模な市壁、建築的墳墓などである。一方プーリアは、特に鉄器時代に、アドリア海のイタリキ人およびイリュリア沿岸地方の文化的蓄積に多かれ少なかれ結びつけられている。アドリア海は二つの地域を隔てるよりもむしろ近づける働きをしたのである。そうした中で最も古い特徴として現れるのは、イタリア半島の側に関していえば、ピケヌム Picenum[**28]人地域における土

葬のネクロポリスである。具体的な遺跡としては、カンポヴァラーノ・ディ・カンプリ Campovalano di Campli、アスコリ Ascoli、ベルモンテ・ピチェーノ Belmonte Piceno、ファブリアーノ Fabriano、ピティーノ Pitino、ヌマーナ Numana、さらにピケヌム人の領域より少し北寄りのノヴィラーラ Novilara など、南側にはカペストラーノ Capestrano、アルフェダーナ Alfedana がある。この広大な中部アドリア海文化圏の影響は、半島の中央部のウンブリア、サビーナ、ラティウム、カンパーニアにまで深く浸透するが、そこにおいてサビーニ人[**29]、サベッリ人[**30]、サムニウム人[**31]、ウンブリ人という名をもつオスク=ウンブリ語族が歴史の舞台に登場することになると考えられる。

　土葬から火葬の葬制に目を移すと、まず第一に、すでに述べたラティウムの晩期青銅器時代の典型的な表現として、コッリ・アルバーニ周辺とやがてローマとなる場所に開花する文化の存在を認めることができる。この文化は前9世紀にはその主要な特徴を維持するのだが、徐々に土葬から火葬に移行し、同時に前8-7世紀には経済的発展と社会的格差が鮮明となる。近年のいくつかの地点（ヴィア・ラウレンティーナ Via Laurentina、デーチマ、ラヴィーニオ Lavinio、ガビーイ Gabii）の発掘で明らかになった南イタリアの穴型墳墓に似た墓室や、そこにおけるギリシアとエトルリアの影響がそのことを証明している。すなわちそれはエトルリアの東方化文明の達成（パレストリーナ Palestrina の王家の墓）や、いまや完全に歴史時代に入ったローマと前6世紀のラティウムの他の都市の繁栄のプロセスを意味している。ラティウムの文化が形成の当初から独自の「エトノス」を顕示していたことは疑いもない（つまり葬制の変化がなんらかの別の種族の到来を意味することは全くないということだ）。同様の文化的・葬祭的発展は、場所的に限定され、見えにくいとはいえ、テーヴェレ川に近接する地域、すなわちファリスキ人 Falisci[**32]の居住地域やサビーナ、ウンブリア（テルニ Terni）などの鉄器時代の文化にも認められる。

　北イタリアにおいて空間的・時間的・質的な一貫性と、確実に設定できる民族的帰属——なにはともあれ本格的な火葬文化が典型であるが——という点での歴然とした現象は、以前はエステ文化といわれていた古ウェネティ文化によって代表される。それは晩期青銅器文化に根を下ろし、数世紀後のケルト人の侵入やローマ人の北方への進攻の最初の段階に至るまで続く有機的発展の形を

示すものである。そこには中央ヨーロッパ（平地火葬墳墓、特に現オーストリア北部のハルシュタット Hallstatt）とそれに類似するポー川流域の文化（ヴィッラノーヴァ文化、ゴラセッカ文化）への重層的関係が存在するが、同時に特に打ち出し青銅細工の技術・意匠におけるオリジナリティもはっきり見て取れる。この工芸は「シトゥラ」と呼ばれ、つまり一種の円筒形のバケツであるが、骨壺にもこの形式が数多く見られる。そしてようやく最終段階で都市的な集落（パードヴァ Padova）と海港（アドリア Adria）が誕生することになる。まさにウェネティ人のこうした文化的様態と対立するのが、アルプス山麓とポー川流域の鉄器時代の重層的で多様で類別しがたい文化現象であり、より詳しくいえば、東はスロヴェニア、北はハルシュタットに接し、特に前述のゴラセッカ文化時代のロンバルディア湖沼地帯に集中的に現れる。一方南ではリーグリ文化（キアーヴァリ Chiavari）の一変種が認められ、西ヨーロッパの影響と関連している。それはリーグリ人の居住地帯と一致することが文献史料で確認され、非常に後の時代まで継続する。そうした土着民の地層にケルト人がどれだけ存在感を示したか、前5世紀以後、ラ・テーヌといわれるより新しい鉄器時代初期の文化の伝播とどれほど関連するのかなどを決定することは依然むずかしい。

　最後に、鉄器時代初期に現れたイタリア中部・北部における広がりと勢力という点で最も重要な火葬の文化について考察しよう。それはエトルリアと最も関係深いヴィッラノーヴァ文化である（19世紀に初めて特定されたボローニャ近郊のヴィッラノーヴァから命名）。その際立った特徴は墓から出土した黒陶の骨壺であり、二本の円錐をつないだ形をなし、把手が一つで蓋（時には兜の形）がつき、直線の幾何学文様が彫られている。その地理的分布については以下のように分類することができる。1）エトルリアのほぼ全域に存在するティレニア沿岸のヴィッラノーヴァ文化。タルクイニア、ヴルチ、ヴェトゥローニア、ポプローニアなどの沿岸部や、内陸のウェイイ、キュージ、ヴォルテッラなど、後の歴史時代に主要都市となる場所のネクロポリスに痕跡が確かめられる。きわめて豪華な副葬品を伴い、時間とともに舶来品（サルデーニャとギリシア）で占められるようになり、また、原ラティーニ文化と同様の典型的な小屋型の骨壺が普及する。2）ボローニャとその近辺のエミーリアのヴィッラ

ノーヴァ文化。独特の特徴を備えている。兜型の蓋は存在せず、北イタリア、とりわけ古ウェネティの鉄器文化との関係が著しい。3）ヴェルッキオ Verucchio、サン・マリーノ San Marino など、ロマーニャ地方のヴィラノーヴァ文化。兜型の蓋が認められる。4）マルケ州のフェルモ Fermo のピケヌム人の拠点であるが、いまのところ孤立している。5）南イタリアのサレルノ近郊のポンテカニャーノ Pontecagnano、パエストゥムに近いカポフィウーメ Capofiume、そして特にタナーグロ渓谷のサーラ・コンシリーナ Sala Consilina に見られるヴィラノーヴァ文化ないしヴィラノーヴァ文化的な遺跡。周辺の鉄器文化の影響が強く見られる。カンパーニア地方にもいくつかの痕跡がある。中央部、北部、南部ともに、その出現の時代はほとんど同時期（前9世紀）であるが、発展と終焉の形態は異なる。南部エトルリアとサレルノ地方では、当初から火葬のみではなく、前8世紀に早くも穴型墳墓の地域の影響を受けて土葬の風習も重層する。つまりすでに見たように、中間的地域であるラティウム（ヴィラノーヴァ文化ではない）にも共通する現象であり、前線地帯の中途半端な状況を示しているのである。

　エトルリアは急速に、土葬優位の典型的なヴィラノーヴァ文化を継承・発展させることになる。すなわち前8世紀末頃には、富と権力が集中し、都市的居住区、記念碑的な造形、文字の普及を伴う近東とギリシアに由来する理念や文物に支配された東方化文明にエトルリアは流れ込むのである。これがエトルリア民族の歴史的最盛期の始まりということである。同様にして、サレルノ地方、ラティウム、ヴィラノーヴァ文化ではないカンパーニアにおいても、ギリシア植民市に最も近いゆえに、東方化、ギリシア化の局面に移行する。

　ボローニャ地方のヴィラノーヴァ文化はこれと異なってティレニア沿岸部よりも文化的に遅滞し、サーヴェナ Savena、サン・ヴィターレ San Vitale、ベナッチ Benacci、アルノアルディ Arnoaldi の墳墓の時期を経て、わずかに散発的に東方化を受容し、北方への志向を内包しながら、前6世紀を越える頃まで持続する。[**33] 最後に注目すべきは、ヴェルッキオではヴィラノーヴァ文化がアドリア海地方の文化と共鳴しながらも、東方化文化が特に開花することが知られている。

　これらすべての事実を一つの民族の文化史的視点から解釈することは容易で

はない。しかしながら、考古学的調査によって明らかになった限りにおいて、半島中心部に生成した「ヴィッラノーヴァの原型」が、陸路で沿海部エトルリアから内陸に、そしてアペニン山脈を越えてエミーリア・ロマーニャの「橋頭堡」に達し、さらにおそらくは海路によってエトルリアからサレルノ海岸に、またアドリア沿海部ではロマーニャからフェルモに到達し、そして一方、周辺地域は他の地方的文化圏（南ではサレルノ地方、北ではボローニャ、アドリア沿海ではヴェルッキオとフェルモ）と接触して化合したという考えは十分受け入れられるように思われる。このことを前提とすれば、ヴィッラノーヴァ文化人が、イタリアの他の鉄器文化と同様に、この地域で歴史的に認知される民族的統一形態として最初に表面化されたもの、すなわちエトルリア民族であり、かれらが南方および北方に向かって拡張を始め、つまりエトルリア外部で存在が歴史的に証明されることになるという推論が正当化されるように思われる。しかしこの点についてはエトルリア人の起源の問題を扱う次節で詳述する。ヴィッラノーヴァ文化がいかに重要であるかということは、この文化の生産物がギリシアに輸出されている事実で認められるだろう。

　最後に簡単に触れておきたいのは、ティレニア海を挟んでイタリアと対置する二つの大きな島、すなわちサルデーニャとコルシカについてである。これらの島の文化は先史・原史時代のイタリアには無縁であるかまたはきわめて二次的であるに過ぎない。サルデーニャのヌラーゲ文化と呼ばれる重要な現象は、円錐の塔の形をした城塞（ヌラーゲ）、井戸形の神殿、曲線をなす住居、半円形の墳墓群などの建築物と青銅の小彫像を遺しているが、最盛期は青銅器時代であり、カルタゴによる島の征服（前6-5世紀）まで前1000年期を通して存続する。またコルシカ南部のいわゆるトレアーナ文化は、より弱体で限定的である。どちらもエーゲ海、西地中海の先史文明と関連があるとみなされる。サルデーニャでは、後述するように前9世紀と6世紀にエトルリアとの接触があるが、イタリアおよびヨーロッパの鉄器文化の影響はきわめて限定的で、実際には全くなかったといってもよい。

言語学的資料

　古代イタリアの言語に関する研究は最近の数十年間に、イタリアおよび諸外国の研究者たち（たとえばリベッツォ、クレッチュマー P. Kretschmer、バッティスティ C. Battisti、デヴォート、ピサーニ V. Pisani、ヴェッテル、プルグラム E. Pulgram、ティビレッティ M. G. Tibiletti など）によって著しい進歩を遂げた。ラテン語とギリシア語を除いて、われわれが手にするきわめて不完全な資料はほとんどが碑文に限られ、それらは数が少なく、大方は短文であり、内容的にも限定され（宗教・葬祭）、しばしば難解で、わずかにラテン語かギリシア語の注解が添えられていることもある状況である。このような条件においては、これらの言葉の構造の部分的な再構築はもとより、場合によっては比較分類したり分布・推移を判別しようとすることはむずかしい。それらの起源、血縁や影響関係、他の言語地域とのつながりなどを知ろうとする探求は、なおのこと険しい道のりと思われる。つまり歴史時代の資料を手がかりとしてイタリアの言語的「原史」、「先史」に遡ることは困難なのである。先史時代の考古学と同様に、言語についても同時代の直接資料を欠いているわけである。地名学、すなわち言語の変遷を超えて依然として残留する地名の採集と研究は、それらの起源の時代や原初の意味を特定することが困難であるため、先史時代の言語の状況を知る上には、きわめて限定的で不確実なものとなって役立たない。

　そうした困難にもかかわらず、何人かの言語学者たち（リベッツォ、トロンベッティ、デヴォートのほか、ベルトルディ Bertoldi、アレッシオ Alessio）は、西アジア、エーゲ海地方（これについてはより適切な言葉として「プレ・ヘレニズム」という言い方がある）から西ヨーロッパまでの広域にまたがる種々の資料との比較によって、イタリアのプレ・インドヨーロッパ的基層に対する研究を深めることに成功した。これらの証拠からは、近似的に、そして慣習的に「地中海的」と規定されるきわめて古いいくつかの言語の存在が推測されるのである。この研究が基礎に置いているのは、なにはともあれ地名学そのものであるが、併せて、地方的な最古の言語の残滓とみなされるラテン語とギリシア語や、時には近代の方言などの語彙の中の非インドヨーロッパ語の単語の収集

もまた必要である（ことに地理的な区域、植物、動物などの名称、専門用語など）。いうまでもなく、エトルリア語の場合と同様に、原インドヨーロッパ語の地層の存続を全体あるいは部分的に示すとみなされる碑文に記録された歴史時代の言語との比較研究も活用される。こうした微妙な研究は、すべて抽象的な再構築の枠内でなされ、結論を導き出すための正統的な方法論を欠くため、結果は曖昧模糊としたものである。

にもかかわらず、イタリアではインドヨーロッパ語到来以前の基礎的な局面が存在し、他の地中海地域やヨーロッパ地域の言語の原点と部分的に類似した、インドヨーロッパ語とは全く異なる構造をもついくつかの言語が話されていたという事実は確認されたことはまちがいない。しかし、これらの言語が別々のグループに属していたのか、そのうちの特定の言語がもうひとつの上に重なったのか、地域的にどのように分布していたのか、統一された形成の形態が存在したのか、またそれぞれの言語とインドヨーロッパ語族との関係をどのようにして把握すべきなのか……を確定することは非常にむずかしい。

「プレ・インドヨーロッパ語」（preindoeuropeo）と一般に認められている概念は、本来血縁関係をもつ地域内でさえインドヨーロッパ語とは異なるものと捉えられる「原インドヨーロッパ語」（protoindoeuropeo）（クレッチュマー）、プレ・インドヨーロッパ諸言語とインドヨーロッパ語との接点にあたる地域を想定した「周縁インドヨーロッパ語」（periindoeuropeo）（デヴォート）という概念によって修正・再編成されることになった。こうした批評的見解は、理論的であれ推測であれ、「地中海的」言語世界とインドヨーロッパ的言語世界を対置させる考えを弱める傾向をもつ。トロンベッティは、自身が「バスク・コーカサス語」basco-caucasico と名づけた、より古い言語の地層と、「エーゲ・アジア語」egeo-asianico と定義したより新しい地層の存在を推定した。

第一のものは、今日では「イスパノ・コーカサス語」ispano-caucasico と改称されているが、サルデーニャを除いてはイタリアには歴史時代以前の明確な痕跡が遺っていない。サルデーニャでは、いまや通説となっているが、ローマによる征服以前にはピレネー山脈地域の住人のバスク語と遠縁にあたる言語が話されていた（このことについては文献資料はないが、サルデーニャの地名の奇妙な由来に関する研究の成果によって証明される）。この言語の地層について

は、まさに「周縁インドヨーロッパ語」という呼称の語義が適用されるだろう。

「エーゲ・アジア語」の地層は、イタリア半島の言語の深層と、たとえばエトルリア語のような歴史時代の言語のタイプを、エーゲ海のプレ・ヘレニズム期の深層や小アジアの諸言語との関係から生じる複雑な様相そのものを表すものである。そのことはより正確にいえば、共通する諸要素がエーゲ海地方から、リベッツォのいうところの「ティレニア的」統一という意味でのイタリア地方に初めて伝播したこと、あるいは、ドナウ・バルカン地方に由来し、クレッチュマーが「ペラスゴイ語」または「レト・ティレニア語」reto-tirrenico と名づけた一つの先史言語がこの二つの地域（ラエティアとイタリア）に流入したこと、あるいはまた、ペラスゴイ人やティレニア人の航海に関するさまざまな伝説に現れるような海上からの移住または侵入の結果として捉えることができる。想定される「エーゲ・アジア的」地層は、異質な現象の総体ではなく統一的実体なのだから、前述の「原インドヨーロッパ語」や「周縁インドヨーロッパ語」の概念に戻っていうなら、インドヨーロッパ諸言語の非常に古い時期の結合を意味するであろう。

かつてイタリア全土を古代の言語的地層との関係に基づいて、「古ヨーロッパ」地区、リグーリア地区、イベリア地区、リビア地区、エーゲ地区などと、地域別に分類しようとする試みもあった。しかしデータ（特に地名学的）の複雑さ、不確かさのゆえに、こうした視点による追求はいまのところ不適切なものとなっている。唯一可能なのは、アルプスからシチリアまでほとんど変わらずに伸びる「ティレニア的」要素に逆らう形で現れるイベリア世界に接する西側の地帯、あるいはサルデーニャにおけるイベリコ・リビア地帯と対岸のティレニア沿岸部（先史時代の「釣鐘型杯」の普及地帯か？）を区分することである。ただしなんらかの地理的ヴァリエーションは認められるのであり、たとえば、非常に有名で頻度の高いプレ・インドヨーロッパ語の pala（凹・凸いずれもの「丸み」を表す）は、アルプス地方と半島部の地名に盛んに現れ、またイタリキ人の言語の語彙に流入し（ラテン語 palatium の語源となる）、これがリグーリアとサルデーニャでは bal- に代わり、他方アルプス東部と半島（および歴史時代のエトルリア語）では fal- となる。

インドヨーロッパ諸語の起源、イタリアへの浸透、諸語の相互関係、土着の

言語との関係といった問題は、いまだに研究者の間の過熱した課題であり論争の的であるが、多くの点が依然として未解決のままである。われわれが知り得る限りにおいて、このプロセスの終着点はといえば、歴史時代初頭のイタリアの言語状況、すなわち、前7世紀から5世紀にかけて文字の筆記が一般化し始めるときであり、その状況は以下のように要約することができる。ギリシア語およびフェニキア語という植民者の言語を考慮の外においていえば、エーリミ人 Elimi（［ギ］Elymoi、［ラ］Elymi）とシカーニ人が住むシチリアの西部では、まだ分類が判然としない言語による碑文がわずかに残るのみだが、シークリ人の住む東部では明らかにインドヨーロッパ語に属する言語、すなわちシークリ語の碑文があり、これによればこの言語はラテン語のみならず、他のイタリキ人の言語との類似を示しているように思われる。オスク語のイタリキ人が拡張する以前の西南イタリアの住民（エノートリ人、アウソーニ人、イータリ人、モルゲーティ人、シークリ人その他）に関しては、言語的アイデンティティを考証するための確かな要素がこれまでのところ完全に欠落している。

　後述するように、ラテン語やシークリ語に類似する原初的な地層が存在したと考えられたことがあった。わずかに残る碑文について今日では「南イタリキ語」という用語が当てられている。それに対してプーリアの住民ヤピージ人（またはアープリ人）、特にその一群の最南のメッサーピ人の言語は明確に判別され、伝統的にメッサーピ語と呼ばれるものはインドヨーロッパ語に属し、他のイタリキの言語とは区別され、イリュリア＝バルカンの言語に類似する。中部イタリアのティレニア沿岸に戻ると、完全にインドヨーロッパ語であるのはラテン語であり、これは古代ラティウムおよびテーヴェレ川右岸のファリスキ人地区で原初から話されていたものだ（後者の区域では後にサビーニ語とエトルリア語の影響を吸収した方言的なファリスキ語が形成される）。しかし、ラテン語はローマの拡張とともにイタリア全土に波及することになる。

　アペニン山脈地帯からアドリア海、ティレニア海にわたり、シチリアを臨むイタリアの最南端に達する半島の中心部に歴史時代にいたるまで居住し続けたという点できわめて重要な意味をもつのは、東部イタリキ人と規定される種族である。これはその事績、文化によって種々の独自の「代称」をもつが、そのアイデンティティはことにサベッリコ・ウンブロ語（オスコ・ウンブロ語と呼

ばれることが多い）という言語によって認定される。この言語はそれ自体インドヨーロッパ語であるが、メッサーピ語やラテン語とは異なる起源をもち、多くの碑文を遺している。一つの言語というよりも、方言的なヴァリエーションがはっきり区別されるから、むしろ言語集団という視点で論ずることができるかもしれない。つまり南ではサムニウム人、カンパーニア人、ルカーニ人、ブルッティイ人[**36]からシチリアのマメルティーニ人[**37]に至るオスク語であり、中部ではアブルッツォの住民のオスク語に似た話し言葉であり、北部ではウンブリ語である。そしてまちがいなくこのグループに結びつくのがサビーナとピケヌムの方言（「原サベッリコ」、「南ピケヌム」、中部アドリア沿岸などの碑文がある）である。一方これと全く異なり、実体も起源も把握できないのがノヴィラーラ（マルケ州ペーザロ付近）での遺物からのみ知られる言語である（場所にちなんで「北ピケヌム語」といわれたことがあったが、必ずしも適切ではない）。

イタリア半島におけるもうひとつの広大な言語区域がエトルリア語の地域であり、これはエトルリアそのもののみならず、北イタリア、カンパーニアにも広がり、散発的な資料としてはラツィオ、ウンブリア、さらにはイタリア国外にまで発見されており、エトルリア人として民族的同一性、政治的経済的制度、文明の質の高さを示す一体的な痕跡を残すものである。この言語については当然本書全体が関わりをもつものであるが、別の点からいえば、エトルリア語は非インドヨーロッパ語の伝統の際立った歴史的証言をなすという意味できわめて重要な現象なのである。北イタリアに関して、その東部ではウェネティ人の言語であるウェネティ語があり、これはインドヨーロッパ語に属し、メッサーピ語、オスク=ウンブリ語、ラテン語と比較して固有の性質をもつ（ラテン語とは部分的に類似点があると思われる）。北伊の他の地域については、資料が少ないためにポー川流域とアルプス地方の土着の話し言葉に関する漠然とした状況以上に知ることはできない。現在われわれは、そこにケルト人の言語が重層したと考えているが、その浸透や混淆の実態については全く資料がない。ただ今日ケルト語あるいは「原ケルト語」とみなされているレポンティ語、すなわちロンバルディーアの湖水地方とオッソラ渓谷（Val d'Ossola）に居住した古代レポンティ人 Leponti[**38] の言語の一連の碑文に多少の存在証明を得ることができると考えられる。また、リーグリ人の原初の言語については、主として地名学

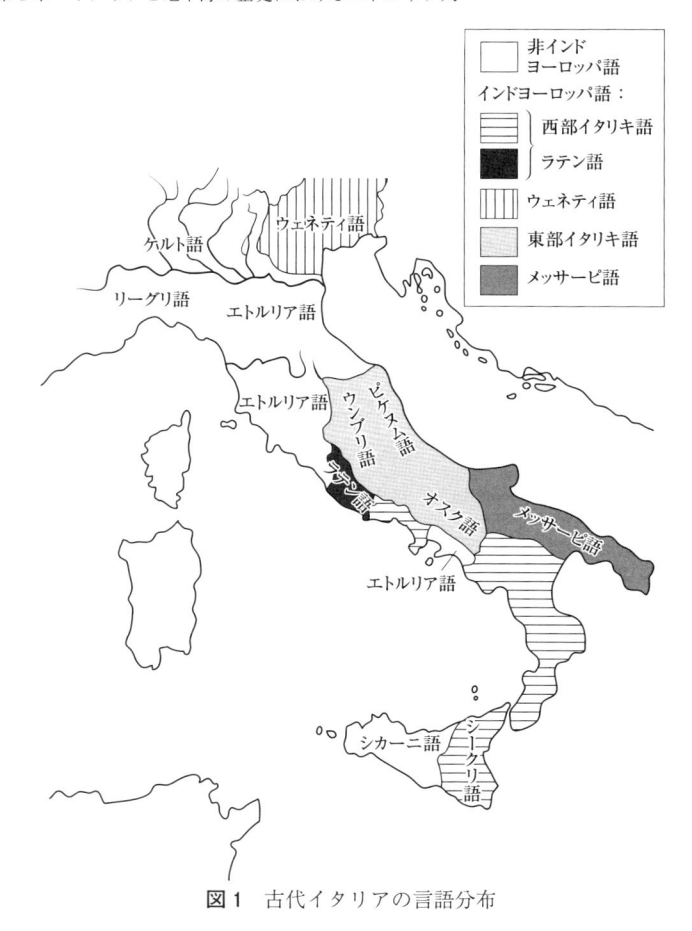

第1章 イタリアと地中海の歴史におけるエトルリア人

凡例:
- 非インドヨーロッパ語
- インドヨーロッパ語:
  - 西部イタリキ語
  - ラテン語
  - ウェネティ語
  - 東部イタリキ語
  - メッサーピ語

地図中のラベル: ケルト語、ウェネティ語、リーグリ語、エトルリア語、エトルリア語、ピケヌム語、ウンブリ語、オスク語、エトルリア語、メッサーピ語、シカーニ語、シークリ語

図1　古代イタリアの言語分布

と残存する語彙によって研究がなされたが、プレ・インドヨーロッパ語を基礎とする推論があるものの、いまだ解明されていないのが現状である。その他の碑文資料がヴァルカモニカ Valcamonica など、アルプスの渓谷地方で発見されている。しかし最も広域に広がって独自性を有するのは、アルプス東部の特にアーディジェ川流域の言語であり、一般にラエティア語と呼ばれ、分類には議論があるが、インドヨーロッパ語の要素は疑いなく、おそらく後期にはエトルリア語との類似性も現れる。

ここでわかるように、まさにきわめて異なる起源と性質をもった言葉のモザイクという複雑な状況に対面しているのである。われわれは古い学者たちがいうような「イタリック」という単純な統一形態を考えることはとてもできない。古代イタリアのインドヨーロッパ語（ラテン語、ウンブロ゠サベッリ語、ウェネティ語）のそれぞれが、「共通イタリア語」という唯一の軸から方言的な違いを備えて系統的に派生したとする説はいまや放棄されたのであり、むしろ今日では、地理的共存と文化的混淆によって原史時代と歴史時代にそれらが近づけられ、いわゆるコイネ koinè（共通語）あるいは「言語の合金」を生成するまでに至り、そこにおいて部分的には植民地のギリシア語とエトルリア語が関係したこともあり得ると考えることができる。すなわちギリシア世界がその統一的言語構造によって周辺の各種の方言に与えたこととは本質的に正反対の状況なのである。

確実にインドヨーロッパ語に起源をもつ語句と非インドヨーロッパ語起源もしくは部分的にインドヨーロッパ語の特徴をもった語句とが同時代に存在することから、根本的に重要な問題点が生じる。そのことは、大筋において、イタリアにおけるインドヨーロッパ語化が歴史時代に入っても進行していたことを示している（それはローマの支配によってラテン語が全般的に採用されるまで続く）。それに反して、インドヨーロッパ語の語句の広がりとヴァラエティと、それらの基層的要素との関係の深さから、最初の浸透はおそらく紀元前2000年期以前（青銅器時代）に遡り、さまざまな時期、形式、経路によってなされた移住者の移動によることは疑いない、という仮説が成立するとしても、そうした経過がいつ始まり、どのように展開したかをわれわれは知らないのである。

しかしさらなる問題として、大筋に見た地理的分布の状況から考えて「非インドヨーロッパ語」圏は基本的に、島嶼部、ティレニア沿海部、北イタリアを占める西方世界であり、イスパノ゠コーカサスの原初的な地中海的基層のような最も古い言語形態が、すでに見たように西のはずれ、すなわちサルデーニャに生き残っていたことも付け加えることができよう。それに対して、インドヨーロッパ語圏は、半島の大部分とシチリア東部、北イタリアの東端を含む部分に相当する。この二つの言語圏の境界は、おおまかにいって、アーディジェ川の下流からテーヴェレ川の下流地域を通り、シチリア島の真中辺に至る線で

示されるだろう。歴史的な検証はさほど重要でないかもしれないが、非インドヨーロッパ語圏がインドヨーロッパ語圏より時代的に古いと考えられるから、インドヨーロッパ語化の現象は、北から南ではなく、東から西へ進行したことが明らかである。しかしインドヨーロッパ語圏の中においても、イタリアの場合のその伝播・展開の経過を理解するのに有効な手がかりを与えてくれるべき地理的な分類の関係を設定することが可能である。われわれはすでに歴史的に規定される四つの言語グループの存在を認定した。すなわち、前述の順序で並べれば、メッサーピ語、ラテン語、オスク=ウンブリ語、ウェネティ語である。ラテン語については、シークリ語と、想定される南イタリキの言語群を結びつける考えがかつてあり、後者に対しては「ラテン=アウソニコ語」（リベッツォ）、あるいは「原ラテン語」（デヴォート）という呼称が与えられた。しかしより一般的に、より大雑把な言い方で、西イタリキ言語という呼称を用いることができよう。周知のように、ラテン語はインドヨーロッパ語地域の全体像の中では周縁的アルカイズムの特徴を呈しており、そのこと自体、ラテン語はまちがいなくイタリアのインドヨーロッパ語化の最も早い段階に置かれることを推測させる。事実ラテン語が、シークリ語と同様に、非インドヨーロッパ語地帯と直接に接するインドヨーロッパ語地域の西端に登場するという地理的位置によって、この仮説は正当化されるのである。

　オスク=ウンブリ語、あるいは東イタリキ語は次の段階の地層に属するとみなすべきだろう。なぜなら、それはギリシア語との関連を含んで更新された「中央」インドヨーロッパ語に結びつき、地域的にはアドリア海沿岸からアペニン山脈地方に始まり、時を経てティレニア海沿岸から南イタリアに向かうものだからである。最後にメッサーピ語は、アドリア海の対岸のイリュリアから半島の東端に及んだ最後の「攻撃」として現れることは明らかである。またウェネティ語に関しては、大陸のドナウ地方と隣接しているとはいえ、言語的には非インドヨーロッパ語あるいは疑似的インドヨーロッパ語の地帯と接していること（もちろんケルト語の侵入の問題は別として）、そしてラテン語と相当に似ていることが決して偶然ではないという事実を忘れることはできない。いうなれば、ラテン語の中部イタリアにおけるのと同様に、ウェネティ語は北イタリアにおけるインドヨーロッパ語化の前線基地であったとみなされるかもしれな

い。結論として、東から西へ、すなわちバルカン＝ドナウ地方からイタリアへ、そしてイタリアの内部にというインドヨーロッパ語化の現象は、ラテン語（そしてウェネティ語）、オスク＝ウンブリ語、メッサーピ語に代表される少なくとも三つの潮流によってかなり緩やかに進行したという確信が得られたのである。

　しかし、問題ははるかに複雑なのである。古文書によってわれわれが知っている歴史時代の言語は、近似的に対応する諸言語、あるいは全く知らない言語の変遷の長くて複雑な経過の最終段階であり、それらのあるものは強力に発達し、あるものは緩やかに、また混淆し、またあるものは歴史時代にオスク＝ウンブリ語、ついでラテン語の定着によって弱小の言語に起こったのと同様に、完全に消滅したかもしれないのである。言語文化の形成におけるこうした不明瞭な経緯は、都市的文明に特徴づけられる歴史時代に比して人間同士の結びつきが弱く不安定な時代として当然のことながら、インドヨーロッパ語の語法とプレ・インドヨーロッパ語との関係、あるいはインドヨーロッパ語同士の関係において現れるものである。歴史時代のラテン語においては、たとえば rudh-（「赤」の意味）という語幹をもつインドヨーロッパ語の歯音の発音が rutilus, rufus, ruber という三つに分かれており、それが合流したという推測も、こうした考えの現れである。デヴォートによれば、rutilus は「原ラテン語」、rufus はオスク＝ウンブリ語、ruber はかれがはじめ北方起源、すなわちウェネティ語に近いと定義したおのおのの支脈にそれぞれ由来するかもしれない。歴史時代のエトルリア語に、この三つの第一の型に属する古いインドヨーロッパ語の要素が音声的に侵入しているように思われることは興味深い（たとえば「家族」を意味する lautn はインドヨーロッパ語の語根 leudh に由来する）。そのことはその型そのものが、シークリ語にはっきり検証されたシチリアから中部イタリアまで、ティレニア海沿いに伝播したことに一致し、また、エトルリア語がインドヨーロッパ語の侵入の最前線と初めて接触した可能性を示唆するものである（しかしエトルリア語がオスク＝ウンブリ語の著しい影響を被ったことも否定できない）。

古代イタリアの歴史的構造の始まり

　原史時代については、考古学的・言語学的データに加えて、よりあいまいで不完全であるとはいえ、考慮に入れるべきもうひとつの要素がある。文献資料が提供する「手がかり」のことであり、それは多かれ少なかれ混乱した形で扮飾されてギリシア・ローマの文芸作品の中に収集された伝説よりもはるかに古い時代に遡ることができる。これらの「手がかり」は、完全に歴史時代に入ってからのことについて古典歴史学によって提供される話の筋書きの下敷きのようなもので、われわれは直接的で完結した知識の土台として利用することはできないだろう。だからその活用は、物質的資料と言語学的帰納法の結果として得られた概念を偶然的に裏付けすることに限定される。しかしながら、そうした古代からの伝統的な情報は、現在は過去において信じられていたよりもはるかに正しい根拠をもつことが再発見されつつあり、有効な確認のヒントを含んでいることは否定できない。こうした「手がかり」については、すでにこれまでの考察の随所に参考にしてきた。われわれの現有する知識（暫定的であるが）の最大限の範囲内で全体像を描く上で、それは大いに役立つであろう。ともかく出発点としては、ローマによって統一される前の古代イタリア世界、すなわちその民族、その文明の総合的現実を確認するすべてのものについて、その起源を探り、歴史時代の曙のイタリアの状況を把握するために考慮されなければならないのである。

　さらに特筆すべきことは、最近数十年間に獲得された知識と批評的経験の総体により、一民族の移住といった個人の業績に帰する確かな「事件」に集約される起源（特に人種的）をもつとか、あるいは、古代人が信じたように特定の民族によって建国されたとか、あるいは近代の研究者が時に想定したように、すでにイタリアの外部で形成され完成された民族による侵略といった考え方を論外のものとして斥けるようになったことである（つまりたとえば、ラティーニ人は最終的領土に定着する前は大陸ヨーロッパのどこかにいたとか、エトルリア人は小アジアに起源をもち、そこから海路イタリアに移動したとか、その他の夢物語である）。反対に今日では、言語、伝統、気質、文化などにおいてす

べて独自性を備えた一つの国家の誕生——この場合でいえば古代イタリアの民族的・文化的構造の創生——は、複雑で多難な長い形成のプロセスの到達点であると考えるべきである。その生成の種子と要因は遠いものと近いもの、土着のものと外来のものがあり、決定的な作用を及ぼしたとしてもあらかじめ付与されたものではない。

　しかしこうした問題設定によっても、後述するように、海路による植民（古代の文筆家たちがイタリキ人の大部分の起源を歴史時代のギリシア人の植民活動をモデルとして考えたように）や、陸上からの侵入（歴史的に確実なケルト人の場合や、近代の学説で明白となった北方の蛮族の移動に似たもの）に類似した事実が展開されたという可能性が否定されるものではない。そうした想定の事実はわれわれが現実のイヴェントとして知る能力を超えるものであるが、それでも場合によっては確証を示すことができるだろう。われわれを阻むものは、こうした諸々の「出来事」の直接の因果関係であり、古代イタリアの歴史的構図の完全な描写である。受け入れがたいのは、古代イタリア人の出現を、「イタリキ人」という人種の、あるいはより一般的に「インドヨーロッパ人」の侵入とする古い学説のように外部の母型から発した唯一の起源にあるというような単純な発想である。そういう説は言語学的に、考古学的に、歴史学的に、単なる抽象概念に過ぎないことはいまや明らかである。

　イタリアのインドヨーロッパ語化は、その後連続して発展するイタリキ世界の民族的成育にとっての基本的な性格をもつ紛れもない具体的な出来事である。しかし言語学的資料の評価により、その複雑さ、推量される時間的な長さと緩慢さ、浸透と伝播の波の凹凸、当初からのインドヨーロッパ諸語の間およびこれらと土着の言語との間の接触・対立・反発・混淆の経過などが明らかになった。イタリアにおけるインドヨーロッパ語化現象は、必然的に人間の集団の移動を前提とするが、それらは時代と状況によって異なる規模と形式で行われたわけである。単一な形態をとったと想定したことがまさに過去の誤りであった。かなりの多数の組織された集団の侵入、あるいはまさに侵略という性格のものであったかもしれないし、または新しい土地により活力のある拠点を築こうとした単なる移住者、探検家、商人、労働者、傭兵の小さな核が浸透したものかもしれない。この仮説を提示し、一定の範囲内で確定すること、いい

かえればインドヨーロッパ語化の言語学的概念を「歴史化」する試みのためには、考古学的データ、古代の伝承のヒント、分析的批評に基づくさまざまな考察を総合することが手がかりとなる。

　総体的な視野からすれば、近年の最も注意深い研究者が見落とさなかったように、東ヨーロッパからイタリアに向かったと推定されるインドヨーロッパ語の流れと、先史時代末期にイタリアに及ぼしたドナウ＝バルカン起源のあらゆる一連の文化的影響との間の重要な並行性が強調されるだろう。後者はたとえば新石器時代から青銅器時代にかけての彩文・刻文陶器に現れるメアンダー（雷文）や螺旋文などの装飾文様や、特にドナウ地方の平地埋葬とイタリアの最も古い火葬墳墓との密接な関係、などなどである。これらの様態の移行は、時代とともに種々の表われ方をするとはいえ、一定して東から西に向かうのであるが、陸上では東アルプスを越え、海路ではアドリア海を渡る形をとったはずである。そしてその移入が人的な直接の接触や現実の移動によって起こったことに疑いの余地はない。海路による移住に関しては、新石器時代、銅石併用時代、青銅器時代の南イタリアとシチリアで発見されたエーゲ文明およびアナトリア文明の産物によく似た工芸（セッラ・ダルト Serra d'Alto、セラフェルリッキオ Serrafelricchio、カステッルッチョ Castellucio などの彩文陶器）の存在から、先史時代に小規模な植民が行われ、この現象は中期・後期青銅器時代に大規模な「ミュケナイ化」として頂点を極めることが考えられる。

　なお古典時代の文献に現れる英雄たちがイタリアの海岸に上陸して住み着いたという伝承を無視するわけにはいかない。紀元前 2000 年期前半とみなされる遠い時代のアルカディア人エノトリウスやペウケティウス、トロイア戦争の時代——つまり前 13 世紀末から 12 世紀初めの間であり、晩期青銅器時代で後期ミュケナイの影響を受けている——のギリシア人ユリシーズやディオメデス、トロイア人アエネイアスやアンテノレスなどの話である。さらにクレタのミノス王のシチリア遠征の物語も見落とすことはできない。これらの伝説では、外国の英雄がはじめ土着の王に歓迎され、その娘を娶り、やがて徐々にかれとその仲間たちが権力を所有し始め、そこで死に、埋葬されて英雄化されるという図式があるが、これはそうした移住がインドヨーロッパ語の海路による伝播と定着の経緯を「歴史として」理解することを助けるかもしれない。かつ

また、ギリシア人そのものの植民がイタリアにおけるインドヨーロッパ語の浸透の最後の時点を意味するのである。ここで先史と歴史が一つの大規模な運動の連続の中で結ばれるといえるかもしれない。

　ここで問題とするイタリアにおけるインドヨーロッパ語の場合のように、新しい言語の定着は、より文明的に優れていても組織力と抵抗力の弱い先住民族の地において強力な戦闘力を発揮した遊牧民の侵略に主として帰せられるという説が過去には一般的であった（ただし類似の歴史的経過の中で、ケルト人の侵入や、ローマ帝国領土内へのゲルマン人の移住についてはそうした事実はなく、逆にイタリアおよびヨーロッパの一部のラテン語化は、ローマによって武器や法律や制度や都市化以上に効果的に達成された！）。しかしわれわれはこれに対して、イタリア半島におけるインドヨーロッパ語の最初の伝播は、先史時代、特にプーリアのように、海からの文化的刺激に門戸を開いた南イタリアの先進地区で実現し、ここから出発して半島全体に及んだと考えたい。とはいえ他の言語文化の伝播が、侵略的な形やいわゆる「野蛮な」やり方で、アドリア海沿岸や北イタリアで行われたことを否定するものではない。たとえば歴史時代に入ってから、オスク＝ウンブリ語の東イタリキ人のティレニア海地方への進入や、ケルト人のアルプスから半島中心部への侵攻がそのことを示している。とにかく訂正すべきと思われるのは、北から南への大量の侵入があったという想像であり、とりわけインドヨーロッパ語族の侵入者が火葬の葬制をもたらしたという考えである。火葬はすでに述べたように、後期青銅器時代ようやく広まる比較的新しい現象であり、むしろ文化思想的性格をもち、いくつかの民族集団に部分的に見られる風習である。付け加えると、インドヨーロッパ語族＝火葬人という単純な方程式は、インドヨーロッパ語族の住む東部の土葬優位の地域と非インドヨーロッパ語または不確定なインドヨーロッパ語族の西部の火葬優位地域とを比較した言語と文化に関する民族的現象の分布状態を見れば矛盾すると考えられる。

　すでに述べたように、インドヨーロッパ語化は基本的な「事実」である。しかし歴史的なイタリキ人国家が形成される複雑であいまいな過程を考えるときに、インドヨーロッパ語化以前の、あるいは部分的にインドヨーロッパ語化と併存した民族的・言語的地層の要素もまた重要であり、インドヨーロッパ語的

なものとは無縁の他のあらゆる要素と同様に無視することはできない。インドヨーロッパ語化は、たとえ部分的であっても、新しい移住による現象ではない。すでに述べた古代イタリアのインドヨーロッパ諸語、とりわけラテン語のような最も古い言語において土着言語がかなり残存・反発していること、地名学的にプレ・インドヨーロッパ語あるいは非インドヨーロッパ語の要素が執拗に持続していること、おそくとも新石器時代初期から歴史時代の始まりまでの考古学資料が語るように、集落・生活様式・いくつかの工芸品の形式・祭祀や典礼の風習が継続すること——これらすべての兆候が、さまざまな形で生き残った少数異民族と混淆した種族の基盤が単に人種的な意味のみならず社会的・文化的な意味においても古代イタリア諸族の形成のために作用したに違いないことを立証するように思われる。

　さらにもうひとつの微妙な問題がある。すなわち、少数異民族、特に海上渡来の民族の場合、全部がインドヨーロッパ語族の属種であるとは限らず、先史時代の移住民の中にたとえば近東からのさまざまな種族が混入している可能性があるわけである。つまり考古学的に確認されるアナトリア文化のなんらかの影響が見られるし、また、トロイアの英雄たちの事績、シチリアのエリュモイ人がトロイア起源であること、ティレニア人そのものがティレヌスやタルコンに率いられたアナトリアあるいはレムノス出身であることといった古い伝承にそうした要素が反映されているのである。しかしこの点については、エトルリアの起源に関する章で詳述しよう。

　古代イタリアの民族的・文化的輪郭の決定が歴史的に把握されるのは、すでに述べたように、鉄器時代の初め、あるいは晩期青銅器時代の最終段階、すなわち前1000年頃からのことである。それ以前については、青銅器時代の「アペニン」「後期アペニン」（または「亜アペニン」）、そして多くの点で「原ヴィッラノーヴァ」といった相対的な文化の様態が認められるが、それぞれの環境の中で確実に成熟したいわば懐胎期を判別することはできない。そして「アペニン人」「亜アペニン人」「原ヴィッラノーヴァ人」、北伊では「テッラマリコリ人」について語ることは無意味である。それはこれまでしばしば或る一つの民族という概念と、種々の民族が共有した或る文化の概念とを混同させてきたのと同じようなことである。「ミュケナイ人」については全く違う。かれらは前2000

年期のギリシア人であり、ミュケナイを中心に栄えた文化と発達した国家的組織をもち、活発な政治経済活動を展開した民族的・歴史的な具体的アイデンティティをもっており、西方ではイタリア地域にも進出したのである。だからミュケナイの存在は、青銅器時代のイタリア圏内において確定し得る最初の歴史的現実であることを断言することができ、文化的進歩のみならず、社会的発展、先住民族の結合形態にもある種の影響を与えたことも否定できない。

　この問題に関して、イタリアに滞在したり活動した伝説的人物について述べられた古典文学のかなりややこしい挿話に注目することは決して見当ちがいではないと思われる。すなわち、その一部はなんらかの形でギリシア神話と関係ある「植民者」としての英雄たちであり、一部はおそらくローカルな英雄伝説から援用されたギリシア的でない名前に特徴があり、また一部では部族の名前から人工的に作られた名で呼ばれている。たとえば南イタリアのエノートロ、イータロ、アウソーネ、モルゲーテ、シークロなど、すなわちそれぞれエノートリ人、イータリ人、アウソーニ人、モルゲーティ人、シークリ人の名祖となる人物たちの「王国」について伝説で語られている。しかし奇妙なことには、これらの王のある者は同じ領土で王朝を継承してゆくが、ある者はその名前をもたらした部族とは別の種族の支配者となっているのである（イータロがエノートリ人の、シークロがアウソーニ人の王となる）。このことはこれらの民族集団の間の全くの一致ではないにせよ、密接な関係の古い記憶を思わせるものである。アウソーニ人は海から渡来したヤピージ人に追われてプーリアからカンパーニアまで大きく移動したと伝えられている。エノートリ人については、かれらからアボリージェニ人が派生し、さらにそこからラティーニ人が誕生したらしい。エオリエ諸島が一時半島から来た人々に征服されたということは、アウソーネの子リパロスと、エオロスの伝説に語られている（ベルナボ・ブレーアがまさに「アウソニア文化」と名づけた半島の後期アペニン文化の遺物がリーパリに突然出現したが、そうした考古学的資料からも確認される）。[**39]

　無数の錯綜したヴァリエーションが存在するとはいえ、最も重要な伝説は、シークリ人（そしてモルゲーティ人、東方からのヤピージ人に対する反攻としてアウソーニ人）によってシチリアが征服されたという事例だ。さらに無視できないのはエオロスの息子たちがリーパリ島のほか、シチリアと現カラブリア

州を治める一種の「エオリオ帝国」を築き上げ、歴史時代に至るまで政権が続いたという説である。そしてシチリア西部に関して、コカロス Kokalos というシカーニ人の王がカミコス Kamikos という都市に攻め入り、ミノスを殺害したという伝説があり、現サンタンジェロ・ムクサーロ S. Angelo Muxaro（アグリジェント郊外）の遺跡で発見されたミュケナイ風文化の痕跡がその証拠であると考えられた。

　こうした伝説の神話的粉飾や過剰な情報の混乱をさておき、ここには後期青銅器時代、すなわち前 2000 年期末に、ミュケナイの直接の影響を強く受けた南イタリアにおいて、前 12 世紀に地中海におけるミュケナイの覇権が衰えた後でもまだミュケナイの規範のもとに先住民の首長が率いる原初的な国家的組織が形成され存続したことを暗示するものがある。もしそうならば苗芽的都市の形成や富の集中、略奪行為などが容易に行われた可能性がある。要するに、古代の南イタリアとシチリアの住民は、民族的な固有の名称（エノートリ、アウソーニ、シークリ、そして最後にはラティーニ）をもち、東から西への移動（プーリアからティレニア沿岸へ、半島からシチリアへ）という地理的にも具体的な痕跡を残しているのだから、南イタリキ、西イタリキ、あるいは編年史的にいえば「古イタリキ」と規定されるインドヨーロッパ語の最古の民族と論理的に同一視されるかもしれず、その住民の原史について論ずることは可能なのである。

　バルカン半島の民族が海路でイタリア南東部に上陸し、西方と北方の内陸部に侵入したであろうことは、イタリアのインドヨーロッパ語化について前述したことと一致する。ともかく後期青銅器時代より早い時期での移住であり、おそらくはもっと早く、新石器時代とまでいかないとしても、銅石併用時代といった時期に始まったかもしれない。この民族はイタリア半島の先端部の大部分を占拠したと考えることができる。ただしプーリアではあとからきた侵略者ヤピージ人（またはアープリ人）に敗北したと思われる。反対側では北に向かってティレニア海に達し、アウソーニ人、オピキ人、そして最後にラティーニ人となんらかの形で接触したはずであり、また南ではエオリエ諸島とシチリア東部に侵入する（そこではシークリ人と確実に共存した）。かれらの古くからの存在と活動については、前に触れた穴型墳墓に共通するおそらく鉄器時代初期

の遺構が現存する。しかし早くも前8世紀に始まるギリシアのこの地域への植民活動によって分断と衰退を余儀なくされ、それゆえ特に現バジリカータとカラブリアの地域に固定した国家的一体性が生まれなかったのである（ただし独自の言語と伝統文化をもつ小さいが強力な民族であるシークリ人については、歴史時代に入ってもシチリア内陸部に確実な痕跡を残している）。

　民族的・文化的に十分に特徴をもつ南イタリアの広域はプーリアであり、ヤピージ人が居住していた。この民族は北から南にダウニ人、ペウケティア人、メッサーピ人と細分され、メッサーピにはさらにサレンティーニ人 Salentini、カラーブリ人 Calabri（地名カラーブリアの由来）が結びつけられる。この政治的自律性と文化的特性はローマ時代まで継続する。メッサーピ語はおそらく古代プーリアのすべての種族の共通語だったと思われるが、これはイリュリア地方からアドリア海を渡ってイタリアに到来した比較的新しい出来事だった。ところでプーリアへのイリュリア人（クレタ人という説もある）の移民については古代のいくつかの伝承が語っており、しばしばヤピージ人の始祖ヤピクス Iapyx のような名祖の英雄に言及されているが、特にこの場合は、伝説が歴史的資料の価値をもつことになる。しかし必要とあらば、出来事の編年の問題を考慮すべきであるが、これは文献資料からも考古学的遺物からも推測することが不可能である。この考古学的資料は、対岸のアドリア海とイオニア海におけるミュケナイおよび亜ミュケナイ文明との接触が存在したことを示すもので、たとえば初期幾何学様式の文様を採用して「原ヤピージ式」と呼ばれるローカルな彩色陶器を生み出すことになる。前10世紀頃のこの時期に、まさにおそらく中期青銅器時代に始まった移民の潮流が終結し、ヤピージ人の民族的・文化的一体性の形成が始まり、前9-8世紀から頂点を迎えることになるのである。

　ラテン語の言語学的核部分がティレニア海沿岸のイタリアのインドヨーロッパ語化の最先端を意味するとしても、歴史時代のラティーニ人の文化は青銅器時代（ローマをはじめとするかれらの居住地全域で考古学的に証明される）から鉄器時代初期までの重層する諸相を経て徐々に形成されていったと推測される。つまり前10-9世紀の原ラティウムあるいはアルバーノ文化の局面から、南イタリキ、ギリシア、エトルリアの影響を受けて進歩を続ける段階、そしてローマがエトルリアの刺激のもとに第一人者の地位を得るアルカイック時代の

都市的文明の開花に至るのである。ラティウムの場合には疑いなく一つの原史時代の存在があったといえるのであり、ティレニア海岸線とテーヴェレ川の軸が直交する地理的条件があり、エトルリア世界に隣接しているという目に見えない好条件の集積として、明確な輪郭をもち、未来を約束された一つの民族の歴史が開花したわけである。

　一方、ラティウムの南のティレニア海沿岸に定着した人たちの原史時代は全く異なるものだったことを述べておく必要がある。かれらはおそらくアウソーニ人やカンパーニアのオピキ人とはるかに遡る遺伝的相似性を有していた思われるが、にもかかわらずラティウムの住民と文化的な関係で結びついていた。アウソーニ人はカンパーニアとの境に近いラティウム南部で存在が認められる。カンパーニアは非常に早くから（前9-8世紀）エトルリアの存在やギリシアの植民などの外部の勢力に接触し、のちには完全に制覇されることになるのだが、そのことによって、ギリシア人の植民が行われた南イタリアのすべての「古イタリキ人」と同様に、原住民が明確な民族的・文化的アイデンティティを獲得することを阻まれた。

　しかしカンパーニアに関しては、南イタリアのすべての地域やラティウムそのものと同様に、現在さまざまな手がかりによって明らかになりつつある、もうひとつの要素が考慮されなければならない。それはオスク＝ウンブリ語の話者、すなわち東部イタリキ人の存在である。これはこれまで考えられてきたよりもはるかに古い民族で、おそくとも鉄器時代初期にまで遡る（前8世紀のローマにおけるサビーニ人に関する伝説がそのことを示している）。東イタリキ人がティレニア海および南イタリア方面など、半島内部に進攻して、歴史時代を迎えたのはようやく前6-4世紀頃というのが現在の通説である。とはいえ、かれらの民族的な画然とした構造がきわめて古いルーツを有するものでないと考えることはできない。そしてかれらが外海（エトルリア人にとってはアドリア海、ラティーニ人にとってはティレニア海）からの進歩の刺激に対して開かれた特定の地域においてすでに独自の文明を顕示していたことは、われわれが「ピケヌム」と呼ぶ中部アドリア海沿岸地域の広域の文化とオスク＝ウンブリ語族との本質的な関連によって証明されている。この言語はいくつかの碑文からわかるように、アルカイックな性格をもっているが、碑文の一つにはサビーニと

いう記述が見られる（サビーニ人の居住はアドリア海沿岸からテーヴェレ川流域の渓谷地帯に広がっていた）。考古学的資料から見ればこの民族の形成は鉄器時代の初期（前9-8世紀）に遡る。それが西方に浸透するのも非常に早かったと思われる。そして「聖なる春」（ver sacrum）**41、すなわち贖罪の誓願のあと武装した若者の一団を追放する儀式に暗示されているように、正真正銘の組織的侵略者となり、かつてのギリシア＝ティレニア文明の領土を征服することになった。

これによって各地に分散するイタリキ人のさまざまなグループの整理統合が進んだ。すなわち、南の内陸部にはサムニウム人**42、それと関係のあるカンパーニ人（オスキ人 Osci**43 ともいう）、ルカーニ人 Lucani**44、ブルッティイ人がティレニア海沿岸の半島先端に向かう方向に住み、中部では現アブルッツォ州にあたるところにアエクイ人 Aequi**45、マルシ人 Marsi**46、パエリーニ人 Paeligni**47、ウェスティーニ人 Vestini**48などの種族が定住していた。これらすべてがサベッリ人という別名をもち、古代からすでにオスキ語と呼ばれていた言語を話していた。またテーヴェレ川の北部には独自の方言をもったウンブリ人**49が住んでいた。

一方北イタリアではウェネティ人が早くから民族的・文化的に際立った特徴をもった存在であり、そのアイデンティティは考古学的に晩期青銅器時代に確認され、前9世紀に始まる鉄器時代を通して存在が示される。原初に侵入したインドヨーロッパ語がポー川流域平野部とアルプス渓谷地帯の住民と早い時期に遭遇し、その中からウェネティ人が浮上してくるためには、アルプス山脈、海、アーディジェ川に囲まれた地理的孤立（ティトゥス・リウィウスのいう「ウェネトの隅」Venetorum angulus）が有利に働いたのはまちがいない（平野部に関しては、先住のエウガネイ人 Euganei**50がウェネティ人によって西方に追いやられたという伝説がある。アルプス地方については、ようやくおそくなってからラエーティ人の言語圏が断片的な状態で認められる）。かれらの原動力は本質的にアドリア海的なものである（英雄ディオメデスがきたことがあるという伝説や、馬の飼育と崇拝に関する記録によればウェネティ人とプーリアのヤピージ人とに共通するものがあるが、いかにしても親族関係を意味するものではない。かれらの発展は、前述のように、ローマ化の直前までの前都市的または原都市的な鉄器文明の典型的な局面を示すものである。

北イタリアの他の場所では、晩期青銅器時代から鉄器時代にかけての地方的文化の種々の現象が確認されるとはいえ、地理的にも時間的にも十分な輪郭づけをすることはむずかしい。事実リーグリ人というのは名前が知られているに過ぎない。ポー川流域地方とアルプス渓谷地帯の先住人は大部分、分散して遅滞した小さな農民集落や林間の部落のレヴェルにあった。唯一の決定的で触媒的な要素はケルト人の大量の流入であり、重層と混淆を通してこの地域一帯に統一的な痕跡を残すことになる。しかしケルト人の問題についてはのちに詳述する。

　ここまで概説した構図の中心に置かれるのが、古代イタリアの歴史的構成の主要な要素である新興エトルリア世界であり、すでに述べたように、前9世紀、ティレニア海沿岸部を中核としてヴィッラノーヴァの鉄器文化から出発し、やがて南北に進展し、一部にはその周辺の地域をも席捲することになる。こうしたエトルリア世界形成の前提、原因、条件、環境、結果、そして特に起源の複雑な問題については、次章で扱われる。

　いまや、イタリアの地域に共生したすべての異なる種族のはるか遠くの起源とは離れて、各種族がインドヨーロッパ語族の流れであったり、土着の民族的地層の残留であったり、あるいは非インドヨーロッパ語の他の要素であったり、そしてそれらが相互に伝播・重層・混淆・分離したりしたという事実を考察し、確証しなければならない。一般的な成熟や一連の反動の経過を経ながら、歴史時代のイタリアの民族的・文化的構図の大枠が先史時代の靄の中から立ち現れるかなり明確な時点が存在するのであり、もう一度繰り返すが、これが青銅器時代晩期から鉄器時代初期にまたがる時期なのである。いうまでもなく、ミュケナイの拡張から始まる外的な刺激、そのミュケナイ勢力の衰退の直後に地中海世界を揺るがせたさまざまな事件や移動、前1000年期初頭のフェニキア人とギリシア人の最初の海上進出、そして前8世紀のギリシア人のイタリアへの植民と都市建設などが、時には決定的な形でイタリアの歴史的転換に作用を及ぼしたに違いない。つまり全体として見れば、オリエントで数千年前から開花して成熟していたより高度な文明圏にイタリアが徐々に含まれることを意味しているのである。しかし外部からの刺激に加えて、イタリア内における経済的・社会的条件のかなり急速な変化の経緯も考慮されねばならない。具体的に

は、農業生産はもとより、鉱業資源の利用の開始、労働の専門化、広域に広がる交易、富の蓄積と、それに伴うあらゆる文化的要素の導入に積極的な指導的階層の形成、幅広く強固な社会組織、都市の誕生の序曲といった先史的な住民共同体からより複雑でダイナミックな生活形態に向かう進歩の姿である。イタリア史の曙はこうした特徴的な状況に置かれており、そこでわれわれのエトルリア人とエトルリア文明の話が幕を開けるのである。

訳注

**12　［ラ］Aborigenes。紀元前1000年前後にラティウムの現リエーティ Rieti を中心とする地域の最初の原住民を指す言葉としてローマ人が用いた。現在用いられる「アボリジニ人」は広義として一般に先住民族を意味する。

**13　Pelasgoi。古代ギリシアの先住民。伝説によれば、テッサリアから小アジア、クレタ、ペロポネソスに進出し、さらにイタリアのラティウム、エトルリアに移住した。

**14　ドイツの考古学・民族学者。ナチの協力者となる。

**15　オスク人（［ラ］Osci、［イ］oschi）は現在のカンパーニアの先住民。

**16　イタリアの考古学においては、青銅器時代は初期（antica）、中期（media）、後期（tarda）、晩期（finale）に細分化される。

**17　現ロンバルディア州ヴァレーゼ県の地名 Golasecca に由来。19世紀に約50基の墳墓と土器・金属器が発見され、その後アルプス山麓からポー川流域一帯に同一の文化の存在（前9-4世紀）が確認された。ケルト人の南下によるラ・テーヌ文化がもたらされて消滅した。

**18　現ヴェーネト州エステ Este 地区に前10-3世紀に展開した。

**19　ヤピージ人 Iapigi は前2000-1000年期にバルカンからプーリアに移住したインドヨーロッパ語族で、ギリシア人がその祖先をダイダロスの子ヤピクスとしたことからその一族の名となった。後述するように、南からメッサーピ人 Messapi、ペウケティア人 Peucezi、ダウニ人 Dauni とさらに三分化される。

**20　伝説によれば、アウソニウス王に率いられたアウソネス人が北方より侵入して現ラツィオ州南部からプーリア州までの南イタリアに居住したとされ、その地域をアウソニア Ausonia という。移住の時期は定かでないが、前314年にローマに制圧されたことが史料で確認される。イタリアに移住した最古のインドヨーロッパ語族と考えられる。

**21　パンタリカはシラクーザに近い現在の地名。約5000基にのぼる人工洞窟型の墳墓址が発見されている。北部の一部（前13-12世紀）にはミュケナイの影響を受けた青銅器が出土し、シチリアの青銅器時代の始まりを告げる。

**22　いずれもシラクーサ南方 15 キロほどの地点にあり、トゥキディデスの記述によれば、前 11 世紀に原住民が洞窟を利用した集落をつくり、青銅器文化を営み、同時にロクロを使用した土器の技術を発達させた。

**23　シークリ人とシカーニ人は、いずれも前 3000-2000 年期にイタリア本土からシチリアに移住し、前者は島の東部、後者は中西部に定着して先住民となる。

**24　前 9 世紀頃、ギリシアのリュカオンの子エノトリウス一党が現カラブリア州北部とバジリカータ州にまたがる地域に移住、多くの小都市を建設、その地域がエノトリアと呼ばれた。前 5 世紀頃消滅。

**25　オピキ人はおそらく前 2000 年期にカンパーニアに定住した原ラティーニ人の一部をなす種族。

**26　イタリアの語源となったイータリ人 Itali は、現カラブリア地方に最初に住み着いた種族で、エノトリウスの子イータロに由来し、原インドヨーロッパ語族であったと考えられるが、より広義の「イタリキ」との区別は判然としない。

**27　Morgeti はイータロの流れをくむ人物モルゲーテを長とする部族で、前 11 世紀頃、シチリア東部の高地に住み着き、中心の集落はモルガンティーナ Morgantina と呼ばれ、20 世紀末からの発掘でヘレニズム期の遺構が発見されている。

**28　現マルケ州のアドリア海沿岸からアペニン山脈にかけて紀元前 1000 年頃に定住したイタリキ人の地域。由来は不明だが、ウンブリ人、サビーニ人の一派とする説もある。

**29、30　Sabini と Sabelli はどちらも中部イタリアの現ラツィオ、ウンブリア、アブルッツォに挟まれた地帯に住んだ古代種族であり、ほとんど同一視される。

**31　Samnium は現カンパーニアからアドリア海沿岸までの地域に前 1000 年期頃に住んだ種族で、サベッリ人から派生したという説もある。

**32　伝説によればギリシアからの移住民の一族で、前 6-3 世紀にファレリイ Falerii（現ラツィオ州チヴィタ・カステラーナ Civita Castellana）を中心として栄えた。言語的・文化的にラティーニ人に近いと考えられる。

**33　サーヴェナ、サン・ヴィターレ、ベナッチ、アルノアルディはいずれもボローニャ近郊の地下墳墓の所在地。

**34　トッレアーナ torreana 文化は、前 3500 年頃コルシカ島の南部に現れた巨石文化で、直径が最大 10 メートルの torre（塔）が各地に建てられ、サルデーニャ島のヌラーゲ文化との密接な関連が推測される。

**35　「レト」はラエティア Raetia を表す。現在のティロル地方、バヴァリア地方、オーストリアの一部を含む地域。紀元前より先住民族が存在したが、後にローマに併合される。

**36　Bruttii（ラテン語）は南イタリアのルカーニ地方の遊牧民だったが、前 4 世紀頃に勢力を強めて現カラブリア州全域に拡張して現コセンツァ Cosenza に首都を築く。国名を Bruttius ということもある。前 275 年頃ローマに征服される。

＊＊ 37 Mamertini（イタリア語）。ラテン語 Mars に由来。前4-3世紀頃のカンパーニアの先住民族。前289年、ローマの傭兵としてシラクーサとの戦いに参加し、その後一部は現メッシーナに残留してこの地を支配するが、後にローマに征服される。

＊＊ 38 Leponti（あるいは Leonzi）はアルプス南麓のゴラセッカ文化に含まれる種族で、前6世紀中葉の遺跡が発見されており、碑文はエトルリア語の文字を借りているが、言語はケルト語系と思われる。

＊＊ 39 前2000年期に中央ヨーロッパから移住したと考えられるラティウム Latium（現ラツィオ州）の住人。王の名 Latinus に由来。なおその言語は「ラティーニ語」だが本書では例外的に「ラテン語」と表記する。

＊＊ 40 ロムルスによるローマ建国後まもない頃、祭の日に隣国のサビーニ人を招待するが、その際ローマの男たちが無防備のサビーニの女たちを拉致して妻とするという伝説。好んで画題として扱われる。

＊＊ 41 「聖なる春」とは古代イタリアの特にサビーニ人の風習で、飢饉のときなど、翌年の春に、若い青年や動物を生贄としてマルスの神に捧げた儀式。のちには人身御供は廃されるが、ローマに伝わると神に捧げられるべき若者は都市から追放されて自ら新天地を開く運命を負わされた。

＊＊ 42 サムニウムはカンパーニア北部からアドリア海岸に至る地域で、その住民はサビーニ人の分かれと思われる。

＊＊ 43 オスキ人はサムニウム人を始祖とし、前1000年期には現カンパーニアに定住した。ポンペイもオスキ人の建設したものである。インドヨーロッパ語系のオスク＝ウンブリ語に属するオスク語の話者。

＊＊ 44 前5世紀頃、現バジリカータ州にあたる地域に定住した種族。古代にはその地域はルカーニア Lucania と呼ばれたが語源は不明。オスク語の話者。

＊＊ 45 現ラツィオ州とアブルッツォ州の中間地帯に前5世紀頃に定住していた種族だが、詳細は不明。

＊＊ 46 前1000年期に現アブルッツォ州のフチーノ湖 Lago Fucino 周辺に定住したオスク＝ウンブリ語族。マルシは軍神マルスに由来すると思われ、戦闘的であり、毒蛇を操ることで知られていた。首都マルウィウム Marruvium（現 San Benedetto dei Marsi）のほかいくつかの小都市を建設し、ローマとしばしば衝突したが前4世紀には征服される。

＊＊ 47 前1000年期に現アブルッツォ州のペリーニャ渓谷に住み、コルフィニウム Corfinium（現コルフィーニオ Corfinio）を首都として前4世紀まで自律性を保った。民族的起源や呼称の由来は不明だが、オスク語の方言の話者と思われる。

＊＊ 48 前11-8世紀頃、現アブルッツォ州の北東部からアドリア海にかけて定着した種族。呼称の起源は定かでないが、竈を司る女神ウェスタ Vesta に由来するという説もある。現ペスカーラ県ペンネ Penne をはじめとする周辺地域で前5世紀頃以降の考古学的資料が発見されている。

＊＊49　イタリア北東部のアルプス山麓からアドリア海にかけての先住民で、現パードヴァ近郊にいくつかの遺構が発見されている。前12-11世紀頃にウェネティ人の南下によってより西方に後退し、一部はかれらと融合した。現ウンブリアの地名の由来となる。

＊＊50　起源は不明だが、前2000年期に現ヴェーネト地方に定住したプレ・インドヨーロッパ語族。パードヴァ付近に集落跡が発見されている。前12-11世紀頃ウェネティ人に追放され、一部はコーモ付近に移住して帝政期まで存在した。

II エトルリアの起源

現状における問題点

　エトルリアの問題を最初に提起したのは、アウグストゥス時代のギリシアの歴史家ハリカルナッソスのディオニシウスであった。かれはその著『古代ローマ』の第 1 巻の 5 章（26-30）をこの問題の検討にあて、エトルリア人をペラスゴイ人やリュディア人と同一視する説に反論し、それは「外来ではなく、土着の民族で」、本来の名をラセンナ Rasenna といったと断定している。

　かれ以前には、エトルリアの起源に関する諸々の意見は、十分に考察された議論というようなものではなく、ギリシアあるいはイタリキ世界の人種や都市の起源についての古来の情報の大部分と同じく、語源学および固有名詞学的なアプローチに従い、一定の批評的正統性をもちながらも、歴史と神話の境界線上にあった。ローマ人（ラテン人）の起源はアエネアスの上陸という出来事から、トロイア人に求められることは周知のことである。このようにしてティレニア人（Tyrsenoi, Tyrrhenoi）、すなわちエトルリア人についてもまた、東方の小アジアのリュディアから、アティス王の子ティレヌスに率いられて海路ウンブリ人の領土に到来したという説（ヘロドトス、I-94）や、ペラスゴイの謎の遊牧民であるとする説（ディオニシウスによるレスボスのヘラニクスの引用、1-28）や、あるいはすでにレムヌスやインブロスなど、エーゲ地方の島々に植民していたペラスゴイ人を伴ってティレヌスが到来したという説（ストラボンによるアンティクリスの引用、V-2, 4）などが唱えられていた。これらの説のヴァリエーションや補遺的なものがいくつかあるが、ここで取り上げるほどの価値はない。

　エトルリア人のリュディア起源説は古典文学では常識として入り込むことに

なった。すなわちウェルギリウスはエトルリア人はリュディア人だとなんのわだかまりもなくいっている。ハリカルナッソスのディオニシウスによれば、イタリアの土着人とするのを疑う者がないわけではなかった。しかしディオニシウスはさまざまな意見や議論を収集して、エトルリア人の最も古い時点の状況とかれが知悉していた多くの種族の中で文化的・言語的に孤立していたことを根拠として、自らの説、すなわち土着説を提示しようと努めたのである。

　近代においては、この問題は、はじめは単に古典の文献をもとにしていたが、後には考古学的・言語学的資料をも併せて論じられるようになった。論争の第一段階は 18 世紀初頭から 19 世紀前半にかけて、フレル N. Fréret、ニーブール、ミューラーらによって展開された。かれらはハリカルナッソスのディオニシウスの「批評的」立場によりながら、エトルリア人が小アジアに起源をもつというヘロドトスの伝承に対して、おのおの多少のニュアンスの違いはあるものの、反対を表明した。事実われわれは、前 7 世紀に現れ、ローマ帝政初期まで続くエトルリア語の碑文によって確定されるエトルリア文明なるものの存在を認めている。それはエトルリア固有の地域（ラティウム北部とトスカーナ）、カンパーニア、ポー川流域の東部にわたって分布していた。この歴史的文明の最も古い局面（明らかにエトルリア文明）は、東方的（つまり東方化された）要素の強い影響を受けており、直接ヴィラノーヴァの鉄器文明に接続している。イタリアにおける鉄器文明とそれに先立つ青銅器文明がいかなるものであったかは前章で述べた通りである。葬制という点についていえば、エトルリアでは先史時代（銅石併用時代および青銅器時代）には完全な土葬の優位が観察され、次いで火葬が原ヴィラノーヴァ文化の墳墓に出現し、ヴィラノーヴァ文化の初期には優位になる。そしてヴィラノーヴァ文化中期と東方化時代における南エトルリアと沿海部で土葬が再び採用され、最後に、二つの風習（南では土葬、北では火葬がやや優勢）が以後のエトルリアの全時代を通じて混在することになる。ついでながら、共和政のローマでも二つの葬制は併用され、むしろ各家族の伝統に結びついていた（しかし共和政の末期から帝政の最初の世紀にかけては強力だった火葬に替わって、2 世紀以降は土葬が一般化するのだが、民族性そのものの変容とはならなかった）。

　文学的伝承によって与えられる資料、比較言語学的研究、考古学資料の解釈

などに基づいて、19世紀以降、エトルリア人の起源に関する種々の推論がなされた。それは基本的に三つの理論に集約することができる。第一はエトルリア人を東方起源とする古来の伝統的な説であり、第二はニーブールとミューラーの学派を引き継ぐ北方由来説である。そして第三は——これが最も新しいのだが——エトルリア人の土着性に関するハリカルナッソスのディオニシウスの説に加担しようとするもので、イタリアの先史時代におけるインドヨーロッパ語の伝播以前の住民の地層にその民族的起源を求めようとするものである。

　これらのうち、最も有名で広く受け入れられているのは、疑いもなく東方起源説である。それは特に、緊密な連繋を保ちながら、先史時代のイタリア研究に専念してきたイタリアおよび国外の考古学者たちになじみあるものだった。かれらにとって、さまざまな文献資料の情報と、前8世紀から前6世紀の間にティレニア海沿岸に現れる東方化文化の現象との一致がなんといってもわかりやすく思えたのである。たとえば、それ以前のヴィラノーヴァ文化の明らかに遅れた状態に対して異国的な進歩的現象が突然出現することや、火葬から土葬への葬制の転換という点も強調された。エドアルド・ブリツィオ Edoardo Brizio が1885年に最初にこの説を科学的に唱えた人であり、かれは侵入者エトルリア人はトスカーナとエミーリアに東方化文明（ついでヘレニズム）を持ち込み、ヘロドトスのいうウンブリ人は既存のヴィラノーヴァ文化の火葬地域に移住したインドヨーロッパ語系のイタリキ人と規定した。かれについで多くの研究者たちがこの説の支持者となった。東方起源説はエトルリア学者のみならず、伝説の権威や、エトルリア文化の「東方的」性格の説明しやすさ、エトルリア語と小アジアの諸言語の間の固有名詞の著しい合致（ヘルビヒの指摘）、エトルリア語とレムヌスの方言のきわめて明瞭な言語学的関係などに惹きつけられた一般的な古典学者や古代文化の研究者たちの間に幅広い支持が得られ、現在もその状態が続いている。

　しかしながら、古代の文献や考古学的資料のより深い考察を経て、ブリツィオの仮説の修整や部分的否定がなかったわけではない。つまり、エトルリア人は海路到来したにせよティレニア海からではなく、ペラスゴイ人の伝説と同じく、アドリア海からの航路をたどったという説（ポティエ E. Pottier）や、紀元前1000年頃から複数回に分かれて進入したという説（シャッヒェルマイヤー

F. Schachermeyer）などの推論がなされた。さらに、より近年、土葬であれ火葬であれ、「ティレニア・アルカイック」と呼ばれる鉄器文化の起源そのものがエーゲ海からの潮流に帰せられた。歴史時代のエトルリア人の祖先の到来の出発点はレムノス島やインブロス島（ゼーフルント G. Säflund）であるとする説、あるいは、ティレーノ・ペラスゴイ人のイタリア移入は青銅器時代晩期まで遡るとする説（ベラール J. Bérard）も提出された。こうした先史時代から原史時代にかけての東方との結びつきは、エジプトのヒエログラフで Trš. w で表される民族（ファラオー・メルネプターとラムセス３世の時にエジプトの侵略を企てた民族の一つ）と Tyrsenoi（ギリシア人によるエトルリア人の呼称）とが一致するという、よく繰り返された説で確認されるかもしれない。

最後に、エトルリア人が複数の要素によって形成されたとする概念（後述）が確立すると、東方由来は、中世におけるノルマン人と同様に、アジアまたはエーゲ地方の海洋民族の到来によって受けた刺激の一要素として、より限定的な形で新たに再提出された。ただしこの場合はこの要素がイタリアにエトルリア語を導入したということを前提としている（パーキンス J. B. Ward Perkins）。ヴィッラノーヴァ文化と東方化の初期に相次いでイタリアへの移住があったとするヘンケン H. Hencken の推論はこの仮説の線上にあり、東方との結びつきをより古い時代、すなわちベラールの説によるミュケナイ時代あるいはポスト・ミュケナイ初期に置こうとする現在の傾向（ハンフマン G. M. A. Hanfmann、ウルゴン）につながることになる。

しかし、ニーブールとミューラーによって示唆された北方起源説は、特に、テッラマーレの火葬文化の担い手たちが半島に南下したとする前述のピゴリーニの説に関係する 19 世紀の考古学的発見および解釈に主要な根拠をもっている。これらの中にはイタリキ人のみならず、エトルリア人もいたかもしれず、それゆえ、何人かの言語学者はエトルリア語がインドヨーロッパ語でありイタリキ語でもあると考えた。北方起源説は幾人かの考古学者を惹きつけたが、かれらも後には東方説に変わった。しかしこの説を強く支持したのは古代史学者たちであった。しかしながら、デ・サンクティス De Sanctis は、エトルリア人とイタリキ人の間の民族的・言語的な大きな違いを認めざるを得ないことから、ピゴリーニ説を撤回して、エトルリア人は北方由来の火葬人であり、イタリキ

人はすでに銅石器併用時代には半島に定着していた人種であると区別するに至った。パレーティは、もっと古いインドヨーロッパ語族（原ラティーニ人）の流れが銅石器併用時代の住民に認められ、火葬の「原ヴィラノーヴァ人」により新しいインドヨーロッパ語族（東イタリキ人）の流れが含まれ、最後に北イタリアの湖上生活人種に由来するヴィラノーヴァ文化の担い手の中にエトルリア人の民族的元素が認められると考えた。バルカン＝ドナウ地方からギリシア、イタリアに伝わった「レト・ティレニア語」あるいは「レト・ペラスゴイ語」の話し言葉をもつ人種とエトルリアとの関連を言語学的立場から想定するクレッチュマーの仮説も北方起源説に結びつけられる。

　第三の説、つまり土着民説は、かつて歴史家マイヤー E. Meyer が提出したものだが、その後考古学の分野においてアントネッリ U. Antonelli が補充し、さらにトロンベッティ、リベッツォ、デヴォートら、イタリアの言語学派によって発展させられた。特にデヴォートは『古代イタリキ人』（*Gli Antichi Italici*, 1931）の初版において組織的な考察を展開している。エトルリア語と地中海の諸々のプレ・インドヨーロッパ語との交流関係を検討して、エトルリア人はインドヨーロッパ語族の後にイタリアに到来したのではなく、最古のプレ・インドヨーロッパ人種の残存であり、一種の民族的「離島」であると唱えた。ピレネー山脈地帯のバスク人が、かれらを取り巻く現在のネオ・ラテン人から見て、イスパニアの先住民の残存であるのと似ている。

　事実、前節で考察したように、地名学から見れば、イタリキ人の方言、それもエトルリア語そのものやエーゲ海のプレ・ヘレニズム世界、小アジアの方言に似た言語的地層（リベッツォによって便宜的に「ティレニア語」terrenico と定義された地層）の半島における存在が明らかであると思われる。エトルリア人は、イタリキ人――いうまでもなくインドヨーロッパ語の影響を強く受けた混合体としてこの地層に属するのだが――の侵入に押される形で西側に集結したのかもしれない。考古学的すなわち文化的見地からすれば、最も古い民族的基層は、銅石器併用時代および青銅器時代の土葬人に認められるだろう。かれらの上にイタリキ人と原イタリキ人（エトルリアにおいてヴィラノーヴァ文化として現れる）の火葬の風習が重層し、歴史時代のエトルリア民族に東方由来の文化的刺激の下でのオリジナルな要素を付与したのかもしれない。この説

は、部分的には異なる形をとるとはいえ、たとえばシュッフハルト C. Schuchhardt のような「西方主義者」と呼ばれる先史民族学者たちにも好感をもたれていた。

東方起源説の批評的分析

　以上述べた諸説はいずれも、エトルリア民族の定住と発展の経過を再構築するために、伝承や言語学的考察、考古学的発見などの資料を、それぞれの方法で説明しようとするものである。実際に、それらはさまざまの既知の要素の天才的ともいえる組み合わせである。しかしそれらの諸要素の批評的評価から生じる問題の一部を満足させるに過ぎないものである。これら三つの仮説のおのおのが、説明不十分な部分を残し、乗りこえられない壁にぶつかってしまう。そしておのおのが他よりも優位に立つということはないのである。もしそうでなければ、とっくの昔に研究者の間で大多数の意見の一致を見て、不毛の論議とはならなかっただろう。

　まず第一に、東方由来説を客観的に考察しよう。それは、伝承的なデータ（つまりエトルリア人は、ペラスゴイ人であるにせよ、リュディア人、あるいはレムノス島の住民であるにせよ、東方のエーゲ海、アナトリア方面から到来したという伝説）と、考古学的資料（すなわち中部イタリアにおける東方化的文化の様相の確認）との合致という点に根拠を置いている。のみならず、言語学的な意味において、すでに述べたように、エトルリア語とレムノス語との明瞭な類似と、エトルリア語と小アジア諸語やひいてはコーカサス語との類縁関係さえ想定される。しかし、なにはともあれこれらの諸要素がばらばらに取り出して比較された場合、何が一体それぞれの有効な価値となり得るだろうか？

　古代ギリシアの詩人やヘロドトス以前の散文史家に由来する民族の移動や類縁関係に関する伝承について、現代の目は一般的に懐疑的か少なくともきわめて慎重である。とりわけ、テッサリア起源で英雄時代に海路エーゲ海の各地やイタリアにまで移住したとギリシア人が信じていた伝説的なペラスゴイ人についてそれがいえる。テッサリアの地名とかれらが移住したと考えられる現存の土地の地名が一致することから、そのように推測されたのである。テッサリア

のLarissaに由来する都市Laris(s)aの名が現れるすべての土地——すなわち、アッティカ、アルゴリス、アカイア、クレタ、レスボス、トロアデス、アエオリス、南イタリアなどがペラスゴイ人の土地とみなされた。

同様なことはテッサリアの都市Gyrtonに似た地名、たとえばマケドニアやアルカディアやクレタにあるGortyna、ボエツィアのKyrton、南イタリアのCrotone、エトルリアのCortonaなどについてもいえる。しかし、レムノス島やインブロ島、北エーゲ海のヘレスポントゥスHellespontus（現ダーダネルス海峡）の住人といった古い移住者の生き残りのように、ギリシア世界の周縁に住む非ギリシア人の諸民族がペラスゴイ起源であると歴史時代のギリシア人が考えていたことを考慮しなければならない。そしておそらくその反対方向、すなわち西方において、ギリシアの船乗りたちがエトルリアと最初に接触したとき以来、エトルリア人についても同様のことが想定されていたと思われる。なぜなら、カエレ（ギリシア語でAgylla）やスピーナはペラスゴイ人が築いたとみなされていたからである。ハリカルナッソスのディオニシウスが歴史家ヘラニクスの説としているイタリアのティレーニ人、すなわちエトルリア人とペラスゴイ人を同一視する仮説は以上のような伝承の線上からヒントを得たものである。

これはヘロドトスによるリュディア起源説や、ペラスゴイ人のエトルリア侵入は認めるとしてもより早い時期であり、いずれにせよティレーニ人の移住とは区別しているヘロドトス後の古代著作者たちの所説とは明らかに対立するのである。リュディアからティレーニ人が移住した（あるいは後に名祖ティレノスの名をとってティレーニ人と呼ばれることになるリュディア人の移住といった方がよいかもしれない）とするヘロドトスの有名な記述に関しては、古代には受け入れられていたことをさておき、エトルリアと東ギリシア世界との密接な商業的・文化的な関係と、特に前6世紀におけるエトルリア人の船員のエーゲ海での存在の可能性を踏まえた上でのイオニアの散文史家の作り話であるという印象から免れるのはむずかしい。おそらくこのストーリーは、エトルリアとアナトリア世界の間になんらかの明らかな類似性があるというほかに、リュディアの都市TyrrhaやTorebi人という名が似ていることや、ティレーニ人がエーゲ地方に存在したことなどから具体的なヒントを得て作られたものだろ

う。なお最後にあげた事例は、前5世紀以降の複数のギリシア人著作者が言及しているのだが、しばしばペラスゴイ人と混同しているのである（つまりペラスゴイ人とティレーニ人を同一視した結果、民族誌の研究環境において副次的に使われた名前だったという仮説も排除できない）。

　さらにペラスゴイ人については、ヘロドトスより後代の人でその影響を受けているとはいえ、サモスのアンティクリデスの興味ある地理的記述が残されている。すなわちエーゲ海北部のレムノス島とインブロ島から「ペラスゴイ人」の移住の動きがあったことがギリシア人に知られていたというのである（そのことからエトルリアとレムノスの間の言語的関係が引き出される）。結論として、伝説的で矛盾の多い古典文学の資料は「エトルリア民族」の東方由来に有利な証明は何も提供されないということだ。しかしなお、エトルリアとエーゲ海地域との古い個別的な関係の可能性を排除することはできない。

　すでに述べたように、エトルリアの起源に関して東方起源説の立場からしばしば引き合いに出されるのは、エジプトのモニュメントに前13世紀末から12世紀初頭にかけて海から侵入した者として記録されているTrš.wの問題である。まずこの名詞の読み方自体が問題であり、ヒエログラフでは外国語の名詞のために応用された音節書法でTwrwš'（変化形はTwrjš.w、Twjrš.w）のように書かれ、その中でw、jはおそらく母音を表すが正確ではない。エジプトへの海からの侵略者は他にもRk.w、Lk.w (Lukki)、Jqjwš.w、Drdnj.w、Dnn.w、Pršt.wまたはPlšt.w、Šrdn.w (Šredani, Širdanu)、Šqrš.wあるいはŠqlš.wなどがあり、それぞれリュキア人、アカイア人、ダルダニア人、ダナイ人、ペリシテ人、サルデーニャ人、シークリ人を表す。これらの読み合わせのうち、たとえばアカイア人とペリシテ人に関してはもはや議論の余地はないが、他についてはまだ問題が残る。サルデーニャ人については可能性はあるが不確かであり、シークリ人についてはきわめて不確かである。Pršt.wとPlšt.wについてはペラスゴイ人の呼び名の可能性もある。Trš.wとティレーニを同一視することによって、まだエーゲ海に住んだり新天地を求めてさまよっていたりした頃のエトルリア人の祖先が想定された。たとえ似たような語根が地中海の古い地名全体に頻繁に現れることで、特別の価値があるわけではないとしても、Trš.wとTyrs-enoiという語根の比較は疑いもなくかなり暗示的である。一

方、Šrdn. w がサルデーニャ人である可能性があるとすれば、同様にエジプトを侵略した Trš. w が西方からきた民族である可能性も排除できない。

　問題を考古学的側面から見れば明らかなことであるが、エトルリアにおいて東方化文明が見られる現象は、たとえばギリシア人がシチリアや南イタリアに到来した際に明らかなように、自らの社会構造と生活形態を伴ったままの状態で上陸した外来民族であるという仮説を正当化することができるようなものではない。発達したヴィッラノーヴァ文化の局面において、次期の東方化の成熟を先取りする著しい変化が起こり始める。すなわち、土葬の葬制が伝播し、墓室型墳墓が初めて登場し、鉄の使用が一般化し、加飾を施した青銅器や貴金属（金、銀）の多用、そして同時に、外来の物品や装飾文（エジプト様式のスカラベや護符、ギリシア風の彩文陶器など）の大量の出土が見られるのである。しかし東方化文明への移行は根本的なものではなく、暫定的なものでもない。建築構造そのものを用いたり建造物をモデルにしたりした大型の墳墓、練上げ陶器あるいはブッケロ、調度品、装身具などのような、この文明の多くの形象が、[**51]東方やギリシアなどの外部の影響を受けたこともあり、とりわけ経済的な繁栄に促されて、土着の文化の発展に大きく関わることになる。種々の物品がエジプト、シリア、キプロス、ロドスから輸入され、遠くメソポタミアやアルメニア（ウラルトゥ Urartu、前 9-6 世紀頃、アルメニア地方に興った王国）からもたらされたものもあった。特徴的なのは、エジプト、メソポタミア、シリア、エーゲ・アジア的な文様が混在する装飾技法であり、また、フェニキア＝キプロスに起源をもち、前 7 世紀にはギリシア世界で洗練されて広く伝播した贅沢品に見られる実在または空想の動物をあしらったフリーズが発達する。要するに、東方化時代のエトルリアの墳墓およびその豪華な副葬品を前にした印象は、この文明の主要な骨格は地方的な伝統に深く根差している一方、外来の装飾的モティーフの特徴と精神は東方的な「流行」に向いているということである。そしてもしエトルリアの東方化文明の土着性と外来性の混淆という性格を度外視し、移入された要素の検討に限定するなら、それはエトルリアに限ったことではなく、同じ時代のギリシアをはじめとする他の地中海諸国にも同様の状態が現れていることは明らかである。とはいうまでもなく、ギリシアそのものに東方からの移住があったという推論はなされない。

エトルリアにおける東方化様式に引き継ぎ、前6から5世紀にわたってギリシア（はじめペロポネソス半島で、ついでイオニア、アッティカ）の文化的・芸術的要素の強い影響が現れる。そのおかげで、宗教や習俗に至るまで、古い土着の文化の新しい形式への決定的な変容が起こった。ヘレニズムの神話、神々がエトルリアに浸透することが、そのことを如実に示している。いうまでもなく、前6世紀にエトルリアにギリシア人の植民地があったというような馬鹿げた推論をなす者はいないだろう（エトルリアのいくつかの港にギリシア人の貿易センターのようなものがあったことはかなり確実な証拠があるが）。つまり東方化文明の起因を、一つの革新として捉えるのではなく、外来人の侵入に帰する必要性は全くないのである。

葬制に関してもまた、ヴィッラノーヴァ文化の火葬から東方化文明の土葬に突然移行したということではない。すでに南エトルリアのヴィッラノーヴァ文化の最初期に火葬の井戸型墳墓に混じって土葬の穴状墳墓が存在する。土葬の定着はヴィッラノーヴァ文化盛期に漸進的になされたものである。かつまた、この経緯は前8世紀を通じて、エトルリア人のみならず、なんらかの移住民が到達していないと考えられるラティウムでも共通する。しかも、それはエトルリア南部に限られており、内陸部（たとえばキュジ）では東方化時代にも、以降のエトルリア文明の全期にわたってもまた、火葬の習俗を放棄することはなかった。南エトルリア自体でも前6世紀には部分的に火葬の復活が見られることになる。ある人種集団から別の集団に変わったというような事実の結果などが想定できるだろう。

最後に言語の問題が残っている。事実、エトルリア語と、前6世紀の後半にアテナイのミルティアデスによって征服される以前のレムノス島で話されていたプレ・ヘレニズム期の方言との関係は、何人かの学者の反対意見もあるとはいえ、きわめて密なものである。たとえばレムノスの言葉の語尾（-z, -eiz, -zi, -ai, -aiθ, -ale, -ial など）とエトルリア語の語尾（-s, -eis, -si, -ai, -ai, -aiθ, -ale, -ial）の一致、レムノス語の語幹や単語（naφθ, ziazi, maraz, marazum, aviz, zivai, zeronai, zeronai, zeronaiθ, morinail, haralio, arai など）とエトルリア語の語幹と単語（napti, nefts, zia, mar, maru, avils, zivas, zeri, murinal, harc, are, araś）との一致、そして表現全体の一致（holaiezi φokiasiale と larθiale hulχniesi、 *aviz sialχviz* と *avils...seallχls*）といったことである。なおアルファベットにもいくつかの類似がある。これに関連する確かな重要性をもったレムノスの資料としてはカミニア Kaminia で発見された墓碑が一点あるのみだが、それでも類似は非常に際立っている。

　しかしながらレムノス語とエトルリア語が同じ言語であると断定することはできない。種々の単語や文法に関して相互の符合が存在せず、多くの場合、レムノス語の碑文の単語の意味や形態の価値はまさにエトルリア語との比較によって求められるのであり、つまり類縁関係を決定づけようとすることは全くの悪循環に陥るだろう。ともかくエトルリア人のレムノス島からの直接の由来を正当化することはできない。そしてアナトリア起源を支える言語学的推論に関していえば、インドヨーロッパ語あるいはプレ・インドヨーロッパ語である小アジアの言語とエトルリア語との関係は、人名・地名の類似を引き合いに出しても、断片的・散発的であり、組織的な類似という考え方とは相いれず、要するにリュディア人の言語についてのわれわれの知識からすれば、ヘロドトスが語るようなエトルリア人のリュディア起源を考慮に入れることは絶対にできないのである。

　さて、エトルリア人が東方化文明を引っ提げてイタリアに到来したという東方起源説は複数の研究者によって支持され、学術的でない出版物などでしばしば紹介されてきたが、その説が本当に支持できるかどうかを証明するために、この二つの要素の相互の地理的・時間的関係を再検討してみよう。しかしどの地域の東方化文明が問題なのか？　われわれが知悉していることは、前8世紀末から6世紀初めのエトルリアにおける東方からの文物の輸入、あるいはより一般的には東方化的趣味の形成は、近東および地中海地域、具体的にはシリア＝キプロス地区、ついで東ギリシア地域に広がるきわめて多種の傾向をもった産物の生産地が考えさせられるということだ。要するに、東方化文明の供給者となるのは、むしろ、興味深いことに地中海の他の地域でも同様の結果を示しているが、フェニキア人とギリシア人ということになるだろう。こうした図式から見れば、或る外国人種が東方世界の一定の地点、すなわち文献によればリュディアあるいはエーゲ海北部から自らの文化を鞄に入れて出発し、イタリアに移住または植民したという考えとは明らかに相いれないと思われる。なぜ

なら、エトルリアに移住したとされる時代において、まさにこうした（出発点の）地域において、エトルリアと類似するいかなる文化的類似も存在しないからである。

　レムノス、イオニアや小アジアのアエオリスの沿岸地方、サルディス、アナトリアの内陸部などの発見によっても、小アジアが「フリュギアの」と呼ばれた時代（前9-8世紀）や、レムノスが不当にも「ティレニアの」と呼ばれた（最も典型的で信頼できる歴史的伝説に基づいて「ペラスゴイの」とより正しく呼ぶべきである）時代におけるエトルリア文明との共通点は依然として提出されていない（土盛り墳墓、部屋型墳墓、岸壁を用いた正面入口など、かなり形式的な要素を別として）。フリュギアやリュディアの幾何学様式の陶器、レムノスの特徴的なアルカイック陶器などは、イタリアの土着の陶器、およびギリシア式幾何学様式の陶器と全く関係をもたない。リュディア様式のいくつかの陶器が、その他多くのギリシア=東方化様式の陶器とともに、ようやく前6世紀に西側に普及する。同様に、アジアの灰陶もフォカエア Phocaea（アナトリア西海岸）の植民たちが輸出していたが、イタリアで見ることは稀であり、エトルリアのブッケロの起源とはいかなる関係もないと思われる。アナトリア全土に膨大に存在するアジア風の留め金は、明確な半円形で真珠をちりばめたり、磁石の形をしたりして特徴的だが、それがアジアのいずれかの人種の移住によってもたらされたことはあり得ることである。しかし、貿易ルートによってさえ、西方に普及することがなかったのは明らかな事実である。現在までのところ、中部イタリアでその手のものはコッリ・アルバーニで一例と、他の二例がピテクーサ（イスキア島）のネクロポリス、すなわちエトルリアの領土そのものの外側で発見されているのみである。

　フリュギアの首都、ゴルディオンで最近発見された一つの王墓から、エトルリアとパレストリーナの東方化時代の墳墓から出土するものに似た文様のある青銅のレベス（酒壺）が出ているが、これはギリシアやイタリアに向かう経路にあるウラルトゥの青銅器文化の広い伝播のもうひとつの証言である。しかし、フリュギアとエトルリアの直接的な関係を証明するものではない。反対に、小アジア西部の諸都市とイタリアの関係は、前6世紀にイオニア人の西方への航海と、おそらくエーゲ海にエトルリア人が活動していたことによってますま

す直接的なものとなって強められ、エトルリア・アルカイック美術にギリシア・東方化の大きな影響を与えるに至る。しかしこの現象は、エトルリアの起源の問題にとって全く関係ないことだ。

　古代文献に基づくエトルリア人の移住と東方化文明との一致という説は、時間的・歴史的という基本的な観点からしても支持しがたいと思われる。エトルリアの東方化文明の始まりは前8世紀末より遡るものではなく、すなわちその時期にはシチリアおよび南イタリアの沿岸部にすでにギリシア人の植民市がそれなりに確固と根付いていた。一方、リュディアからの移住に関するヘロドトスの記述には、その時間的な関係を軽視してはならず、リュディアのアティス王の事績、すなわち神話の伝承によれば前13から12世紀にわたるトロイア戦争の少し後のことが語られている。ペラスゴイ人の移住についても同様のことがいえる。歴史時代の曙におけるこのような際立った出来事——ギリシア人の植民と平行して起こった——は、他の歴史資料には抜け落ちていたのではなく、またヘロドトスのように、500年も古い時代の神話のエピソードとして歪曲されたのでもない。さらに、ギリシアの歴史家エフォルスのような権威ある史料は前8世紀のカルキデス人による最も古いシチリアの植民市、ナクソスの創設について語る中で、それ以前にはギリシア人はティレニア人を恐れて西方の海に進出することはなかった——つまり歴史時代のギリシア人の植民が始まる前に、イタリアではエトルリア人の強固な存在があったと確言していることも考慮しなければならない。

　もしもはるかなる歴史の現実の残響となり得る伝承に正当な価値を与えようとするなら、英雄時代という時間的文脈にそれらを置いてみること、すなわち前2000年期末の数世紀の後期ミュケナイ時代にあたる後期青銅器時代の出来事として考える必要があろう。すなわち唯一、方法論的に容認できるベルナールの批評的問題提起を歓迎することである。しかし、古典の文献の記述には後期青銅器時代にティレニア海沿岸に東方からの人間や物品の存在を示唆するなんらかのものが含まれると推論しようとしても、歴史上の植民のモデルをあまりにも素直に応用した潤色の部分をそぎ落とし、大挙した民族移動という考えは排除しなければならないだろう。さらに、ティレーニ人がリュディアに由来するというヘロドトスの記述の逸話的語り口、すなわち架空の物語——なにし

ろティレーニという概念や呼称そのものがあいまいなのだから——と、ペラスゴイ人の航海という最も広範に普及し、おそらく最も古くからある伝承とを区別するべきであろう。この意味において、地理的観点からしても（レムノスのペラスゴイ人の存在、アンティクリスによるエトルリア人のレムノス起源、レムノス語とエトルリア語の類似）、時間的観点からしても（伝承におけるのと同様、言語学的な証拠についても、その関係の古さ）、伝承的資料と言語学的データの間の或る確かな一致を認めることができるかもしれない。ただし、後期青銅器時代にエーゲ海の船舶がティレーニ人の地に到着した可能性が、前述のようにミュケナイ様式の陶器類の散発的発見によって示唆されたとしても、考古学的な判断基準を欠いているのである。

北方起源説と土着民説の批評的分析

さて次に、北方起源説をはじめとする「ヨーロッパ起源説」の検討に移ろう。Rasenna という名と Raetia の名とを比較するのはもはや幼稚で過去の話である。北イタリアのトレンティーノとアルト・アーディジェ地方で発見された碑文はかなり後のものであり（前5世紀以後）、もしエトルリア語との古来のつながりやより新しい関連を示すものであったとしても、すでに形成された一民族であるエトルリア人が最初にアルプス地方から到来したとする証明にはならない。考古学的見地からすれば、ピゴリーニやヘルビヒの観点に対してすでになされた批判によって、イタリア北部の民族が半島の中央部に南下したという仮説は基本的に無効となっている。ポー川流域のエトルリア的要素は、歴史資料にも記されているように、明らかな南からのエトルリア人の侵入の結果である。

言語学においてはすでに早くから、エトルリア語とイタリキ諸語との遺伝的類似という古い概念は放棄されている。だからこの観点からすれば、エトルリア人とイタリキ人が共に北方から南下したとするピゴリーニ説は一切の存在価値を失った。ここから火葬人がエトルリア人で、銅石併用時代の古い始祖にあたる人種（アペニン地方の先住民といった方がいいだろう）が土葬人と考えるデ・サンクティスの説が生まれる。考古学的事実と言語民族学的事実のおおまかな一致という点から見れば、上記の方程式は、土葬と火葬の地域がそれぞれ

インドヨーロッパ語と非インドヨーロッパ語の地域に合致するという、すでに確認した現象を説明することを可能とする唯一のものかもしれない。

　しかし最近のいくつかの発見によって明らかになったことだが、「火葬人」を一律に言語民族学的な単一の実体の代表者として語ることはできない。また、ヴィッラノーヴァは既成の文化として領域外から発展途上の地域に到来したものではなく、アペニン山脈の北側により古くからあったものでもなく、その直接の祖先はむしろ半島の「原ヴィッラノーヴァ文化」、まさにティレニア海エトルリア（すでに述べたように、これまで知る限りでは、グロッセート近郊のモンティ・デッラ・トルファから沿岸まで）にあった。さらに、「原ラティウム」や「原ウェネティ」と同じく、「原ヴィッラノーヴァ」に似た火葬文化の古い様態が、ラティウムとウェーネトの鉄器文明の初期に現れることも明らかである。それは歴史時代の起源を異にするインドヨーロッパ語族の住民、すなわちそれぞれラティーニ人とウェネティ人に帰属する文化である。

　それに合わせて、パレーティの以下のような説も証明不可能な推測に過ぎないものとなる。つまり、「前ヴィッラノーヴァ文化人」ははじめは単一の人種である東部イタリキ人を意味し（歴史時代の東部イタリキ人は主として土葬人であったから、ありえない仮説である）、次の段階での「ヴィッラノーヴァ文化人」の移動はエトルリア人の南下を意味するというのである。これは前述のように、なんら根拠のない思考の遊びに過ぎない。いかなる方法をもってしても、考古学はエトルリア人の北方起源を証明することはできない。

　北方起源説にとってのもうひとつの不利な点は、まさにエトルリア語とレムノスのプレ・ヘレニズム言語との関係である。この問題を説明するためには、ドナウ川流域からエーゲ海北部とイタリアに陸路による移住が平行して起こったとするクレッチュマーの説を受け入れる必要があるだろう。しかしそうなれば、イタリア半島に広く深く存在する「ティレニア語」の固有名詞におけるエトルリア語との類似の要素が説明されなければならないだろう。とはいえこれはプレ・インドヨーロッパ語（リーグリ語やラエティア語）を基層とする西北部の諸言語、あるいはずばりインドヨーロッパ語に結びつけられる大陸的要素がエトルリア語の中に存在することを排除することではない。要するに、これは、種々の異なる起源をもつ要素が種々の言語的地域と複雑に重層することに

よって、地方的な一致や混合を生んだことを証明することになる。

　第三の土着民（先住民）説もまた、正当な批判を受けるべき側面をもつ。言語学者（トロンベッティ、リベッツォ、デヴォート）などの視点は、エトルリア語の底層に広大なプレ・インドヨーロッパ語系の残留を認めるのだが、とりわけイタリアの多くの地点での地名におけるエトルリア語および「ティレニア語」の地層と地中海諸語の類似性を考慮すれば、それは理論的に議論の余地がない。一方、アントネッリやデヴォートが試みた考古学的データに基づく事実の再構成に対しては、大きな困難が立ちはだかる。それは銅石併用時代、青銅器時代の土着の土葬人が原初の「ティレニア人」であり、北方から南下した火葬のヴィッラノーヴァ文化人がインドヨーロッパ語族の古代イタリキ人であるとして、この間に民族的な明確な一線を画すことを前提としている。ここで再び、火葬の地域が非インドヨーロッパ語、土葬の地域がインドヨーロッパ語という大方正しい認知が、土着説の抽象的な推論に対立することになる。まさにエトルリアは、火葬人の占拠がきわめて歴然とした地域において、原初の言語が歴史時代に一貫してその性格を保有したイタリア唯一の一角なのである！ それに対して、イタリキ諸言語は半島の東部だけで発達し、そこでは火葬のイタリキ人が存在した痕跡は、散発的なものを除いて存在しない！ 言語学的な立場からする土着説は、依然としてピゴリーニの古い仮説の縛られた不合理な考古学的図式に閉じ込められるのを免れないことは明白である。デヴォートは最近、「火葬人＝イタリキ人」という方程式を、「原イタリキ人」の一つの潮流に導こうと試みたが、イタリア歴史民族学におけるポジティヴな事実の解明に何ももたらさなかった。ともかく、純然たる先住民説は、ア・プリオリに反歴史主義とみなされるのである。それは具体的には、明らかにヨーロッパや東方の影響を示す文化的現象とか、エトルリア語に深く浸透したインドヨーロッパ語的要素のみならず、エトルリアとエーゲ海の関係を示唆する言語学的資料などに、真っ向から衝突するものである。

現時点における展望――民族形成としてのエトルリア人の起源――

　このように、エトルリア人の起源に関する三つの従来の仮説のいずれもが、

問題解決の決定的な理論とはなり得ない。いずれもが部分的には有効なポジティヴな要素を含むが、同時に絶対的な真実として採用することを妨げるネガティヴな要素も含んでいる。それはこれらの立論が方法的に間違いだったことを示している。なぜなら、一つの歴史的民族の起源というような多角的で広大な現象の複雑性が、図式的で時には幼稚な枠組みに取り込まれてしまったからである。つまり、エトルリア民族が計りがたい先史時代以来の一つの統一的な現実、一つの「塊（ブロック）」として想定されたのである。そしてその出現は必然的に「由来」という外的で単純な概念に求められねばならず、海路で東方から、陸路では北方のヨーロッパからの純然たる到来を認め（地理的には種々の説があるから問題の解決にならない）、あるいはエトルリア人が半島の古来の住民であるとする（そしてそれは編年史的には問題を先送りすることになる）。混合民族の可能性――たとえばアジアから来たティレニア人と土着のウンブリ人との混合、あるいは地中海の銅石併用時代人と火葬のイタリキ人のとの混合――が語られる場合も、形成する諸要素の一つに優位性が与えられるとすれば、民族の呼称、言語、特徴などはエトルリア民族に属すると認められたのであった。

　さてここで議論の方法論的基礎が必要となる。それは「エトルリア人」の概念を前９世紀から前１世紀頃まで、独自の言語と独自の伝統を有してエトルリアの地に繁栄した民族について把握し得る歴史的現実に限定することである。そうした歴史的現実の形成に対しては、長い経緯にわたって、民族的・言語的・政治的・文化的なさまざまの要素が関わり合ったことはまちがいない。そうした諸要素のおのおのについて、その「起源」や「由来」を論ずることもできるだろう。しかし、それらが決定する複雑な現象を理解するために最も適した理念はそれらの「形成に」についてである。そういう考え方を明白にするには、イタリア人、あるいはフランス人がどこからきたかなどと「由来」を問う人はいないことを思えばいいだろう。そうではなくて、イタリア民族、あるいはフランス人の形成の過程が研究され、論じられるべきである。フランス民族の形成ということでいうなら、「リーグリ人」「イベリア人」などの古代ヨーロッパ人の基層、ケルト人の先史・原史時代の底層、ローマ人による征服と支配、ガリアのラテン化とキリスト教化、フランク人、ブルグンド人、西ゴート人、ノル

マン人などのゲルマン民族の侵入、絶対王朝による統一の過程などが語られることになるだろう。これらすべての民族的・歴史的要素がフランス民族の形成に関与したのである。そしてこのプロセスにおいて、地理的な要素が主要なものであることは明らかである。すなわち、一つの民族の独自の領域がその形成の経過の発生した場所なのである。

　エトルリアの起源に関する諸理論が示すそれぞれの不完全さは、民族的形成の問題が存在するところに由来の問題を設定したことに起因する。つまりエトルリア人の由来を東方や北方やイタリア先住民などと考えたわけだが、エトルリア民族の形成において東方的要素、大陸的要素、土着的要素が存在したかもしれず（確かに存在した）、それらを限定して位置づけし、比較対照する形で検討しなければならない。もちろん、歴史時代のエトルリアの誕生を決定づけた種々の条件や先史・原史時代の事実を再構築するのは容易なことではない。しかし、エトルリア民族の形成の過程がエトルリアの領域の中で起こったのではないことは全くまちがいないことである。そしてその最終局面の様相については、前1000年期の初めの数世紀の豊富な考古学的資料によってうかがい知ることができる。筆者が数年前から表明しているこの視点は、先住民説と混同されてはならない。なぜならそれは歴史的な経過の帰結であって、祖先がだれかという前提ではないからである。これと似た考えが歴史家アルトハイムによって提出されている。かれは移住民と先住民の混成という発想から出発し、エトルリアの領域に住む種々の民族の政治的・文化的共通性の形成がエトルリア民族の起源であると規定した。この理論はいまでは、東方起源説の最新の支持者たちにも広く行き渡り、多くの論文に引用されている。

　言語学的な要素から見れば、地中海のインドヨーロッパ語の広域の地層における東方的要素の類似性が問題となる。その上、散発的であるとはいえ、北エーゲ海の「ペラスゴイ地域」との特別の関係も暗示されている。しかし、かなり古い時期、および比較的新しい時期の先史時代（後期青銅器時代か？）に、東から西への「ティレニア」的要素の伝播が起こり、その要素の一つであるエトルリア語は生きた残骸としてローカルな地層の下に深く浸透した部分と結びつき、インドヨーロッパ語系のイタリキ言語の潮流に対抗する西方の前哨であったと仮定するなら、東方起源説と先住民説はなんらかの形で混乱してしまうこ

とになる。こうしたエトルリア語の源流と他言語との関連の問題については後に言語学的見地から詳述する。

 とにかくエトルリアの「エトノス」の起源はエトルリア語の起源と概念的に切り離すことができず、エトルリア語が独自の性格をもった言語システムとして完全に定義されることが、歴史的存在である国民としてのエトルリア人のアイデンティティを明示することになるのは事実である。エトルリア語のシステムとしての存在については、われわれはようやく前8世紀末から7世紀初頭にかけて最初の碑文が出現するときからの確かな証言が得られている。しかしそれは明らかに非本質的な状況によるものである。つまりようやくそのときにギリシア世界からエトルリアに導入されたアルファベットが普及されはじめたということなのである。事実は、イタリキ語の語彙や固有名詞が浸透・吸収されるのに必要な時間を考慮したとき、イタリアとエトルリアそのものの領域でエトルリア語が形成されるのはもっと古く、多分非常に古いのであり、ともかくヴィラノーヴァ文化の原史時代、あるいは東方化時代の初期にエトルリア語が外来の異文化的「塊（ブロック）」として侵入したと考えることは排除されなければならない。

 考古学的資料が歴史的・文化史的に説得力をもった正当な評価がなされるとき、前節で見たように、ヴィラノーヴァ文化は、すでに形成され、まさに拡張の途次にあるエトルリアの民族的一体性の外部にあったということが確言できる。エトルリアの民族的形成は前9世紀より以前に進行していたと考えられるだろう。エトルリアの主要な特性をあえて定義するためには、それ以上遡ることのできない時間的な限界を確定しなければならないが、だれの目から見てもこれは言語学的考察と一致する。それ以前のこと、つまり前9世紀より前の形成の状況、構成要素、時間と形式を特定しようとすれば、議論の道のりはきわめて険しく、あいまいなものとなるだろう。しかしながら、すでに晩期青銅器時代にエトルリアは、制度的・経済的見地から非常に発達した「原ヴィラノーヴァ文化」の様相を呈し、その成果を遺している事実をなおざりにすることはできない。確証が現存しているわけではないとはいえ、その時代に東方との関連（考古学的痕跡は残していないものの、ミュケナイあるいはポスト・ミュケナイ人の航海の範囲から想定できる）や、そういう東方との接触によって地

方的な民族的・言語的地層が再生することなど、革新の刺激に結びついた特別の状況をそれは反映している可能性がある。そしてインドヨーロッパ語のイタリキ世界の要素の浸透が同時進行したかもしれないということも無視できない。それ以上確かなことをいうのは、現時点では批評的に本当らしく見えても推測だけの虚しい幻想に陥るだろう。しかしエトルリアの民族形成が青銅器時代より以前に行われたという考えの傍証として、かれら独自の「世紀」の計算からエトルリア人の民族の起源が前 11-10 世紀に遡るという試算を出していた古代の伝承（ワロ、セルウィウス、アウグストゥス）が存在することを思い出す必要がある。

前 9 世紀におけるヴィラノーヴァ文化の登場は、疑いもなくエトルリアの「原ヴィラノーヴァ文化」や中部イタリア（ラティウム、ウンブリアなど）のその他の鉄器文化と比較して衝撃的な社会的・文化的出来事であった。特にティレニア海沿岸地方からそれが広がったことから、新しい民族、すなわちエトルリア人が海から到来したのではないかと考えられた（サンドウォール Sundwall、ヘンケン）。しかしこれは、レムノスであれ小アジアであれ、エーゲ海の他の地方であれ、想定される起源の地の文化との類似性に全く欠けるばかりでなく、前述のような理由で排除される仮説である。そうではなくて、その社会的・政治的・文化的影響がいかなるものであったとしても、主として経済的な原因によるに相違ない現象なのである。

「原ヴィラノーヴァ文化」と「ヴィラノーヴァ文化」という二つの継続する文化様式の間に或る「飛躍」があり、あるいは部分的にはその二つが共存したかもしれない南エトルリアは別として、特にヴェトゥローニアとポプローニアの鉱山地帯では「原ヴィラノーヴァ文化」から「ヴィラノーヴァ文化」への直接的移行が起こったかもしれないことを排除するものではない。この鉱脈はおそらく先史時代から知られていて、その後も後述するように終始エトルリア経済にとって根幹をなす重要なものであり、この資源の利用が急速に進んだという状況と関係があるかもしれない。しかしその場合には、ヴィラノーヴァ文化への革新は、ホークス C. F. C. Hawkes が見事に指摘したように、エトルリア人の集結性、固着性、発展性の要素から考えて、やはりこの民族の起源の問題に戻るだろう。或る大規模な民族や本格的な文明の形成というものは、

その後の歴史的経過を生み出す諸要素を通して完成され、豊かになるものである。東方世界やギリシアとの商業的・生産的・知的接触、社会的格差を伴った集団での移住、技術・習俗・思想・言語の同化——これらがエトルリア世界を定義づける決定的な機能を果たしたのである。エトルリア人の新鮮・素朴で柔軟な精神によって外来の成熟した文明の刺激と魅力の下で育まれたものが、おそらく民族の精神的傾向を決定づける要因であった。そしてまさにこのポイントが、エトルリアが東方との深い直接関係をもつという印象をわれわれに惹起する。古い論者も新しい研究者も捉えて離さない印象なのである。

訳注

**51　bucchero。エトルリア特有の還元焼成による黒陶。前7世紀末頃からカエレで始まり、その後ヴルチ、タルクイニア、オルヴィエートでも実用の容器として多量に制作された。ギリシア陶器に近い名称で呼ばれる形態の器種が見られ、簡単な刻文や浮彫で装飾されたものもある。前5世紀には技術が終息した。

III　アルカイックの開花

海の上のエトルリア人：ティレニア海沿岸の覇者

　エトルリア人の起源に関する論争は、概して、エトルリア世界の政治・制度・社会経済の歴史というより具体的で問題性の少ない研究を脇に置いた形で研究者の関心を吸収してしまった。それは理屈としてはかつて存在していたエトルリア人に関する同時代の文字の記録や歴史家の記述が欠落している——より正確にいえば喪失した——ことによるものである。しかし、「歴史」そのものを歴史記述に従属させ同化させてしまうアカデミズムの伝統を超えて、エトルリアのような場合には、われわれの知識と再構築のための研究の最優先の目標は「歴史」であり、この目的の追究と達成に対して、古典作家の示す暗示、碑文資料、考古学的遺物、地理的・地形学的考察、そして古代世界の他の文明（近東、ギリシア、ローマ）の知識から得られるヒントなどから引き出すことができるすべてのデータを、たとえ断片的で異質なものであっても、正当に解釈して幅広く集結させることが可能であることを理解すべきである。

　こうした意図と信念をもって、本節と次節において、前1000年期の大部分を占めるエトルリア民族の事績を描出することを試みたい。とりわけ前9世紀から前5世紀初頭までの期間について考察することになる。古代の伝承も考古学的資料も、この時期にエトルリアが最高の勢力と繁栄に達し、古代史の構図の中で独特の意義をもつ足跡を残したことを示すことで一致している。この発展に関わる具体的な挿話的事実は最小限度にしか捉えられないとはいえ、われわれは全体として、エトルリア諸都市がその頃、規模の拡大、生産性の増大、商業的・政治的拡張、文化の進歩といった点で地中海地域の中で高い水準に達し、フェニキアとギリシアとに並んで制海権をもち、広いイタリア地域を支配し影

響力を発揮したことを認めることができる。

　この現象において最も際立った一面は、これが他よりも早く、急速な形で現れたように思われることである。その開始の原因は、エトルリア民族の起源そのものと深く関係する問題であり、他方において中部地中海の植民時代の一般的な歴史的状況と関連するものである。エトルリア人が創出したと考えられる十分成熟した文化的様相が現れる最初の頃から、つまりヴィッラノーヴァ文化が出現するとき以来、ティレニア海沿岸から内陸に向かい、北ではアペニン山脈を越え、南ではサレルノ地方に向かうかれらの進出は、おそくとも前9世紀には始まっていたと考えられる。それはヴィッラノーヴァ文化の革新的、あるいは「革命的」な噴出の力というべきものである。付け加えれば、特に沿岸部における前9世紀から7世紀までの文化的発展の様相を見ると、大型の集落からなる原史社会から豪華な典礼を伴う文明への進歩が非常に加速する。地方的な条件と外的な刺激の要素が化合する事実が見られるのは明らかである。つまりこの進歩に決定的な触媒の働きをした主要な要素の一つはエトルリアの存在した場所の有利さにあるといえるだろう。そこでは巨大な鉱脈が存在し（鉄、銅、方鉛鉱など）、ポプローニア地区（エルバ島を含む）やヴェトゥローニア地区（コッリーネ・メタリーフェレ Colline Metallifere）などの採鉱中心地帯のみならず、トルファ山地などの他の場所でもその知識と活用法が進歩したのである。あらゆる最新の生産技術のために金属が最も貴重な原料として求められていた時代に、大規模な植民活動として西方に向かうフェニキアやギリシアの船舶は、金属の獲得とその採鉱の場所の直接・間接の管理の必要性に多分に突き動かされていたはずである。その最大の中心地がスペイン南部、サルデーニャ、そしてまさにエトルリアであった。

　鉱山に関してエトルリアの場合でいえば二重の結果をもたらしたと考えることができる。すなわち一方では、東地中海の人々の関心を惹いて到来する人が増えることによって、鉱山地帯の結束が進み、より一般的にはティレニア沿岸線を結ぶ一連の将来の都市が発達したことである（すでにヴィッラノーヴァ文化時代から始まったことだが次の東方化時代にますます強力になる）。他方では、貴重な交易品を所有することによってこれらのコミュニティと企業家たちが瞬時に富を得られたことであり、かれらは政治的・軍事的な地位の確保、広

域の海上制覇の可能性、さらには社会的・経済的・文化的な進歩をもたらし、異国の高級な物品（カエレ、ヴルチ、ヴェトゥローニア、パレストリーナの東方化時代の墳墓で見られる青銅・銀・象牙の"宝物"など）を購入できるほど生活レヴェルが向上したということである。まさにエトルリア各地における地方的体制の確立が加速したことによって以下のことが説明できるだろう。外国人の植民活動がエトルリアを避けたこと（ギリシア人は半島のティレニア海沿岸ではクーマ Cuma より北ではエトルリアを飛ばしてリグーリアに達し、そこで現在のモナコ、ニースなどの植民市を設けた）、すなわち他の西方の鉱山地帯と違ってエトルリアの鉱山の採掘は終始エトルリア人の手中にあり、外国人は交易によって間接的に利益が得られるのみだったことである（ただしタルクイニアの外港グラヴィスカにおいては「特別認可」という制度での移民による就業施設があり、また、後述するように、前5世紀にはシラクーサ人による鉱山施設の管理が企てられたこともなかったわけではない）。

　ここで地上での拡張の話題をひとまずおいて、エトルリア人の海上活動について考察しよう。それは古代において「海の征服者たち」（thalassokratores、ハリカルナッソスのディオニシウス、I-11）としてかれらを有名にし、古典文学では東西の海域で活動する恐るべき海賊として標語のように描写されているのである。これらの伝承のうちで最も重要なものをあげておこう。ホメロスのディオニュソスへの頌歌では、この神はティレニア人の海賊たちに浚われるが、その後かれらをイルカに変えてしまう。サモス島のヘラ神像の盗難、アッティカのブラウロンにおける女性の掠奪、アテナイの征服と略奪は一部ペラスゴイ人と同一視されているものの、要するにこれらがティレニア海人の仕業とされている（アテネウス、プルタルコス、フィロコロス）。

　一方西方におけるティレーニ人の存在と脅威はいくつかの文献で語られている。かれらの名に由来するティレニア海そのものをはじめとし、カンパーニアの海岸、リーパリ島、シチリア周辺（ストラボン、プリニウスなど）、コルシカ（ディオドルス・シクルス）、サルデーニャ（ストラボン）、そしてバレアレス諸島からイベリア半島まで（ステーファノ・ディ・ビザンツィオ、アウソニウス）。さらには大西洋の或る仮想の豊穣の島への植民計画についての記述もあり、これはカルタゴ人の手によって阻止されたらしい（ディオドルス・シクルス）。

これらの証言に対しては「半信半疑」にならざるを得ない。つまりエーゲ海でのティレーニ人またはティレーニ=ペラスゴイ人に関する情報は明らかに神話的色彩の濃いものだが、西方における活動は、時に文献そのものの明確な記述の通り、歴史としてのエトルリア人に関するものである。ともかく、古代の伝承には現実の根拠をもつに違いないアルカイック時代のティレニア人の海上活動の拡張や海賊行為という全体としてのイメージが存在するのである。そうした出来事は、西方に植民を始めたギリシア人に驚異・恐怖・敵意の情を起こさせ、そこからティレニア人を横暴な海賊と同視する伝説的見方が生まれたのかもしれず、そしてそれは良い意味にせよ悪い意味にせよ、古典古代人が共有する民族的特性の図式化という形をとることになる。要するに海賊というのは商業の競争にとって最も具体的で目に見える行為の一つであったはずで、後述するように、イタリアをめぐるギリシア人とエトルリア人の延々と続く歴史的対立関係は、エトルリア人のモラルを際立った残酷さ、好色、脆弱と責めつけるギリシア文学の予断という結果を招いた。こうした印象のすべてが、さまざまな伝承の他の要素（ペラスゴイ人の海路によるディアスポラ）とも入り混じって神話として成立したとしても驚くことはない。しかしエトルリア人の海上の商業活動とは別に、エーゲ海においてティレニア人の海賊行為があったのか、どの点まで続いたのかは疑問として残る。

　考古学的データは大筋においてエトルリアの海上進出に関する文献の伝承を確認する。大筋といっても種々のケースで年代的・地理的に確かめるための価値がある。実際に、特に前8世紀以降エトルリアは大量で種類のきわめて多い文物を輸入し、東方化と呼ばれる文明をもたらす外国の影響を受け入れたのだが、これは東方化とアルカイックの局面を超えて、エトルリアの全時代を通じて絶え間なく続くことになる。そしてこのこと自体はエトルリア人の航海が存在したことを示すものではなく、外国の船舶による商業活動に帰せられるだろう。しかしそれのみならず、反対にエトルリアの製品がイタリアのティレニア海沿岸を越え、シチリア、サルデーニャ、南フランス、スペイン、北アフリカ、ギリシア、小アジア、さらにはキプロス、シリアに至るまで、地中海の広域に大量に普及したことが確認される。これらの輸出品の存在（特にブッケロ、アンフォラ、時には青銅器、象牙細工）は明らかにエトルリアの船舶の移動を反

映するものであり、興味深いことに、この現象は特に前7世紀の最後の数十年から6世紀の初めの数十年の間に集中しているのである。要するに、非常に盛んな海上活動の明らかな痕跡からいえることは、相互の交易、共存関係があったということである。

　さてエトルリア人の「制海権」の時代、場所、形式の概要にできるだけ近づいてみよう。その範囲や限界を伝承の中に探ろうとすれば、ホメロスの詩にはティレニア人の進出が無視されている（ペラスゴイ人には言及されている）という事実があり、そのことから状況を漠然と垣間見ることができるかもしれない。一方ティルセノイ人については、遠い「聖なる島々」に住む民族としてすでによく知られており、ヘシオドスが語っている（『神統記』1011-1016、ただし改ざんされている可能性がある）。ディオニュソスへの頌歌は前6-5世紀より以前ということはない。諸般の事情から考えて、ティレニア人の海上での勢力や海賊行為が固定的な伝説として仕上げられるのは、主に前6世紀、イオニアの歴史作家に帰せられるべきであろう。それは、最初のギリシア人の植民の時期（前8-7世紀）に西方世界と接触する間に徐々にエトルリアが知られるようになってゆくという現実の反映である。この点に関して、ギリシア人植民の開始よりも早くシチリアの海域に恐ろしいティレニア人が現れたというストラボンの引用したエフォルスの一節が思い出される。[**52]

　事実、サレルノ海岸の、特にポンテカニャーノ Pontecagnano から内陸のタナーグロ Tanagro 渓谷に向かう一帯にヴィッラノーヴァ文化型の文化的痕跡が存在することが最近確認されたが、これは年代的・歴史的に非常に重要な問題を提起した。すなわち、かくも距離的に遠く離れ、仲介的な存在もないにもかかわらず、南エトルリア海岸のヴィッラノーヴァ文化の都市（タルクイニア、ヴルチ）との明確な類似性が見られ、ポンテカニャーノにおいては文献（ストラボン：V-4, 13、プリニウス：III-5, 70）で歴史として明記されているように、この地域にエトルリア人が存在したことを証明するエトルリア語の碑文が発見され、ヴィッラノーヴァ文化から東方化、そして前6世紀の文化に進む流れの中で、エトルリア本体と並行する新たな発展があったことが垣間見られるのである。

　エトルリア人の海上活動が鉄器時代の初めから行われたという仮説は、それ

それ重大な意味をもつさまざまな理由から一見して当惑させられるように見えるかもしれない（すなわち、どの点までヴィラノーヴァ文化の共同体の発達のレヴェルと一致させられるか？ なぜナポリ湾でなくサレルノ湾を選んだのか？ タナーグロ渓谷のような奥まった地域に直接的影響が現れることはいかに説明されるか？）。とはいえこれは棄却するわけにはいかない。事実、まさにエフォルスの記述（信頼に値すると考えられる）に見逃すことのできない根拠がある。それによれば、エトルリアの船はティレニア海を航行していただけではなく、すでに前8世紀前半、すなわちヴィラノーヴァ文化が進行していた時代にメッシーナ海峡を越えて地中海に出ていたことがうかがえる。またナポリ湾と中間地帯を"ジャンプ"してサレルノ湾に進出した理由は、おそらくナポリ湾一帯（クーマからサルノ Sarno 川まで）にはすでに穴型墳墓文化の民族が多く住んでおり、ギリシア人（エウボイア？ ロードス？）の植民の目的地として待望の地であったことから説明できるだろう。その後エウボイア人によりピテクーサ Pitecusa（イスキア島）とクーマへの本格的な植民が行われるのである。南に向かう航海の中継点がまずはじめにカンパーニア沿岸に求められた可能性はある。

　しかしある時点から、ソレント半島の先端とサレルノ湾の中央にあるポシドーニア Posidonia の間にあるマルキーナ Marcina という都市——正確な場所は不明だが、おそらく現在のヴィエートリ Vietri とサレルノの間と思われる——がストラボンによってエトルリア人の創設したものとはっきり書かれていることを考慮するなら、それは正真正銘の植民市的根拠だったといえる。カンパーニアの寸断されて港が多い海岸線は、ギリシア人とエトルリア人の植民活動の衝突の舞台となり、サルノ河口とセーレ Sele 河口の間のエトルリアの管理はやがて確定し、一方エトルリア人のカンパーニア内陸の支配は、おそらく陸路を経由するエトルリア人の南下の流れとも関連して、ナポリ湾のギリシア人施設の肩口まで及ぶことになる。[*15]

　ティレニア地方の広域にわたるエトルリア人の海上活動は、いくつかの主要な航路を独占的に管理したほか、主に商業的活動と海賊行為にあったと思われる。エウボニア人による二つの植民市、ザンクレ Zancle（現メッシーナ）とレッジョの「戦略的」創設以来ギリシアの船舶が保証されるようになったメッシー

ナ海峡の通行にとってかなめ石的な地点にあるエオリエ諸島の所有をめぐる紛争は、おそらく長期にわたって頻繁に繰り返されたはずだが、これに関する情報などは上に述べた意味で理解されるだろう。後述するような前5世紀を通じて繰り広げられたシチリアと南イタリア周辺におけるティレニア人の海賊行為に関するあらゆる情報についても同様である。沿岸の中継地点と時に市場が開かれる小さな港町に適した場所を探すことと植民市建設とは意味が異なる。それはエトルリアの対岸にある大きな島、つまりサルデーニャとコルシカやもっと遠い他の地についてもいえることである。ただしサルデーニャ戦争（前540年頃）後のコルシカの場合のように、特別の理由があるときには領土の征服が問題となるだろう。

　特に注目に値することは、古代の海上交通の構図の中で、先史時代から前1000年期の最初の数世紀まで続く比較的発達した特異なヌラーゲ文化があったサルデーニャとエトルリアの関係の問題である。エトルリアに島嶼からの渡来人が存在したことに関しては、コルシカ人によるポプローニアの創設に関する伝承（セルウィウス、ストラボン）の中で、サルデーニャ人の海賊のトスカーナ沿岸部への来襲について明記しており、それはサルデーニャにティレニア人がいたことを示唆している。また、ヌラーゲ文化のサルデーニャとヴィッラノーヴァ文化および東方化時代のエトルリアとの商業的・文化的関係についての証拠も存在する。とりわけ、エトルリアの鉱山地帯にサルデーニャの文物が発見されていることである（ティレニア海地域の二つの大型の金属鉱山を結合させる動機が考えられる）。たとえばヴェトゥローニアではヌラーゲ文化人の製作した立派な青銅の舟が発見されている。

　しかしサルデーニャからの輸入品は、前9-6世紀に、より南（ヴルチ、グラヴィスカ）でも現れる。それらはヴィッラノーヴァ文化の製品と形式・装飾が似ている場合もある。たとえば、長い首と注ぎ口のついた水差しはヴェトゥローニアのネクロポリスから出土する典型的なものである。そして北エトルリアの東方化時代の墳墓に特有の疑似穹窿（トロス tholos）の構造はこの技法が盛んに用いられていたサルデーニャのヌラーゲの建築の影響を受けた青銅器時代のエーゲ海文化の反映かどうかということも問題になるかもしれない。しかし、反対にサルデーニャにもエトルリアの影響の痕跡が現れる。島の東部の部

族の一つの名をアエサロネンセス Aesaronenses というが、これはエトルリア語の *aisar*（神々）と関係があるし、稀ではあるが留め金のような工芸品の様式にも似たものがある。エトルリアから輸入されたブッケロの壺の存在も目立ち、これは特にフェニキア人の植民市（タロス Tharros）に多い。[**53]

　エトルリア人による航海が最も早くから盛んだったティレニア海を越えて、前述のようなさまざまな文献・考古資料から推測されるように、地中海の他の航路にも進出する試みがあったはずである。特に7世紀末から6世紀初めの後期東方化時代に、かなり定期的な船の運航によって、カルタゴやリグーリア海、リオン湾の土着の港の市場にエトルリアが輸出していたと見られる。それ以上遠方については散発的な試みだっただろう。そういうところにエトルリア人が定住したことはない。東地中海、特にエーゲ海についても同様のことが考えられる。同じ時期（ただし前6世紀全体にわたり）のエトルリアの商船の往来が考古学的に推測され、それがティレニア人海賊説を広めるのに一役買ったのかもしれない。アルカイック時代のある時点、すなわち前6世紀半ば頃から、古代人がエトルリアの「制海権」と呼んだかれらの海上活動は衰退するのだが、その理由を考えよう。そのことはそのような活動がエトルリア各都市の海軍部隊の勢力にせよ、イタリア周辺の海域での海賊行為の拠点の存続という点にせよ、アルカイック時代を過ぎても完全に終わったということを意味するのではない（第一の点ではたとえば前5世紀末にアテナイのシラクーサ攻略を支援したことがある）。この問題についてはエトルリアの歴史の次の段階として後述する。

　これまで扱ってきた海上活動の源となった共同体の性格、社会構造を描写しようとしても、すべて推測に過ぎないだろう。しかしともかく、なんらかの確固たる立論を可能にさせる考古学的証拠は存在する。いま話題としている前9-6世紀の時代に、沿岸部エトルリアの諸都市に前述の通り非常に急速な発展が見られる。これらの都市はヴィッラノーヴァ文化の初期から、海岸から少し離れた防衛上好適な高地に築かれた集落の結合組織であった（タルクイニア、ウェイイ）が、それが正真正銘の都市的統一体、すなわち壮大な公共建築と外縁にネクロポリスを備えた都市に進展するのである。それと同時に、労働施設、道具類、家具調度、武具、ジュエリーなどが陶器や金属器（青銅器と稀に鉄器）

の技術と、依然として原史時代の域を出ない幾何学様式や具象的文様など、すなわちすべての鉄器文化に共通する段階から、東方およびギリシアに由来する東方化・アルカイック様式のより高級で洗練された調度や装飾品に移行し、絵画・彫刻の「大芸術」が出現するようになる。それはとりもなおさず豊かさ、社会的進歩、労働の専門化、構造の複雑化の明らかな兆候である。東方、とりわけギリシアの影響は、知的文化の面でも決定的で、すなわち文字が導入されたのである。進歩の主導は明らかに、経済的・軍事的・政治的な優位を築いた一部の人間に帰するもので、まさに財力の源である鉱山事業と無縁ではないが、土地の所有によっても地位が固められた。そして、ギリシア人の植民の原動力と同様に、巨大な資本を要する海上貿易（そして当然ながら政治的・軍事的制圧と海賊行為）の推進力となったのがこの人たちであったと考えたい。

かくして前7-6世紀、テーヴェレ河口とアルノ河口の間のティレニア海沿岸全域にちりばめられたように、カエレ、タルクイニア、ヴルチ、ロゼッレ、ヴェトゥローニア、ポプローニアの都市が繁栄することになる。これらは絶え間なく発展する大都市で、それぞれ独自の自治制度をもっていたが、共通の言語と文化のみならず経済的利害関係に基づく自覚的な連帯性によって結ばれていた（ただし、後述するように、これらの都市の領域内により小さな集落を抱え込んでおり、また、特に川沿いの道筋に、ウェイイ、ウォルシニイ Volsini、キュージ、フィエーゾレ、ヴォルテッラといった他の大都市も誕生する）。これらの都市の政治史を書くことは不可能なのだが、少なくとも、基本的に発達が同時代であったことに加え、民族の中でつねに優位を保ったことは垣間見ることができ、絶対的覇者といわないまでも、明らかな活力の時代であったと考えられるだろう。

このうちタルクイニアは、ヴィッラノーヴァ文化時代から東方化時代までの文化的一貫性という点にせよ、数々の伝承はこの都市がなんらかの形でのエトルリア国家の揺籃と想定していたが、そこで語られる創設者（タルコンテ Tarconte、タジェーテ Tagete）の存在にせよ、ことにエトルリア文明の草創期において重要な立場にあったと見られる。しかしアルカイック時代全期にわたって繁栄が続いたことと、前6世紀最後の数十年から始まる記念碑的遺物の製作（墓室壁画に描写された社会的豊かさと洗練された生活様式に注目）は、

歴史的に証明される次の時代の最高の地位の序曲である。それより北の鉱山地帯にあるヴェトゥローニアも同様に早くから発達したが、前7世紀には衰微する（同じような工業都市ポプローニアはより長く存続する）。

エトルリア人の海上進出の最も活発だった時期に異常な発展を遂げた都市が、その主役であり最大の受益者だったカエレである。そのことはネクロポリスの大きさと壮麗さが示しており、その見事な副葬品は、豊かさ、活動力、高度な組織、人口の増加の指標となるもので、この都市が特にギリシアなどの外国人に対して開放的であり、その文化的刺激を取り入れたことがわかる。膨大な数の碑文のいくつかはギリシア語で書かれている。前7世紀の東方化時代に繁栄を極め、その経済的・政治的重みと威信は前6世紀まで継続する。ギリシア世界に広く行き渡る名声（Agyllaの名で呼ばれた）や、ギリシアの主要都市と同様に、デルフォイの聖所に奉納物を集めるための倉庫を所有していたこと（ストラボン）、前6世紀の後半から5世紀初頭にかけて政治的・軍事的に決定的な意味をもつ紛争（後述）に関わったことなどがその存在感を証明している。

しかしこれらのほかにもう一つの非常に重要なエトルリア都市、すなわちヴルチを忘れるわけにいかない。タルクイニアと並行してヴィッラノーヴァ文化時代に創設され発達したが、特に前7世紀末から6世紀の初めにかけての後期東方化時代に、エトルリア＝コリント式の陶器の高水準の生産性を獲得し、大規模な輸出によって国際市場でも地位を確立した。すなわち結論として、ティレニア人を有名にした海上貿易と、アルカイック・エトルリア文明の創造という点でこれらすべての都市が競合していたものの、タルクイニアが先頭を切った後に、その南と北で、カエレとヴルチの発達が競合し、そして最後にタルクイニアがアルカイック時代を超えて繁栄を保ったということになる。

エトルリア人の海上進出の話を要約すれば、入手できる判断材料が少なくて断片的であるにもかかわらず、議論の余地のない確証を得られることによって、この現象がエトルリアの歴史時代の最初の経験の古い段階において起こったということをまず認めなければならないだろう。それは前9世紀から6世紀前半にまたがる時期である。エトルリアに東方化文明をもたらした活発な海上交易があり、フェニキアとギリシアの強力な植民活動があったにもかかわらず、この時期のティレニア海は基本的には議論の余地のないエトルリアの優位

の場所であり続ける。ティレニア海の外に向かって拡張しようとする動きに対して絶対的に阻止する体制があったとは考えられない（唯一のこうした妨害の現れは、大西洋の或る島にエトルリア人が植民を企てた際に受けたとされる前述のディオドロスの記述によるものだが、もし歴史的に正しいのであれば、すでにカルタゴが西方に主導権を確立していたもっと後の時代のことであろう）。事実、当初の航海の目的は主として商業的なものだった。ただ偶発的な抗争や海賊行為、望ましい航路の防衛のための駆け引きなどがあったことは排除できないが、大規模な勢力争いはまだなかったと思われる。東地中海およびギリシアとの関係は、主に金属、そしておそらく木材、オリーヴ油、ワインを輸出し、それに対して贅沢品を取得するというものであり、疑いなく南イタリアとシチリアのギリシア植民市との間の経済的・文化的接触と、多分協同的関係も存在したに違いない。シュバリス Sybaris（シーバリ Sibari）の絶頂期におけるエトルリアとの友好関係についてアテネウスの記述がある[**54]。カルタゴとフェニキアの諸都市、西地中海の土着民との間には安定した交易が行われていたが、エトルリア側の輸出が優位だった。この構図は前6世紀半ば頃から根本的に変わることになるが、その原因その他については後述する。

領土の拡張とエトルリア領内の発達

　カトーは、「ほとんどイタリア全体がエトルリア人の支配の下にあった」（セルウィウス『アエネーアス注解』XI-567）と述べている。またリウィウスは、アルプスからメッシーナ海峡に至るまで、陸海におけるエトルリア人の勢力、富、名声を強調している（I-2、V-33）。考古学的および碑文の資料と他の歴史文献によって、いくらかのあいまいさが残るとしても、イタリアのどの地域にエトルリア人そのものが住み、どこがエトルリア人の支配下に置かれ、あるいはなんらかの形で政治的、経済的、文化的に影響を受けていたかを十分な近似値をもって明らかにし、前述のような伝承の価値を確認することができる。

　まず第一にティレニア海、テーヴェレ川、アルノ川流域で囲まれた通常エトルリアと規定される地域を考えたい。これは後にアウグストゥスが定めたローマ帝国の第7管区に相当する。ここに12の都市（dodekapolis）が所属し、伝統

III アルカイックの開花　*101*

的な基準に従ってエトルリア国を形成していた。この領域が民族の原初的な居住地で、ここから海上への進出や陸地の征服（ラティウムやカンパーニアとアルプスを越えた地域）に出発したという考えを古代の伝承はわれわれに思い込ませた。しかしこうした単純な確信にはもう少し深化した批評的判断が必要となるだろう。

　すでにエトルリアの起源を問題にしながら、ティレニア人の海からの渡来説によれば、かれらは当然海岸部から出発して内陸に向かい、イタリキの土着人（ヘロドトスによればウンブリ人）を征服あるいは同化させて、歴史時代のエトルリアの漸進的「エトルリア化」が起こったという仮説に言及した。こうしたイタリキの文化的地層が存在したこととエトルリアの地理的境界内に地域的な異種性が存続していたことの証明として、ひとつには、エトルリア諸都市、例えばカエレにイタリキ出身の人名が数多く見られることがあげられる。カエレのみならず、時代が下がってからは北エトルリアで特にこの例が豊富である。

　さらにテーヴェレ川東部の湾曲部の住民で本来ラテン語を話すファリスキ人の存在や、内陸のカメルテス・ウンブリ人 Camertes Umbri[**55]（キュージは当初カマルス Camars と呼ばれたと思われる）およびペルージャ地区のウンブリ・サルシナテス Umbri Sarsinates[**56] 人の伝承などが重要な意味をもつ。しかし、特に国境付近においてサビーニ人やウンブリ人がエトルリアに侵入したこと、カエレの場合のように、前4世紀にローマの勢力下でラテン化される経過があったというような偶発的事実があったとすれば、この視点は成立しないかもしれない。ファリスキ人の領土の場合においてのみ、当初からテーヴェレ川右岸に定着していた非エトルリア語の人種が存在し、川を越えてラティーニ人の地域に侵入していたことは認めることができる。そして重要なことは、ラティウムにおいては典型的なヴィッラノーヴァの鉄器文化は存在せず、さほど遠くないヴェイオには歴然と存在することである。ファリスキ人の領土は、特にアルカイック期に、ローマ自体を含むラティウムの或る部分と同様に、明らかに決定的なエトルリアの政治・文化の影響を被った（ファリスキ語の碑文と並んでエトルリア語の碑文がしばしば見られるのは支配階級のバイリンガリズムの証拠である）。しかしやがてサビーニ人のイタリキ的要素の圧力と浸透力が優勢となる。[*16]

ともかく、歴史時代の最初から、エトルリアと呼ばれていた明確に規定される地域、すなわちティレニア海沿岸のみならず、テーヴェレ川上流の渓谷地帯からアペニン山脈の麓にいたるまでの版図が存在することは確信をもっていえることだ。そのことを示すのは、一方では前7世紀以来のエトルリア語の碑文の広がりによって証明される統一的言語の痕跡であり、他方ではヴィッラノーヴァ文化時代からその後に続く固有の文化的様態であり、これはこの地域や都市の「エトルリア性」について口を揃えて語る古代の伝承と一致するものである。異なる民族が先に存在し、それらが重複したり混淆したりしたかもしれないという仮説は、起源の問題の考察の結果、はるか昔の先史時代に押し上げられることになろう。沿岸部から内陸部への進出はすべて、民族的な移動という考え方ではなく、外国の刺激に直接向き合う沿岸諸都市に発生する経済的・文化的刺激によるという具体的な理由で理論的に説明される。より規模が小さくても内陸の集落はアルカイック期のエトルリアの発展に活力をもって参加するのである。

いうまでもなく、海岸部とは異なる環境的条件が存在する。海上交易や主として沿岸部に集中する鉱山の収益、そしてこの二つの相乗による活力に基づいて、内陸部の都市の力が加速的に増大するという前提はない。反対に内陸では経済の基本となる豊かな森林や農業・牧畜に適した広大な土地があり、情報伝達は川や湖の航行によって助けられ、テーヴェレ川やアルノ川に沿い、さらにその外側のアペニン山脈を越えて半島の中央部やアドリア海沿岸までの地域と交流するための道路が開かれていた。社会的・経済的な連帯構造の性格と、大筋においてではあるがエトルリア古代史の流れは、こうした資源をもつ国の地勢に結びつけられるように思われる。実際に、穀物や果実の栽培（ぶどうが導入されてからはぶどう畑）や小規模な牧畜に有利だったに違いない地域に、あるいは散在し、あるいは密集した小さな集落の組織が非常に発達していたことがわかる。具体例としては、ボルセーナ Bolsena 湖周辺、テーヴェレ川上流、キュージやヴォルテッラの領域などがあげられる。先史時代の集落の伝統が残存したということや、経済的・社会的な諸要素が、村落の発達や人口の拡散を決定づけたかもしれないということができる。革新の意欲をもった指導層の誕生は、沿岸部エトルリアのような企業活動というより特に土地所有によるもの

である。その反映として、コルトーナ、キアンティ、アルノ川渓谷などの山野に立派な副葬品を伴う大型の墳墓が散在し、これらはカエレ、タルクイニア、ヴェトゥローニア、ポプローニアの集中して設けられる都市型の墳墓と同時代であり、形式も似たものである。

　さらに、大抵は丘の上にあって防備を固めた「ボルゴ」（[ラ] oppidum）の性格をもつ、より密度のある集落が数多く存在したことも考慮する必要があり、原史時代のラティウムで伝承に現れる小さな町（populus）に似た自治的共同体のようなものと考えることができる。その典型的な例として、考古学的にも証明されるのは、主として南と中部のエトルリアで、サン・ジョヴェナーレ San Giovenale、サン・ジュリアーノ San Giuliano、ブレーラ Blera、ノルキア Norchia、トゥスカーニア Tuscania、アクアロッサ、ビゼンツィオ Bizenzio、カストロ Castro、ポッジョブーコ Poggiobuco、ピティリアーノ Pitigliano、サトゥルニーア Saturnia などがある。これらの集落のうちのいくつかは、たとえばナルチェのような近接するファリスキ人の領土の村と非常によく似ているが、その原点は青銅器時代に遡るものである。

　前6世紀以降、沿岸部であれ内陸であれ、大都市の興隆による周辺地域の支配力の強化と、外敵との抗争などの結果として農村地域の人口流出、土地所有の集中化、安全度の減少などによる政治的・経済的状況の変化が原因となって、以上のような小都市のアルカイック的活性が失われ、衰退、時には消滅（アクアロッサの場合）という状況を引き起こした。しかし中規模の都市のあるものは（スートリ、トゥスカーニア、ソヴァーナ）、反対にその後目覚ましく発展することになる。最近の発掘で明らかになった特別の例として、シエーナ近郊のポッジョ・チヴィターテの建築的都市の遺構がある。特定の豪族によって創設されたと思われるこの都市は、神殿と王宮を備え、前7-6世紀に栄えてその後放棄されたが、北部に残る大規模な城外の墳墓を伴う貴族支配の制度を思い起こさせるものである。

　しかし内陸部のエトルリアにも、海岸部よりは少なく、小型ではあるがいくつかの都市がある。海岸からさほど遠くないヴェイオや北部のヴォルテッラやより奥に入ったウォルシニイ（オルヴィエート）、キュージなどは、沿岸部の諸都市と時期を同じくして創設され、基本的に似たような形成過程をたどった。

歴史時代に入ってから同様の規模をもつペルージャ、コルトーナ、アレッツォについては、これまで得られた考古学的データに基づき、貴族階級が周辺の山野を取得しながら徐々に都市を形成していったのではないかと推論されている。しかしそれぞれの起源が異なるにせよ、すでにアルカイック期には確実に存在していた。きわめて興味深いのは、内陸部エトルリアの諸都市がほぼエトルリアの国境線に沿ってアーチ型もしくは王冠型に配置されていることである。すなわち南から北へ、テーヴェレ右岸から少し離れてウェイイ、ファレリイ――ここでは最初の原住民がエトルリア人でなかったところも含まれる――、ウォルシニイ（テーヴェレ川とパーリア川 Paglia の合流地帯）、ペルージャ、ウンブリアを囲む山脈に接するコルトーナ、アルノ川沿いにアレッツォとフィエーゾレ、そしてそれほど外縁といえないまでもやはり同じ構図に含まれるキュージとヴォルテッラである。もちろん川の交通路との関係がある。しかしこれらの都市の所在地には、ある意味でエトルリア領域を一体とみなす古来の理念を証明する一種の防衛的区画限定が考慮されているという印象をもたざるを得ない。いいかえれば、これらの都市の境界は、外接する地域との接触や交易、移住の可能性を提供するものだったに違いない。たとえばウェイイ（およびファリスキ人の領地）はラティウムとサビーナに対し、ウォルシニイとペルージャはウンブリアに、最も北の諸都市は一般にアペニン山脈の向こう側の地域に対してそのような関係がうかがわれる。

　最も古い時期における内政・外交などの歴史的出来事を正確に再構築することは、沿岸部エトルリアにおけるのと同様に不可能である。それぞれの地域の広さや場所としての条件の違いによって、時期的に並行していながら非常に異なる発達の状況があったことが想像できる。土地の有力者層から立ち上がった原初的君主体制については、伝承でしか知ることができない（いうまでもなく内容も年代も不確かである）。たとえばウェイイに関しては、モリウス Morrius もしくはマモリウス Mamorrius という王の名が知られ、これはファレリイの創設者ハレスス Halesus の後裔とされ（セルウィウス）、プロペルティウス Propertius という王は都市カペーナ Capena の創設者と関係があり（セルウィウスの引用によるカトーの記述）、また前8世紀のヴェル Vel あるいはウェル・ウィーベ Vel Vibe という王の名も知られている（ネウィウス）。アルカイック

期の碑文からは、より具体的に高位の家柄の名を知ることができ、その一つのトゥルムネ Tulmune 家は早ければ前5世紀に王位に就いた。

　内陸部エトルリアの諸都市の間、あるいはこれらと沿岸部都市との間に、ライヴァルか同盟か、どのような関係があったかをいうのはむずかしい。前6世紀前半のこうした状況についてのかなり信頼し得る材料として、ヴルチの〈フランソアの墓〉の「歴史画」的壁画がある（事実より2世紀以上も後の作品だが確かな伝承に基づいていると信じられる）。ここではいくつかの都市の首長の肖像と名が表されており、たとえばウォルシニイの Laris Papathna やソヴァーナの Pensa Arcmsna という人物は共同して、ローマのタルクイニイウス一族のクネーヴェ・タルクニエ Cneve Tarchunie とともに、ヴルチ出身の傭兵と戦ったという挿話が描かれている。[*17]

　それ以上にむずかしいのは、すでにアルカイック時代にエトルリアの「12都市」の間に宗教的で政治的でもある固定した同盟の制度が確定しつつあったのか、あったとすればどの程度までなのかを仮定することである。この制度はより時代が進んでからは、ウォルシニイのあたりにあったウォルトゥムナ神の聖所（Fanum Voltumnae）を核とし、この都市が「エトルリアの首都」（ウァレリウス・マクシムス IX-1）としての特権を得て名声を博すことになる。しかしヴォルシニイの社会的改革を伴う発展の転換期は、オルヴィエートのネクロポリスの考古学的資料と碑文によれば、前6世紀の最後の数十年に置かれるべきと考えられる。

　一方キュージに関しては経済的・文化的繁栄とそれによる権力の増大の時期は非常に早いことは確かである。キュージは土地が肥沃であることに加え、エトルリアの中北部の人口の多い中心部にあり、テーヴェレ渓谷地方や、トラジメーノ湖を越えてペルージャにもつながり、一方ではシエーナ地方にも通じるきわめてアクセスのよい位置にあった。したがって、前6世紀末にキュージがティレニア海沿岸全域に政治的・軍事的に勢力を張り、ポルセンナ王がローマに侵攻するなどしたという伝承は驚くにあたらず、独裁制キュージの主導権が数十年前から内陸部エトルリアの大部分を制していたと想定すれば説明できることである。

イタリア半島におけるエトルリア人の勢力拡張

これまで本来のエトルリアについてみてきたが、ここでテーヴェレ川とアペニン山脈によって地理的に仕切られる境界を越え、古代イタリアの他の地域に経済的・政治的な意味のみならず、住民の移住という点からもいえる拡張によって生じた広義の「エトルリア」について考察したい。最近の発見と批評的評価によれば、拡張は以前信じられていたよりかなり早い時期になされたとみなされるべきで、歴史時代の始まる頃に起こったエトルリア文明の最初の台頭とまさに同時であったといいたい。これはもしすでに根拠に基づいて推測したように、南部ではサレルノ地方、北部ではエミーリアやロマーニャの一部にヴィッラノーヴァ文化が存在したことがエトルリア人の存在（「原エトルリア」という用語を用いることもできる）を意味するとしての立論である。しかし、遠く離れた場所に出現する混沌とした民族的要素を説明する前提として、拡張、すなわち二次的移住あるいは領地獲得といった理念を放棄するべきではないことは二つの理由からいえるだろう。1）第一に、明らかにカンパーニアや北イタリアにおけるエトルリア人の植民について一致して語る古代の歴史文献を尊重すること。2）加えて、エトルリア本来の領域と、他の言語・習俗を異にする種族が同居し、エトルリア化がたとえ色濃くとも空間的・時間的に限定される外側の地域との間に、言語学的・考古学的・歴史的な見地から歴然とした差異があること。

大筋で以上のことを前提としても、エトルリアの拡張は本来の地域周辺に集中的に現れるというのではなくて、南ではティレニア海岸線に沿ってカンパーニアに下り、北ではトスカーナ・エミーリアのアペニン山脈を越えてポー川流域に向かう垂直軸に沿って展開し、エトルリアとウンブリアを隔てるテーヴェレ川の東側に足を踏み入れることがなかったという事実が注目される。このユニークな現象は、最初の拡張の起動時の状況から説明することができるだろう。すなわち、それは一部にはティレニア海沿いの海上活動に結びつき、また一部ではアペニン山脈の向こう側の地域の魅力と切り離すことができず、それに対して半島の内陸部には、サビーニ人やウンブリ人など、イタリキ人の強力

な存在がすでにあって、この地への侵入は容易でなかったのである。

南方へ

　エトルリア人がカンパーニアを支配したという説はかつて疑問視されていたが、ベロッホ J. Beloch の業績によって復権し、古代文献、碑文記録、考古学遺物によって幅広く証明されている。ギリシア・ローマの文献は、明らかにエトルリア本体をモデルにした 12 都市同盟の創設について記述しており（ストラボン、V-4, 3）、より詳しくいえば、その首府カプア Capua がエトルリア人の創設または占拠した都市であり、その他ノーラ Nola、ノチェーラ Nocera、ポンペイその他をあげている。エトルリア語の碑文もかなり数が多く、なかでも前述の〈カプアの瓦板〉は〈ザグレブのミイラ〉の麻布に手書きで記されたもの[*18]についで今日まで発見された最も長いエトルリア語の文章である。この地域で発見された考古学資料と描写的場面を表した美術はおおむね断片的で非常に小さく、前 5 世紀までのエトルリア文化の全体像そのものに関する状況も同様である。

　とはいうものの、この全体像のより確実な概念図を描くためには、できる限り地理的・時間的な限界を定義することが必要となるだろう。カンパーニア地方の役割は古代イタリア史において、時には決定的な意味のある第一義的な重要性をもつものだが、ここにおけるエトルリア人の存在は、きわめて複雑な民族的・政治的・文化的様態を定義づけるために必要な諸々の要素の一つでしかないことを念頭に置くべきだろう。他の要素というのは、アウソーニ人、オピキ人、オスキ人、サムニウム人、カンパーニ人などと種々の名が与えられている土着の種族（これらのアイデンティティ、類似性、起源、地理的分布、異時点での出現などの関係がどうあれ）であり、もう一つはギリシア人の植民である。古代の伝承はこうした民族的重複の現象を侵略と征服の連鎖として図式化する傾向があった（アウソーニ、オスキ、ギリシア、エトルリア、サムニウム、そして最後にローマ：ストラボン、V-3, 6：4, 3：4, 8）。しかしそれは部分的にしか現実の歴史的出来事に一致しない。

　それよりももっと具体的なのは、ギリシア人の存在をナポリ湾沿岸線に限定する地理的透視図である。すなわちエウボイア人によるピテクーサとクーマの

創設であり、そこからかれらはパルテノペ Partenope（後のナポリ）に進出し、またおそらくロードス人、後にサモス人によるディケアルキア Dicearchia（現ポッツオーリ Pozzuoli）の建設である。そして他のギリシア人の植民はセーレ川の南側に限られる。このパースペクティヴによれば、サレルノ湾とカンパーニアの後背地の間にあるヴォルトゥルノ川までのエトルリア人の進出地域は「中間地帯」（mesogaia）と呼ばれ、土着民の民族的特性と特にヴォルトゥルノ川の北部周縁で存在し続けたことが認められ、サムニウム人の居住地域は山際から平野にかけてと位置づけられる。おそらくカンパーニアのエトルリア化は、すでに述べたように、エトルリア人のティレニア海上での活動の頃に始まるだろう。

　前9世紀にサレルノ近郊のポンテカニャーノから内陸部（タナーグロ渓谷）にかけた地域においては、支配的な土着の火葬文化と、エトルリア本体の状況に部分的には類似し並行する流れがあったが、それに対して割り込む形で一種のヴィッラノーヴァ文化が出現する。エトルリア文化の痕跡についていえば、非常に重要なことだが、ポンテカニャーノそのものとソレント半島のカステランマーレ・ディ・スタービア Castellammare di Stabia からポンペイに至る地帯で発見されたいくつかのエトルリア語の碑文が存在する。このヴィッラノーヴァ文化の存在は非常に意味深いことに、サレルノ海岸地帯、いわゆる「ピチェンティーノ平野」のセーレ河口一帯をエトルリア人が所有していたことと、マルチーナ Marcina[**57] にエトルリア人植民地があったことを伝える古代文献と合致する。問題となるのは、こうした古い沿岸部の集落とヴォルトゥルノ川とサルノ渓谷の間の年代的・歴史的な関係である。すなわちカプアを首都とするエトルリア人のカンパーニアと、エトルリア語碑文やエトルリア様式の遺品（前6世紀末から5世紀中葉という少し時代が下がったものに限られる）の存在で特徴づけられる一連の都市（スエッスーラ Suessula、アチェッラ Acerra、ノーラ、ポンペイ、ノチェーラ）との間の関係である。

　カンパーニアのエトルリアの「中間地帯」はサレルノ湾沿岸の植民地の結果として生まれたものであろうが、沿岸部が内陸部に明らかな優位性をもっていたという仮説は、エトルリア本体からカンパーニアに達する古代の経路が多分複数あったことと、アルカイック時代を経て異なる歴史状況が熟してきたとい

う意味において修正されるべきである。エトルリア人によるカプアの創設の時期に関する伝承の問題の議論そのものは二次的な重要性しかもたないと思われる。近年の発掘調査により、前9世紀から8世紀にかかる大規模な遺跡の漸進的建設が確認されたが、土着的要素に加え、エトルリア、ファリスキ、ラティーニの文化に対する明らかな反映と、特に前6世紀のエトルリアの影響の強まりが見られる。この都市の民族的・言語的な点での基本的にエトルリア的性格の証明はようやく前5世紀初頭に現れることになる。サレルノ海岸への早期の植民者が陸路（サッコ Sacco 渓谷、およびリーリ Liri 渓谷？）と海路（リーリ河口、およびヴォルトゥルノ河口？）により、肥沃な土地に侵入したことを意味すると推測され、またナポリ湾の非常に早い（おそくとも前8世紀半ば）ギリシア人の植民地が港へのアクセスを独占的に塞いでいたことによって、エトルリア人の内陸部の支配が固定されたと考えられる。内陸部もクーマの影響力が弓型に取り囲んでいて、海側に出るにはより南の以前のピケヌム人の港であったサルノ河口（ポンペイ）やサレルノ湾を利用するしかなかったのである。

　ギリシアの植民に対抗するカンパーニアとその周辺のエトルリア化の歴史は、大体において以上のように捉えられるが、エトルリア人の勢力が最も強かった地域における土着民との共存・重層関係の問題は依然として残る。特に後背地のピケヌム人地域と同様に、ヴォルトゥルノ川の北の周縁地域でのかれらの交流・影響の関係もあるし、将来カンパーニアのエトルリア人居住地域とカンパーニア全体の運命を決定づける活力をもたらすことになるサムニウム人の住む山麓周辺の緊張関係も問題である。いずれにせよ前5世紀のこうした歴史展開は年代的により先の話であり、後の章で扱われることになる。

　カンパーニアにおけるエトルリア人の存在と支配は、当然エトルリアとカンパーニアの中間地域、すなわちラティウムにおけるエトルリア人の拡張の問題を内包することになる。ラティウムの歴史においてエトルリア優位の局面があったことは古代文献により、ことに前7世紀末から6世紀最後の数十年に至るタルクイヌス一族のエトルリア王朝によるローマ支配として確認されている。そしてそれは碑文の発見その他の考古学や美術品の資料で裏付けされ、近代の研究者たちに広く認められているところである。しかし急いで付け加えなければならないのは、ラティウムはカンパーニアとは本質的な相違があること

である。カンパーニアと異なり、エトルリアと最も近接した地域であるにもかかわらず、ラティウムについては、カンパーニアですでに見られたような統一的・固定的な支配や、まして人口の移動による植民について語るわけにはいかないのである。一部の人々の主権者、首長の派遣、制度的・文化的影響は認められるから、エトルリア諸都市からカンパーニアに向かう陸路と海路（沿岸航路）の管理を確保するための一種の「保護区」であったという印象が妥当なものとなる。しかし言語、風習、社会構造などの住民の根底はエトルリアではなく、つまりラティーニ人のものである。すなわちエトルリア人がテーヴェレ川の南に拡張したとき、最近の考古学発掘で明らかになった青銅器時代晩期および鉄器時代初期（前10-9世紀）の火葬人の「原ラティウム」または「アルバーナ」の文化と、デーチマ（ローマ南郊）の大型ネクロポリスに代表される前8-7世紀の土葬文化に見られるように、すでに相当以前から都市化の方向やかれらの「国家的」アイデンティティを自覚した組織化された原史社会の世界に出会ったということを意味している。

　エトルリア人の領土拡張は前7世紀より以後のことである思われる。それより前にテーヴェレ川の両岸の領土の間で交易が行われていたと思われるが、それはかれらの文化的様態を変えさせるものではなかった。ヴィッラノーヴァ文化の特徴的な要素は遠くサレルノ海岸にまで到達していたのだが、ラティウムには無縁である（ファリスキ人の領土はエトルリア側の岸にあるにもかかわらず同様である）。反対に、小屋型の骨壺の発祥地はラティウムなのだが、それがヴィッラノーヴァ文化地域に著しく普及している。前9-8世紀におけるカペーナとファレリイの領土とラティウムの間のかなり密接な文化関係は民族的・言語的基盤が共通であることから説明される。しかしヴェイオとカペーナ＝ファリスキの領土とローマを含むより広大な親近関係も考えることができる。一方では、このテーヴェレ流域中部地帯に、同じ時期にもう一つの歴史的に不明な要素、すなわちテーヴェレ渓谷沿いに内陸から下ってローマまで達してその起源に紛れ込んだイタリキのサビーニ人の圧力が存在感を示したことはまちがいない。

　ラティウムにエトルリア人が存在したことは以下のような事実から証明される。まず古代のプラエネステ Praeneste（現パレストリーナ）の王家の墓（〈カ

ステッラーニの墓〉〈ベルナルディーニの墓〉〈バルベリーニの墓〉）は、前7世紀の第2四半期頃のもので、カエレの墳墓の副葬品に多くの点で類似する豪華な東方化様式のものであり、エトルリア語の碑文を伴っている。またローマの南の沿岸都市ラウィニウム Lavinium（現ラヴィーニオ Lavinio）[**58]で発見されたやはり東方化様式の土まんじゅう型墳墓は、古代文献によって「アエネイアスの墓」と記録されているより後代の聖所の下にある。さらに前7世紀末のエトルリア語碑文が記されたサトリクム Satricum（現レ・フェッリエーレ Le Ferriere）[**59]の墳墓と副葬品がある。

　ローマに関しては、古代の伝承によれば、前7世紀の最後の数十年間にサビーニ人の王アンクス・マルキウスに代わってタルクイニウス・プリスクスが権力の座についたことによりエトルリアのタルクイヌス王朝が始まったとされており、われわれの知る限り、これより前のエトルリア人のローマ存在を示す考古学的資料は現存しない。これらのデータはいずれも歴史的解釈を要するものである。おそらくカエレ、ウェイイといった南エトルリア諸都市の国境の安全と、南方に対する政治的・商業的開放の必要性から、ティレニア沿岸部が最高に勢力を強めたとき、内陸のサッコ川渓谷方面への通路（多分パレストリーナ）であれ、カトーがエトルリア人の支配下にあったと述べているルティーリ族 Rutili [**60]の領地に至る沿岸であれ、管理の拠点の設営とエトルリア人要人の配置が必要となったであろう。

　ローマはエトルリアと目と鼻の間にあり、当然ラティウムにおけるエトルリア人の第一の入口だったわけだが、それでも「後回し」になった原因を考えると、ローマが急速に発展して自治能力を有する大都市だったこと（伝承によれば前7世紀にはすでにアルバロンガを攻略し、つまりラティウム中心部の非常に古い共同体を支配する力があった）に加え、その頃ローマに存在して政治的な次元で優位にあったサビーニ人が邪魔をしていたことだろう（サビーニ人に対しては、やはり伝承によれば、タルクイニウス・プリスクス Tarquinius Priscus が軍事行動を起こす）。

　前7世紀末から6世紀全体にかけてのローマの王政と社会状況に関する偉大なローマの歴史家たち（とりわけリウィウスとハリカルナッソスのディオニシウス）の収集した分析的資料に対しては、われわれは幾分の批評的慎重さがあ

るものの、基本的な歴史的真実性を否定することはもはやできない。古代の伝承のその他の並行するヴァージョンとも関連し、部分的には碑文や考古学資料に裏付けされて、これらの資料はローマおよびラティウムにおけるエトルリア人の存在の十分に明快な構図を提供してくれる。逸話の細部や登場する人物たちの個別の事項の信頼性を頭から信用するわけにはいかないが、それらを除外しても、前7世紀後半の数十年と6世紀前半の数十年の間、つまり便宜上「タルクイニウス・プリクス時代」と定義される時代に位置づけられるローマでのエトルリア人王朝確立と、そのことによるローマのエトルリア化の初期段階の存在を、われわれは確認することができる。

　ローマの共同体は、文献に明記されているように、防壁を設け、居住区と区別された公共空間（フォールム）を作り、〈カピトリーノのユピテル神殿〉の建設に始まる要塞を築いて、統合された都市としての完結した姿を整えたと推測しなければならない。そして考古学調査によれば、特に最古の墳墓と小屋型住居の上にレギア（おそらく王の公邸兼聖所）、コミティウム（民会議場）といったテラコッタで飾られた最初の固定的な宗教的・市民的建築が造られたのがこの時期にまで遡ると考えられる。政治的・社会的な面で、エトルリア人の指導階級の政権が確立し、かれらはフォールムとテーヴェレ河岸の間のカンピドリオの丘の麓（後にウィークス・トゥスクス Vicus Tuscus と呼ばれる地区）に住居を構えたと考えられる。それについてはこの近くの聖オモボーノ S. Omobono の聖域から出土した二つのエトルリア語の碑文によって証明される（特にそのうちの一つは象牙の小さなプレートに彫られたもので、タルクイヌス王と同様におそらくタルクイニウス一族に属する Araz Silqetenas Spurianas という名が記されている）。前6世紀初頭の権力構造がきわめて貴族的だったことは、いわゆる〈ドゥエノス Duenos の壺〉のラテン語の奉献文からも間接的に確認できるだろう（duenos という語がもし奉献者の社会的立場を示し、bonus、すなわち「貴族」を意味するならばであるが）。重要なことは、エトルリア語の碑文の内容はすべて個人的性格のものだが、これに対して、同時期に属することが確認されているフォーロ・ロマーノの有名な石碑〈ラピス・ニゲル Lapis Niger〉の記文は民会における王の執行する祭儀の規定に関するもので、これはラテン語で書かれており、なにはともあれ、エトルリア人の王であるにもか

III アルカイックの開花　113

かわらず国家の公式言語としてラテン語が使用されていたことを証明しているのである。

　前6世紀半ばにタルクイニウス・プリスクスの後を継いだセルウィウス・トゥリウス Sevius Tullius の治世における出来事や人物たちは、ローマの歴史家たちによって時にはおとぎ話のように、時には矛盾した部分もありながら、非常にドラマティックに描写されている。この主役のセルウィウスは出自がよくわからないが、ともかくエトルリア人ではなく、種々の改革を成し遂げて人気があり、そのため後代には共和政的自由主義の創始者ないしはその憲法の発案者とまつりあげられることになる。リウィウスによれば (I-60)、タルクイニウス家と婚姻関係にありながらライヴァルで、タルクイニウス・スペルブスと血なまぐさい権力闘争に終始したとあるが、きわめて複雑な制度的状況・事件を裏に秘めたある意味で巧みに作り上げられた物語を思わせるものがある。〈リヨンの青銅板〉[**63]に記されたクラウディウス帝の元老院における演説によれば、セルウィウス・トゥリウスはマスタルナ Mastarna（または Maxtarna）と同一人物で、カエリウス・ウィベンナ Caelius Vibenna（ローマのチェリオの丘 Monte Celio の名祖）と戦友の仲だったとされているが、この話は多くの文献をはじめ、ヴルチの「フランソアの墓」の壁画その他で言及されているカエリウスとアウルス Aulus ウィベンナ兄弟軍とマスタルナの一連の戦いに関連するすべての事件と人物が、この時代（ここでも便宜的に「セルウィウスの時代」と定義づけることができる）に組み入れられる可能性を開くものである。つまりこの話は、ヴルチ出身の「貴族的将軍」（ワロ）カエリウス・ウィベンナと兄弟のアウルスが、「忠実な同僚」（クラウディウス）マスタルナのほか、さまざまな出自の同志たち、たとえば Larth Ulthe、Marce Camitlna、おそらく奴隷身分の Rasce（以上はフランソアの墓壁画に記載されている）などを率いた軍事行動を扱ったものであり、南エトルリアの中心とローマそのものに強固な支配体制が形成される経過を示しているのである。

　この政治的闘争が都市ヴルチの主導権確立を目的とした公的な意図から発したものかどうかは疑わしい。しかし〈フランソアの墓壁画〉が証明するように、後にヴルチは栄光を勝ち取ったと思われる。ともかくかれらはウォルシニイやローマなど、他の都市の抵抗に遭い、カエリウスは一旦捕えられたのちマスタ

ルナに救い出され、最後は同盟軍が敗れて隊長たちが殺される。結果としてローマは解放され、当初ウィベンナ兄弟の行動を支援していたタルクイニウス家の権力が低下し、ウィベンナはローマに居城を構えるが、カエリウスが死ぬとローマの主権はおそらくアウルスに移り、ついでマスタルナ、すなわちクラウディウスによればセルウィウス・トゥリウスのものとなるのである。これらすべての出来事は、タルクイニウス・プリスクス治世の終わりからセルウィウス・トゥリウスの王政の始めまで、いいかえれば前6世紀の第一と第二の四半世紀に移行するあたりに起こったと考えられる（タキトゥスはタルクイニウス・プリスクスに言及しているが、ウィベンナ兄弟との関係は「もう一人の別の王だった可能性もある」と慎重に述べている。実際に〈フランソアの墓〉には、正統的歴史伝承では全く知られていない Cneve Tarchunie や Gneus Tarquinius といった名が出てくる）。ウィベンナとマスタルナの英雄物語に関してここに提起された年代、あえていえば歴史性は、ヴェイオで発見された Avile Vipiiennas（前6世紀前半と判定される Aulus Vibenna のアルカイック・スタイルの表記）という人物の奉納文（T. L. E. 35）によって考古学的にも具体的に証明されている。

　要するに、この時代にローマとエトルリアの関係はタルクイニウス王朝のさまざまな要素の存在によって強化されたと信じられる。問題はマスタルナという人物の歴史的解釈に関して一層複雑になる。ウィベンナと強い絆がありながら、必ずしもエトルリア人とは考えられない。かれの名は、ラテン語の magister のように、エトルリア語の形容詞的接尾辞 -na をつけた職業的資格を表すように思われる。このことから近代の研究者は、すでに王政ローマの時代に magister populi（市長）の役職が存在したと推測することになった。これは共和政初期に市民全体を意味する populus の概念と結びついて独裁的最高司法官として王権に替わったものであり、古い貴族的寡頭政治に対して平等的共同体に国家を変えることを目指したものだった。伝承によれば百人隊改革を実行したとされる「王」セルウィウス・トゥリウスは、かれ自身、タルクイニウス王朝によって代表される従前の秩序に対する magister populi の資格をもった（したがってマスタルナと一致する）新しい社会階級の代表者であったといえるかもしれない。かれの政治行動は、前6世紀末のタルクイニウス・スペルブス（最

後の王) の悪政の期間を挟んで、共和政の始まりに結実することになるのである。この間の事情については、本節の後半で詳述する。

北方へ

陸上における反対方向、すなわち北イタリアへのエトルリア人の領土拡張について考察するなら、ここでもやはりカンパーニアと同様の恒常的占拠、すなわち集団移民による支配が問題となる地域の存在を語らねばならない。それは主としてアペニン山脈の峠を越えてエトルリア本体と接する現在のエミーリア・ロマーニャ州を中心としている。古代の文献はエトルリア人の植民活動と、エトルリア本体に倣った12都市の建設があったことを執拗にほのめかしている (ディオドロス・シクロス、XIV-113；リウィウス、V-33 ほか)。加えて伝説によれば一族の名祖の英雄であり、タルクイニアの創設者であるタルコンテに帰せられる植民活動の記録もある (特にセルウィウス『アエネイアス注解』X, 200におけるマントヴァの起源について)。また、北エトルリア内陸部に近い地域として、オクヌス Ocnus (または Aunus) によるフェルシナ Felsina (現ボローニャ) とマントヴァの創設に関する伝承がある。この人物はペルージャの創設者アウレステス Aulestes の子または兄弟とされる (セルウィウス『アエネイアス注解』X-198)。都市の創設を別として、アペニン山脈北側におけるエトルリア人の存在は、古典作家、歴史家、地理学者たちの記述にふんだんに現れ、碑文資料を含む膨大な確実な考古学資料によって確認されるのである。

さてこうした北における侵入の時期、場所、特徴、発展過程を、可能な限り確定しなければならない。近代の研究成果によれば、ポー川流域地方のエトルリア人の占拠、すなわち一般に「エトルリア・パダーナ」と定義される地域の獲得は、エトルリア本体の誕生に比べて非常におくれ、すなわち前6世紀末以後に起こったと考えられる。その頃、エトルリアの北方進出の最も重要な考古学的地点であるボローニャ、マルツァボット、スピーナにおいて、エトルリア語の碑文とともにまごうことなきエトルリア文化の最初の痕跡が現れる。この仮説はボローニャのネクロポリスの最初の発掘者たちによって提出され、ことにブリーツィオは、ボローニャのヴィッラノーヴァ文化は前6世紀を越えて存続し、この文化の墓地と「エトルリア型の」墳墓群との場所が終始離れている

ことを理解した上で、エトルリア人が東方に由来し、「ヴィッラノーヴァ文化人」と同一視されるウンブリ人に重層したという点においてこの説を支持した。しかしこの解釈は、過去においてかなり疑問視されてきたもので、いまでは前9世紀のヴィッラノーヴァ文化の——場所によっては突然の——出現は、エトルリアの要素が初めてアペニンを越えてトスカーナから到来した現象とみなすべきことができるとわれわれは考える。そして、それはヴィッラノーヴァ文化全体の伝播の民族的意義について前述した評価のためだけではなく、ポー川流域への植民をなんとかしてエトルリア国家の起源の時代に結びつけようとしたさまざまな伝承にも関係することである。ヴィッラノーヴァ文化時代にボローニャですでにエトルリア語が話されていたことは、最近発見された前600年頃、すなわちエトルリア人による征服が想定される前6世紀末よりもかなり早いエトルリア人の後期ヴィッラノーヴァ文化の〈アルノアルディの壺〉に刻まれた[**65]エトルリア語の碑文によって認められるだろう。

　アペニン北側のヴィッラノーヴァ文化をティレニア沿岸のエトルリアの母型に結びつけようとする古くからあるもう一つの動機は、アペニン山脈に直結する限定された二つの地域の地理的な位置そのものにある。第一はエミーリア地方で、ボローニャとその近郊であり、レーノ川とサーヴェナ川の渓谷の終点、すなわちピアストレ・コリーナ峠 Piastre-Collina とフータ峠 Futa のあたりである。第二はロマーニャのヴェルッキオ、サン・マリーノ San Marino と周辺の小さな村であり、マレッキア川 Marechia 渓谷からテーヴェレ川上流、コセンティーノ川方面に山道でつながるあたりである。これらは実際にエトルリアからポー川流域とアドリア海岸に向かう二つの「橋頭堡」をなしている。ヴェルッキオのヴィッラノーヴァ文化は前9世紀から6世紀までの間に少なくとも三段階で発達したが、とりわけ第二段階は南エトルリアのヴィッラノーヴァ文化とよく似た様相を呈し、第三段階は、火葬が依然として主流なのだが、東方化の要素をすでに広範に吸収しているように見える。いずれの場合も近隣のノヴィラーラとピケヌムの中部アドリア海文化との関係がかなり顕著である。

　アドリア海沿岸へのエトルリア人の到達が非常に早かった可能性に結びつくのは、ピケヌム文化の中心にある現マルケ州フェルモ Fermo のヴィッラノーヴァ文化の「孤島」の存在である。ここでも南エトルリアのヴィッラノーヴァ

文化との強い類似の特徴が見られ、フェルモからさほど遠くないクープラ Cupra のヘラ神殿がエトルリア人の建設によるという記録（ストラボン、V-4, 2）を引用することは不適当とは思われない。ティレニア海におけるのと同様な同時代の海上活動が、より小規模とはいえアドリア海で行われていたと想像できるだろうか？　エミーリアのヴィッラノーヴァ文化に関しては、近代の研究者の関心を非常に強く惹きつけた理由は、19世紀半ばの発見の内容の豊かさと説得力のみならず、特に場所的・年代的な組織的分類の可能性と、その中心地ボローニャの歴史の継続性のゆえであることは明らかである。パナーロ川 Panaro、サンテルノ川 Santerno、レーノ川に囲まれたかなり狭いこの平野は、農業を専業とする集落が散在していたが（この耕作に適した広い土地が当初からアペニン山脈の南側の住民を惹きつけたことは否定できない）、事業は主にボローニャに集中し、この地が徐々に原都市的集合体の性格を示すようになる。そしてボローニャにおいて前9世紀から6世紀に至る期間に四つの段階（すでに述べた墓地の所在地の名称におおむね各時期が対応する。すなわちサーヴェナ・サン・ヴィターレ、ベナッチI、ベナッチII、アルノアルディ）に分かれる発展の様相を認めることができる。その最終段階においては、いまだ火葬儀礼に忠実であるとはいえ、刻文のある石碑が登場し、古い双頭の骨壺に替わって印刻装飾のあるバケツ型の骨壺が現れるなど、徐々に東方化の要素が吸収されたことがわかる。

　アペニン山脈の北側でヴィッラノーヴァ文化の圏外にある土着民がいた地域にエトルリア人が初めて侵入したとき、どんな衝突があったのかはさだかでない。これらの他の民族については考古学的な観点からしても全くわからないに等しい。エミーリア・ロマーニャの他の地域についても、より一般的にポー川流域東部についても、ともかくこの地域に盛んだった後期青銅器時代の残滓と区別しがたい鉄器時代を通じて、遺物はほとんど知られていないのである（年代的に離れているから歴史的な意味がないとしても、エミーリア西部の青銅器時代の湖上生活の地域と鉄器時代のヴィッラノーヴァ文化の地域の不一致は著しい）。ただしエトルリア人のポー川とアーディジェ川の北側でエミーリアのヴィッラノーヴァ文化と並行して展開し、確かな民族的輪郭を示す原ウェネティ文化のまとまった遺物は例外である。これはアペニン山脈の麓に広がる

ヴィッラノーヴァ文化に流域の北側で対抗する明確な形をもった原史時代の現象であり、すなわち、エミーリア地域で徐々に増大し、アルノアルディ期の最終段階で際立ってくるエトルリアの文化的影響にウェネティ人が対抗するということである。

　非常に古い時代のロマーニャの状況についてはエミーリアと同様にやはり不確かであり、特に山岳地帯において散発的に観察できるだけである。なかでもラモーネ川 Lamone 上流のサン・マルティーノ・イン・ガッターラ San Martino in Gattara の環状列石型の戦士の墓群は前6世紀末より後代のものであり、現在では土着人に属するのではなく、まして一部で想定されたようなケルト人の侵入者でもなく、北上したウンブリ人に属することが確実であるが、これについては後述する。[*20] 要するに、ポー川流域とアドリア海方面へのエトルリア人の進出は、おそらく過疎で未熟な先住民による際立った妨害に出会うことがなかったはずである。いずれにせよ拡張はエトルリア本体に比べて本質的に固定的な経済的・社会的・文化的状態にあったアペニン山脈の分水界の域内に留まっていたはずである（ただし前7世紀から6世紀にかけて、ティレニア沿岸の外側、ウェネティア、アドリア海沿岸中部地域との交流にせよ、内部における生活形態にせよ、加速的に進歩したことは否定できない。ことにヴェルッキオではボローニャ以上に政治的・経済的・文化的な職階制が形成されたことがうかがえる）。エミーリア中心部を越えた場所で展開した唯一の積極的な政策は、ポー川流域平野全体の平安を維持するためのものであったが、リウィウスの記述（V-34）によれば（議論の余地はあるものの）、タルクイニウス・プリスクス王の時代、すなわち前600年頃、ティチーノ川 Ticino 近辺でイタリアに南下してきたケルト人と戦闘し、そして敗れたことである。このケルト人侵入の年代設定は受け入れられるものであり、[*21] ともかくヴィッラノーヴァ文化のボローニャが発展した時期で、アルノアルディ古墳の段階、そして不思議にも前述の最初のエトルリア語の碑文の年代に一致するのである。

　しかしエトルリア人の北方への進出が最大の規模で行われた時代は、前6世紀の最後の数十年よりも前ということはなく、それはおそらくエトルリアのみならずイタリア全土と周囲の海域に関わる相当に大規模な経済的・政治的な一連の出来事の結果なのである。[*22] この時期に、特に前5世紀初頭以降、ティレニ

ア海におけるエトルリアの海上勢力が初めて危機を迎え、そのことからアドリア海に出口を求めたという可能性がある。そして内陸部の諸都市（ウォルシニイ、ペルージャ、キュージ、ヴォルテッラ、フィエーゾレ）の発達がアペニン山脈を越えた地平に対する強い関心を生み出すきっかけとなり、北方への移住という新しい波を発生させたのかもしれない。また、中央ヨーロッパとのアルプス越えの交通の増大と、すでにポー川流域に展開していたケルト人の脅威が、北イタリアにおけるエトルリア人の存在を固定・拡大させ、完全に支配下に置くことを必要とさせたのかもしれない。事実、いまやかつてのボローニャ地域の中心都市フェルシナは変質したが、瞬く間にレーノ川中流に交通の分岐点として、またおそらく鉱業の拠点としてマルツァボット（古代名 Misa と推測される）が誕生し、道路が直交する典型的な都市計画によって明らかな「植民市」の体裁が与えられ、またポー川のかつての支流の河口に大都市スピーナが栄え、各方面への海上交通とギリシア人の到来と影響に門戸を開き、さらに北の地点にエトルリア人とウェネティ人（いまやエトルリアが文化的優位を示していたが）の共有地としてアドリア Adria が生まれた。ロマーニャの海岸地帯ではラヴェンナをエトルリア人が占有したことが記述され、ある程度は検証されている。エミーリアの西部でもエトルリア人の勢力は少なくともエンザ川 Enza かその外まで及んだ。アーディジェ川はウェネティ人領有地とケルト人の侵入地帯との境界をなしているわけだが、マントヴァがエトルリア起源であるという伝承や碑文資料などが証明するように、エトルリア人は北方の魅力に向かってポー川を越えたのである。エトルリア人がラエーティ人に由来するというリウィウスの説はそこから生まれる。[23]

　前6世紀末から4世紀後半にかけての北イタリアにおけるエトルリア文明は、マルツァボットとスピーナと同時代のボローニャにおいて典型的に代表される。いわゆるチェルトーザ Certosa（ボローニャ地区の代表的墓地の地名）の伝統的な文化の局面であり、エトルリア形式の豊富な副葬品、膨大に輸入されたアッティカ陶器、土葬儀礼の普及、図像を伴う墓碑（特にボローニャ）、エトルリア語の碑文などを特色とする。これらの要素のいくつかは、エトルリア本体からの大掛かりな「植民」として人口や文化的影響が移動したという仮説を示唆するものかもしれない。多くの考古学的資料、碑文、固有名詞が、確実

な歴史地理学的観点からして、アペニン山脈中部を経路としてキュージ、ヴォルテッラ、フィエーゾレなどの北エトルリア内陸の諸都市とつながりをもっていたことを暗示する（ヴォルテッラ地区、フィエーゾレ周辺とボローニャのどちらにおいても、意匠は異なるにせよ石碑が造られていたことに注目）。

しかしそれだけでなく、ウォルシニイ、ペルージャを経由しテーヴェレ川を遡上してアドリア海に達するルートが南エトルリアの影響をもたらした痕跡も存在する。それは一つにはアウレステスとオクヌスに関する「ペルージャ神話」を思い起こさせるし、またロマーニャのヴィッラノーヴァ文化やフェルモの遺物と南エトルリアのヴィッラノーヴァ文化のはるかなる類似性を考えさせることである。ポー川、アドリア海地域におけるエトルリア性の養分の由来や内容がどうあれ、それは確実に前5世紀に主要な中心地（内陸部ではフェルシナ、沿岸部ではスピナ）においてその固有性と一貫性を発見し、歴史的（経済・政治・文化的）に特異な重要性を示し、ティレニアの12都市同盟に対応する北エトルリアの12都市同盟の伝承に正当性を与えたのである。しかしエトルリア世界のその後の展開の中で、これらの都市の発展、支配、最終的運命は非常に特殊な様相を示すことになる。

最後に、リグーリアに向かうもう一つのエトルリア人の北方進出のルートに言及しておく必要がある。それはエトルリア人の南イタリアへの拡張の現象とある意味で似ていて、内陸部の土地の占拠に比べ、おのずから海上活動を前提としており、歴史的な状況は全くこれまでと異なるものである。アルノ河口とマグラ川 Magra 渓谷の間の地域、すなわちヴェルシーリア Versilia とルニジャーナ Lunigiana は、主としてリーグリ人が住んでいたが、アルカイック時代にすでにエトルリア人が侵入したことは確かであり、一時は両者の衝突もあったと思われる。そのことは古代文献やいくらかの考古学資料、碑文が証明している。そして最終的にこの地域はアウグストゥス帝の分割によりエトルリアとなる。しかしピーサはアルノ河口の地理的に重要な位置を占めながら、ヴォルテッラ領と接し、つまりエトルリア全体との国境にあって、決してエトルリアの都市に加えられることはなかった。また、ルーニ Luni もエトルリア文明の最終段階でようやく独自の大規模な都市として繁栄することになる。ポー川地域とエトルリア人が侵入したリグーリア地方の間には、原始的で獰猛

な土着民が住む山岳地帯があり、また特にケルト人が進出したこともあって、連携する関係があるとは考えられない。西方への陸上の侵攻はマグラ川を越えることはなかったと思われるが、エトルリア語の碑文によれば、エトルリア人の商人はおそらく「植民市」の管轄の限界を越えてジェーノヴァまで足を伸ばしていたことは確かである。その先のプロヴァンス沿岸への海上活動は、モナコ、ニースなど、実質的にギリシアの植民地が定着していて、行く手を阻まれた。

新しい国際的均衡
―― 前6世紀中葉から5世紀初頭までのティレニア海地域での出来事 ――

　エトルリアが関連する地域の海域および内陸での歴史的状況は、前6世紀半ばの数十年間から始まるアルカイック時代後期に根本的に変化する。この新しい展開を決定づける諸事実は、一つにはアイオリスやイオニアから西方に向かうギリシア人（特にフォカイア人、サモス人、クニドス人、ミレトス人）の植民活動の増大という地中海世界の一般的状況から生まれたものであり、他方では西部フェニキア植民地におけるカルタゴの強力な覇権が一層はっきりと定着し、ギリシア世界との長期的な大規模な紛争の局面を開くことになり、エトルリアもまたこの混乱に巻き込まれることになるという状況によるものである。かくして中西部地中海、特にティレニア海周辺における各勢力の対立関係の状況が始まり、それより以前の時代の接近と植民の活動を経て、海路と陸路の一層恒常的な管理と対立するそれぞれの勢力が独占的優位を得ようとする動きへと向かうのである。

　前9世紀から6世紀初頭においてエトルリア人がまちがいなくシチリアからさらにティレニア海の外まで進出したことは先に述べたが、そうした発展はギリシア人の到来と定着によって徐々に脅かされ縮小せざるを得なかった。ギリシア人の最初の植民は、南イタリアとシチリアのティレニア海沿岸に自らの経済的発展、政治的・文化的成長のためのスペースを見出したが、エトルリアに対しては、特にカンパーニアにおいて敵対関係となる理由は存在したものの、さまざまな分野（都市計画、文字、芸術）でエトルリア的表層にギリシアの決

定的な影響を与える形で、協力関係とはいえないとしても補完的関係を築き、多くの共通する文明様式をもつ地域が形成されることになる。

　しかしギリシア世界の威信、広がり、拡張力、企業力、知力は、小アジアのギリシア人が長距離の航海技術をもって参入して以来、イタリア周辺の西方の海で堅固なものとなった。すなわちすでに前7世紀中葉にサモスのコライオス Kolaios がイベリア半島のタルテソ Tartesso に達し、前600年頃にはフォカイアの住民がマッサリア Massalia（現マルセイユ）を創設、そこからイタリア方面に向かってオルビア Olbia（サルデーニャ）、アンティポリス Antipolis（現アンティーブ）、ニカイア Nikaia（現ニース）、モノイコス Monoikos（現モナコ）などの副植民市を設け、少し後にコルシカにアラリア Alaila を造るといったように、植民活動はいよいよ活発となった。また、前6世紀の最初の数十年間に、クニドス島とロードス島からの植民がリーパレ Lipare（現 Lipari）に定着したと思われる。こうして西ギリシアの勢力は新しい活力とともに強化され、エトルリアの海域をまさに包囲する形となり、かつての航海の自由にとって避けがたい障碍をもたらした。それはエトルリアの経済が徐々に縮小し、それに代わってギリシアの商業活動が盛んになり始めたことの現れであり、地中海地域へのエトルリアの輸出が減少し、ついに消滅することは考古学的にも証明される明白なことである（この現象は特に南フランスで明らかであり、前6世紀初頭にはすでにブッケロやエトルリア=コリント式陶器はイオニア、コリント、ラコニア、アッティカの製品に追いやられた）。

　もう一つの変化の大きな要素は、カルタゴの政治的勢力の上昇であった。アフリカ沿岸部からシチリア、サルデーニャ、バレアレス諸島、スペインにかけての西地中海のすべてのフェニキアの進出先において絶対的優位を築き、土着民を服従させながら、できるだけ奥までこれらの領地を直接支配しようとした。フェニキアの植民地とギリシアの植民地の間では当初は漠然とした「住み分け」が存在していたのだが、こうした統制的制度が確立することにより、スペイン、シチリア、ティレニア海のような魅力的な地域において、それぞれの民族的相違が意識され、ブロックごとの対抗関係や優越性の競合関係に変化し始めるのである。

　さて前6世紀にエトルリアはギリシア人の侵略、カルタゴの新勢力、ギリシ

アとカルタゴの勢力争いに対面することになる。最初にして最も重大な脅威は明らかにティレニア海におけるギリシア人の攻勢であった。それに対する抵抗と反動がなかったわけではない。エトルリア共同体が西方ギリシアの主たるライヴァル、すなわち勢いを増しつつあったカルタゴに支援を求めたことは理解できる。明らかに反ギリシア的性格をもったエトルリアとカルタゴの「歴史的な」政治的・軍事的協約については、ヘロドトスの挿話的記述（I-166、VI-17）や、アリストテレスによる（『政治』III-9 ほか）エトルリア＝カルタゴの同盟や交易の情報など、ギリシアの文献資料が存在するほか、ローマとカルタゴ間の協定や後述する〈ピルジの金板〉の碑文など、他の間接的な証拠も存在する。この同盟関係は後期アルカイック時代の国際情勢全般の中に組み入れて考えられるべきものだが、伝統的な方向性として前４世紀まで続き、ギリシア人の目からすれば、東方におけるペルシア人と同様に、エトルリアの西方における「野蛮な」（ここでは非文明的で残忍の意味）敵性民族とみなされることになった。しかしながら、時間の経過とともに状況の変化によって同盟関係の内容の変動があったであろうことを理解する必要がある。とりわけ両者の一方、すなわちカルタゴの植民市の国家的に一貫した利害に対して、エトルリアでは諸都市の総合的な必要性から生じる政策の方向性に沿って自律的な多様性が現れ、時にはギリシアに友好的なひそかな動きも含めた独自の政策もあったと考えられる。ともかくエトルリアの諸都市は、ギリシアの文献では一様に「ティレニア人」となっているが、これらとカルタゴの間にはそれぞれの独自の相互関係が存在したと推測することができよう。

　前６世紀半ば、イオニアの進出が、北方のマッサーリアの増大する勢力に支えられたばかりではなく、小アジアのギリシア世界、エウボイア島の諸都市、ポシドーニア（パエストゥム）などと強い絆をもったシュバリス（シーバリ）のような南イタリアの一部のギリシア植民市の支援を受けて最高に発達した。いまや定期路線化した航路を通って友好的な目的地に向かう東方からの船が膨大に増えるにつれ、イタリアの海に移民や企業の刺激のみならず、絶頂期にあったイオニアの偉大な文明を反映する思想、芸術、物品が流入し、それがギリシア人植民市とエトルリア諸都市に急速に広まった。しかしエトルリア側は、こうした新来の文化の恩恵を大幅に歓迎すると同時に、かれらの海上活動の自由

を制限し逼塞させかねない活発な攻勢の重圧を徐々に感じていたに違いない。エトルリア海岸に対面するコルシカのアラリアにすでに移植していたフォカイア人に、前545年頃ペルシア王キュロスの部下のアルパゴによって征服されたフォカイアからの亡命者たちが新たに加わったとき、反動と衝突が避けられないものとなる。そしてすぐさま、このきわめて冒険好きの移住者は周辺の地域、すなわちエトルリアとサルデーニャで強奪を働き始め、この地域の北海岸はオルビアとともにフォカイア人の進展の新しい領域として広がったと思われる。

しかしサルデーニャはすでにカルタゴの利権の構図に含まれており、古くからのフェニキアの植民市（ノーラ Nora、ビティア Bitia、スルキス Sulcis、タロスなど）は事もなくその権力内に移行していたが、この時代になるとカルタゴは島全土を完全に領土としようと企てた。それゆえにかれらはアラリアに巣食う敵対勢力を打ち負かすためにエトルリアと組むことになるのであり、ヘロドトスが描写する（I, 163-168）サルデーニャ海での海戦に強大な海軍をもって臨むのである。主としてカエレの人々によって構成された60隻のエトルリアの軍船と、ほぼ同様のカルタゴ軍がフォカイアの60隻の軍団と交戦し、後者は船の数では劣るものの、ヘロドトスによれば勝利を収めたが自らも莫大な損害を被る。結果としてフォカイア人、特にこの戦いを起こした攻撃的な新来の移民たちはアライアを立ち退かなければならなくなった。かれらは南イタリアの友好的なギリシア人植民市に避難場所を求め、はじめレッジョに達するが結局チレント Cilento 半島（カンパーニア）に向かってウェリア Velia の市を創設した。捕虜となった他のフォカイア人はカエレで虐殺された。

サルデーニャ海の戦いはおそらくティレニア海の覇権争いの挿話の一つとみなされるべきだろう。しかし疑いもなく、ギリシア世界における大きな反響と国際政治の構図における近くて遠い効果をもたらした挿話である。事実それはエトルリアにとって周辺の海の安全を確保させ、エトルリア人がコルシカの少なくとも東側を管理することを許し、しかしカルタゴの支援を受けたことによって、サルデーニャにおいてカルタゴ人が影響を押し付ける地域の分割が始まることでもあった。一方ではペルシアの侵攻に脅かされる小アジアのギリシア人世界の不安は、西方においてもアラリアのフォカイア人の一件とは関係な

Ⅲ　アルカイックの開花　*125*

く影響を生じさせた。そこでついにはビアス・プリニエネウス[**67]が、すべてのイオニア人はサルデーニャに避難し、そこで植民市を築くように提言したという（ヘロドトス、I-170）。サモス島を出発した一団が前531年にカンパーニアのディケルキア（後のポッツォーリ）に定着し、少し後にコルシカから亡命したフォカイア人の手からウェリアを奪い取った。他方ではサルデーニャの南部と西部のかつてのフェニキア植民地をすでに支配していたカルタゴ人は、島全体を直接統御しようとしてマルコス Malchos という隊長の率いる軍隊を派遣するが、土着民の執拗な抵抗に遭って失敗する。万遍なく配置された城塞化したヌラーゲの堅固さを考えると、サルデーニャ島には外部からの侵略に対抗し、場合によっては国際的なレヴェルで支援を求めることができるような完成された組織が存在したと推測される。そのことは近年オリンピアの聖所で発見された碑文の中で、ポセイドーニアを仲介者とするセルダイオイ Serdaioi（サルデーニャ人を意味すると考えられる）とシュバリスの友好条約が記されていることから証明されるだろう。

　イタリアの初期の植民市が東方ギリシア人のティレニア海での事業、すなわちカルタゴとエトルリアに対する闘争に少なくとも部分的に巻き込まれる状況にあったことは大いにあり得ることである。とりわけポシドーニア領内においてはフォカイア人に、クマエ領内ではサモス人に対し、支援と歓迎の手が差し伸べられたと考えられる。しかしこうした拡張政策に対するもう一つの有効で長続きのする支援が北方、すなわちマッシーリアのフォカイア人植民市とこれに連結するリグーリア海岸の諸都市から向けられたのは明らかであり、前6世紀まで遡るマッシーリアとカルタゴの衝突とマッシーリアとウェリアの関係に関する情報からわれわれはそのことを感知できる。

　サルデーニャ戦争とその反動の後、少なくともティレニア海沿岸中央部ではエトルリアの大都市の政治的・社会的、経済的な、そして特に文化的なさらなる進歩を促すような均衡が保たれた状況が生まれた可能性がある。それについては部分的には歴史文献と碑文資料によって垣間見ることができるし、前6世紀の最後の数十年の考古学資料が明示している。この時期に、勤勉でしかも洗練された社会の繁栄と奢侈への要望の反映として、アッティカの彩陶が大量に輸入され、多色テラコッタで飾られた大型神殿の建造が相次ぎ、ギリシアの特

にイオニアの形式に刺激されて芸術的質の高い絵画、彫刻、青銅・象牙細工、ジュエリーの工房が発達する。この現象はエトルリアにおけるのみならず、その影響を受けてファリレイの地域、ラティウム、カンパーニアでもそれぞれ異なった形で現れる。

　エトルリア沿岸部の三大都市、カエレ、タルクイニア、ヴルチの優位的地位は揺らぐことなく、ある点では一層強化された。それは継続する海上活動の推進力であり、国際的に開かれた市場であるばかりでなく、後背地の土着民を制して自らの支配を決定的なものにしたことと、イタリア半島のより広域の政治的プログラムに単独あるいは全体として参加することになったからである。大規模な都市同士での境界線の相互主張、通商の自由に関する紛争、優位性の対立などがなかったわけではないが、アルカイック時代の終わりには、自らの周辺に及ぶ政治的統一体を形成する傾向は、ウェイイ、ウォルシニイ、キュージ、ヴォルテッラといった内陸部の都市においても想定できると思われる。ファリリイ人の領土、特にタルクイニウス・スペルブスの時代のローマを中心とするラティウム、そしておそらくカプア周辺のカンパーニアでも同じことがいえる。

　ギリシア世界との関係についていえば、通商関係の強力な絆と思想、芸術品、芸術家の盛んな到来はもとより、二つの民族の総合的立場や利害関係の諸要因とは別に、旧来から続き、また新しく生まれた友情と協力が、個別のローカルな要素として、あるいはより広範な政治的方向性として機能した。かつてなんらかのヒントから、カエレはサルデーニャ海の戦いの重い試練と不名誉な後遺症（フォカイア人捕虜の虐殺）の後、一時的にギリシア人に対して友好的態度が優勢だったと推測された。アラリアのネクロポリスの発掘資料から見ても、コルシカの征服に関してカエレの圧倒的有利に終わったとはいえないから、幾分かの譲歩はあったであろう。前7-6世紀にエトルリアの海上活動において絶対の優位を築き、エトルリアのみならずイタリア全土と中央地中海において比類なき富を謳歌したカエレの活力と威信の衰退が、まさにこの情勢において始まった可能性がある。

　考古学的資料を信頼するならば、アルカイック盛期においてヴルチとタルクイニアの富と生産的・創造的活力が飛躍的に上昇したものとみなされる。特にタルクイニアの墓室壁画には特異に成長した社会の日常生活、風俗習慣、祭儀

などの種々の様相が活写されている(これは多分、すでに述べたように、より後代に明確になるタルクイニアの南エトルリアにおける主導的地位の最初の兆候であろう)。一方ヴルチとタルクイニアもまたギリシア人と時宜に応じて関係を持続したことも否定できない。近年の発掘によって明らかになった一例をあげれば、タルクイニアの外港のグラヴィスカのギリシア人の貿易倉庫、小さな居留地、宗教施設の存在であり、これは前6世紀初頭に形成され、アルカイック時代を通じて拡張していったものである。ギリシア語の碑文によれば、ヘラ、デメトラ、アフロディトゥス女神の信仰とイオニア起源の企業家や移民の存在が確かめられるが、これらはエジプトのナウクラティスのエトルリア人の植民との相似を思い起こさせる。つまり、距離は離れているものの、輸入品の種類であるとか、どちらも「植民地」としての自治体制をもたずに、すなわち一種の「滞在許可」の形で外地に居留したことなどである。グラヴィスカで特記すべきは、ヘロドトス(IV-152)が最も豊かなギリシアの貿易商と書いているアイギナのソストラトス Sostratos という人物の名が前6世紀末の石碑に記されていることである。

　コルシカから発するフォカイア人の脅威が終息し、サルデーニャにおけるカルタゴの拡張が抑制されたことがティレニア海の舞台に休戦と安定の状況をもたらしたとしても、その他の場所ではすべて静穏であったということはない。ハリカルナッソスのディオニシウスのいわゆる『クマエ報道』によれば(VII, 3-4)、前525年に、ケルト人、ウンブリ人、ダウニ人、およびその他の「蛮族」に侵略された北アドリア海地域から出発したエトルリア人による大規模なクマエの攻略が行われたことが知られる。おそらくこの行動は、この都市を後に奪取したアリストデモス Aristodemus の抵抗によって失敗に終わるのだが、いずれにしてもカンパーニア地域におけるギリシア人とエトルリア人の対立の構図に組み込まれることであり、ある意味ではティレニア海岸のギリシア植民市の中で最も古く、最も近いこの都市からギリシア人を放逐したいというエトルリア世界の普遍的関心に応えることだったかもしれない。しかしあるいは、なにがしかの男がポー川地方のエトルリア出身者やさまざまなイタリキ人の傭兵を率いて行った強奪行為に近い挿話的事件に過ぎなかった可能性もある。この隊長はアリストデモスによって殺されて終わったとされる。なおこのことは次

の世紀に起こるイタリキ人の大規模なディアスポラ（離散）の運動の始まりを思わせる。ともかくこの戦いからアリストデモスの幸運が始まり、同時にクマエの政治的勢力の新しい局面が開かれるのだが、これについては後述する。

　前6世紀末、510年頃から数年間、古代文献によれば、これまで述べた状況に関わる際立った一連の出来事が起こる。これらは少なくとも部分的には相互関係がある。すなわち、マグナ・グラエキアではシュバリスがクロトーナ Crotona（現 Crotone）に敗れ、政治的・経済的なすべての制度が崩壊する。ローマのタルクイニウス朝が終わり、キュージの王ポルセンナがラティウムに侵入する。ローマとカルタゴの最初の協定。マゴ Mago の息子たちのハズドルバル Hasdrubal とハミルカル Hamilcar が率いるカルタゴの再度のサルデーニャ侵略がなされ、ハズドルバルの戦死にもかかわらず勝利する。カルタゴのこの島の支配は、ディオドルス・シクルスの半ば神話的な語りが暗示しているように（IV-30；V-15）土着民による平野地帯での組織的な防禦が終息し、山岳部に撤退した時点で効力を発し、サルデーニャ=ポセイドーニア=シュバリスの枢軸の消滅によるギリシア側からの支援が弱まった結果と考えるのが妥当である。

　すべてのことから考えられるのは、カルタゴのサルデーニャ支配はシチリア西部からティレニア海に及ぶカルタゴの勢力の急速な発展と定着の局面の始まりと一致するということである。エトルリア世界との良好な関係は継続し（シチリア海域でのフォカイアのディオニシウスに対する共通の軍事的行動においても）、そしていまや、アリストテレスが述べる複合的合意の意味において結合が拡大し制度化されるに至るのである。政治的・商業的な性格をもつこうした外交的装置の存在については、ポリュビウス（III-22）の記述による前509年のローマとカルタゴの最初の協定の条文から推定され、この記述の正当性は現在のローマ史研究者の大部分が認めている。そしてこの時期のローマとエトルリア諸都市との並行関係についても疑う余地はない。ローマとカルタゴ間のこの協定の条項からは、イタリアのティレニア海沿岸に散在する数多くの都市国家がいかに栄えていようとも、その一つであるローマに比べていまや地中海に広がる一大政治・経済帝国のカルタゴに事実上有利な不平等性が見て取れるだろう。

　しかし前6世紀末から5世紀初頭にかけて、ギリシア植民地のみならずエト

III　アルカイックの開花　129

ルリア人の同盟市に対してもカルタゴの力が強大なものになっていったことの証明は、われわれが現有するイタリア史に関する最古の碑文資料から推論される。それはカエレの外港ピルジの聖所で発見されたエトルリア語とフェニキア語の碑文が刻まれた金板であり、二言語の内容は多少の違いはあるもののほとんど同じものである（後述するように、「バイリンガル」あるいは「準バイリンガル」ということができる）。フェニキア語の文章では「カエレの王」と表示されているエトルリア人のテファリエ・ウェリアーナ Thefarie Veliana という人物がエトルリアの女神ウニと同一視されるフェニキアのアスタルテ Astarte の聖所に捧げた奉納文である。奉納者に対する女神のなんらかの好意的行為に関わる一つの表現の意味が不確かであるが、この奉納の理由がなんであれ、異邦の女神に対する麗々しい賛辞や正式な献呈文がバイリンガルで書かれていることその他の特徴からして、この宗教的行為は奉納者の保護者としてのカルタゴ人に好まれて位についたエトルリア人の首長の友情、感謝、敬意の表出という確かな政治的意味があったと考えることができる。すなわち、カエレでは基本的に、前述したような当然考えられるギリシア贔屓ではなく、カルタゴ贔屓の方向が優先していたということかもしれない。この変化はそれ以前のシュバリスとの政治的・商業的関係の解消の結果として起こったのかもしれない（ここにもシュバリスの滅亡の反動がある）。そして、確証はないが、カルタゴの突然の圧力によるかもしれない。文献資料に現れる事実とその年代は大体において前５世紀の最初の四半世紀に置かれるが、それ以上詳しい確定は不可能である。

　国際政治情勢の発展とともに、各共同体の社会組織と住民の生活に関する状況と出来事が問題となる。アルカイック時代のエトルリア文明全般において、エトルリア諸都市が最大の勢力と富を謳歌した時期の社会的・制度的システムに関する問題の検討は少し先延ばしして、ここでは都市的構造の完全な確立とギリシア世界との接触の影響よって、前６世紀を通じて市民全員の権利の主張が増大したことを明らかにしておくに留めたい。それは特に前７世紀の爆発的な政治・経済の発達の時代、すなわち東方化文明の段階に形成された陸上においても海上貿易の分野においても支配的な古い階級の特権とは反対に、絶え間なき社会的成長によって強化されたものである。最も発達したエトルリア諸都市でも、ギリシア諸都市と同様に、寡頭政治体制と"デモス"、すなわち市民層

との間の緊張が生まれつつあり、ギリシア本体と植民市におけるよりもかなり長く続いたエトルリア君主制的政体とは別に、こうした緊張と関連して前6世紀の最後の数十年と5世紀の最初の数十年の間に、ギリシアの「僭主」とあまり違いのない個人的権力の体制が生まれたことが推測される。事実この時期に、シュバリスのテリュス Telys、クマエのアリストデモス、レギウム Rhegium（現レッジョ Reggio）のアナクシラス Anaxilas、シラクーサのディノメネス Dinomenes 王朝のような独裁政治が台頭する。いくつかの場合には独裁者が「デモス」と表現される。

　こうした社会的・制度的経過をエトルリアに距離的に近く関係深い都市ローマにおいてもたどることができ、そのアルカイック時代の歴史は複数の文献に現れるが、これらは注意してみる必要がある。ローマでは原初的な「クリア」の貴族的制度に代わって、セルウィウス・トゥリウス王に帰せられる「百人隊」と階級の秩序に代表され、市民の財産（ケンスス）に基づいた「ポプルス」（ギリシアの「デモス」と同じ）と呼ばれる市民的な金権政治体制（timocrazia）が生まれる。すでに述べたように、この変化の始まりは前6世紀前半にエトルリアが巻き込まれるウィベンナとマスタルナ兄弟の事件のようないくつかの出来事に関係しているかもしれない（たとえばウィベンナの生地であり、産業的・文化的に非常に発達した都市ヴルチや、ギリシア世界と接触していたカエレのようなエトルリアからローマに革新の気運がもたらされたという仮説を排除することはできない）。この経過はこの世紀後半にタルクイニウス一族の権力の復興によって中断したかに見えるが、それもルキウス・タルクイニウス王が「スペルブス」（傲慢）と伝説でいわれているように、はっきりと独裁的な性格をもったものだった。前509年の君主制の崩壊と共和政の開始によって「セルウィウス式」政治の伝統が復活するのに伴い、前6世紀末のププリウス・ワレリウス・プブリコラや前5世紀初めのスプリウス・カシウスのような個人的権力が、形を変えて継続することになる。

　事件史の展開に話を戻せば、タルクイニウス・スペルブスはラティウムにおいて、トゥスクルム Tusculum のオッタウィウス・マミリウス[**69]とガビイ Gabii[**70]におけるその息子セストスといった家臣を委任してそれぞれの都市を管理する広大な王国を築いていたのだが、その王権の終焉とともに一つの政治的空白が

III アルカイックの開花 131

生まれた。こうして南エトルリアに「熱い地域」が開かれる。ラティーニ人はローマに対して自治権を要求する。エトルリア人に対しては、ウェイイ、カエレ、タルクイニアなどの最も近い都市のみならず、テーヴェレ川を越えて沿岸部やラティウム、カンパーニアの市場となんらかの接触を模索していた内陸のキュージにも関係する不干渉の地帯が保証される。キュージの王ラルス・ポルセンナについて史家はローマのこの外国の侵入者に対する勝利を常套的に謳い上げているが、実際にはかれの武勲の歴史性を疑う理由は全くなく、むしろローマが征服されたことをほのめかしているのである。[**71] ポルセンナがラティウムに現れるのはタルクイニウスの没落の結果ではなく、むしろ原因だったとする誤った仮説さえ提出されたことがある。

　他方ではこうしたラティウムの危機は、アリストデモスの独裁の下に勢力を確定しつつあったクマエのギリシア人に警告を与えたように見える。すでにタルクイニウス・スペルブスの手中にあったローマに対する反抗のおそらく主役であり、ラティウム同盟の中心であったアリキア Aricia（現 Ariccia）の都市において、ラティウム人を助けるという前提のもとに、クマエの人々は、20年前には失敗したエトルリアの攻撃の危険を思い出しつつ、前504年に海路進攻する。ラティウムにおけるローマの優位を取り戻すためにおそらく派遣されたポルセンナ軍がアリキアを防衛しており、守備軍の隊長は王の子アルンテ Arunte（エトルリア語 *Arath*、あるいは *Arnth*）であったがアリストデモスに敗れて戦死する（ハリカルナッソスのディオニシウス、V-36；5-6、リウィウス II-14, 5-9）。

　興味深いことには、ポルセンナのラティウムにおける滞在の時期に、ローマの最高司法官の中にラルキウス Larcius とヘルミニウス Herminius というエトルリア名の二人の人物が記録されており、今日一般に信頼できると考えられている『執政官名簿』(Fasti Consolari) に前485年までの間、エトルリア人の家族の名が繰り返し出てくるのである。つまりこの年までに、スプリウス・カッシウス Sprius Cassius が殺害され、いわゆる「貴族身分（パトリキ）の閉鎖」、[**72] ファビウス家による貴族制国家の樹立、対ウェイイ戦争の開始などが起こるのである。これらすべての一連の出来事は、依然エトルリア世界に結ばれたローマが、市民の開放と「独裁体制」の経験を経て新しい制度の形態を模索する時

代の終焉を示すものであり、この時代に次いで、貴族的で明らかに反エトルリア的な反動の局面が生じる。そしてほとんど同時期にクマエではアリストデモスの市民的独裁が寡頭政党によって倒されることになる。

　エトルリアに関しては、キュージの拡張活動がポルセンナの行動以上に延伸した証拠は全くない。かれのとったイニシアティヴはウィベンナとマスタルナの物語を想起させる領土征服の個人的冒険の性格をもったもののように思われる。ローマへの進攻は沿岸部諸都市と干渉することなくテーヴェレ川沿いに南下して行われたが、キュージとローマの間に位置するウォルシニイとウェイイの二都市がこの事件に巻き込まれたか、そうとすればどの程度までかをいうことは不可能である。ウォルシニイはイタリキ世界と接触をもった中流階級に基盤を置く社会が発達していたし、ウェイイはローマと密接な関係をもちながら芸術的な繁栄の頂点にあり、ローマでもその工房の作品が尊重された。これら内陸部の諸都市は、散発的な不安定な状況があったかもしれないとはいえ、沿岸部の諸都市と同様に、いまや相互の領地の均衡を固定させつつあり、ローマに征服される時代まで存続することになる。まさにこの時期に、とりわけタルクイニアはカエレの影響を強く受けた内陸の洞窟墓地の地域（サン・ジュリアーノ、ビエーダ Bieda、ノルキア Norchia、カステル・ダッソ Castel d'Asso）にまで勢力圏を広げることになる。

　エトルリアの拡張と国際的地位に関する全体像を考察すると、特に前5世紀初頭においてはエトルリアの歴史的状況を大きく変えるための諸条件が熟しつつあったことが確認される。ラティウムにおける出来事は、明らかにカンパーニアとの交流の道を、壊すといわないまでも弱める作用を及ぼした。カエレの政治的不安定とカルタゴとの同盟の負担が、特に南ティレニア海における古来からの海上でのエトルリアの存在感を低下させた。エトルリア人がエオーリエ諸島に拠点を作り海軍基地を設けようとする試みが繰り返され、しかしリーパレの軍に撃退される挿話が文献に現れ（パウサニアス X-11, 3；16, 7、ディオドルス・シクリス V-9、ストラボン VI-2, 10）、またデルフォイのリーパレ人の宝蔵に残る碑文のエトルリア人に対する勝利の言及からも証明されるが、この事件があったのもおそらくこの時期であろう。

　これらの事実は、エトルリア人の船舶がメッシーナ海峡を絶えず往来し、そ

れを妨害するためにレギウムのアナクシラスが現在のシッラ Scilla の岬の突端に城塞（ギリシア語 Skyllaion）を築いたという情報（ストラボン VI-1, 5）と無関係ではない。しかしエトルリア人の南方への商業的活動（ギリシアの文献では「海賊行為」と一括している）を決定的に終息させた要因は、ディオメネス家が統治するたシラクーサの台頭と、ヒメラでのカルタゴの敗退（前 480 年）とクマエ沖でのエトルリア人の敗北（前 474 年）にあり、ここからティレニア海の新しい歴史の一歩が始まるのである。一方においてまさにティレニア海のエトルリアの衰退が始まる頃、ポー川流域とアドリア海沿岸の諸都市が急速に活気づくことによってエトルリアのポテンシャルは継続する。その繁栄の頂点はアルカイック時代の先に置かれるので、次節で扱うことになる。

アルカイック時代のエトルリアの社会と文化：その要素、価値、影響

　これまでアルカイック時代のエトルリアの出来事の歴史について、第一資料に欠けるために断片的な限られた文献に基づいた概観を述べたが、これらの出来事が起こった時代と舞台の特徴を総合的に解釈するための他の要素がないわけではない。それどころか考古学的分野の資料は豊富なのである。それについて以下に可能な限りにおいて論じたい。
　エトルリア共同体の基本構造は前 9-8 世紀のヴィッラノーヴァ文化時代に誕生し、いまだ先史時代の遺産に結びつき、すなわち小規模な集落に基づいた社会組織と経済体制にあり、生活程度は質朴で個人間にあまり差異がなく、一様な手仕事の生産に従事していた。しかしおそらくこの地の鉱物資源の豊かさに気づき、海上交通が始まることに起因し、ギリシアと東方の外的な刺激に加速度的に反応する異常な発展の原動力をもち、大型の都市的集合体の形成が始まり、技術力が進歩し、墳墓から出土する貴重品の存在などが示すような装飾的趣味が豊かになることなど、これらすべては社会的格差が生まれようとする兆候であった。したがって、繰り返すが、ティレニア海沿岸中部および南から北までのすべての地域における革命的転回について語る理由が成立したわけである。その直後に、アルカイック・エトルリアに決定的な輪郭を与える新しい影響が大量にもたらされることになるとはいえ、エトルリア文明の基本的な性格

のいくつかの要素はヴィラノーヴァ文化時代にすでに現れていたものである。たとえば歴史時代に入って大都市として存続することになる場所の決定、天職ともいえる海上活動、金属工芸の生産、プリミティヴな芸術表現の反復の傾向、そしておそらく習俗と言語の民族的アイデンティティなどの点である。

　さてここで東方的要素とギリシア的要素について考えよう。東方的とはたといギリシア人の船乗り（フェニキア人ももちろんだが）によってもたらされたとしても、地理的には近東諸国に由来するさまざまな形式のことである。二つの異なる地域からのエトルリアへの商品の輸入に関しては、時間的に一方が先で他方がその後を継ぐといった継続性は存在しない。たとえばギリシアの陶器は前8-7世紀以来大量に輸入されたが、前8世紀末から7世紀初頭にかけてのいわゆる東方化時代には東方の製品が優位にあることはまちがいなく、しかしその後はギリシアの影響が圧倒的となる。ただし「東方的要素」というとき、装飾美術の好尚、あるいはオリエント文明から借用した宗教的または幻想的モティーフ（生命の樹、スフィンクス、セイレンなど）の普及に限定するべきではなく、エトルリアが典型的な東方化現象にことさら強く影響を受けた印象を与えるような出来事の全体を強調することができる。それはたとえば、住居を模した権力者の大型墓室における副葬品の豪華さ、エジプトを思い起こさせる死者の肖像の魔術的な表現法などである。さらに、特殊な点で示唆に富んだ類似点もある。たとえば、リュディアの大規模な王墓とかフリュギアの洞窟墳墓の建築的ファサードや、王が偏愛する少年を抱擁しながら歩むヒッタイトの王墓の図像的表現（タルクイニアの〈男爵の墓〉の壁画に見られる）といった点でアナトリア世界との類似があり、動物の肝臓の模型に表される内臓占いや恐ろしげな悪魔がふんだんに登場する点ではメソポタミアを想起させる。かつてはこれらすべてが、エトルリア人の起源の節で扱ったように、かれらの東方由来説の根拠となり得たのである。実際はむしろ、基本的には宗教的基盤に立つ種々の表現の残存形態や、時には一旦消滅したものが復活するなど、さまざまな回路を通して伝達された地中海的遺産から生まれるエトルリア文明の兆候なのである。こうした現象の痕跡はギリシア世界にも存在するが、それはアルカイックおよびクラシックのギリシア文明が発達するより前の時代、すなわちミノア・ミュケナイ時代のことであり、豪華な副葬品、壁画のある墓室、死者の

デス・マスクや、トロス式あるいは疑似穹窿式の墳墓などに現れている。

　東方化の現象を年代的視点から見れば、それはエトルリアが政治的・経済的に最高に発達し、輸入品であれ内地産であれ、東方の諸国自体以外とは比較できないほどの種類の多様さ、技術的美しさを示した時代と一致する。その時代のエトルリア世界の状況や、一方では貿易と海賊行為に加えて、特に鉱物資源の所有とその採掘と販売から得られる強力な購買力、他方では集合体の首長や支配者層の奢侈への志向などによって、そのことは説明されるだろう。東方化様式の墳墓の「蛮族的」贅沢さは、権力と富が集中し、それを誇示する形が最高に高まったヴィッラノーヴァ文化の段階に始まる社会を反映している。最も意味深い例をあげるなら、カエレの〈レゴリーニ・ガラッシの墓〉には前7世紀第二・四半期の貴族あるいは王族の人物たちが埋葬されているが、その豪華な副葬品は文化的な意味だけでなく歴史的・人文的にも重要な証言としての価値がある。とりわけ目を引くのは一人の女性の遺体であり、その傍らに置かれた銀器一式（ヴァティカン博物館蔵）には単数の属格で男性の Larth（あるいは女性の Larthia）の名が刻まれている。かれらは要するにエトルリア諸都市の海外進出の始まりの主役たちである。重要なのは東方化として最も特徴的で、しかも部分的にはエトルリアの影響も伴った表現が、ラティウムの特にパレストリーナや微弱ではあるがカンパーニアなど、エトルリアの外でも出会うものだということである。カンパーニアではエトルリアと似た君主制あるいは貴族制が発足したと推測される。周知のように、この現象が徐々に消滅した原因は、東方の刺激の源が枯渇し、ギリシアの影響が圧倒的なものとなることに加えて、鉱物資源を利用する他の地域（特にイスパニアか？）の台頭による競争の激化や前述のような西地中海でのギリシア人の活動の活発化、後述するように部分的にはギリシア世界からの示唆に起因する社会状況の変化などに帰せられる。

　しかし東方化時代のエトルリアにおけるギリシア的要素の存在は、原コリント、コリント、ロードスの彩色陶器の輸入とは関係なく、文明の基盤そのものに関係するいくつかの事実などからしても、すでに認められるのである。すなわち、エウボイアの植民市からのアルファベット表記の導入、彩色テラコッタで住居や神殿を装飾する建築技法の普及、初めてギリシアの神々と英雄のギリ

シア神話が浸透することなどである。ギリシア神話の人名のエトルリア語への転記はコリント式、つまり前7世紀あるいは6世紀の最初の数十年に押し寄せた波に由来するという研究結果から推測されることであり、この時代にエトルリアの都市がギリシアのポリスの構造を模倣することが始まったのである。エトルリアで――ということはカエレで――仕事をするギリシア人の最初の工人は前7世紀前半の彩色陶器にサインを入れている陶工アリストノトス Aristonothos である。

コリントからエトルリアへの直接のアプローチについての伝承によれば、コリントの支配者バッキス Bacchis 一族のデマラトス Demaratos は、エトルリア諸都市との通商を大掛かりに行っていたが、キュプセロス Cypselos が覇権を握ったとき（前657年）大勢の従僕と財宝を携えてタルクイニアに避難し、新天地で勢力を伸ばして妻を娶り、息子のルクモーネが後にローマの王ルキウス・タルクイニウス・プリスクスとなるとされる（ハリカルナッソスのディオニシウス III-46 以下、ストラボン V-2, 2：VIII-6, 20 ほか）。エトルリア人に文字を教えたのもかれであるとされ（タキトゥス『年代記』14）、かれに随行した美術家エウケイル Eucheir、ディオポス Diopos、エウグランモス Eugrammos がイタリアに造形美術を導入したという文献がある（プリニウス XXXV-152；しかし XXXV-16 にはもう一人の芸術家、おそらく画家のエクパントス Ekphantos の名が出てくる）。

これらの出来事の基本的な真実性、少なくとも歴史的にありそうなことだという点は疑いないと思う。ただし、文字表記の導入がようやく前7世紀中葉であるといった時代錯誤や、ローマのタルクイニウス王朝の起源についての明らかに現実離れした関係づけなどによって大きくゆがめられていることも注意を要する。美術家たちの問題も、人物たちの素性の正当性（彫刻家、画家、測量士などの専門性を暗示する名前だったり、テラコッタの作業を象徴する名前だったりするが、時には実在の芸術家の場合もある）に関しても、エクパントスについてのプリニウス自身の記述の矛盾に関しても、造形美術がコリントからきたという点についても、不確かな印象を与える。

これら一連の文脈から推論されることは以下のように要約することができる。ギリシアの特にペロポネソス諸都市と、東方化時代のエトルリアとの商業

的・文化的ネットワークの存在。支配階級に結びつく海洋企業の手段と組織。エトルリアの"開放性"と支配階級の海外進出を物語るものとして、外国人を歓迎したこと。まさにタルクイニアにおいて見られる特別なケースとして、デマラトスの場合に類似して、ドガナッチャ Doganaccia の古墳から出土した一つの壺に Rutile Hipucrates という名が書かれており、これはヒポクラテスというギリシア人の名がエトルリア語化したもので、おそらくタルクイニア社会で高位に就いたのであろう。そしてすでに前6世紀初めにはタルクイニアの外港グラヴィスカにギリシア商人の取引所が設けられ、おそらく権威あるギリシア通の人物が管理していたことも忘れることはできない。

　前6世紀の最初の数十年頃からエトルリアの工芸文化の造形表現にギリシアの影響が現れる。すなわち、日常生活の情景、神話の主題、神の姿、習俗、武具、調度、装飾的モティーフなどがギリシア本土の諸都市や、おそらくは本土に近い植民市に発した形式にヒントを得て表される。こうした外的で視覚的な面でのギリシア化は、イデオロギー、知的活動、精神的態度といった内面的な文化を学び取るプロセスに対応するという推論がある意味で成り立つだろう。しかしながら、歴然とした図式のようなものに対しては、自らの伝統、性向、ローカルな経験の要素が存在し、外部からの影響の波に抵抗し、受け入れたとしてもそれを改変し変容する。この意味において、エトルリアはギリシアから発光するアルカイック文明の広い世界に属するということができると同時に、特に造形芸術について述べたように、その特殊性・独創性・「周縁的」地域性を語ることもできるのである（小アジア、キプロスなどの非ギリシア的地域についても同様のことがいえる）。

　事実まさに造形作品こそ、その質と量の豊かさや古典たり得る直截な表現によって、アルカイック・エトルリアの文化の特徴や展開の状況の全体像を提供してくれる。この点について、さまざまな局面における主として様式的な影響と傾向の時間的変化に関し、同時に総合的な歴史的条件の発展にも合致する要点の分類をしてみよう。

　まず最初に前7世紀の最後の数十年から6世紀前半にかけての東方化時代後期に、クレタおよびペロポネソス半島の諸都市の影響が際立っているように思われる。これは陶器の輸入とその模倣に関するのみではない（輸入は前述のよ

うに特にコリントからであるが、スパルタからもある。このことからすれば、アエオリス、イオニア、そしてアテナイそのものからの複数の輸入元があった可能性もある。また模倣については、特にいわゆるエトルリア＝コリント式陶器を生産する陶工・絵付師の工房が盛んであり、その頂点にあったのはヴルチであった）。事実、クレタ美術とペロポネソス美術の影響は、葬礼彫刻、建築のテラコッタ装飾（たとえばポッジョ・チヴィターテ Poggio Civitate の聖域の作例）、ブッケロの壺の表面装飾など、エトルリア美術のあらゆる分野に浸透しているのである。重要なことは、この時代はエトルリア人がまだ海上で自由を謳歌しており、かれらの輸出品——ブッケロやエトルリア＝コリント式陶器が最も多い——が広く地中海全域に普及していることである。[**74]

　第二の時期は前6世紀半ば頃から5世紀初頭までにあたるが、反対に造形芸術のモティーフにせよ様式にせよ、東ギリシア、すなわちアイオロスや、特にアジア海岸およびその前面の島々の植民市の影響に全面的に強く支配されていた。そのことはすでに述べたように、西方における東ギリシア人の渡航者と植民市の存在と切り離すことはできないし、前6世紀半ば頃のイオニアの最先端の経済的・知的・芸術的な先進性が爆発的に表出されるのを見ればわかる通り、その様式が西方の植民市を含むギリシア世界全体の製品に普及していることを念頭に置かねばならない。

　すでに触れたように、前7世紀に遡る伝承によれば、最高に栄えて労働の環境が整ったエトルリアはギリシアの工人たちを喜んで受け入れたはずである。その証拠には、カエレにイオニア人の工房が設立されていわゆる「カエレ式ヒュドリア」が製作され、さまざまな地方出身の東ギリシアの絵付師が、カエレ、タルクイニア、ヴルチに職人養成所を設けたことはまちがいないと思われ、またヴォルテッラ、フィエーゾレ、キュージの彫刻様式の源泉についても同じことがいえる。こうして各地に「イオニア＝エトルリア様式」と呼ぶものが形成されたことは特徴的なことである。しかし陶器の輸入に関しては、東ギリシアの製品がないわけではないが、黒像式から赤像式に至る彩色陶器の大部分はアッティカの製品であり、アテナイの陶工のうちの何人かはもっぱらエトルリア諸都市の裕福な購買者のために制作したということは注目すべきである。アテナイとのこうした関係は特別な結果を招くことになる。すなわち前500年頃、エ

トルリアにおける美術は絵画においてもテラコッタや青銅などの立体においても、それより以前のイオニア主義から、イオニア=アッティカ、あるいは単なるアッティカの色の濃い後期アルカイック様式（ある程度の独自の性格をもちながら、つねにアテナイの影響を受けたもの）に移行し始めるのである。

　図像の移入は異言語との出会いのような困難さを伴わないからより容易であるに違いないとしても、図像と並行して寓話、神話、信仰、理論などもギリシアからエトルリアに進入したかもしれない。エトルリアの宗教の固定化のためのプロセスは、起源はさまざまであろうとも、ギリシアのオリュンポスの神々と部分的に同一視することであり、結果としてその図像とアトリビュートを採用することであった。それはアルカイック時代に起こった。おそくとも前6世紀初頭以降、神の崇拝の場所が形作られ、神殿建築が誕生するが、これは住居が形を変えたようなものである。しかし非常に古い時代のギリシア神殿の影響がなかったわけではなく、その線的構造、軽い材料や、人像表現も含むテラコッタで上部を装飾する手法（主にギリシア神話に取材）などが、エトルリア文明の最後まで保有されるのである。一方、葬祭の分野はそれと異なり、死者の存在や記憶に関するギリシア的図像表現（イオニアの石碑、レキュトス型墓標など）が徐々に弱まり、死者の物質的な居場所としての墓という強力な概念がそれに代わり、建築的環境の疑似的設営、衣服、武具、道具類、家具、食物などの装備が行われるほか、饗宴、葬儀、遊戯などの情景がリアルに壁画として描写された。

　墳墓の量、配置、形式、装飾、碑文、副葬品などから、われわれはエトルリア社会とその発展の具体的な観念を形作ることができる。個別の埋葬を廃して、部屋型の墓室、岸壁を掘り抜いて加工した複数の部屋をもつ墓、大型の墳丘の内部に複雑な構造をもつものなどへの移行は、埋葬の場所、副葬品、一つの墓に納められた家族成員間の関係などを見ることによって、著しく富裕度の異なる貴族的な層が形成されることを示している（チェルヴェーテリ、すなわちカエレのネクロポリスが典型的である）。一方、ヴィラノーヴァ文化時代の当初の墳墓群は、徐々に拡張され連結されながら、統合された大規模なネクロポリスに変容するが（チェルヴェーテリのバンディタッチャ Banditaccia とモンテ・アベトーネ Monte Abetone、およびタルクイニアのモンテロッツィ）、

これらはある意味で集落の統合と都市の成長を反映している。

　もう一つのきわめて重要な現象は、前6世紀後半にバンディタッチャのネクロポリスで、以前は大小の墳丘が無秩序に配置されていた平地の部分を街路のような網の目の通路で区画し、道の両脇に半地下式に掘り出して地上部分を構築した大きさも外観も似たような墳墓を並べたことである。この全く特徴的な設計は、オルヴィエートのクロチフィッソ・デル・トゥーフォ Crocifisso del Tufo のネクロポリスのこれまで発掘された部分にも採用されている。疑いなくこの形式は、ギリシアから導入されたアルカイック後期のエトルリアにおける現実の都市の平面図の理念に対応するものだろう。前5世紀以前においてこの理念にしたがって全体が建設された唯一の都市の例は、有名なエミーリア州のマルツァボットである。建築史・都市計画史におけるこの点の興味は別として、この整列する墳墓群の出現は、墳墓が無秩序に散在する段階の後、東方化時代の経済的・社会的に突出した階層に替わって中流階級が形成されたことを示唆する社会的・政治的な意義を与えてもよいのではなかろうか。ネクロポリスの平面計画の新しい秩序が都市の平面と一致することは、これらの墓に代表される階層が市民国家が強化されることの表現であると考えるなら驚くに値しない。

　ギリシアと異なるアルカイック・エトルリアのもう一つの特徴は、個人名とともに氏族名（後に苗字となる）が誕生し、ギリシア流の父の名を受け継ぐやり方と違って、家族の子孫の全員に与えられたことである。この習慣は歴史時代の初期に確立したと推測される。ともかく前7世紀のいくつかの碑文にその例が見られる。これは支配階級の家族が名前を継続することに特権的地位の永続の意味を求めることが定着したことと並行していると考えられよう。しかし疑いなく、アルカイックの墓碑銘と奉納文の中に出てくる使用人、競技者のほか一般に下流の人物を除くすべての人間に二重の名を付ける形式の普及は、自由な市民が社会的・経済的なレヴェルに関係ない状況を表している。そしてすでにアルカイック時代に非常に多種の氏族名が記録されていることは、中流階級と位置づけることのできる範囲の広がりを証明している。とりわけ暗示的なのはウォルシニイの場合であり、ここでは多かれ少なかれ富裕度が同じ多くの家族が埋葬されているが、ずらりと並ぶ墓のおのおのが異なる氏族名をもって

いる。付け加えると、名前の中には外国人、すなわちギリシア人のほかに前7世紀からエトルリアにいたラティーニ人、サビーニ人の存在が見て取れる。たとえば Acvilna（Aquilius）、Phapena（Fabius）、Latine（Latinus）、Vestiricina（オスク語 Vestriki）といった氏族名である。

　墳墓の規模の平均化と氏族名の使用の一般化から見えてくるのは、前6世紀を通じて明らかに平等の権利を有し比較的富裕な人民の層が形成される兆候であり、おそらく旧来の土地所有と商業による貴族階級に代わる密度の濃い都市的な政治・社会構造の基礎ができたことである。このことについてもまたギリシアの規範の模倣が決定的な衝動となったはずである。すでに述べたように、寡頭政治に対する「デモス」の勝利がローマのみならずエトルリアにも影響を与えたに違いない。あまりにも有名なソロンの改革が思い出されるかもしれないが、エトルリアの東ギリシア文明との特別な関係を考えれば、特にミレトスをはじめとするイオニア諸都市の民衆の反乱――時にはシュバリスが仲介的役割を果たしたかもしれない――を想起させるだろう。いつ、いかにして、どこで（つまりどのエトルリアの都市で）、こうした傾向と変化がより早く、より強力に現れたのかということについては、エトルリア諸都市の内部の政治史の知識に欠けるため推測することは不可能である。すでにヴルチにおけるある種の進歩性についての仮説は提示された。しかし比較的平等な印象のある都市社会的構造が示されるのは特にウォルシニイにおいてである。

　一方、民衆的・都市的政治力の確立と制度形態の内容と変化との関係、すなわち君主制から時限的な選挙制への移行については何もわからない。確実な証拠はないが、エトルリアではアルカイック時代からその後までも君主制が存在したと考えられ、また、アルカイック期が終わると、イタリアのギリシア植民市と同様に、個人的権力、すなわち独裁的形態が濃厚になってゆくように思われる。この権力は法的な基盤とは無関係に、すなわち王という身分（ローマ人のタルクイニウス・スペルブスやおそらくエトルリア人のポルセンナのように）や最高行政官の家柄に属していなくても、「デモス」の要請に支えられていたこともあったかもしれない。そして君主制と単独の絶対的権力の概念とが相反しないという点で、ピルジの碑文に現れるテファリエ・ウェリアーナの王権の実態の問題に一つの興味ある解決が見出される。その記述はフェニキア語で「カ

エレの王」、おそらくエトルリア語で zilac-（すなわちその後最高行政官のタイトルとして現れる）であるが、ともかく外国人から見れば王とみなされる国家元首であり、かれが捧げた奉納文からは女神のカリスマに起因するある種の独裁主義が浮かび上がる。また、ウニ＝アシュタルテに捧げた神殿の建設というかれの行為そのものが、ある意味ではギリシアの独裁者たち（およびローマのセルウィウス・トゥリウスやタルクイニイウス・スペルブス）の宗教と建築に対する積極性に近いものと映る。

　ギリシアおよびその植民地への多様な関連性は、アルカイック期のエトルリアの地位と歴史的役割に関するなんらかの結論を示唆している。前 7-5 世紀の間、イタリアは大体において文化的に見て二つの異なる地域に分かれていたように思われる。一つはターラント湾からカンパーニアまでのギリシア植民による南イタリアとエトルリアに至るティレニア海沿岸地方であり、これはいまや東地中海の広大な都市文明の発達の枠組みに組み入れられる。もう一つは、アドリア海側のイタリアと半島の中央部とポー川流域およびアルプス山麓地方であり、ここでは周縁部ではギリシアとエトルリアの影響にさらされているとはいえ、基本的にいまだ鉄器時代の原初的伝統と結ばれた生活や組織が継続していた。マグナ・グラエキアとエトルリアがイタリア地域における文明の発達の二つの灯台を構成するものであり、ただし明らかに後者は部分的に前者に依存しており、だからその影響を受けた様相を呈してはいるが、それでも自律的で独自性をもっていた。のみならずこの二つは特に芸術的分野において並列性・相関性を示し、イタリキ世界の他の部分のみならず、アルカイック・ギリシア世界の残りの地域と比べ、ギリシア＝ティレニアの共通語のように統一された印象を与えるのである。

　前 8 世紀以降、特に 7-6 世紀を通じてエトルリアの文明化が急速に発達し、その結果として、直接の植民地あるいは部分的に政治的・経済的に管理される地域をはじめ、その他の近隣の地域からイタリア半島の比較的遠い地域や北イタリアに至るまで、その動きが広範囲に現れることになる。最も直接的な影響は、ファリスキ人の領土とローマとラティウムに現れるもので、ここでは前 7-6 世紀にエトルリアの政治的というよりむしろ文化的な「従属性」といってよい状況が生まれ、これはウェイイやカエレのようなエトルリア自体の都市以上

であった。すなわち、東方化的芸術表現から神殿の建築および装飾法にいたるまでがエトルリアとラティウムを接近させ、ギリシア＝ティレニアという大きな共通語の範囲内でより密接な共通語を構成しているのである。とはいえ、民族的・言語的相違とは別に、なんらかの重要な決定的不一致があることに言及しなければならない。たとえば、前6世紀初頭にローマとラティウムで同時代のエトルリアと全く対照的に豪華な副葬品を伴う墳墓が突然ほぼ完全に姿を消すという説明のつかない現象がある。[*25]

　かつまたラティウムにおけるエトルリアの影響は、タルクイニウス家、ウィベンナ兄弟、ポルセンナやその一族のような王朝あるいは征服者の存在のみならず、カエレとサトリクスに壺を奉納したラリス・ウェルカイーナ Laris Velchaina という人物のように、商業的・宗教的な利害による個人的な渡航者の存在とも結びついているとみなすことができる。カンパーニアはすでに述べたようにエトルリア人とギリシア人の植民者が存在したためにその両方の影響が交差する地域であった。しかしカンパーニアのエトルリア支配の地域でも、一方ではエトルリア本体に従属する性格を示すとともに、他方では近接するギリシア人植民市に由来する諸傾向を表している。一方、カンパーニアを仲介したアルカイック・エトルリアの粗野な美術の影響が、内陸や半島南部のダウニア地方まで遠く及び、ルチェーラ Lucera（プーリア州）のテラコッタやメルフィ Melfi（バジリカータ州）の青銅器に現れている。テーヴェレ川を越えてサビニウムやアドリア海中部地方への影響については、スポレート Spoleto のモンテレオーネ Monteleone の王墓の有名な高浮彫の馬車の青銅装飾（ニューヨーク、メトロポリタン美術館蔵）をあげれば十分だろう。付け加えれば「ピケヌム文化」の地域に輸入され、あるいは模作されたエトルリア起源の遺物がある。

　北方ではアルカイック・エトルリアの要素は、ヴォルテッラ、フィエーゾレ、キュージ、ペルージャなど、北部および内陸部のエトルリア諸都市の影響を受けながらアペニン山脈を越えて浸透することになるが、これは幾分の困難を伴う緩慢なものであった。それというのも、推測するに、ボローニャやロマーニャ周辺の本来ヴィッラノーヴァ文化の地域はエトルリアの民族的・言語学的基層の上に立ち、そのことは要するにポー川とアーディジェ川を越えた原始ウェネティ世界とも関係するヴィッラノーヴァ文化共同体のもつ強固な保守性

や経済的・社会的な安定性に起因するかもしれない。しかしながら東方化様式は、一部はアドリア海沿岸沿いに伝播するが、のみならずボローニャ地区にも浸透し、ここでは一般的に「原フェルシニイ式」といわれる浮彫付きの墓碑に現れる。すなわちウェネティやアルプス地方からスロヴェニアで作られる青銅製シトゥーラ（バケツ型の容器）の打ち出しの装飾である。このタイプの容器の装飾は前6世紀にはティレニア海エトルリアの工芸に由来する写実的な描写に移行する。

　前6世紀末頃、前述の通り、アペニン山脈の北側の地域全体が後期アルカイック期のエトルリア文明の影響に大きく門戸を開き、その後いわゆるチェルトーザ文化の段階にあるエトルリア文化と密接に結びつけられ、チェルトーザ文化の始まりがまさしくポー川平野のエトルリア化と説明された。この経過において最も意義ある現象の一つは文字の普及とみなされる。アルファベットはそれより以前からボローニャでは部分的に知られていたが、ようやくアルカイック期の終わり頃からアペニン山脈の北側のエトルリア人の間に一般化する。加えて、ポー川、アドリア海沿岸のエトルリアとウェネティ人世界の密な関係によって、多少の応用・修整があったとしても、基本的には旧来の文字を組み合わせてウェネティ人に伝えられる。さらにより緩やかに変化しながら、最後には北イタリアとアルプス地方の原住民にも取り入れられることになり、これについては一般に「北エトルリア・アルファベット」と呼ばれている。

　これまで述べたようなイタリア内の比較的遠い地域におけるアルカイック・エトルリアの影響について考えるなら、エトルリアの大規模な海上活動について述べたことでわかる通り、沿岸地帯と東西地中海の島々におけるエトルリアの産物に関する膨大な考古学資料の存在のみならず、ヨーロッパ内陸部でも同じことがいえるのである。アルカイック時代には主として陶器（ブッケロ、エトルリア＝コリント式、アンフォラ）が海路によって輸出されていたが、アルカイック時代が終わった後、特に青銅器の陸路による輸出が一層盛んになる。ギリシアやフェニキアの諸都市のようなすでに文明が発達した地域にとっては、明らかにエトルリア製品の購入がそれ自体文化的な変化をもたらすものではなく、いいかえればエトルリアにおいてギリシア製品の輸入がその文明の形成に及ぼしたような重みをもつものではなかったのである。しかしながら、カ

ルタゴのサンタ・モニカのネクロポリスで発見された前6世紀後半のイノシシの彫り物のある象牙板に書かれたエトルリア語には、持ち主がカルタゴ人であることが記され、カルタゴという地名そのものも出てきており、これはエトルリアとカルタゴの通商関係の点で重要なことであるが、同時に、〈ピルジの金板〉に具体的に記録された両国の公的な政治的関係のレヴェルのほかに言語的な交流が始まったことを意味するのである。ついでにアテナイのアクロポリスの奉納品の中にヴルチ製の青銅器の断片があるが、エトルリアの専門的産物、すなわち金属工芸に対するアルカイック時代以降のギリシア人の関心が確認できるのは興味あることである。一方おそらく西方の未発達の国々において、エトルリアから輸入された品物を通して、エトルリアの様式や習俗が盛んに取り入れられた。具体的にはたとえばワインの消費とぶどう栽培の普及と関連して、ブッケロの「カンタロス」（kantharos 二本の把手つき盃）が大いに求められたということがある。

　アルカイック時代のエトルリア文明の議論を結論づけるなら、その価値は先史時代から歴史時代への古代イタリアの進歩にとって肝要なものであるが、近隣世界に対する直接的な影響としてはさほど認めることができず、それより以後の時代、エトルリア本体が創造的活力を弱め、ある種の保守的傾向に沈む時に、イタリア半島全域にわたり、さらにわずかではあるがアルプス北側のヨーロッパに大きく広がる反響にこそ価値が認められるということができる。

原注
* 15 エトルリア人のカンパーニア支配については p.107 以下を参照。
* 16 ファリスキ人とその領土については p.208 を参照。
* 17 この壁画の一連のストーリーについては、ローマとエトルリアとの関係についての項で詳述（p.113 以下）。
* 18 p.316, 361 以下を参照。
* 19 北イタリアの先史・原史文化の状況については p.39 を参照。
* 20 「IV　イタリキ世界の中のエトルリア」を参照。
* 21 ケルト人のイタリア侵入に関しては p.164 以下を参照。
* 22 「IV　イタリキ世界の中のエトルリア」を参照。
* 23 エトルリア人とラエーティ人の関係については p.170, 372 以下を参照。
* 24 この場所には現在、土着のヌラーゲ文化とフェニキアの痕跡が残るのみであるが、

146　第1章　イタリアと地中海の歴史におけるエトルリア人

アルカイック・ギリシア人の存在を示す証拠がないにせよ、少なくとも短期間はフォカイア人植民地だったという説が一般的である。
*25　この問題については、ローマ社会における反貴族主義の高まりと関連する奢侈禁止令の効果とする仮説がある。

訳注

**52　Ephorus。前4世紀にアテナイで活躍した歴史家。代表作『歴史』30巻は欠損があるが、ディオドルス・シクルスが要約を残している。神話的部分（たとえばトロイア戦争）を排除し、ギリシアのみならず小アジアにも言及した最初の世界史として、高く評価された。

**53　現オリスターノ Oristano 県のシニス Sinis 半島の先端部にあり、考古学観光地になっている。フェニキア時代のネクロポリスが確認されているが建築遺構は全く姿を留めない。

**54　現バジリカータ州のイオニア海沿岸にアカイア人が築いた植民市（前7-6世紀）。前510年にクロトーナに制圧される。現在は遺構の一部を残すのみ。

**55　現マルケ州カメリーノ Camerino（古代名 Camerinum）を根拠としたウンブリ人一族。

**56　現ウンブリア州サルシナ Sarsina を根拠としたウンブリ人一族。

**57　ストラボンの記述によれば、エトルリア人が創設し、後にサムニウム人が居住したとされるが、正確な場所は特定されていない。

**58　現ラツィオ州ポメツィア Pomezia 市のプラティカ・ディ・マーレ Pratica di Mare にあたる。現在の Lavinio とは完全に一致しない。

**59　Satricum はローマの南東約60 km の地点にあったラティウムの都市。前7-5世紀の三つの神殿跡が発見されている。前4世紀にローマに併合される。

**60　ウェルギリウスやリウィウスの記述によれば、ルトゥーリ人はローマ南東約35 km の現アルデア Ardea 地区の原住民で、ローマの最後の王タルクイニウス・スペルブスと交戦したことがあるが、その後の経緯は不明。

**61　1880年にローマのクイリナーレの丘で発見されたブッケロの壺で、前600年頃の制作と見られる。3行にわたるアルカイック・ラテン語の刻文は右から左に書かれ、単語間に隙間がないため完全に解読されておらず、文中にある Duenos は陶工の名または bonus（良い）の古体かと議論されている。

**62　ラテン語で「黒い石」を意味する。フォーロ・ロマーノの中心部に、おそらくウルカヌスに捧げた祭壇があったと思われ、石柱はその前に立つ。

**63　リヨンで発見された青銅板にクラウディウス帝（エトルリア研究に熱心だった）の元老院での演説が記されている。

**64　「パダーナ」は「ポー川の」（女性）の意。

**65　チェルトーザに近い土地所有者の名。

＊＊66　ルーニはティレニア海岸のエトルリアとリグーリアの境界をなすマグラ川河口にエトルリア人が開いた海港で、ローマ帝政期以降近接するカッラーラの大理石の輸出港として都市が整備された（ラテン名 Luna）。ビザンティン時代に大理石の交易が絶えるとともに都市も衰微して中世に消滅する。

＊＊67　Bias Prinieneus（前 7-6 世紀）はイオニア生まれの哲学者で「ギリシア七賢人」の一人。

＊＊68　現カラブリア州のイオニア海沿岸にアカイア人が築いた植民市（前 710 年頃）。ピタゴラスの居住地として有名。現在も人口約 6 万の海港都市として重要な位置を占める。

＊＊69　現ラツィオ州フラスカーティ Frascati に近い古代都市。

＊＊70　ローマ南西 20 km の地点にあった古代都市。遺跡には城壁、住居の一部などが発掘されている。非公開。

＊＊71　ポルセンナは前 6 世紀のキュージの王で、その頃苦境にあったローマのタルクイニウス・スペルブスの依頼を受けてローマに出兵する。

＊＊72　ローマ共和政の初期に、貴族（パトリキ）のみが元老院に参加でき、平民（プレブス）を排除し、貴族と平民の間の婚姻を禁止して貴族の身分を防衛した取り決め。

＊＊73　タルクイニアのモンテロッツィのネクロポリスから海寄りに離れた場所にある二つの土まんじゅう型の墳墓で、「王の墓」「王女の墓」と呼ばれているが、被葬者は明らかでない。1928 年に前者が発掘され、副葬品の一つの陶器の表面に下記の人物名が絵具で書かれていた。

＊＊74　シエーナの南方約 20 km の現ムルロ Murlo 集落で発見された大型の遺構。

IV　イタリキ世界の中のエトルリア

ティレニア海の危機、ポー川流域とアドリア海沿岸の都市の発達

　前6世紀前半以降、東ギリシア人の渡来とカルタゴの成長が原因で、エトルリアのティレニア海における制海権が徐々に失われてゆくことについてはすでに触れた。アルカイック時代末期には、以前からの同盟者であるカルタゴの優位性がエトルリア諸都市にとってマイナスの結果となるという事実があり、情勢は確実に悪化したのである。
　さらにシチリアのギリシア人植民地の圏内で起こった一つの新しい出来事が、ティレニア海における勢力の均衡を破り、エトルリア人の海上活動が縮小させられる。その出来事とは、ディオメネス王朝の下のシラクーサの勢力が急上昇したことである。それはゲロン Gelon の政治的才能と幸運に帰するもので、かれはアグリゲントゥム（現アグリジェント）の独裁者テロン Theron と結んで有名なヒメラの戦い（前480年）でハミルカルの率いるカルタゴ軍を破り、シチリア征服の野望を打ち砕いた。サルデーニャで成功したことがこうしてシチリアでは失敗し、カルタゴ帝国は衰退の段階に入るのだが、すでに数年前にスペイン沖でマッサーリア（現マルセイユ）の艦隊が大敗したことから始まっていたといえよう。結果として西方のギリシア人との間で双方が領土を分かち合い、数十年間の平和に時期が保たれることになった。ギリシア世界に対する西方においてはカルタゴの、東方ではペルシアの脅威が、ゲロンがクセルクセスの侵入を前にして祖国の兄弟たちへの支援を断ったということがあるにせよ、それぞれヒメラとサラミスの戦いで失敗するわけだが、それにしてもこの二つの脅威が連動している可能性がある。一方、〈ピルジの金板〉の碑文からもエトルリア人がキプロスのフェニキア人を仲介してペルシア帝国との友好

関係を模索していたということは見えてこない。

　ゲロンの成功はかれの独裁政治を強固にしたばかりでなく、東シチリア全土におけるシラクーサのヘゲモニーと同時に半島のレギウム（現レッジョ・カラーブリア）におけるアナクシラス Anaxilas の支配を確立させることになった。対エトルリア政策としてのメッシーナ海峡の防衛がアナクシラスの手に委ねられていたのである。ゲロンの死後（前478/477）、弟のヒエロン Hieron が跡を継ぎ、かれはシチリアと今日のカラーブリアにおいて、かつてのエウボイアの都市を尻目にシラクーサの勢力を強化させ――そのわかりやすい形は現カターニアをエトナという名で再興したことである――ながら、ティレニア海の北方のカンパーニアにも関心を向けていた。そこではクマエが再びエトルリア人の手に渡っていた。海上からのエトルリアの攻撃に対して、前474年、ヒエロンはクマエを基地にして三段オールのガレー船の艦隊で対戦し、決定的に撃退した。このことはディオドルス・シクルス（XI-51）が記録しているが、すでに同時代のピンダロスの『ピュトン頌歌』（I-136）で言及されている（エトルリアの歴史に関するギリシアの最も古い文学作品の一つ）。

　そのほかおもしろいことには、動かしがたい考古学資料として、オリンピアの聖所で発見された二つのエトルリアの青銅製の兜があり、刻まれた碑文はこれらがヒエロンとシラクーサ人によってゼウスに捧げられたクマエでの戦利品の一部であることを示している。この戦いの結果については、ピンダロスの詩の中では多少誇張して語られているきらいがあり、奴隷状態のヘラス（中部ギリシアの地名）が解放されたという描写になっていて、ヒエロンの行動はエウボイアの植民市に対する政策と並んで、ピテクーサ（イスキア島）に前哨基地を設けた事実が証明するように、クマエに対する連帯感というよりはクマエを支配する意図で書かれた可能性がある。なおピテクーサを基点としてただちにクマエと対置するネアポリス（現ナポリ）の創設の事業が始まった。

　クマエの海戦が、古代作家たちが一様に描写し、多くの近代の研究者も明言しているように、エトルリアの海上勢力を完全には無力化したわけではないにせよ、この出来事の後、エトルリアがメッシーナ海峡の管理によって確保していた南ティレニア海の制海権を失ったのは事実であり、より重要なことはそれがエトルリア人の手からシラクーサ人に移ったことである。事実、ディノメニ

ス独裁後のシチリア主要都市の政体の変化、その結果としての社会的・制度的な不安定、前453年のクマエの戦いのほぼ20年後のドゥケティウス Ducetius を首謀者とするシークリ人の反乱によって起こった問題、などがあったにせよ、シラクーサはエトルリアに対して特に鉱山地帯に狙いを定めて大規模な攻勢を仕掛けることになる。金属生産と販売におけるエトルリアの独占的立場が弱体化するとはいえ、ギリシア人のエトルリアの鉱山に対する関心は、この方面に航行し、植民を始めた当初からつねに強かったのだが、エトルリアの海軍防衛力が弱まるとともに再び蘇ったと思われる。だから、エトルリアの相も変らぬ海賊行為を封じ込める目的と、おそらくシラクーサがカンパーニアで獲得した地位を、アテナイの西方における介入──実際にこの時期にペリクレスがディオティモスをネアポリスに派遣している──の危険からも守るという意図によって、ティレニア海北部の諸都市を直接支配しようとしたということは否定できない。

とにかく、ディオドロス・シクルスの記述（XI-88）によれば、シラクーサ人は将軍パイロス Phayllos 率いる艦隊をエトルリアに向けて送り出し、かれはエルバ島で略奪行為を行ったが決定的な勝利には至らずにシチリアに戻る。ひそかにエトルリア人に買収されたため裏切り者として裁かれ、国外追放の罰を受けた。かれに代わってアペレス Apelles という男が隊長となり、60隻の船を率いて再び行動を開始し、エトルリア海岸全域を襲撃したのちコルシカで略奪、さらにエルバ島を占拠して莫大な奴隷と戦利品をもって凱旋した。この一連の行動についての証拠は残っていない。しかしコルシカ島の南端に Portus Syracusanus（シラクーサの港、現 Porto Vecchio）が存在したということは、いま問題にしている時代に、エトルリア人が（部分的に）支配していたこの島に、しかもカルタゴ人が管理していたもう一つの島サルデーニャの目と鼻の先にシラクーサの海軍基地、あるいは駐屯地が設営されていた可能性を考えさせる。カルタゴの中立性、この時期安定していた休戦状態がシラクーサにとって有利に働いたのである。このあたりの状況においてエトルリア人はといえば、かれらの経済にとって最も重要なこの地域における不意の外敵の攻撃に対する抵抗力は限定的であり、なによりも買収工作という武器に防衛が委ねられていたのである。そしてコルシカの部分的な占有も、ほどなくカルタゴの影響下に移行す

ることになる。

　エトルリアの国際的地位の低下に関するこうした動きは、おそらく前5世紀に特にアルカイック時代に華々しく栄えたティレニア海沿岸のエトルリア諸都市において垣間見える経済的・文化的衰退に連動している。それゆえこの時期を「危機」と定義するのが普通である。しかしそれぞれの都市の社会的・政治的な状況の変化、あるいは都市同士の相互関係の変化により密接に結びつく他の原因が考えられないわけではない。かつまた、停滞あるいは後退の経緯は一様ではないし、クマエの敗戦のような特別な対外的失敗の直接の結果でもない。考古学的資料は当然ながら散発的・偶然的ではあるものの、まさにクマエの戦いとパイロスやアペレスの襲来の間の時期に、カエレの港、すなわちピルジの聖所にいわゆる「A神殿」という見事に装飾されたエトルリア最大の神殿の一つが建てられたことが明らかになっている。こうした大事業が、かりになんらかの特別な出来事（たとえばシチリアの諸都市と並行して独裁政治から解放され、テーバイのレウコテアに倣った造形物をもって聖所に捧げられた守護女神が称えられた）のために例外的に行われたとしても、衰退という状況にふさわしいと考えるのはむずかしい。同様に意味深長なのは、前5世紀前半とみなされるタルクイニアの墓室壁画に見られる断絶することのない洗練された豊かさであり、なかでも〈トリクリニウムの墓〉〈死者の寝台の墓〉などの例は、アルカイック時代に形成された指導者階級のゆるぎない隆盛の確実な記録としてあげられる。このように前5-4世紀にかけて南エトルリアの政治においてタルクイニアが演じた役割の卓越した立場が輪郭づけられる。

　一方、沿岸部エトルリアの一般的な経済的・文化的衰退は、前5世紀中葉において、神殿建設がなかったこと、墳墓の数が少なく、貧弱なこと、芸術的作品類が貧困なこと、アッティカの高級な陶器輸入が急速に減少したことといったネガティヴな証拠に基づいてわずかに認められるのみである。それより北にあるポプローニアは、鉱山地帯にあってつねに活発で生産的であり、独占的な経済推進と交易の中心の役割を担おうとしており、依然としてアッティカからの輸入市場であり続けた。金属工芸を生産し、壁龕付きの美しい墓を造った。特に、ライオンの頭部を表した金貨や、ヴォルテッラの「マルセイユ型」のドラクマ銅貨などが用いられた後、産業都市として大量の商取引の必要性に対応

すべく、ギリシアの通貨と並んで、エトルリア固有の国家的貨幣を備えることを始めた。

　エトルリアの諸都市間、およびこれらとイタリア各地の他の人種の集落との間の内陸交通による接触の重要性は、ティレニア海の海上交通が衰えるのと無関係に、非常に古い時代から現れていた。いずれにせよ、ティレニア海を利用するエトルリアの貿易拡張が困難さを増すにつれ、それに代わる出入り口を探すことになったと推測するのが妥当だろう。この意味で基準を異にする二つの局面を指摘することができる。第一は、川沿いの道と渓谷や最も容易なアペニン峠を越え、半島内陸のエトルリアに近接する地域との交易であり、第二は、アペニンを越えてより北側のポー川流域平野部とアドリア海沿岸地方に向かうものである。この後者は明らかに広がりをもち、ある程度ティレニア海の舞台での損失を補うのに適している。このことは、まさに前6世紀末から5世紀初頭においてティレニア海のエトルリアの勢力が徐々に衰える時期に、ポー川のエトルリアが素早く爆発的に活性化したことの説明となるだろう。エトルリア世界が全般的に衰退したという考えよりは、周辺地域に主導力と活力が移行し、少なくとも前5世紀に関しては、経済的・商業的中核がティレニア海からアドリア海に完全に転移したと考える方があたっているだろう。

　南部に関していえば、ラティウム諸都市の自治体制の確立と、「カシウス同盟」(Foedus Cassianum 執政官スプリウス・カシウスの署名で成立した協約、前494年) の結果としてのラティウム＝ローマの一体組織が生まれ、それによってエトルリア本体とカンパーニア間の一切の陸路が遮断され、しかもウォルスキ人の侵入によって両者が切断されたにもかかわらず、カンパーニア、特にその内陸部のエトルリア諸都市がまさに前5世紀にはきわめて繁栄していたことを否定することはできない。

　その代表的な例はカプアであり、そこでは造形芸術についていえば、前6世紀以降、見事な建築用テラコッタや奉納用テラコッタ（最も盛んに用いられるのはエトルリアの支配の終わった後のサムニウム人の時代）の生産が続けられ、黒像式装飾陶器を製作する陶工の養成所が造られ、そしておそらくこの世紀の最初の数十年に、骨壺用人像をあしらった蓋付きの青銅の独創的なレベスが製作される。また碑文の資料としては、すべて前5世紀に位置づけられる多くの

遺品の中で最も重要なものは、エトルリア語の最大の碑文、すなわち宗教儀式に関する内容を記した有名な瓦である。カプアの都市の起源の問題を離れて、その人種的多様性を物語ることができる証拠は、同じ川がカプアとウォルトゥルヌム Volturnum という二つの名をもつことであり、また非常に古い文化的な現象から考えて、前5世紀初めにはすでにかなり以前からエトルリアの支配下にあり、貴族制の下で相当にエトルリア化されていたと思われる。この貴族階級に属するものと考えてよいのが火葬の葬制であり、青銅の大型のレベスに納骨したり、おそらくエトルリア同様の壁画付きの墓もあっただろう。この貴族たちが前480年頃、クマエの寡頭政治体制からの亡命者を助けて独裁者アリストデモスを倒し、その一族を滅亡させ、ギリシア植民地における市民的自由を復活させるために協力したのである（ハリカルナッソスのディオニシウス、VII, 9-11）。

　前474年のクマエ沖のシラクーサとエトルリアの海戦に、カプアや、より広い意味でのカンパーニアのエトルリア人がどこまで関与したのかについてわれわれは知らない。しかし興味あることには、エトルリア人によるカプアの創設は前471年、すなわちこの戦いの直後であるとする推論があり、もしそれが正しければ、これはなんらかの意味でこの戦いに関係があることだと考えるべきだろう。たとえばカンパーニアのエトルリア勢力の新しい核として、現在この時代に属すると見られている直交する道路を基軸とする都市計画によってカプアを再建するといったエトルリア人の防衛態勢を意味しているかもしれない。

　前5世紀のカンパーニアにおいて、カプアの状況は全く孤絶していたというわけではない。北ではカレス Cales、より南では内陸の肥沃な平野部のスエッスーラ、アチェッラ、とりわけノーラなどが、エトルリア勢力の浸透の核を形成し、経済的には農地からの収益に助けられ、政治的にはシラクーサやアテナイの勢力増強のためもあって沿岸部のギリシア植民市の抵抗力が減退したことのおかげで、徐々に勢力を強めていった。アテナイとの関連でいえば、アッティカ陶器の輸入が活発になり、ノーラでは非常に多くが発見されているので、かつて「ノーラのアンフォラ」という名称が使われたこともあったほどだ。スエッスーラとノーラからも相当数のエトルリア語碑文が出土している。しかしこうした状況は前5世紀後半に、サムニウム人の侵入と後述する地域的な住民の覚

醒によって一変する。

　タルクイニウス一族の君主制以後のラティウムの状況と、少なくとも前5世紀の最初の数十年までローマの主導的地位におけるエトルリア的要素の存在が継続することについてはすでに述べた。それについでローマでもファビウス家をトップとする寡頭政治が始まる。かれらは一種の「貴族政治」を設立するが、このことが反エトルリア的政治の方向づけと合致することは、直後に（伝承によれば前480年）ウォルスキ人とアエクイ人 Aquei の脅威がラティウムとローマ自体に重くのしかかる中、ローマとウェイイの熾烈な抗争が始まり、休戦や再開を繰り返しながらほとんど1世紀かかってこのエトルリアの都市が制圧されるという事実が示している。この戦争の最も記念すべき挿話は、ファビウス一族がクレーメラ Cremera の急流の戦いで一人の少年を除くすべての「氏族」（gens）のメンバーを失ったこと（リウィウス、II-50、ハリカルナッソスのディオニシウス、IX-19, 22、ディオドルス・シクルス、XI-53）だろう。ローマとウェイイの二つの都市は、民族的には異なる起源をもつものの非常に近い距離にあり、アルカイック時代にはその関係は友好的だった。おそらくウェイイは、すでに触れた通り、ローマに美術職人を派遣していたが、そこでタルクイニウス家の君主制の権勢を感じ取っていただろう。ウェイイの経済的・文化的実力については、ポルトナッチョ Portonaccio の神殿とそこで発見された有名なアポロン像（ヴィラ・ジューリア国立博物館）が雄弁に証明している。キュージの王ポルセンナのラティウム進出の必然的通過点であるウェイイは、タルクイニウス朝滅亡後のローマの不安定な情勢を利用して、カペーナ Capena とファレリイ人の領土のみならず、ローマのすぐ北のフィデーネ Fidene と合意してテーヴェレ左岸にも影響力を広げようと試みる。その結果、ウォルスキ人の脅威にさらされていたローマは存亡をかけて戦わねばならない危機的状況にまで追い詰められた。この時点から、明らかに二つの都市の平和的共存は不可能となったのである。

　テーヴェレ川沿い、および対岸の河川交通に関する関心が増大したことは、前述のウェイイのケース以外に、カペーナの都市およびそこに近いルクス・フェロニアエ Lucus Feroniae の神殿の発展、対面するサビーニ人との密接な関係、後期アルカイックのファレリイの美術文化の開花といった現象に見て取れる。

その後より北では、テーヴェレ川とパーリア川渓谷、キアーナ渓谷の交差地点で、こうした交錯がさらに盛んになると思われ、そのことは考古学的に、一方ではオルヴィエート（ウォルシニイ）において前5世紀から4世紀まで続く活力として現れ、他方ではまさに前5世紀にテーヴェレ対岸のウンブリアの国境の都市トーデイ Todi（[ラ] Tuder）において突然のように豊かさの証拠が見られる。どちらにおいてもアッティカの赤像式陶器が大量に輸入されていることがわかる。

すでに述べたように、墳墓群と墓碑銘の解明から見て、ウォルシニイはすでにアルカイック期に外部と交渉をもつ中流階級の平等主義的な革新（民主化とはいえないまでも）が始まっていたと考えられる。しかしそうした経緯がその後も続き、ウォルシニイの市民の豊かさに寄与したということは全く根拠のない仮説である。ともかくおそくとも前5世紀初頭以降、ウォルシニイが内陸部エトルリアのみならずエトルリア全体において優位に立ち、繰り返し後述するように、ウォルトゥムナ Voltumna の聖所の存在によってある意味でエトルリア民族の中心的立場に立ったことは確実である。

ポスト・アルカイックのキュージの文化もまた目覚ましく、葬礼に関する浮彫と絵画に加えて、やや粗雑ではあるが古典主義的な傾向の彫像（骨壺として用いられる単独または複数のセット）が製作される。前6世紀末以来のポルセンナによる南方への進出の企てはさておき、キュージの優越性とその影響は、前5-4世紀にはその領域内の衛星都市（サルテアーノ Sarteano、チッタ・デッラ・ピエーヴェ Città della Pieve、ほか）のみならず、アミアータ Amiata 山地やトラジメーノ Trasimeno 湖を含む広い地域において保たれていたことが多くの証拠から考えられる。

このあたりから、つねに一体的な様相を保有しているとはいえ、エトルリア北部の大都市がおのおの特徴をもちはじめる。つまりそれらはアルカイック期にすでに活発だったのだが、少なくともその中のいくつかはエトルリア史の最も新しい部分の土台の一部となるのである。すなわち、ペルージャ、コルトーナ、アレッツォ、フィエーゾレである。具体的には、コルトーナの〈シャンデアリア〉や前5世紀前半の浮彫装飾付きのアレッツォの神殿などは、エトルリアとウンブリア領域の境界にあるこれらの小都市の新時代の美術の遺産であ

る。これらの内陸部の都市の進展は、かれらが創設し育成に力を入れたポー=アドリア地域のエトルリア世界が構成する広大な後背地の存在なくしては考えられないものだろう。

　アペニン山脈北側のエトルリアがエトルリア以前のヴィッラノーヴァ文化人の居住地域を後期アルカイック期にエトルリアが侵入した結果とみなすべきではないということはすでに述べた。むしろエミーリアやロマーニャにすでに定着していたエトルリア人の共同体の素早い伸展の現象なのである。より注目すべき事実はいくつかの大都市の出現であって、ボローニャの場合だけは複数の既存の集落が「原都市的」状態に進化したもの、つまりなんらかの意味でティレニア海沿岸部のエトルリア諸都市の誕生に似たものとして現れるが、その他の場合では、沿岸部のスピーナとアペニン山麓のマルツァボットのように違いはあるものの、都市的形態の出現はほとんど突然であり、前6世紀末より早い痕跡はなく、前5世紀初めより古い都市計画は考えにくい。つまりトスカーナ=エミーリアのアペニン山脈地帯、ポー川、アドリア海沿岸に囲まれる地域は、この時期に経済的・人口的な意味のみならず、文化的進歩を伴った「植民的」行動による衝撃的な変化を蒙ったことが推測される。そしてそうした行動に関して、エトルリア本体――当然北部の諸都市――から流入する人々の要素が働いた可能性も排除することができず、部分的にはこの地域の「エトルリア化」が起こったという考え方も正当化される。

　周知の通り、ポー川流域のエトルリアの歴史を物語る資料は少なく、その性格や発展については近年の発掘によって充実してきた考古学的・地形学的データのほか、古典文学や碑文（数少なくしかも短い）によって漠然と知られるのみである。とはいえ、アペニン山脈北側のエトルリア的現象を歴史的に性格づけるために以下の三つの明確な要因が働いたに違いないと認めることができる。1）原ウェネティ人の影響も含めたヴィッラノーヴァ文化の伝統、2）後期アルカイックおよびポスト・アルカイック期におけるティレニア海エトルリアに由来する影響の波及、3）アドリア海におけるギリシアとの交易による刺激。最後の二つの要因はきわめて活力のある変革的なもので、相互に依存し合うものであり、新天地に開けたティレニア海の魅力的な海上活動から転じて、これまでになくアペニン山脈北側の地域にエトルリア人の関心を向けさせた。一方

ギリシアの特にアッティカの商人たちは、「イオニア湾」、すなわちアドリア海に友好的な寄港地を見出した。また第一の要因は、特にそれ以前の進歩の過程を踏襲していたボローニャで集中的な変革の絶対的な基礎をなすものだった。これらの要因の存在は、われわれが普通ボローニャのチェルトーザ文化と呼ぶ三つのタイプの非常に特徴的な考古学的遺品にいわば象徴的に現れているといえよう。すなわち、1）具象的浮彫のある石造の墓碑で、明らかにヴィッラノーヴァ文化に由来するがエトルリア本体の石碑との関係もある。2）さまざまな点でティレニア海エトルリアに結びつく青銅の調度品と装飾品。3）膨大な量の赤像式アッティカ陶器。

　ヴィッラノーヴァ文化のボローニャからフェルシナという名で記憶される完全にエトルリア的性格をもった都市への変容は、前6世紀末頃、先に検討したような「外的」な要素の圧力によってかなり急速に起こったと考えられる。そして徹底的な文化の革新のみならず、火葬から土葬への葬制がほとんど全般的に移行するためにも、それはある革命的な瞬間だったと考えることができる。土葬についてはエトルリア本体からの住民の移動の証拠であるかもしれないが、北部エトルリアの諸都市では火葬が続くことを考慮すれば必ずしもそうとは限らない。前5世紀のフェルシナにおいて、大抵の重要な墳墓には高級なアッティカの陶器が置かれ、青銅のシャンデリアや壺、象牙製品、装身具などの存在から見て、とにかく文明がきわめて豊かだったのであり、有名なチェルトーザ出土の遺品のような青銅に浮彫を施したシトゥーラ（バケツ型容器）の出現は目覚ましく、これらは広く「シトゥーラ工芸[**78]」と呼ばれる範疇に含まれるものだが、このことから原ウェネティ人世界との持続した関係があったことが知られる。

　しかし特に印象的なのは、多量に出土した馬蹄形の石碑であり、数段に区切った面にしばしば死者の現世での場面や冥界への出発の場面などが浮彫で表されており、これらはまさしく前代の「原フェルシナ」の石碑に由来するものだが、同時にエトルリア本体の北部、特にフィエーゾレの石碑との類縁関係があることも確かである。この種の制作は前4世紀まで続く。そのほかに角形および球形の柱があり、石碑も柱もモニュメンタルな風格を備えている。古くからの交通の要所であり市場であったボローニャは、古代文献がティレニア海地方の12

都市同盟（dodecapolis）に倣ってアペニン山脈北側の12都市同盟とみなしたものの主要都市の地位を保ち続け、さまざまなポー川・アドリア海地方のエトルリア性が総合的に集中していた。おそらくこの地の出身者か移住者の豊かな企業家の階級によって統治されており、その中ではウォルシニイのカイクナ（Caicna）家あるいはヴォルテッラのケイクナ（Ceicna）家につながると思われるカイクナ（Kaikna）家の名が知られている。

　ボローニャの自然発生的な都市化の経緯と対照的に、ポー川・アドリア海地方のエトルリアで現在まで知られている他の二つの大都市、すなわちマルツァボットとスピーナはおのおの地理的位置、起源、機能を異にするものの、その出現はいわゆる「植民的」なものであった。マルツァボット（古代名 Misa か？）はレーノ川を挟んで二つのエトルリアの通過点に位置し、スピーナはポー川の古代の河口にあるアドリア海の大きな港町であった。正真正銘の計画的都市建設であったことは、ほとんどそれ以前の住居の痕跡なしに出現することに加え、より重要なことだが二つの都市のどちらの場合にもギリシア的な垂直交差の理念に基づく都市計画の跡があることによって証明される。こうした図式はエトルリアではアルカイック時代の末期に普及することはすでに述べた。

　しかしここにある整然とした平面計画によって作られた二つの都市のうち、スピーナの場合はその計画性はかろうじて認められるのみだが、マルツァボットの場合は、古代以来近年まで繰り返された発掘の結果、道路で区画された地域の詳細によって具体的に確かめることができる。先に述べた通り、おそらく近くにある鉱山に関係するのだろうが、このアペニン山脈の地点がいかなる経緯で、だれの利益のために大きな都市となったのかを想定することはできない。確かなことは、アクロポリスと関連の宗教施設、ほとんど同類の形式とサイズの住居群——住民の社会的格差が小さく、しかしおそらく豊かであったことを想像させる——、明らかに工房として使われていたスペース、考古学発掘によって出土した豊富な材料などからして、マルツァボットはきわめて活力ある重要な都市であり、繁栄が長期に（前5世紀全体と4世紀前半）続いたということである。

　アドリア海北部にギリシア人の商人の存在があったことは、少なくとも前6世紀前半に、ウェネティ人の港でありポー川＝アルプス地域全体の第一の玄関

であって、海の名そのものの由来となったアドリア（古代名アトリア Atria）において確認される。前6世紀末から5世紀初頭にかけてのアペニン山脈北側のエトルリアの活性化の時期になり、ようやくより南に位置するスピーナに、ポー川の支流と直結する形で第二の大きな港が開かれた。アドリアではウェネティ人、ギリシア人と共生する形でのエトルリア人の参加があったという状況に対して（リウィウスによればアドリアはまさにエトルリアの植民市だった）、一方スピーナの創設によってポー川エトルリア世界のアドリア海とのより直接の接触がなされ、前5世紀におけるアドリア海北部の最も重要な大規模な寄港地が誕生したのである。その急速な大発展は渡来するギリシア人商人の積極的な活動に負うところも大きく、スピーナはエトルリアの都市であるばかりでなく、ギリシア人の都市でもあると述べられている（たとえばストラボン、V-1, 7）し、ティレニア海のアギラ Agylla（カエレのギリシア名）と同様にペラスゴイ人の創設したものとも信じられていた（ハリカルナッソスのディオニシウス、I-18）。そしてアギラと同様にデルフォイの聖所に自前の「宝物殿」をもっていた（ストラボン、IX-3, 8）。事実ここではエトルリア語とギリシア語の碑文が共存する。この共生の現実の状況を理解するためには、グラヴィスカのギリシア商品取引所（はるかに規模が大きいと想像されるが）の存在を思い出してもよいだろう。

　近年の考古学的研究の結果、ポー川デルタ地帯の埋立地の泥の中に手つかずで埋まっている数千基の墓と豪華な遺物を伴う人口密度の濃い都市の存在が確認された。最も驚くことは、前5世紀の非常に著名な陶工によるアッティカ陶器が存在することであり、古代の他のいかなる場所でも古典時代の陶器画の傑作がこれだけ集中的に発見されたことはない。スピーナが最高に繁栄した時期にはアドリアを黙殺し、東地中海とヨーロッパ大陸を橋渡しするキー・ポイントの役割を担った。現在アドリアとスピーナの位置は、ポー川のデルタ地帯の拡大によって海岸線から数キロ離れている。しかしスピーナではこの土砂流出はすでに前4世紀初頭にいち早く始まっており、これがこの港の急速な衰退を招き、ローマ時代には単なる寓話的記憶となっていた。一方アドリアは、前4世紀、いくつかのエトルリア語碑文も証言するように、ポー川地帯にまだ残っていたエトルリア人共同体の需要のおかげもあって、最重要の港としての機能

を取り戻す。さらに、スピーナに代わる勢力として少し南にあるラヴェンナの台頭もあげられるかもしれない。そこでは前4世紀に遡る杭上住居の痕跡がある。また、エトルリアの支配力がリーミニにまで及んでいた可能性も否定できない。もっともこの都市の起源はかなり新しく、ロマーニャの内陸部の古い諸都市、とりわけポスト・アルカイック期にまだ繁栄していたヴェルッキオなどに代わるほどのことはなかったのであるが――。

ポー川流域の西方、および北方のアルプス方面へのエトルリアの拡張の歴史的原因と、結果として限界があったことは、明らかに北イタリアの土着民との関係に結びつくものだが、同時にケルト人の侵入といういかんともしがたい一大潮流との関係が大きい。この問題についてはアルカイック時代の歴史を扱いながら前述したが、さらに前5-4世紀に関して強調しておきたいことは、ポー川=アドリア海のエトルリアが最高の活力に達したこの時期に、ケルト人の存在が主役となるさまざまな出来事があったことで、その詳細については次節で述べよう。

イタリキ人、ケルト人の侵入と周辺領土の喪失

アルカイック時代のイタリアにおいては、ギリシア人植民市およびエトルリア人の都市をはじめとするティレニア海沿岸の非ギリシア人の都市を中心として経済的、社会的・政治的、文化的進歩に向かう体制が確立されたのであるが、一方ギリシアの古典時代に対応する次の時代においては、それまで影の存在だった他の民族が歴史の主役として参入したことと、半島の最も進んだ地域とより遅れたアドリア海方面および北方の地域との間の差が徐々に縮まったという点において状況は変わり、混然としてくる。

特に際立って劇的な現象は、陸路の二方向からの民族移動の圧力であった。すなわち一つは半島中央部からティレニア海および南イタリアに向かうオスク=ウンブリア語のイタリキ人であり、他はアルプスから北イタリア、中部イタリアへのケルト人の動きである。これらの移動は一定の時間をかけて行われたが、その頂点は前5-4世紀のことである。二つのどちらの拡張運動も、より未発達の国々から高度な文明の領域に向かうもので、古代イタリアにおける先進

地域に蛮族が侵入し、受容と衝突、共存と征服という弁証法的関係を伴う典型的な歴史的図式を提起するものであった。この点でエトルリア世界に関しては、エトルリア本体の周縁に限られてはいたが、その歴史に深く関わることになり、つまりカンパーニアのエトルリアはサムニウム人に攻撃されて終焉を余儀なくされ、ポー川＝アドリア海のエトルリアはケルト人に圧迫されて早々に衰退する直接の原因となったのである。

　イタリア中部からアドリア海にかけてオスク＝ウンブリア語族のイタリキ人（サビーニ人）が存在し、原史時代からティレニア海方面に拡張する傾向があったことは古代イタリア諸民族の起源を扱った部分ですでに述べた。かれらの侵入は特にテーヴェレ川渓谷沿いに下ってローマに達するという形をとり（伝承によればおそらく前8世紀以降）、たとえば碑文に現れる Mamarce という人名が示すように、誕生まもないエトルリアの都市自体に移民として入り込んでなんらかの影響を与えた可能性もある。ただこれは非常に古い段階の話に過ぎない。ローマ史の資料から確認できるイタリキ人の大移動の真の意味での始まりは、前6世紀末から5世紀初頭にかけてのウォルスキ人のラティウム侵入である。かれらはサッコ川 Sacco 渓谷にいくつかの拠点をもち、やがてラティウムに進展して沿岸のアンツィオ Anzio、テッラチーナ Terracina、およびヴェッレートリ Velletri に達してローマに近づいていった。しばしばアエクイ人を味方につけてラティーニ人、ローマ人と長い間戦い、前5世紀以降、占領地に定住することになる。おそらくエトルリア本体のエトルリア人とカンパーニアのエトルリア人の地上における直接の接触が、ラティーニ人およびクマエとの抗争という要因もあるが、強力なウォルスキ人の勢力によって遮断されたと考えられる。

　しかしカンパーニアのエトルリアの運命は、より南に向かうイタリキ人の圧力によって変わったと考えられる。事実、前述のように前5世紀にはまだ非常に栄えていた一つの領土が滅亡したことについて、細部はともかくとして大筋で信頼できる古代文献資料が記録している。すなわちディオドルス・シクルス（XII-31, 2）は、明確な事実として前438年にカンパーニア人の一団が形成されたと述べ、リウィウス（IV-37）は、前423年にカプアがすでに領土内に定住していたサムニウム人たちの陰謀によって占拠されたと記している。加えて、

いくつかの文献が一致するのだが（リウィウス、V-44, 12、ディオドルス、XII-76, 4、ストラボン、V-4, 4）、その二年後の前421年に、誇るべきギリシア人の植民市クマエが激しい抵抗の後、カンパーニア人の手に落ちたとされる。カンパーニアの平野が後背の山地から降りてきたサムニウム人に占拠されたという伝統的解釈に対して、カンパーニアの住民に関するディオドルスの記述をもとにして、民族的にはサムニウム人に近いローカルな住民の「覚醒」であり、一部にサムニウム人の援助があったとしても、エトルリア人（およびギリシア人）などの外国人による支配に対するかれらの反抗であったとする説が近年提出された。

いずれにせよ、半島中央部からカンパーニアへの大規模な移住の動きがあり、この地域の民族的・政治的形態を根本的に変えたという現実を否定したり矮小化したりすることはむずかしいと思われる。この移動については、伝説という形ではあるが、有名な「聖なる春」の物語に伝承され、それによればサビーニ人はオピキ人の地に侵入し、またかれらはサベッリ人あるいはサムニウム人と同一視される（ストラボン、V-4, 12）ことになる。サムニウム人は本来カンパーニアの北部の山岳地帯地方の住民だった。おそらくこれらの住民は、それぞれ内部的な事情もあったであろうが、より好適な生活条件に惹かれて進んで平野部に移動し、肥沃な「労働の地」（リウィウス）といわれた土地で農業従事者として（あるいは傭兵として）、エトルリア人共同体に受け入れられたと考えられる。かれらの「権力奪取」については、リウィウスの記述では省略されているが、多くの類似の歴史に一致すると明言することができる。しかし、カンパーニア内陸部のエトルリア化が比較的新しい現象とみなされるとすれば、依然としてかなり分厚い層を造っていたはずのローカルな民族の部分にサムニウム人が支持を得たということは大いにあり得ることである。ローカルな要素というのは、一方ではオスク＝ウンブリア語の東方イタリキ人とは区別される非常に古いオピキ人またはアウソーニ人のことであり、他方ではかなり古い時代にサムニウム人の前哨としてカンパーニアの平野に降りてきた可能性のある東方イタリキ人である。カンパーニア人という呼称はこれらの要素の混合物であるとみなすのは不可解ではない。

しかしまさに波のように断続するサムニウム人の侵入が、エトルリア人と区

別されるカンパーニアの住民全体に一つの統一的な、より具体的には東方イタリキ的な性格（すなわちオスク=ウンブリア語族）をもたらしたかもしれない。前5世紀後半、より正しくは前440-420年に、エトルリア人支配下のカンパーニアの一国家に政変が起こり、カプアとクマエがほとんど同時に滅びるというきわめて不穏な事件が起こったことはまちがいない。そしておそらく同じ頃か少し後に、カンパーニアのエトルリアの他の都市もカプアと同じ運命となった。サレルノ湾沿岸の古い諸都市に関しては、カンパーニア人に従属していたほか、たとえばギリシア人植民市ポセイドーニア（パエストゥム）は、やはりサムニウム人に起源をもち前5世紀末から4世紀初めにかけて内陸から南イタリア海岸方面に進出しようとしていたルカーニ人 Lucani が支配していたことが考えられる。エトルリアの影響は、おそらく非常に早く植民されたこの地域ではなお根強く残っていたと思われ、前4世紀のその痕跡がポンテカニャーノで発見されている。

　このようにしてカンパーニアにおけるエトルリアの支配は、ギリシア人との対立のゆえではなく、イタリキ人の襲来によって終わり、エトルリア人にせよギリシア人にせよ、かれらに席を譲ることを余儀なくされたのである。しかしこの地域におけるエトルリア人の存在が、ギリシア人の場合には明らかなのと同様に、前4-3世紀のカンパーニア文化——あるいは範囲をより広げればカンパーニア=ルカーニア文明となるものの中に明瞭な痕跡を残さずに通過することはできなかったのは疑いない。これに関連する最も際立った事実として、オスク語におけるアルファベット文字の由来ということでいえば、エトルリア語の文字の影響が基本となったという経緯がある（子音 b、g、d はギリシア文字が当てられるのでギリシア語の影響も排除できないが、エトルリア語と同様に母音 o は u が補完する）。またカプア、クマエ、パエストゥムの墓室や棺に描かれた現世の生活や冥界への出発の場面の絵画における宗教的表現は、ルカーニアの東端バンティア Bantia（現バンツィ Banzi）で発見された古い聖所に見られる伝統的理念に由来する。

　さて、東部イタリキ人の離散の反対方向、すなわちウンブリ人の北方への拡張について考察しよう。この場合エトルリア人に対するテーヴェレ川中流沿いの少なくとも民族移動的・軍事的なウンブリ人の圧力は存在しなかったことが、

たとえばすでに述べたトーディや最も近いエトルリアの領土であるオルヴィエートとの文化的関係に関する資料からもわかる。キュージ、アレッツォ、ペルージャにそれぞれウンブリ・カメルテス人、カセンティーニ人、サルシナテス人と分類される民族が住んでいたことは、実証はできないもの、この時代すなわち前6-4世紀に越境があったことを意味する可能性がある。〈グッビオの銅板〉[**79]に記述された「トゥスキ人」の名による抵抗に関する文章は、テーヴェレ川の前線に現れるウンブリ人に対するものか、もっと一般的な敵に対するものかもしれない。エトルリア人の領土に対するウンブリ人の動きの最も際立ったものは、アペニン山脈北側の場面で見られるかもしれない。この点に関して、ロマーニャ地方、とりわけリーミニとラヴェンナにおいてエトルリア人と対抗する形でウンブリ人がいくつかの拠点を設けていたという明確な伝承が存在する（ストラボン、V-1, 7, 10, 11）。考古学的資料によれば、そうした侵入はすでにアルカイック期に始まっていた可能性がある。しかしストラボンが二つの民族の明らかな共通の敵としてケルト人の存在に触れ、それに対する抵抗力としてはエトルリア人よりもウンブリ人が優越していると述べていることからすれば、ウンブリ人の存在が最高潮に達し、結果としてラヴェンナをも奪取するのはポー川＝アドリア海のエトルリアの勢力が頂点に達したときよりも後であり、ケルト人侵入によってエトルリア人が危機にさらされる時期、すなわち前5世紀末から4世紀のかなり後までと考えるのが妥当だろう。

　ここにおいてエトルリア世界との関係で、イタリアを襲ったもう一つの陸路からの「野蛮な」侵入、すなわちケルト人について考察しなければならない。イタリアにおけるケルト人侵入の年代と規模について、近年非常に多くの激しい議論が展開されたが、ケルトとエトルリアの関係の構図作成を試みる前に、その基本的要素を要約しておこう。アルプス南側のケルト人の存在の際立った特徴は以下の通りである。1）かれらの生活拠点の住民の血統、移住時期、移住場所は複数である。2）文献資料の情報の豊富さと反対に、考古学的証拠が少なく、不確かなこと。3）（地理的な意味での）イタリアが、一つはケルト人に常態的に占領されていた大陸の部分（ケルト人はラテン語でガリア人と呼ばれ、そこからこの地域をガリア・キサルピーナ Gallia Cisalpina と称した）と、他は繰り返し試みられたにもかかわらずケルト人の占拠がなかった半島部分の二つ

に分かれたこと。エトルリア人にとってこの分割は、ポー川＝アドリア海エトルリアがケルト人の支配に吸収され、ティレニア海エトルリアはケルト人の散発的な襲来に周縁地域がさらされたのみで、ほとんど安泰であったことを意味する。

ケルト人侵入の初期についてはリウィウスが詳しく語っている（V, 34-35）。ローマのタルクイニウス・プリスクス王の時代、そしてフォカイア人が都市マッサーリアを創設した頃、ベロヴェーゾ王 Belloveso がビトリゲス族 Bituriges[**80] を率い、アルウェルニ族 Arverni[**81]、セノネス族 Senones[**82]、アエドゥス族 Aedus、アンバッリ族 Ambarri[**83]、カルヌントゥム族 Carnuntum[**84]、アウレルキ族 Aulerci[**85] を含む同盟軍とともにアルプス西部を越えたとされる。

ポー川流域平野に下ってきたケルト人はティチーノ川の近くでエトルリア人を打ち負かし、インスブリウム Insubrium と呼ばれていた地域に拠点を築き、メディオラーヌム Mediolanum（現ミラーノ）の都市を創設した。これに続き、ベロヴェーゾの支援を得たエリトヴィオ Elitovio 率いるケーノマニ族 Cenomani[**86] が侵入し、現在のブレーシャ Brescia とヴェローナ Verona を築く。さらにサルウィイ人 Salluvii[**87] がティチーノ川周辺のリーグリ人の領土を占領する。続いてボイイ族 Boii[**88] とリンゴネス族 Lingones[**89] が、いまやポー川の北側はすべてケルト人が占領していたので、川を渡ってエトルリア人とウンブリ人を駆逐したが、アペニン山脈を越えるまでには至らなかった。そして最後にやってきたセノネス族が——ベロヴェーゾの最初の同盟軍にすでに名が出ているが——アドリア海沿岸のエージノ川 Esino までの地域を所有し、単独で、あるいは他の分派とともに、キュージ、ローマなど、中部イタリアへの攻勢に出た。リウィウスがこのあたりのことについてかなり脱線して長々と説明している。

基本的にリウィウスが説明した民族的分布は歴史家ポリュビオス（II-17）がそれより前に提示した地理的構図とそれほどの差はない。すなわち、ポー川北側には西から東へライ族 Lai とリビキ族 Libici を置き、ついでケルト人の中で最大のグループであるインスブリ族 Insubri、そしてケーノマニ族を設定した。[**90] そしてポー川南側には西から東にアペニン山脈地帯にアナーリ族 Anari、ボイイ族、海に向かってリンゴネス族、さらに海の近くにセノネス族が侵入したとしている。つまりこれはリウィウスの記述の順序と矛盾するところはない。年

代的な見地からすると、リウィウスが記述するようなポー平野の占拠は、前600年頃のベレヴォーゾによる最初の侵入からキュージ、ローマへの進攻（後述するようにローマの場合は前390年頃と考えられる）までの2世紀にわたる長期間であったことがほぼ明らかである。しかしこの間隔の長さは必ずしも、ケルト人がアルプス西部を越えてヴェーネトとの国境のケーノマニ族の占領地にまで進展するのに要した時間とは限らない。リウィウス以外の文献は年代に関してかなり漠然としている。ポリュビウスではローマ進攻は北イタリア占領よりも「少し後」とされ、ハリカルナッソスのディオニシウス、プルタルコス、アッピアヌスによればケルト人の移住はキュージとローマの事件にほとんど結びつけられていて、つまり時間が短縮されている。

　近代の研究者の大部分は、ケルト人のヨーロッパにおける離散は、いわゆるラ・テーヌ文化[**91]という鉄器文明の開始時期にあたる前5世紀と4世紀の間に起こったという説の影響を受け、イタリアについても大規模な侵入は前5世紀を遡ることはなく、急速に中部イタリアへの侵略を企ててローマの攻撃に至ったと推論するようになった。リウィウスの記述は全くの時代錯誤的な作り話であろう。しかし近年、リウィウスの記述に基づく一般的な方法的順序立てはさておき、「短期的編年」に対する「長期的編年」の有効性を疑わせるいくつかの証拠の出現によって、こうした批評的立場が揺らぎ始めている。たとえば、アドリア海地方に「住む」エトルリア人が前525年にクマエに進攻したが、かれらは時間とともにケルト人によってそこから追放された（ハリカルナッソスのディオニシウス、VII-3, 1）こと、前6世紀前半のオルヴィエートの碑文と前6-5世紀のジェーノヴァの碑文におそらくケルト人と考えられる人名が現れること、今日のロンバルディーア地方のレポンティイ人 Lepontii の領土の碑文[**92]の中に明らかにケルト語または「原ケルト語」的な表現があり、このことは時代が少し下がるとはいえ、アルプス山麓地帯におけるケルト語人口の広さを示しているなどである。とりわけこの最後の点は、アルプス分水嶺以南に非常に古くからケルト人が存在していたことのみならず、まさにレポンティイ人の地域（ヴァルドッソラ Valdossola や湖水地帯）がケルト人の民族性そのものを構築する土壌となった可能性を示唆している。

　かつまたリウィウスの記述の必ずしも明確でない一節からすると、メディオ

ラーヌム（現ミラーノ）の地区にベロヴェーゾの侵入以前にインスブリ族の名が存在したことを認めざるを得ない。こうした展望を信頼するなら、ポー平野へのケルト人の最初の拡張は前6世紀初めのことであり、それからポー川北側部分の平野の中央で急速な発展が起こったという再構築が可能だと考える。一方、土地を失った団塊によって民族移動が再開され、ボイイ族とセノネス族が大河を渡り、現在のエミーリアとロマーニャ地方、すなわちエトルリア人と部分的にウンブリ人の住む国を侵略する事態になったと思われる。そしてこの文脈において、セノネス族が、単独あるいは他の部族を伴って半島の南下を試み、ともかくアドリア海沿岸のリーミニとエージノ川の間、将来の「ガリア州」（アーゲル・ガリクス ager Gallicus）に定着したのである。

　もしベロヴェーゾの時代のティチーノ河畔の戦いでエトルリア人とケルト人の最初の接触があったと考えるならば、ポー川を越えたポー＝アドリア海のエトルリアの領土の侵入者がもたらした衝撃はきわめて大きなものだったと想像すべきである。しかしながら、ケルト人のこの地域の征服と北イタリアにおけるエトルリア人支配の終焉の問題は、特に年代的な点でかなりの疑問が残る。事実、一方で多くの伝承が一貫してエトルリア、ローマ、そして後述するプーリアに対するケルト人の攻略が始まるのは前4世紀の初頭としているのに対し、考古学的資料はボローニャとマルツァボットにおけるケルト人の存在は前4世紀後半より早いことを示していないのである。アドリア海沿岸にギリシア人の都市（スピーナか？）があってそこにエトルリア人がいたということは偽スキュラクス Pseudo-Scylax の記述（『周遊記』*Geographi Graeci Minores* LI-24）に出てくるが、やはり早くとも前4世紀半ばの資料である。この一連の歴史的事実については、組織的で地理的に前進した占拠ではないことは明らかである。反対に、ボイイ族とリンゴネス族のポー川渡河によって始まった大攻勢が、ポー平野のエトルリアのまがうことなき「征服」の行動が起こって完成に至る前に、セノネス族のアドリア海方面から南方に向かう侵略の企てに対し、多かれ少なかれ直接の結果をもたらしたことを認めねばならない。

　古代の最も権威ある文献が、都市化されたエトルリア人の生活様式と明らかに異なるケルト人の制度や日常生活の形態、すなわち市壁のない集落に住むやり方、耕地を探し求めること、戦闘員としての習俗などについて報告している

こと（ポリュビウス、II-17、ディオドロス・シクルス、V, 26-31）を考慮すれば、上記のような構図が非常にありそうなことに思えてくる。結果として、かれらの侵略は、平野部を隙間なく占領し、最大の障碍すなわち都市や城砦を築いた場所は急襲したり背後を衝いたりするやり方で実現した可能性がある。要するに野蛮な侵入者と本章の冒頭で述べたようなより高度な定住共同体との関係の定石通りの様相を備えるのである。前４世紀初頭においては依然として、ケルト人の圧力が続いていたものの、繁栄する大都市を抱え、ボローニャとスピーナ（前380年頃までアッティカ陶器が輸入される）の関係、マルツァボットを仲介とするボローニャとティレニア海エトルリアの関係の安定の上に立ったエトルリアのシステムは無傷であったと考えられる。その後ようやくそれは断片化し粉砕され、諸都市が侵略者たちに従属するまでに至る。侵略者とは、エトルリアのフェルシナが明らかにボローニャと名を変えた由来となるボイイ族と、おそらくリンゴネス族、そしてエトルリアの古い領土の東端に侵入したセノネス族たちである。これらの出来事に関する証言は文献資料からは得られず、最も有意義で暗示的なのは造形作品、すなわち前５世紀末と４世紀の最初の数十年の間と推定されるボローニャの葬祭用石碑であり、武装して馬に乗った一人のエトルリア人（まちがいなく被葬者）と剣と盾をもった裸足のケルト人の格闘の場面が描かれている。きわめてユニークで"写実的"な情景であり、冥界への出発の場面が同時に添えられている。

　ここで前４世紀初めのティレニア海エトルリアにおいてローマを目指しアドリア海に沿って展開されたセノネス族（および偶発的に同盟した他の部族も含まれる）の攻勢に代表されるケルトの侵略について考察しなければならないだろう。なにはともあれ、これらの出来事はケルト人、エトルリア人、イタリキ人、ギリシア人の間の強力で多様な関係の一つのサイクルを開設し、次節で取り扱う歴史的構図を構築するものであることに注意する必要がある。ここでは、ケルト人のエトルリア攻略の第一の、そしてわれわれが知る限り唯一の標的はキュージであり、それと同時にイタリア、とりわけエトルリアの大地の産物、ワイン、オリーヴ油、果物がケルト人を南に惹きつけたという記述（ポリュビオス、II-17, 3、リウィウス、V-33、など）がケルト世界とエトルリア世界全般にわたり、特にポー=アドリア地域のエトルリアに対する進攻の時点におけ

る交易の問題に影響を与えたという事実だけを指摘しておこう。アルプス地帯に起源をもつ蛮族にとっての広大で肥沃で住みやすいポー平野に対する古来からの羨望と、すでにポー平野に定住したケルト人とティレニア海エトルリアの領土との間でぶどう栽培の技術と産物の交換が行われたことは当然ながら区別する必要がある。この点に関する古代文献には明らかに混乱があるのである。北イタリア諸都市、特にフェルシナとアペニン山脈南側のフィエーゾレ、ヴォルテッラ、キュージ、などのエトルリア本体北部諸都市との強固な経済的・政治的結合──チェルトーザ文化に関する考古学的から浮かび上がる結合──はケルト人侵入の時期においても部分的に保有されていたはずである。アペニン山脈を越えたケルト人がこれらの都市のうちの最も重要なものの一つであるキュージに的を絞ったのは当然と思われる。名高い肥沃な土地と、おそらくはポー平野における政治体制を支える役割をこの都市が担っていたからである。

　北イタリアにおけるエトルリア人の存在の問題を終える前に、そのような存在の意味と結果についての簡単な考察が必要となるだろう。ケルト人の乱入とそれに次ぐローマ化はアペニン山脈北側のエトルリア文化の短い季節を完全に抹殺し、その記憶をいくつかの地名に吸収させたように思われる。よってポー川流域のエトルリアは古代には「ガリア・キサルピーナ」や「アエミリア Aemilia」と記録された。しかしすでに述べたように、ケルト人の進出の形態は完全でしかも瞬発的な征服ではなかった。諸都市の非常に長い抵抗のみならず、それらの都市の中で勝者と敗者の一種の共存があったことは排除できない。ボローニャではケルト人の墓地は非常に古い時代のヴィラノーヴァ文化の地区に集中しており、これは都市地域がある程度縮小したことを物語っている。他の場所では、たとえばボローニャの南のインディチェ川の谷間にあるモンテレンツィオ Monterenzio の場合のように、おそらくローカルな住民と移住者の共同の活動のために、荒廃する古い都市に代わって新しい小型の居住区が誕生したのではないかと思われる。前4世紀半ば以降もケルト化されることなしに残存することができたいわばエトルリアの島があり、たとえばおそらくウェネティ世界と接触してこれを盾としたアドリア海沿岸のスピーナとアドリアである。先に引用した偽スキュラケスの記述のほか、前325/324年のアテナイの政令に記録された"ティレニア"の海賊の活動は、明らかにアドリア海北部を拠点

としたエトルリア人の行動と判定できる。エトルリア人に関する伝承が事実として残ったもう一つの例はマントヴァの場合であり、その名前（Mantua）がエトルリア起源であるばかりでなく、現在では考古学的・碑文的ないくつかの確証がある。だからこのエトルリア都市の名声（ウェルギリウス『アエネイス』X-102、プリニウス『自然史』III-19, 130）は単なる伝説や自慢話ではないのである。ただ、いち早くケルト人（特に考えられるのはケノーマニ人）に占拠された領域とマントヴァとの関係という問題が残る。事実マントヴァの問題は、ポー川北側のいろいろな場所における、より後代のエトルリア語と関係のある碑文の存在と切り離すことができない。エトルリア人のアルプス地方への拡張は、おそらくケノーマニ人の攻略によって壊滅させられながら、ウェネティ人の領土と同様にケルト人の領土に多少残留したわけだが、それらの碑文によれば、そうした古い記憶（リウィウス、V-33）をある程度受け入れざるを得ないことになる。

　さらにエトルリア人とラエーティ人の関係の問題が立ち上がる。リウィウスの右の一節によれば、ラエーティ人はエトルリア人の雑種化した部族とみなされていた。注目すべきは言語の相似性に加えて、リウィウスが強い調子で断言していることだ。ラエーティ人とその言語についてはすでに触れたことであり、また後で述べることになるが、たとえエトルリア語となんらかの類似の要素があるとしても、かれらの起源が自発的なものであることを否定するのは不可能である。しかしだからといって、ポー平野エトルリアと、ラエーティ語の碑文が流布したアルプス地方との間の歴史的接触・交流の可能性が排除されることはない。そうした交流にはある程度の継続性があったという考えが正当であろう。

　事実、北イタリア、アルプス地方はもとより、アルプス北側のヨーロッパ大陸にまで及んだポー平野エトルリアの影響は、文献資料や散発的な考古学資料に基づいて考えるよりはるかに大きかったに違いない。アルカイック時代の終わりからローマの征服の直前まで、イタリアに定着したケルト人を媒介とし、あるいは直接に、エトルリアやイタリキ世界の産物が一方ではガリア、ゲルマニアからブリタニカの島々、スカンディナヴィアまで、他方では東ヨーロッパに普及した。そしてこうした物資とともに、社会的・知的な文化の要素・刺激

が伝播し、ヨーロッパの人々の精神に深く刻み込まれることになったことも否定できない。こうした意味で、ケルト人の造形芸術になんらかの示唆を与えた、他方では北エトルリア語のアルファベットと書法が後期ルーン文字[**95]の多くの形態の起源となった可能性もある。

前5世紀から前3世紀初頭までのエトルリア諸都市の外交と内政

　前5世紀、すなわち古典ギリシアの黄金時代の地中海における出来事——ペルシア、カルタゴの蛮族の敗退、西方におけるシラクーサの興隆と東方におけるアテナイの優位確立、ギリシア世界の思想・芸術の前例のない発達——は、イタリアおよびエトルリアの歴史にさまざまな面において決定的な形で刻み込まれることになった。西方のギリシア植民市とアルカイック時代の特徴であったティレニア海の非ギリシアの諸都市との間の古来からの文化的共有性を打破して質的に飛躍したギリシア世界は、いまや伝統の枠内に留まって停滞する諸国と進歩の源泉との間に深い溝を掘り込んだ。エトルリアにはこうした不均衡が歴然と現れ、経済的・政治的な衰退の局面に入った。特に、考古学的資料として最も豊富な造形芸術の分野においては、ギリシア美術の一般的枠内と切り離すことのできないアルカイック期の作品の質的・量的水準の高さは終わり、葬祭絵画などにおける図像的・様式的反復や、古典ギリシア絵画の皮相的な追随に傾き始める。同様に、エトルリアはギリシアの哲学的・政治的思想の革新の外側に留まり、自らの宗教的理念と伝統的典礼に執着し、それがまさにエトルリア文明の最後の数世紀の傾向となったと考えなければならない。とはいえ、ギリシア世界の社会的・制度的変革のある種の要素が、国家組織の新しい整備のための酵母として、漠然とした形ではあるがイタリアとエトルリアに浸透した可能性は否定できない。そしてこのこともまた、ポスト・アルカイック期の一般的発展の一つの結果とみなすことができるのである。

　エトルリア本体の諸都市の出来事を再構築することは、ローマ史のより多くのより確かなデータや他の判断材料といった間接的資料の助けによって前5世紀の最後の数十年からエトルリアが完全にローマの政治的傘下に組み込まれるまでの十分に密な物語を編むことができたとしても、エトルリア自体の年代記

の欠落に左右されてしまうのである。要するにエトルリアについてはローマの資料でなく、自らの観点から語ることがむずかしいのである。しかし以下においては客観的に追究することを目的とする。外部世界の出来事についての関心も、後述するように密接にこれと関わるエトルリアの内部の展開と決して切り離すことはできない。

多少の幸運な例外があるにせよ、ティレニア海沿岸の諸都市の勢力と富の衰退が起こったことについてはすでに述べた。また、ウォルシニイ、キュージのような内陸の都市が比較的に繁栄したことや、エトルリア人の集合の場としてのファウヌム・ウォルトゥムナエの機能についても言及した。とりわけしばしば引用したリウィウスの記述から知られるのは、その数 12 ということが確かめられている主要都市の首長（principes）の定期的な会議（concilum）があったことで、特に外政と軍事行動に関して共通した決定がなされることを目的としていた。議論は白熱したが、たとえばローマと抗戦するウェイイの支援要請を何度も拒否するなど（リウィウス、IV-24, 25, 61、V-1, 17）、必ずしも満場一致であったわけではない。宗教行事と競技開催も伴ったこの制度は、少なくとも前 5 世紀においては、沿岸部にせよ内陸部にせよ、エトルリア諸都市の連帯と勢力の均衡を前提とした（もちろん競争や敵対意識があっただろう）。

ローマに対するウェイイの闘争の歴史は目覚ましいものがある。すでに述べた前 5 世紀前半のファビウス家の戦いの段階はまだ寓話的なヴェールに包まれているが、前 438 年の決戦以降、記録はより正確となる（リウィウス、IV-17 以下）。ウェイイにはラルス・トルムニウス Lars Tolumnius（エトルリア語では *Larth Tulumne*）という王がいて、古くからの貴族階級に属し、おそらく代々王位を継承したことがわかっている。ところでウェイイに近いフィデーネ Fidene（[ラ] Fidenae）はテーヴェレ川を閉鎖して、ローマ人がサビーナやウンブリアに航行するのを阻害した。古くからの同盟関係の修復のためにフィデーネに赴いたローマの使節が殺されたことで紛争が起こり、そこにファリスキ人、すなわち小さな"帝国"ウェイイ全体が巻き込まれることになる。戦闘は一時的に都市ウェイイと周辺のファリスキの領土内にも波及したこともあるが、大体においてテーヴェレ左岸のローマとフィデーネの中間で繰り広げられた。戦いが始まってまもなく、トルムニウス王はローマの行政官（または執政官）

アウルス・コルネリウス・コススに討ち取られる。これはローマ史の有名な挿話であり、ロムルスがサビーナの王ティトゥス・タティウスを殺した後に行ったように、ウェイイの王の武具が戦利品としてカンピドリオの丘のユピテル神殿に捧げられた。その後ウェイイとその同盟軍がローマの入口まで進んでくるが、ローマが反撃してフィデーネを包囲、陥落させる。危機に瀕したウェイイは他のエトルリア都市に助けを求めたが、かれらは始めは断ったものの、しばらくして参加するものも現れた。紛争は前425年まで続き、その後再燃してこの世紀の終わりには都市国家ウェイイは壊滅した。

　この一連の事件は（ローマ史に含まれる話なのでわれわれには理解しやすいのだが）エトルリアの周縁の国境紛争の域を出ないように見えるかもしれないが、前5世紀の終わり頃に地中海における国際政治的・軍事的大事件にエトルリアが参加した話はそれとは別物である。すでに述べたように、ペリクレスの時代のアテナイは、西方とりわけイタリアとシチリア方面への拡張政策を展開していた。エウボイアのカルキデス人による植民市建設、破壊されたシュバリスの跡地にトゥリイ Thurii の建設、ネアポリスへの関心などがその途中段階の出来事である。エトルリア人はその大敵であるシラクーサのライヴァルと思われるこうした勢力の出方を好意的に注目していたかもしれない。だから前415-413年にアテナイがシラクーサに対する一大作戦に乗り出したとき、エトルリア人がアテナイ側に同盟として就いたとしても驚くにあたらない。トゥキディデスの『歴史』に同時代の精密な記録があり（VI-43, 1；88, 6；103, 2、VII-53, 2；54；57, 11）、タルクイニアのラテン語の碑文の中にもおおむね正しい記述がある。すでにシチリアに駐在していたアテナイの司令官からの正式な支援要請に対していくつかのエトルリア都市が応じ、三隻の大型船（50人の漕ぎ手）で兵員を運び、上陸してアテナイの地上軍と合流し、シラクーサ軍を沼地に追いやった。

　上記のエトルリアの船と軍勢はタルクイニアの法務官ラルス Lars の息子のウェルトゥール・スプリンナ Velthur Sprinna が指揮を執った軍隊で、海賊の船乗りだけでなく正規軍が参加したという意味において「全エトルリア人の中で初めて海を渡った」と表現されたことは納得できる。タルクイニアの碑文によれば、この勝利によって金の冠を授与されたという。つまりこれは強力なア

テナイの同盟国家の資格を備えたタルクイニアの公式な行動であったと考えられるのである。他のエトルリア都市国家がこの戦いに参加したか、つまりタルクイニアに協力したかどうかについては何もわからない。そしてエトルリア軍がいかなる方法でどの程度まで被害を免れたかも知ることはできない。ともかくローマ時代になってからも、間接的なニュアンスをもちつつこの将軍の勝利が家族の栄光として記憶されているのだから、少なくとも部分的には現実に起こったことと考えられるだろう。

　タルクイニアがエトルリア諸都市の中でシチリア遠征の主要な責任を担うことができたことは驚くにあたらない。危機の世紀において比較的優位な状況が垣間見えるし、それは経済的な、とりわけボルセーナ湖まで広がる領土から得られる農業的な資源に帰することもできるかもしれない。事実タルクイニアの支配は、地理的な位置からしても、南エトルリアにおける際立った「中心性」と優位性と、おそらくファーヌム・フォルトゥムナエの汎エトルリア会議での政治的影響力も獲得していった。このことから、テーヴェレ東側のファリスキ人領土も含む地域でタルクイニアに脅威となる勢力を築いていたウェイイに対する連帯を拒絶したことが説明できるだろう。しかしウェイイに対する敵意は、ローマおよび沿岸に向かう道を塞がれることを恐れたテーヴェレ沿いの山手の都市、すなわちウォルシニイと、より遠いキュージでも育まれていた。

　ファリスキ人とカペーナ人の支援を得て行われたウェイイの対ローマ戦争は前5世紀末にはいよいよ激しくなった（最終的敗北に至る情報はリウィウス、IV-58以下およびV, 1-22）。リウィウスの記述において、誇張はあるものの、「エトルリア民族の最も富裕な都市」と表現されているウェイイが屈服するこの戦闘の経緯に、ローマの伝承は輝かしい栄光を与えている。歴史的段階を考慮し、ローマ史というよりもエトルリア史の観点から考えれば、都市国家ウェイイの滅亡は、第一にエトルリア諸都市間の勢力関係の均衡——より正確にいえば均衡の崩壊——に密接に結びつく事件であり、またある意味においてエトルリア共同体内部の政治的・制度的危機に関わる出来事であり、第二にはティレニア海エトルリアの集合体の一つ（本質的にエトルリア人ではないファリスキ人とカペーナ人が関わってはいるが）が外部の国の圧力で独立性を失う最初の例ということで国際的舞台の上で重大な意味をもつということがいえるだろ

付け加えれば、この悲劇はウェイイの征服の数年後にローマに向かうケルト人の北からの脅威と無関係ではない。リウィウスに現れた伝承とエトルリアの史料はこの都市の内政の混乱を語っている。すなわち、単年制の司法官の選挙に特徴づけられる共和体制の一時期の後に独裁制が復活し、一人の人物（無名）が王位に就いたが、かれが願っていた国家の最高の地位である宗教的権威者（sacerdos）に選ばれなかったため、エトルリア人市民を傲慢な態度で威嚇し、競技開催（明らかにファーヌム・フォルトゥムナエにおける）を禁止し、競技者団（音楽家、軽業師）の大部分を占めていた奴隷たちを追放した。そこで都市同盟の集会はウェイイの独裁政に対する反対を宣言し、特に王の人物に対する嫌悪を表明した。領域内での活動の空間が狭められ、ファリスキ人とカペーナ人にも絶えず注意を払わなければならず、結局ウェイイはリウィウスによれば前396年（おそらく数年後と思われる）にローマ人の手に落ちたのである。

 ウェイイの領地がローマの領土に合併され、土地を欲しがっていたローマの非富裕層にとっての格別の関心の的となったときから、単なる従属ということでなく、一つの共同体の完全な消滅を意味することになったことは、古代史のこの時代においてはいささか異常ではあるが、議論の余地はない。二つの大都市が唯一の領土に存在するという状況において、ローマを離れてウェイイに移住する提案がなされたのである。ウェイイと同盟する「衛星都市」、すなわちファレリイ人とカペーナ人に関する状況はこれとは異なり、それぞれの自律性の存続のために和平を求めることを余儀なくされた。そのほかのエトルリア人については、タルクイニアと内陸部諸都市はウェイイの政体の弱体化を望んでいたせいもあって、ローマの危険を過小評価したが、後には危機感が優先し、ウェイイ陥落の直前からタルクイニア人とウォルシニイ人の間にローマに対する介入の意識が強まったと想像することができる。そしてファーヌム・ウォルトゥムナエで開戦が宣告されるが、最も強く主張したのはタルクイニアであった。タルクイニアはいまやローマが管理する領土と直接に接し、他のさまざまの競争要因はともかくとして、前5世紀にローマとウェイイの関係の特徴だったのと同様に、国境に関する紛争が起こって前4世紀末まで続き、ブラッチャーノ Bracciano 湖とヴィーコ Vico 湖の通過点にあるスートリ Sutri の所有が最

大の争点になる。これらの衝突に関する最初の事件としては、タルクイニアがこれまでに発見されているサン・ジュリアーノ、ブレーラ、サン・ジョヴェナーレなどの洞窟墳墓が属する都市だったコルトゥオーザ Cortuosa とコンテーネブラ Contenebra という二つの集落を失ったことが記録されている（リウィウス、VI, 2-4）。カエレについては後述する理由からローマへの対応は異なる。

　これらの出来事の一部は、ローマ時代の伝承によれば、前391-390年のケルト人のエトルリアとローマへの侵入の後とされているのだが、ギリシアの伝承に基づくなら3-4年は後に置くべきである。ケルト人のローマ侵攻はローマ史における基本的な重大事件だから、ギリシア世界にも大きな反響を呼んだのである。ここでのわれわれの関心はエトルリアの出来事との絡み合いである。なにはともあれセノネス族が、時には他の部族も交えながらキュージに進攻したことに関する明らかな文献があり（ディオドルス・シクルス、XIV-113、リウィウス、V-33など）、ケルト人をして南方、特にこの都市に狙いを定めさせた理由については前述の通りである。この文脈に関わる一つの挿話がある。アルンテという名のキュージの男がルクモーネ（あるいはその息子）という自分の手下の男に妻を寝取られ、裁判でも負けたので、国家に対する復讐のためにケルト人を呼び寄せたというのである。この小説的なストーリーから読み取れるのは、敗訴した側が「蛮族」に助けを求めるというキュージの貴族階級の中の勢力争いという構図である。ケルト人は定住の地を求め、というよりは襲撃と強奪の熱に浮かされて、抵抗するキュージを包囲して略奪した。そしておそらくはキュージの抵抗力の程度を見た侵略者たちは、テーヴェレ川沿いの容易な道をさらに下って、終わったばかりのウェイイとの戦争の後始末で不安定なローマの領土にまで入っていった。ローマの街が占領され焼かれたことは（ただしカピトリーノの丘を除く）、防備された場所はあえて攻略しないケルト人の戦いの伝統的な定式から見ればきわめて異例のことに見えた。いずれにせよ、やはり文献が示すように、この占領は束の間のことであり、主な目的は略奪と、なによりも金銭を脅し取ることだった。

　特に興味深い挿話は、ケルト人が襲来したときに平民のルキウス・アルビニウス Lucius Albinius の計らいで、フラミニウス家の聖職者たち、ウェスタの巫女たち、さまざまな聖なる品物をローマからカエレに運んだことである（これ

については多くの古代文献が言及している。たとえば、リウィウス V-40、ストラボン V-2, 3。ウァレリウス・マクシムス I-1, 10 では caeremonia（[英] ceremony）の語源はカエレであると説明している）。これらが救われたことは、国家の宗教的要素に関わる重要性のゆえに、都市そのものが救われたことに等しい。だからフリウス・カミルス Furius Camillus の英雄伝説が定説となる前に、アリストテレスがおそらくルキウス・アルビニウスに一致するレウキオス Leukios なる人物によってローマが救われたという伝説を取り上げ、アウグストゥス帝が居並ぶローマの歴史的人物とともにルキウス・アルビニウスの彫像をフォールムに立てさせた（スウェトニウス）のである。[**97]

　ローマは危機が去ったあと、カエレの好意的な協力に報いるべく、互恵関係を結び、マルタ・サルディ Marta Sardi によれば初めて投票権のない市民権（civitas sine suffragio）が与えられた。より興味深いことに、ローマとカエレの間には多分ケルト人襲来の前から、ウェイイの場合と対照的に、テーヴェレ川右岸から海岸までの管理のために特別な友好関係が存在していたらしく、またローマとタルクイニアの最初の紛争の間にはカエレの態度はローマに好意的だったことも否定できない（リウィウス、V-16 によれば、ローマ兵がカエレの領内を通過したとされる）。しかし最も重要な事実はより広い国際政治の舞台でのカエレの立場に関係している。

　この時期に南イタリア、より正しくはシチリアを中心に、イタリア全土に関係するような新しい状況が生まれつつあった。カルタゴ人は前 5 世紀末に、数十年間の休戦のあと再びシチリアのギリシア人植民市を脅かし始めたが、これを撃退したシラクーサの独裁者ディオニシウスは、シチリアだけでなくイタリア半島とアドリア海に向けてかつてない勢いで拡張政策に乗り出した。疑いなくこれが前 5 世紀に始まりアテナイ軍に勝利して確定したシラクーサの勢力の頂点であった。レギウムを奪回した（前 388-387 年）後、イタリアのギリシア植民市のすべてがディオニシウスの支配下に入り、かれはそれだけでなく、アドリア海におけるアテナイの商船の航行を阻止するために断固として海軍を送り、この地域に植民市を設けた。すなわち、東側のバルカン半島沿岸にイッサ Issa とリソス Lissos、西側のイタリアにアンコーナ Ancona とアドリアである（アドリアに関しては繰り返し言及した既存のウェネティ＝エトルリアの港の管

理といった方がよいだろう)。こうした対イタリア作戦において、南部のギリシア人の抵抗がひとたび弱まれば、ディオニシウスの最大の敵はエトルリア人ということになる。そこでシラクーサの支配者がケルト人に接近する政策が理解されるだろう。古代文献（ユスティヌス）からも推測されるように、ケルト人はポー川のエトルリアを侵略し、ティレニア海エトルリアを脅かしていたし、おそらくはプーリア方面にまで入り込み、盗賊団として半島を荒らし廻っていたが、アドリア海北部の沿岸でのシラクーサの拡張については友好的だった可能性があるのだ。

　こうした状況においてほとんど同時期に二つの出来事が起こる。その一つは、おそらくプーリアから引きあげる途次、ローマの火災の直後にローマの領土内を通過中のケルトの盗賊団が、カエレの部隊と中部イタリアのある場所で戦って敗北を喫したことだ（ディオドルス・シクルス、XIV-117, 6、ストラボン、V-2, 3）。この挿話からは、ローマの危機の際に「聖なる物品」を預かったということのみならず、カエレのローマに対する積極的な友好政策もしくはケルトの襲来に対する共通の抵抗の意志が見て取れるだろう。ケルト人の侵略はこの時期、つまり前388年から386年の間、半島の大部分を滅茶苦茶な形で駆け巡ったと考えられる。その大部分はセノネス族であり、かれらはおそらく当初からアドリア海沿岸のリーミニからアンコーナの間、すなわち後の「アーゲル・ガリクス」にかれらの拠点となる領土を確保したことを念頭に置きたい。

　カエレに関する第二の事件は、前384年にディオニシウスがエトルリア海岸に海軍を派遣したことであり、結果としてピルジの港と聖所が略奪され、約40トンを下らない戦利品と捕虜が持ち去られた（ディオドルス・シクルス、XV-14, 3以下ほか）。この作戦は前述したシラクーサの前5世紀中葉の行動と同様に、半島の鉱山地帯とコルシカ島を標的とし、西側からもイタリア半島を攻略しようというディオニシウスの野望を具体化するものであった。事実はピルジの掠奪以上には進まなかった。この限界の意味を説明するために研究者は、シラクーサの艦隊が前述のようにカエレの攻略に失敗したケルト人たちと連携できなかったからではないかと推測している。しかしこの想定は年代的な理由で疑問である。それよりもカエレとローマの間に、シラクーサとケルトに対する立場の対立があったことが明白である。ケルト人は次第にシラクーサに与する

軍隊の性格をもつようになり、ついには前367年に父を継承したディオニシウス2世の時代には正真正銘の傭兵となったという可能性がある。

ケルト人によるローマに対する脅威については、上に述べた出来事の直後の時期、すなわち伝承によれば、前367年、361-360年、350-349年に関して記録があり、そのとき地上でのケルト軍と海上からのギリシア軍の共同作戦が展開されたと考えられる。

エトルリアに話を戻すと、前4世紀前半にはタルクイニアの勢力が、完全な覇者とはいかないまでも、いよいよ確立されてきたに違いない。タルクイニアのラテン語の「頌歌」であるアウルス・スプリンナ Aulus Spurinna（ウェルトゥール Velthur の息子）の英雄譚にはこの人物の事績が集約されていて、そのことがよくわかる。すなわちその記述によれば、かれは三度法務官（プラエトール）の地位に就き、オルゴルニウス Orgolnius という名のカエレの王を追放し、アレッツォでの奴隷の反乱を平定し、九箇所のラティウム人の集落を占領し、ファレリイ人とも交渉をもったとされる。南エトルリアのみならず北エトルリアにも及ぶ活躍の場の広さは明らかである。特に、トレッリによれば、ローマとタルクイニアの戦争（前358-351年）に関する古代文献の情報（リウィウス、VII-12, 15-22、ディオドルス・シクルス、XVI-31, 7；36, 4；45, 8）とかれのこうした行動の一部が合致するという。よく知られているように、タルクイニア人はローマの領土に進攻し、統領ファビウス・アンブストゥスの軍を打ち破り、307人の捕虜をタルクイニアのフォールムで虐殺した。さらに、ローマに対してウェイイとともにタルクイニア人と同盟していたファレリイ人の支援を得て他の作戦も展開した。そしてこの間に、エトルリア軍の前線に毛髪が蛇と化し松明をもった地獄の女神が出現してローマ人を驚かしたという挿話が生まれる。

かくて全エトルリアがローマに向かって立ち上がり、タルクイニア軍はファレリイ軍とともに、スートリの敵陣突破はむずかしいと見るや、カエレ領内を通過してテーヴェレ河口の塩田地帯にまで進み、川を遡るローマ軍と対決するという一大作戦を試みた。エトルリア同盟軍の先頭でこの作戦を指揮したのはいうまでもなくタルクイニアの法務官アウルス・スプリンナであり、おそらくこの時点でこの強力なタルクイニア共和国の首長はカエレにローマとの伝統的

な友好関係の破棄を迫り、協力してローマと対抗する気のある一部のカエレ人の助けを借りてオルゴルニウス王を廃位に追いやった。しかし塩田地帯でタルクイニア軍は阻止され、捕えられたエトルリア人貴族358人が報復のためローマのフォールムで殺された。ローマはカエレに対して離反の釈明を求め、カエレ人はケルト人によるローマ放火の際の功績を訴え、情勢は不可抗力だったことの弁明に努めたため、ローマは一種の保護領としてカエレと百年間の和平条約を結んだ。一方タルクイニアとローマの戦争は前351年までだらだらと続いたが、40年間の休戦協定をもって終息した。明らかに勝者も敗者もなかった。しかしいまや強大な国家ローマの脅威を減じようとしたタルクイニアの試みは失敗したとみなされるべきだろう。

　対ローマ戦争やカエレへの介入以上にアウルス・スプリンナの権勢を知らしめてくれるのがかなり離れた北エトルリアのアレッツォでの行動であり、かれはファーヌム・ウォルトゥムナエの合議で表明されたエトルリア"民族"共同体の決定に強力な影響を行使したと考えることができる。トレッリはタルクイニアの〈オルクスの墓I〉はスプリーナ一族の廟と認定しており、これは非常に信憑性の高い仮説であるが、墓室の奥の壁龕に描かれた主要人物の脇に添えられた碑文（C.I.E. 5360）には「エトルリアの法務官だったスプリナスは連邦政府の最高の役職に就いた」とあり、トレッリが提案していた父または祖父のウェルトゥールではなく、確実にアウルス・スプリンナであると考えたい。

　前4世紀後半から3世紀初頭にかけて、エトルリアの外交政策はいまや半島全域に関連し始めた国家ローマのますます増大する勢力に左右されることになる。とはいえある意味でローマとの関係とは無縁の状況・事件もなかったなかではなく、たとえば、前307年にシラクーサの港でのカルタゴに対するアガトクレス Agathokles の抗戦に18隻の軍艦を派遣して支援を行ったケースなどがある（ディオドルス・シクルス、XX-61, 5 以下）。旧来の同盟関係の転換は奇異に見えるかもしれない。しかし断片的な情報からは、時代の進展とともに変わるティレニア海地域の種々の勢力の決定的な関係を知ることはできない。前4世紀にシラクーサに対する対抗意識が弱まるのは、すでにエトルリア人が植民し、ポエニ戦争の開始の頃にはカルタゴ人の確固たる所有の状態となっていたコルシカにおけるカルタゴの圧力に対応することかもしれない。そのこと

からいえることは、シラクーサ王子を助けたのはタルクイニアでもなく、いまや政治的に枠外にあったカエレでもなく、コルシカともっと直接に関わるエトルリア鉱山地帯の沿岸諸都市の人々であったということだ。これらの出来事は、コルシカはローマとカルタゴの緩衝地帯であることを決めたローマ=カルタゴ"第三協約"と年代的に合致することを見落とすことはできない。エトルリア海軍のシラクーサへの介入ということは、明らかに同盟関係を意味している。しかしこの時期にカルタゴ軍であれアガトクレスの側であれ、エトルリア人の傭兵がいたという記録（ディオドルス・シクルス、XIX-106, 2；XX-11, 1；62, 2；XXI-3）があることに注目すべきである。

　ローマとの関係についていえば、前5世紀末から3世紀初めの出来事は、かなり混乱した状態で急速に進展する。最も重要なことは、それらはもはやエトルリア諸都市の歴史の個別の、あるいは集団としての挿話ではなく、政治的・軍事的な覇者の道を歩み始めたローマに対抗するために多様なローマの敵（エトルリア以外にサムニウム人、ウンブリ人、ケルト人）が手を組んで起こした全体的な企てに組み入れられるということである。そのことはアレッツォを除くすべてのエトルリアの部族が一体となり、前述のように戦略的に重要なスートリを破壊することを第一目的として起こした前312-308年の戦争で確かめられる。しかしローマはそのとき同時にサムニウム人と戦っていたにもかかわらず強く抵抗したばかりでなく、第二段階では統領ファビウス・ルリアヌスがチミーニ山脈を越えてスートリの包囲網を撃破し、北エトルリアに進んでペルージャ、コルトーナ、アレッツォと同盟を結んだ。ついにはタルクイニアに貢納の義務を課し、ウォルシニイ人のいくつかの城砦を奪取するに及んで、エトルリア全体がローマと協定を結ぶことを望んだとされる。

　こうした伝承の背景から明らかに見えることは、前4世紀末のエトルリア諸都市の政治的立場である。すなわち、タルクイニアの勢力の減退、主としてウォルシニイ人とおそらくキュージ人が主導する公会議の方向性、危険から遠い北部の諸都市の対ローマ抗争に対する関心の低さなどである。この最後の点については、アレッツォが当初から介入を拒否したこと、アレッツォ、ペルージャ、コルトーナがいち早くローマと友好関係を結んだことに現れている。

　ペルージャ近郊における戦闘のように前述の紛争のいくつかの挿話は、戦争

状態の最終段階におけるものだった可能性がある。事実、この世紀の終わりにはエトルリアは平和以外のなにものでもなかったように見えるのである。アレッツォの内部問題（後述）へのローマの介入を別とすれば、特に北のエトルリア諸都市はローマとの義務的で不可逆的な強い関係をもっている意識がなかった。かれらの伝統的な政治形態は、少なくともこの時点では形式のみならず実質的にも独立していた。これまでエトルリア＝ローマの長い抗争に無縁だったエトルリア北西部の都市ロゼッレとヴォルテッラが前299年のケルト人の襲来の際のなんらかの折衝によって黙認したことがあり、これがローマの反動を惹き起こした可能性がある。ケルト人に加えてウンブリ人もこの局面に参入し、ウンブリ人、ケルト人と同盟したエトルリア人は中部イタリアの中心にまで進攻する。その結果はセンティーノ Sentino の戦い（前295年）においてローマ軍が主としてケルト人とサムニウム人の軍に勝利して終わったが、これはエトルリアにとってもネガティヴな結末だった。

　結局ペルージャ軍とキュージ軍に続き、ウォルシニイとロゼッレも敗北し、ウォルシニイ、ペルージャ、アレッツォは和平を申し出る。J. ウルゴンがオルヴィエートの〈ゴリーニの墓 I〉の碑文（*C. I. E.* 5093）から推理した仮説によれば、レイニエ Leinie というウォルシニイの重要な家族の一員が大使（［ラ］legatus）としてローマと交渉にあたった際に、エトルリア語化した *Lecate* という名称を用い、「キュージにおける〈エトルリア平民法務官〉の役職を務めた」という肩書の紹介は、いまやローマに対して後退したウォルシニイに代わってキュージに集約された全エトルリア共同体の代表的立場にあったことを示唆しているかもしれない。事実、前3世紀の最初の数十年に起こった新たな戦争に関する文献（リウィウスによる前285年頃の挿話、ポリュビウスによる前283年のヴァディモーネ Vadimone 湖でエトルリア軍の支援もあって鎮圧されたケルト人の反乱、オウィディウス『祭暦』に記録された前281年の対エトルリアおよび前281、280年の対ウォルシニイおよびヴルチに対する勝利、カシウス・ディオ Cassius Dio による前273年のカエレの最後の抵抗）によれば、ローマに吸収されることへの抵抗の役割は南エトルリア諸都市、それも主としてウォルシニイに委ねられていたように見える。そしてさらに起こったケルト人の襲撃の際には、アレッツォがローマ側についた。有名な最後の運命的挿話は、前

264年のローマによるウォルシニイの征服であり、これはこの都市の内紛の結果として市民がウォルシニイからボルセーナに移動したことで実現したものである。そしておそらくこのときにファーヌム・ウォルトゥムナエが破壊されたのだが、これはつまりエトルリアの古くからの中核が破壊されたということになる（ゾナラス Zonaras VIII-7, 4 以下）。

　以上に述べた事実はしばしばエトルリア諸都市の内部の状況や出来事を暗示しているので、社会的・制度的一貫性を確認するためにここで要約しておく必要があろう。エトルリアにおけるポスト・アルカイック期の社会的・政治的構造に関するこの話は──組織の点については後述する──必ずしも完璧な情報としては伝わらず、また前5-4世紀のローマ史の発展と照らし合わせて首尾一貫したものでもない。ローマ史のデータは何かの際には類推のヒントとして役立つかもしれないが、エトルリアの広大な領域で展開した個別の経験を特徴づけていたはずの多様な状況を考えれば、それを指針として用いるのは誤りであろう。

　そこで政治制度の最も歴然とした様相についてまずいうべきことは、エトルリアにおいてはローマにおけるようにアルカイック期の終わりに君主政から共和政の形態に移行したとはいかにしても考えられないことである。エトルリアにおける君主制の意味がなんであれ、ローマの史料、すなわち前に引用したリウィウスの数々の記述から確実にいえるように、ウェイイでは前5世紀の最後の数十年に何代かの王がいたことは確かだし、「毎年の選挙に疲れたため」その前にあった共和政的制度の上に君主的（あるいは独裁者的）権力を重ねたということもいえるかもしれない。この二つの体制の区別を意識することは、内政のみならず、外政のレヴェルでも明白だった。というのは、ウェイイに対する他のエトルリア都市の反感は、とりわけエトルリアでその頃は優勢だったに違いない共和政の体制を廃止したことに起因することで理解される。選挙で選ばれる司法官の最高職、zil(a)c、zilix、zilath は、すでに触れたように、〈ピルジの金板〉に登場し、その他の名誉職の用語とともに、前4世紀以降特にタルクイニアとヴルチでしきりに使われることになる。共和政が都市国家タルクイニアの一貫した体制であったことは、スプリンナの「頌歌」でも示されており、すなわちこの一族の肩書は尊称の「法務官」として何度も繰り返される。この

ことについても前4世紀中葉には依然として存続し(アルカイズムのしるしか、あるいはウェイイのような変革か?)、アウルス・スプリンナの手で倒されていたカエレの体制との明らかな対照がある。これらすべては、同時期のローマの政治的状況と比べて、なんという違いだろう！

社会的構造に関して、市民的国家と貴族的体制という環境の中で、権力や富裕度という意味での上流階級と、ローマの平民に相当する下層階級の間に権力の対立や交替(同時代のイタリア半島およびシチリアの諸都市におけるのと似たような権力の対立・交替)があったかどうかを確かめる十分な資料がない。しかしアルカイック時代に持続した伝統的な貴族(たとえばウェイイのトゥルムネ家やタルクイニアのスプリーナ家)や新興勢力がタルクイニア的な共和政社会では絶対的な権威を得たかもしれない。だからといって、時に主張されたように、エトルリア都市国家がローマの場合と違って、固着した寡頭政治の性格をもっていたことを意味するのではない。一方で、いわゆる奴隷階級、あるいはともかく貴族と同様な諸権利と無縁の階級の存在を証明しようとする試みもあった。たとえばアレッツォで前4世紀中葉に始まってタルクイニアの寡頭政府の支援を得た体制側が鎮圧した奴隷蜂起のケースがそれにあたるだろう。しかしそのアレッツォで、リウィウスの記述(X-3, 5)によれば、さらなる騒動があった。すなわち、富裕で突出した有力者のキルニイ Cilnii 一族に民衆が反乱を起こし、最終的に前302年にローマ人が介入して収束した。こうしたことからもわかる通り、アレッツォはこの時期に工業的な経済によって急速に発展したと思われ、1世紀後のスキピオのアフリカ遠征に際して物資を提供することになる。エトルリア諸都市の反ローマ的政策がいよいよ進行する中で、アレッツォの一貫したローマ寄りの姿勢は重要である。

社会的・政治的混乱の例として、その他二つのケースが知られる。一つはあまり有名でないオイナレア Oinarea というエトルリア人の都市であり(偽アリストテレス)、他は前264年にローマが征服する以前のウォルシニイでの話(前記ゾナラスほか)である。古代文献によるにせよ、近代の歴史研究者によるにせよ、こうした事件の解釈は多様ではあるが、おそらく指導者階級は王政復古や独裁勢力の奇襲を恐れ、奴隷の段階的解放や公的生活権の取得を認めはじめ、ついには一般大衆が十全な市民権と政治への参加権を獲得し、少数独裁者に革

命的に干渉するにまで至ったと考えられる。独裁者たちはローマに助けを求めるほかなく、ローマは治安を守る行動をとったが、これがエトルリア「民族」の共同体の最後の砦の終焉でもあった。それでもなお、この企てはエトルリア諸都市の内部管理のシステムを更新することには成功しなかった。

ローマの支配とエトルリアの残存・遺産

　まずはウェイイで、最後にはウォルシニイで起こったような、ローマによる都市国家の暴力的奪取の挿話を別として、エトルリア世界の政治的独立の喪失は、政治体制と文化的伝統を保有する本質的に漸進的な目に見えない変化という形で進行した。基本的にエトルリアの大部分は社会構造・制度が変わることのない同盟関係によってローマのヘゲモニーの下に移行する。わずかにローマに最も近い、直接的紛争の結果に最も打撃を受けた都市の領土の一部が、覇者による併合と植民を通じた変容を強いられる。こうした状況は前1世紀初めにローマ市民権が認可（あるいは押し付け）されるという革命的法措置（イタリア半島全体に共通する）がとられるまで約2世紀の間続くことになる。これがエトルリアの歴史の終わりを意味するであろう。

　まず最初に南エトルリアと沿岸部についていうなら、ローマとの最初の衝突の状況に起因する際立った相違に気づくだろう。ウェイイは前4世紀初頭には純然たるローマとの併合によって姿を消し、直後にスートリとネーピ Nepi というラティウムの（すなわちラテン法の）植民市が創設され、スートリにはエトルリアに対するローマの難攻不落の城砦が築かれた。古くからウェイイとタルクイニアと同盟していたファレリイは、より長い間自治を保有したが、おそらく旧来の反ローマ的心情によって、前241年に反乱を起こし、これが原因となって住民、公的機関は、本来の出身地であるファレリイ・ウェテレス Falerii Veteres（今日のチヴィタ・カステッラーナ Civita Castellana）からサンタ・マリーア・ディ・ファッレリ Santa Maria di Falleri の地域に移転を余儀なくされた。ファレリイ・ノーウィ Falerii Novi と呼ばれるこの地は現在廃墟となっているが、強固な城壁の一部が残っている（これより数年前にはウォルシニイ人についても同様なことが起こっている）。

ティレニア海沿岸に並ぶ諸都市の管理は、エトルリア共同体を伝統的な海上活動から切り離し、なによりも北方のリグーリア地域へのローマ人の自由な軍事的・商業的な航行を保証する意図をもって、一律ではなく、厳しいところとさほどでもない場所の違いがあった。前３世紀後半にアウレリア街道となる道路沿いに一連の「ラティウム」およびローマの海洋植民市が生まれることになる。年代順に並べると、ヴルチ領内にコーサ Cosa（前 273 年）、カエレ領内にピルジ、カストゥルム・ノウム Castrum Novum（260 頃）、アルシウム Alsium（247）、フレゲナエ Fregenae（247）、タルクイニア領内にグラヴィスカ（181）、さらに北にサトゥルニア（183）、ヘバ Heba（150 頃）、リグーリアとの国境近くにルッカ Lucca とルーニ（177）といった具合である。

　これらの拠点の発展の経緯は、ローマとそれぞれのエトルリアの都市の関係に応じた特色がある。前３世紀の最初の数十年間における各都市の異なる状況についてはすでに触れたが、つまりウォルシニイでは反ローマ、どちらかといえば汎エトルリアの政治的色彩が際立つのに対して、ヴルチは一つの重要な役割を演じ、カエレがいわば時代遅れとしてなんらかの形でこれに巻き込まれる。この段階でヴルチの海岸線を守るために北の地点にコーサの城砦が築かれる。それに続いてカエレの沿岸にこの都市国家の旧来の港を含むローマの施設がちりばめられる。このことから明らかにカエレのローマへの従属関係が強化され、前述の「投票権のない市民」という法的形式が進行するほか、この時期以降の墓地の葬礼碑文において固有名詞や言語がラテン化したことを知ることができる。ヴルチの内部にさえ、ローマに直属するサトゥルニアとスタトニア Statonia という「県」が設けられて領土が分断され、ヴルチは重大な危機に備える態勢をとったと思われる。驚くべきことに、ウォルシニイの領域では同様のことは起こらず、ここでは都市そのもの移転という劇的な措置がとられた。

　タルクイニアの場合はまたそれと異なり、前４世紀の戦いの後、休戦協定が侵犯された記録はなく、おそらく同盟条約に形を変えていたと思われる。タルクイニア国家はその面積の広さ、古くからの強力さ、伝統的な豊かさにおいて、犯しがたい尊厳を築いていたのである。エトルリアに対するローマの支配が始まり強化されても、どちらの側にも敵対的な態度は生まれなかった。そして確かなことは、独立を放棄するという条件でタルクイニアはその制度的・文化的

遺産を保持することができ、その多くはエトルリア全体に共通するものであった。大型の墳墓に見られる碑文、壁画、彫刻からわれわれは共和国で指導的だった多数の大家族の代表者の名を知っているが、これらは前4世紀からその後の同盟の世紀にかけて中断することのない政治的枠組みの中でさまざまな役職に就いているのである。いくつかの家族をあげると、すでに触れたスプリーナ、ウェルカ Velcha、パルトゥヌ Partunu、フルクニエ Hulchnie、ククルニエ Cuclnie、クレスペ Crespe、アパイアトゥル（あるいはアピアトゥル）Ap(a)-iatru、ピニエ Pinie、ケイシニエ Ceisinie などがあり、時にはかれら同士あるいは他の都市の上流家族と親類関係にある。そのほか重要な役に就いた「地方的な」貴族もあり、タルクイニアのほか、たとえばムサルナ Musarna のアレトナ Alethna、ノルキアのクルクレ Churchle、トゥスカニアのヴィピナナ Vipinana、およびスタトラネ Statlane などがあげられる。これほど多数の重要なデータは他の都市には欠けているが、それは発見の偶然性に由来するだけではなく、ある特殊な社会的・政治的構造とその重要性に対応するものである。とはいえ、なんらかの類似の様相はヴルチでも垣間見られ、そこではトゥーテ Tute 家が高位の役職に就き、またウォルシニイでは——社会的混乱期と収束の前であるが——前述の〈ゴリーニの墓〉のレイニエ家の存在がある。

　さて北エトルリアに目を移すと、まず第一にいえることは、個々の都市の自治と前4世紀末以来同盟国として位置づけられてきたローマとの関係に関する政治的・法的ステータスは変わらずに維持されたことである。その条件はおそらく、ローマの拡張政策に直接的にさらされた南の諸都市とは異なる地理的位置に対応するもので、また、ある程度まで、ローマとの経済的補完性という理由にもよるものだった（具体的にはアレッツォに設置された武器産業があり、これについては後述する）。それゆえ旧来の独立からローマへの従属への移行は、南よりも緩慢な経過をたどるのである。一方で、考古学的・文献的資料から明らかなように、これらの北の諸都市はまさにこの時期に最大の経済的・人口的発達を遂げ、アルカイック期には特に南のティレニア海沿岸諸都市、ついで内陸部（ウォルシニイ、キュージ）、一時的にはポー川＝アドリア海のエトルリアが演じていたエトルリア世界の中心的役割を担っていた。付け加えれば、南の諸都市と違って、貴族制度の下で下層階級の社会参加の道が開かれている

傾向があり、それについては人名学において個人名に貴族に由来する名を見出すことからもうかがえる。それは一種の大規模な平和的革命に等しいものであり、一つにはすでに予兆のあった少数独裁体制の崩壊を実現し、他方では共和政ローマの最後の世紀の特に北エトルリアにおいて、内部の階級闘争で市民側に好意的な傾向を説明するものである。要するに、前3-2世紀を通して、中部・北部エトルリアの諸都市、すなわちヴォルテッラ、キュージ、ペルージャ、コルトーナ、特にアレッツォが、エトルリア的伝統から離れて、ローマ=イタリキ世界における最も活力ある区域を構成したと考えねばならない。それを証言するのはこれらが帝政ローマ、さらには後期古典時代においてもなお非常に活気ある都市として存続したという事実である（大部分が活力を失うかまたは完全に消滅の運命をたどる南およびティレニア海沿岸の諸都市と異なる点である）。

　前4世紀におけるローマ人のエトルリア侵入開始から前1世紀初頭の法制的ローマ化までの時期——すなわちローマ=イタリキ連邦の枠組みにエトルリアが組み込まれていた時期——の歴史的解釈として、三つの基本的な視野が提示される。すなわち、ローマの「征服」、エトルリア文明の残存、そしてエトルリアのローマ史への統合である。エトルリアの従属と平和化は前3世紀前半までに完結した。こうしたエトルリアの忠節がゆるぎないものとなったことは、第二ポエニ戦争におけるハンニバルの遠征の際のエトルリア諸都市の態度から確認することができる。このときエトルリアの中心部のトラジメーノ湖の戦い（前217年）でローマは大打撃を蒙った。エトルリアに対するカルタゴ側のプロパガンダや旧来の歴史的結びつきがあり、そしてエトルリア人がフェニキア軍の傭兵となった例が多少あったかもしれないが、にもかかわらずエトルリア諸都市は基本的にローマとの同盟に忠実を守った。一部で思い上がった謀反の動きがあったことは十分に理解できるが、ローマ人は必要とあればつねに先手を打つことができた。それに対して歴史伝承（リウィウス、XXVIII-45）として正確にいえることは、スキピオ・アフリカヌスの海外派兵（前205年）に際し、エトルリア「市民」がそれぞれの土地の資源や製品を供出したことである。たとえば、小麦、船の建材といった一般的なもののほかに、ポプローニアは鉄を、アレッツォはさまざまな種類の武具や道具類を供給した（なお、アレッツォは後の帝政ローマの初期にも工業都市の伝統的役割を果たし、特に洗練された

図2 エトルリア本土の都市

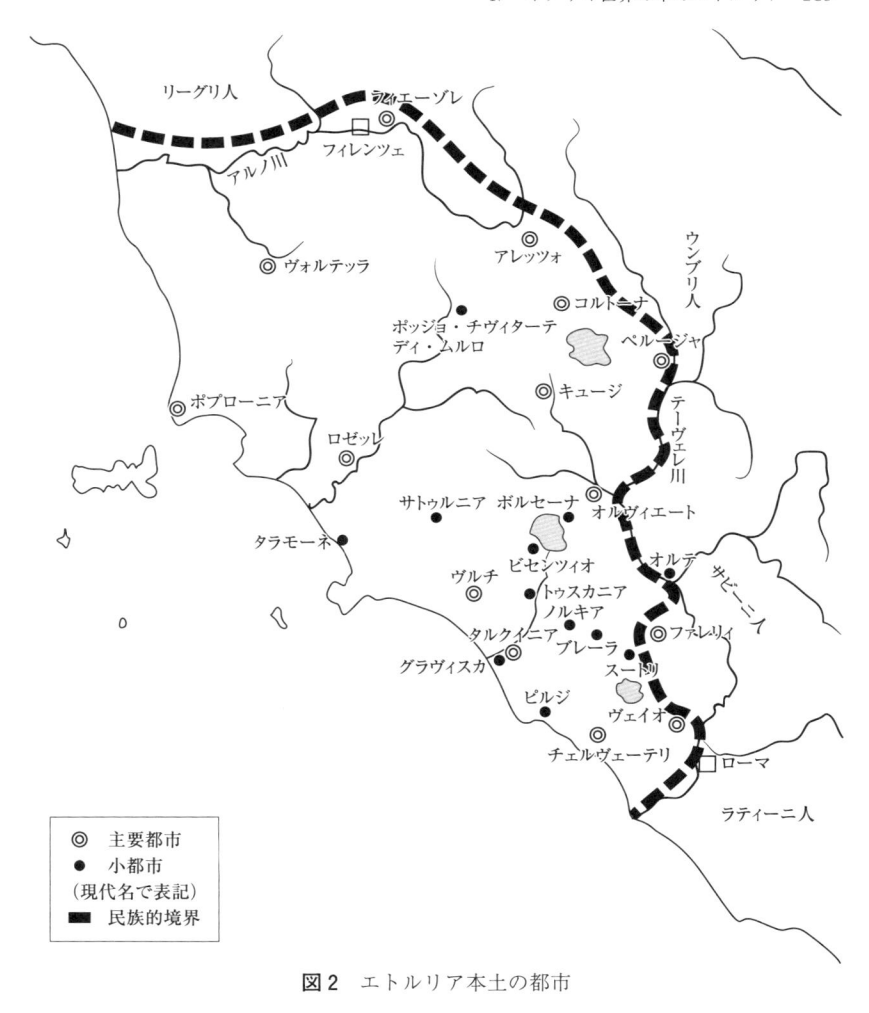

陶器が広く普及し、模作された）。ハンニバルの戦争に関しては、最近発見された一つの碑文資料に触れておかねばならない。すなわち百歳以上で死んだタルクイニアのラルト・フェルスナ Larth Felsna という男の葬祭碑文（T. L. E. 890）であるが、かれはローマ同盟軍の一員としてカプアにいたか、あるいはハンニバルと関係のあるカルタゴの傭兵の一人だった可能性がある。

次にエトルリアの残存の問題に関しては、ローマの「征服」は付随的な点を除いて、従属させられた都市のエトルリア的特性をなんら変質させなかったということを強調する必要がある。周知の通り、エトルリアのウェイイは早い時代に姿を消したが、カエレは早くからローマと結びつきながら、ネクロポリスのエトルリア的性格を保有する。習俗、典礼、記念的造形、図像学などのエトルリア性は、ローマに決定的に併合される前夜まで、すなわち前2世紀を通じて存続していた。タルクイニアの〈テュフォンの墓〉やペルージャの〈ウォルムニの廟〉のような大規模な考古遺跡はエトルリア以外では想像できないことは明らかである。この時期には、典礼に関することであれ（エジプトで発見された〈ザグレブのミイラ〉の書き文字はまさにエトルリア=ローマ時代のおそらくキュージのものである）、とりわけ内臓占いなどの技術であれ（比較的近年に〈ピアチェンツァの肝臓〉、ヴォルテッラの棺が発見され、また、タルクイニアに60人からなる占い師の組織があったことなどが判明した）、宗教的文学が普及することであれ、特に宗教的な面で伝統に忠実に執着する現象が現れる。

最後に、近年研究者の関心が集まっている最も興味深い現象は、ローマ世界の誕生においてエトルリア文明が統合されるプロセスである。すなわち、エトルリア学を自律的な研究分野として歴史学、文学史、共和政後期と帝政初期のローマ文化史と切り離す古い考えを超越する方向にわれわれが向かいつつあるということである。こうした視点から見れば明らかに後期エトルリアの多くの現象が新興のローマ文明の生成の現象としても価値づけることができるのである。たとえば、最も視覚的に明らかな現象をあげるなら、特に造形芸術の分野（神殿建築の装飾テラコッタ、ヴォルテッラの小型石棺の神話的主題の浮彫、いくつかの肖像彫刻）において、ローマを媒介としてヘレニズム美術の主導的表現を受け入れている。経済的にはエトルリアはローマ=イタリキのシステムの有効な支持領域を構成する。つまり、いわゆるアエス・グラウェ aes grave [**98]という貨幣を導入し、特に北部において十分な農業生産の能力を保有し、そこでは中流の土地所有者が下層階級を解放した。また金属工業に関して、採掘であれ（ポプローニア）、加工であれ（アレッツォ）、墳墓の碑文にしばしば外国由来の人名が見られることでわかるように、奴隷の就労が普及することによって、エトルリアにはイタリアの最も進んだいくつかの都市が含まれることになる。

共和政ローマ後期に特有の種々の変革に加えて、特に沿岸部と南部では、中小の農地所有者の衰退と、大土地所有の拡大（タルクイニアの場合について前述したように、大部族が強力になる）、それに応じて起こる農村部のさらなる過疎化といった事実が現れる。これはティベリウス・グラックスが問題視し、農地改革のプロジェクトを進める上での一つの契機となった。しかし明らかに、前2世紀のローマの政争に関わるさまざまな出来事とグラックス兄弟の政策との絡み合いは、主としてローマが直接支配する南エトルリアというきわめて重要な部分に関係するものであり、すなわちそこでは国有地（ager publicus）をどうするかという問題が存在していた。いずれにせよそのことは、ある意味で似たような状況が、依然として形式的に自治が守られたエトルリアの領地では起こらなかったということではない。そこでは明らかに地方的少数独裁者の関心はできるだけ自らの特権、すなわち具体的には土地所有を不変のまま維持することであった。この点について研究者の多くは、ローマの『土地測量典範』に記録された、もし土地の境界の改変があれば天変地異があることを警告したいわゆる「ウェゴイアの予言」[**99]の有名な一節は、農地の無断改変者に対するエトルリア由来の警告の伝承であろうという解釈がある。一方、ローマによる改新、とりわけ護民官リウィウス・ドルススの農地法に対する警戒心から、エトルリアの指導階級は公的な関心を示さなかった。他のイタリキ人が切望し、いわゆる「同盟市戦争」（前90-82年）の根底の動機となったローマ市民権の拡大の措置に対してエトルリアは反対というわけではないが、この戦争にも無関心であった。

　ローマの組織へのエトルリアの統合は、領土という点でいえば、情報伝達の速度を上げるための道路網の建設に特徴があるといえる。それはローマを起点として既存の道路を一部たどりながら、エトルリア領のほぼ全体を南から北へ垂直方向に縦断するものだった。すなわち、アウレリア街道（Via Aurelia）は海岸沿いの古くからの大都市を通ることなく修整して真っ直ぐに伸び、クローディア街道（Via Clodia）はエトルリア時代にできていたと思われる道路で、カエレとタルクイニアの後背地を通過してサトゥルニアに至る。カッシア街道（Via Cassia）はエトルリア北部に向かう道路として前2世紀に一本化され、スートリ、ウォルシニイ、キュージ、アレッツォを通る。フラミニア街道（Via

Flaminia）はファリスキ人の領土を通って本来のエトルリアの周縁部であるウンブリアに向かう。これらは大部分が幾世紀も経た今日まで生き延びている。道路と結びつきながら都市間の関係を部分的に変えることになるもう一つの革新は、「広場」、あるいは"駐車場"、市場の創設であった。具体的には、カエレ地区の〈クローディイ広場〉（Forum Clodii）、タルクイニア地区の〈カッシイ広場〉（Forum Cassii）、ヴルチ領内の海岸に近い〈アウレリイ広場〉（Forum Aurelii）である。

　前90年に制定された「ユリウス法」と「カルプリーナ法」によってローマ市民権が与えられることで全エトルリアがローマの直接の支配下に入るわけだが、そのことは単に形式的な行為、数世紀にわたる歴史の終着点の象徴的結論を意味するだけではなく、具体的に、ローマ=イタリキ時代に設定された均衡の破綻と、特にローマ共和政の最後の内戦と関係しながらエトルリア領内であわただしく起こった新しい秩序構築の始まりを表すものである。大部分のエトルリア都市がマリウスの市民側に与したことは、スラの凶暴な反発を招き、ヴォルテッラ、フィエーゾレ、アレッツォ、キュージに強制的に住民が送り込まれることになり、これがこれらの都市の民族的構成を根本的に改変させた。住民の一部は市民権を有せず、エトルリアにおいて、アエミリウス・レピドゥス、Q. セルトリウス、カティリーナといったローマの政治家の支持を得てエトルリア人が反乱したり、あるいは法的なアクション（たとえばキケロの『カエキナ擁護演説』*Pro Caecina*）を起こしたりしたのは、こうした権利の獲得と、スラが惹き起こした状況を健全化するためだったのである。

　内乱の時代にはエトルリアの由緒ある貴族が生き延び、そういう一族から出た人物がローマで騎士団や元老院議員の地位にまで上り詰めた。以下にいくつかの例をあげる。ペルペルナ家 Perperna（出自は不明だがおそらく北エトルリア）は前2世紀からローマ市民で前130年に統領が出ており、前1世紀前半にはローマの政界で存在感を示した。ヴォルテッラのカエキーナ家（エトルリア語 *Ceicna*）。ペルージャのウォルカキイ家 Volcacii。アレッツォのキルニイ家 Cilnii。（アウグストゥスの相談役の作家 C. マエケナスはこの一族であると考えられたが、マエケナス家もまたおそらくペルージャ由来のエトルリア人の家柄である。）カエセンニイ家 Caesennii（エトルリア語 *Ceisinie*）。フルキニイ

家 Fulcinii はおそらくタルクイニアの由緒ある部族フルクニエ家 Hulchnie の流れをくむ。カエレのタルクイティイ家 Tarquitii については墓が知られており、エトルリアに詳しい著名な作家タルクイティウス・プリスクス Tarquitius Priscus の出自とされる。やはりエトルリア出身のほぼ同時代の文筆家としてキケロが弁護したカエキナの息子、アウルス・カエキナと、おそらくペルージャ出身のニギディウス・フィグルス P. Nigidius Figulus がいる。最後に、著名なタルクイニアの同名の一族に属するカエサルの占い師スプリンナがあげられる。

　前1世紀のエトルリアに関する出来事として頂点に立つのはオクタヴィアヌスとルキウス・アントニウスが戦った「ペルージャ戦争」の挿話である。前40年3月、ペルージャ城内に籠ったアントニウスを長い包囲の後に打ち破った。市内は火災となり、数百人の元老院議員と騎士が死亡し、旧来のエトルリア人の貴族制の伝統は終焉した。興味深いのは〈ウォルムニの廟〉において見られる、前2世紀から前1世紀初頭にかかるこの家族の複数の人物の小型石棺と、ププリオ・ウォルムニオ・ウィオレンス Publio Volumnio Violens なる人物のエトルリア語・ラテン語の二言語碑文をもつローマ式の大理石の石棺との違いであり、後者はこの戦争後であることを示している。

　数世紀前から始まっていたエトルリアのローマ世界への統合の現象が一層確実に行われるのは、前1世紀のスラとアウグストゥスの時代の間、いいかえればローマ市民権獲得と帝政初期のイタリアの行政の組織化の間のことである。ローマ化という概念をもとにして、エトルリアの都市と特に周辺耕地における人種的自律性を基本的に改変することなく、つまりいかなる意味においてもエトルリア民族の"消滅"ということ（エトルリア人に対する古い偏見！）ではなしに、言語、宗教理念、生活様式を徐々に変えた歴史的現実にできる限り近づくことが必要である。口語および文語としてのラテン語の採用は、場所、社会環境、階級レヴェルに応じてさまざまな時代と現れ方をもって起こったに違いない。明らかにローマに近く、直接に支配される都市やローマによる植民が行われた地域では、行政的・商業的な関係や知的な環境で早い時期になされ、宗教的伝統に縛られた分野ではおくれて現れた。前1世紀を通じて二言語併用が一般的となる。葬祭碑文（たとえばヴォルテッラ）においては後1世紀の初め

までエトルリア語が続いていることからしても、帝政初期にはいたるところで方言としてエトルリア語が話されていた可能性があるが、文書の部分ではもはや死語であったと思われる。言語が変わることは、他のいかなる文化的統合の局面におけるよりも「ネイション」の終焉を意味する（繰り返すが人類学的な意味での血統の絶滅ではない）。そしてエトルリアの自律性が終焉した前1世紀初頭からしばらくおいて、帝政期の初めには現実の姿としてエトルリア文明の最後の余韻が消え行きつつあり、記憶と遺産が残るのみとなる。この二つの時点の中間的局面、いわば通過点ともいうべき前1世紀が、エトルリアの占いの教理によればエトルリア民族の第9世紀と考えられていた時代と一致するということは意義深い。

ところでアウグストゥスの時代とともに、一つの新しい歴史的展望が開かれる。つまりアウグストゥスの政治思想に特有な古代イタリアの栄光の称揚という構図の中で、エトルリア世界の伝統・遺産が再考と追憶の対象となるのである。こうした傾向の具体的な政治的行動としての表現は、なにはともあれ新しく植民した古代エトルリア諸都市（coloniae Iuliae）の再評価の作業であり、それは古い大都市（アレッツォ、ペルージャ、ロゼッレ）のみならず、カストルム・ノーウム、グラヴィスカ、ルクス・フェロニアエ Lucus Feroniae、ネーピ、ストリなどに及び、ウェイイを文字通り復活させようとさえ考えられた。エトルリアが統一体であるという伝統的概念は、イタリア第7管区としてそのまま境界線が引かれることで裏付けされ、後述するように、宗教や習俗が復活する中で（アウグストゥス『業績録』*Res Gustae*：8章に言及されている）有力な市民の間に固定した連絡網が再確認されたことも忘れることはできない。そしてアウグストゥスの周辺のマエケナスやウェルギリウス（アエネアスの時代のエトルリア人に多くのスペースを割いている）、ウェリウス・フラックス Verrius Flaccus（『エトルリアの書』）など、多くの文人の間にエトルリアに対する関心が高まった。

帝政ローマにおけるエトルリアの伝統の再生とエトルリア出身の重要な一族の地位の保持ということは、近年の研究対象であった。特に重要なのは「エトルリア法務官」（praetor Etruriae、または praetor Etruriae quindecim populorum）と「エトルリア建設官」（aedilis Etruriae）という称号の普及である。前

者はエトルリア出身または在住の比較的格の高い人物に授けられ（ただしハドリアヌス帝も他の種々の肩書とともにこの称号をもっていた）、後者はより格が低かった。前者は古いエトルリアの称号 *zilath mexl rasnal* のラテン語式の言い方であり、したがってエトルリアの共同体の公会議あるいは連盟の組織に結びつくもので、成員数は当初 12 であったものがローマ時代に 15 に移行した。この制度は前 3 世紀にウォルシニイが陥落した後は全く歴史的な意義を失ったが、アウグストゥスもしくは多分クラウディウス帝の下でなんらかの形で復活されたと考えられる。事実エトルリアの要素を権力の中枢に取り入れようとする発想は、エトルリアについて格別の教養をもったこの皇帝の知識と情熱に負うものであり、かれの個人的な研究はともかくとして、たとえばかれの文化的・宗教的政策の中でタルクイニアの 60 人の占い師の集団を再編成してエトルリアの教義を修復したり、エトルリアの 12 あるいは 15 の共同体に捧げた彫像の基台の部分と見られるタルクイニア、ヴルチ、ヴェトゥローニアの都市の象徴像を表した有名なチェルヴェーテリの遺物はかれの意向で制作されたと思われ、また、スプリンナの『頌歌』やタルクイニアの〈女王の祭壇〉で発見されたラテン語の碑文はクラウディウス時代のものである。そして、ラテン語の子音のuと母音のuをエトルリア文字の第 6 字を上下逆にしたものを記号として導入するといった改革の試みも忘れることはできない（これは結局は定着しなかった）。

　エトルリアに対するこうした記憶と関心が次の時代には消えてしまったということは確認できない。ローマの指導者層や元老院においてエトルリア出身の家族やその重要性が続いたこと（とりわけ二人の皇帝すら輩出している。フェレント Ferento のサルウィイ家出身のオト帝とペルージャのウィビウス・ガルス家出身のトレボニアヌス・ガルス帝）は別として、「エトルリア法務官」の大部分が後 2 世紀と 3 世紀に記録されていることは意味深長である。残存する地方的伝統と全く離れた単なる形式的名誉職ではなかったことが、ある聖職者にウォルシニイ近郊で毎年開かれるトゥスキアとウンブリア共同の競技会に行くことをコンスタンティヌス帝が免除する内容のラテン語の回勅（スペッロ Spello で発見、*C.I.L.*, XI-5283）に示されている。加えてやはりスペッロのもう一つのある人物の碑文（*C.I.L.*, XI-5283）には「トゥスキアとウンブリアの

戴冠者」(coronatus Tusciae et Umbriae) という称号が付けられており、これは明らかに上記の競技会に関係するものである。ウォルシニイがそのような催事の場所に指定されている事実はデイオクレティアヌス帝の行政改革の結果としてエトルリアとウンブリアが統合されたことによるものだが、エトルリアの伝統の継続、あるいは再生という点できわめて重要な証言となる。

しかしこうした伝統主義の特別な現象は別としても、ローマ世界にはエトルリアから借用した文化的要素が浸み込んでいる。事実、宗教、制度、美術、言語の分野におけるエトルリアの遺産の最も深く広い部分は、ローマに対するエトルリアの直接的影響の最も古い局面に属している。しかし征服と同化のプロセスは、共和政末期と帝政期の政治的出来事とも関連しながら、とりわけ宗教、宗教文学、占いの実技に執拗な痕跡を残していることも事実である。占い師の役割は時には公式の助言としての重要性を担うものだった。雷の解釈を含むエトルリアの占星術が深く根を下していたから、さまざまな異教・迷信が交錯する中で、中世初期、410年にアラリクスがローマに進攻する時代にもなお直接の効力を発揮した（ゾシムス Zosimus『新歴史』《5世紀後半》V-41）。特に2-3世紀以降および中世の浮彫や肖像美術における、古典主義的傾向と対照的なエトルリアの造形美術の伝統の持続と再生については別の章で詳述する。北イタリアのプレ・ローマ時代、あるいはローマ時代初期の文化的潮流がアルプス北側のエトルリア世界にもたらした影響は、ケルト人またはケルト＝リーグリ人の製品のなんらかの部分に認められる。一方、別の分野で近年の研究によれば、中世の北ヨーロッパに特有のルーン文字の誕生は、北エトルリアのアルファベットの伝播に相当の部分で負っているだろうといわれる。さらにラテン語から継承された語彙の遺産を考慮すれば、古代エトルリアはその歴史の生命が終息したとき以来、限定的であるとはいえ西洋世界の構築に直接・間接に貢献するものを遺したと結論することができるだろう。

訳注
＊＊75　lebes（ラテン語）は青銅または陶器の卵型の容器で、普通は蓋付きで高い台座の上に載せ、食事の場で水や酒を入れて置かれたと考えられる。ギリシア、エトルリア圏で発見され、ヴィラ・ジューリア国立博物館に好例がある。

***76 ローマ北東部の現在のラツィオ州とアブルッツォ州にわたる地域の先住民。長くローマと敵対していたが前484年頃征服された。

***77 サビーニ人の女神フェロニア Feronia を祀った聖所。フェロニアは大地を司る神で、のちにローマ人にも崇敬された。ローマの北方約20キロの地点にあり、公開されている。

***78 前7-2世紀の間、ウェネティ人が用いた青銅器の容器。表面に打ち出しの文様が施されるのが特徴。図柄は幾何学的な装飾文をはじめ、上流階級の生活の場面を表したものもある。のちに北エトルリア、特にフェリシナに技法が伝えられた。

***79 ［ラ］Tabulae Iguvinae、［イ］Tavole eugubine。15世紀にグッビオ Gubbio（ウンブリア州）近郊で発見された前3-1世紀の7枚の青銅板であり、古代ウンブリ語で宗教的内容の文章が刻まれており、現存する唯一のウンブリ語のテキストである。他のイタリキ語の文字に近いウンブリ文字で書かれているが、時代の新しい一部分にラテン文字が用いられて二つの言語の関係の研究のためにきわめて重要な資料である（グッビオ、パラッツォ・デイ・コンソリ蔵）。

***80 現在のフランスのベリー地方のケルト人。

***81 現在のオーヴェルニュのケルト人。

***82 ロワール地方のケルト人。

***83 サオーヌ Saone 地方のケルト人。

***84 ドナウ地方のケルト人。

***85 現在の北フランスの広域に由来するケルト人。一部はアルプスを越えて現ブレーシャを創設する。

***86 アウレルキ人の一派で、現ル・マン地方に由来する。

***87 前5世紀頃から南フランスに登場した民族。由来はよくわからない。前2世紀に北上するローマ軍としばしば衝突した。

***88 起源は不確かだがフランスからボヘミアに入ったケルト人一派。

***89 現ラングル Langres に由来する。

***90 インスブリ族は前4世紀頃ガリア・キサルピーナ（ほぼ現ロンバルディーア州にあたる）に定住したケルト人で、現ミラーノを創設した。

***91 ［仏］La Tène。前5-1世紀にわたり中部ヨーロッパに発達した鉄器時代の文化。1857年に遺構が発見されたスイスのヌーシャテル湖北岸の地名から命名されたもので、遺跡からは木造の住居址や鉄器・青銅器などが出土した。その文化の広がりと時代からケルト人が残したものとみなされる。

***92 アルプスからマッジョーレ湖にわたる地域の鉄器時代の原住民。

***93 スキュラクスはヘロドトスが記述する前6世紀のギリシアの航海者だが、その書とされた『周遊記』には前4世紀の世界の情報が含まれているので別人の著作と考えられ、"偽"スキュラクスと呼ばれている。

***94 ローマで活躍したウェルギリウスはマントヴァで生まれた。

** 95　西暦2-3世紀にアルプス北側のゲルマン族が用いた表音文字記号で、一部はエトルリア語の文字に由来すると考えられる。

** 96　現レッジョ・カラブリア。

** 97　マルクス・フリウス・カミルス（前446頃-365）はローマの政治家で、ウェイイおよびファレリイ、カペーナなどの周辺諸族の制圧に腕を振るった。ウェイイ攻略にあたっては、城壁外から長いトンネルを掘って城内に潜入する奇策で名を上げた。

** 98　「重い青銅」の意。この貨幣は前3世紀以降ローマをはじめ、エトルリア、ウンブリアを含む中部イタリアで使われた。

** 99　Vegoia（［エ］*Lasa Vecu*）は伝説上のエトルリアの巫女で、エトルリア人の行動の規範となる「予言書」を書いたとされ、一部がラテン語に翻訳されて伝えられた。「雷の書」「典礼の書」「運命の書」などが含まれる。

** 100　後401年にイリュリアからイタリアに侵入した西ゴート族の将軍。

第2章
エトルリア文化

V　エトルリアの都市と墓地

遺跡所在地の説明

　エトルリア学の歴史はエトルリアの滅亡した都市の復活の歴史と密接に結びついている。いまから2世紀以上にわたって、研究者たちの活動は、はじめは財宝に対する物欲、好奇心、郷土史への関心から動かされ、ついで学問に対する愛によって取り組みが始まり、エトルリア人がかつて住んでいた大型の都市や共同墓地（ネクロポリス）の遺跡に集中した。とはいえ、エトルリアの領土に近い人ならば、エトルリア文明の再構築のために有用な無数の証拠品が発掘の手を待って地下に眠っていることを知っている。

　序論において指摘したように、エトルリア再発見の歴史は複雑で示唆に富み、時に劇的である。はじめは忘却と沈黙が往古の都市の記憶を覆っていた。中世や近代の生活と美術の新しい表層が、ヴォルテッラ、アレッツォ、コルトーナ、キュージ、オルヴィエートといった生活が断絶することのなかった都市におけるエトルリアの記念をほぼ完全に覆い隠していたし、あるいは住民が放棄した場所においては、地中海的な粗雑な農耕によって、あらゆる痕跡が隠されていたのである。

　多くの栄光の土地の名前そのものが失われてしまっている。タルクイニアの遺跡のはずれのコルネートの近くに、コリート Corito という町があったということが作り話のようになってしまった。18世紀にはウェイイの場所が議論され、19世紀になってもウェトゥローニアの位置が確定できなかった。マルシリアーナ・ダルベンガ Marsiliana d'Albenga、マッサ・マリッティマ Massa Marittima の近郊、あるいはフェレント近くの小都市アクアロッサ、シエーナ県のムルロ近郊のポッジョ・チヴィターテが発見されたとき、それらの集落は

謎に包まれ、名前さえ不明のままであった。近年論議を呼んだ典型的な例は、ウォルシニイとオルヴィエートが一致したことである（後に詳述）。

　風景、遺跡、墓地などの"場所"に対する関心は、エトルリア学の歴史やエトルリアを主題とする文学において基本的に重要なことであるが、それが高まったのは19世紀の最初の数十年に行われた冒険に富んでロマンティックな発掘のおかげであった。18世紀の研究を代表する骨董品（人物像が彫られた鏡、装身具、小彫刻など）のコレクターや解説者に代わったのが地上で作業する旅行者、探検家、地形学者、建築家、考古学者たちである。この時代の文学の風潮としてエトルリアに関する描写が盛んに繰り返された。主にアマチュアの先駆的作品の中では、カエレ、ウェイイ、および沿岸部エトルリア全体を対象とした建築家ルイージ・カニーナの技術的にきわめて精密な膨大な地形学的研究書が際立っている。これとほぼ同時代すなわち19世紀半ばに、旅行の記録の分野において、正統的な人文主義的・考古学的・文学的な最高峰として現れたのがジョージ・デニス George Dennis の『エトルリアの都市と墓地』（*Cities and Cemeteries of Etruria*, 1848、ロンドン）であり、この領域ではいまだ比類を見ない。引き続き、ここにあげるに値しない多くの短いエッセーのほか、序論でも触れたニッセンの『イタリアの国情』（*Italische Landeskunde*, II, 1902、ベルリン）と、ソラーリ A.Solari の『エトルリアの歴史地形学』（*Topografia storica dell'Etruria*, I-IV, 1915-1920、ピーサ）が傑出している。ついでながら、近年こうした地形学的な視点がエトルリアを知るための手がかりとして研究者の間でますます評価を高めている。エトルリアに関する総括的な論文の中では、関連する場所、都市を集成したものもある。そしてエトルリアの地形学的解説や考古学的ガイドに焦点を絞った出版も増えつつある。

　こうした膨大な刊行物の中にはきわめて精密で完璧なものもあり、本書の初版の頃にはオリジナルな情報としての価値を有していたこの章の内容はいまや不必要と思われるかもしれない。しかしながらエトルリアに関する文章が流行する中で、本書のこの部分の特徴を保存し、われわれの研究の総体の中での一つの重要な局面について読者の注意を喚起するためにはこの部分を削除しない方がよいと考えた。もちろん以下の論述は当初のままであり、大小の都市のプロフィールをあまり組織的でなく手短に紹介した部分もある。新しくエトルリ

アの発掘品を所蔵する主要な博物館の情報を付け加えた。

　それぞれの場所の各論に入る前に、地理的および歴史的な理由によって、南エトルリアと中北エトルリアとが区別されることになることを強調しておきたい。二つの地域の大体の境界は、ティレニア海に注ぐフィオーラ川 Fiora と、テーヴェレ川に合流するパーリア川 Paglia で線引きされる。すなわち実際には現在のラツィオ州とトスカーナ州の州境である。南エトルリア、あるいはラツィオのエトルリアは、火山性と沖積層の土地からなり、ラツィオ州全体を覆う火山性の山地と湖沼の地形の一部をなしている。

　一方、中北エトルリアはより広く、基本的に河川と森林に恵まれたアペニン山麓の地形からなっている。歴史的・考古学的な観点からすればこの二つの地域ははっきりと区別される。南部では非常に早くから大きな都市が生まれて発達したが、それらは海岸からさほど遠くなく、河口や湖に面し、互いにそれほど離れていなかった（ウェイイ、カエレ、タルクイニア、ウルチ、ウォルシニイ）。そしてエトルリア文明の最後の局面と帝政ローマ時代に、湿地帯におけるマラリアの蔓延も一因として滅亡する。それらの遺跡は野性的で絵画的な風景として保存されることになったが、それは中世から近代を経て、最近年に農業が活性化するまでの間、この地域の人間の活動が限られていたからである。フィオーラ川とアルジェンターリオ川 Argentario の北側の海岸に造られた都市（ロゼッレ、ヴェトゥローニア、ポプローニアなど）は、早くから発達し、同様に衰退も早く、湿地帯の風景という点でも南部のエトルリア諸都市とほぼ同じ特徴を呈している。これと異なるのは、キュージ、コルトーナ、ペルージャ、アレッツォ、フィエーゾレ、ヴォルテッラなど、内陸の都市であり、これらは互いに著しく離れて位置し、南部諸都市に比べてやや遅れて生まれ、エトルリア文明の最終段階とローマ時代に繁栄した。しかし、より重要なことは、それらの都市で営まれていた生活が、全体的に、古代から近代まで一貫性を保っていることである。その意味において、「死せる都市」という呼び方はあたらない。まさにこれらの都市遺跡の中に、古代エトルリア民族とルネサンスのトスカーナ文化の繁栄のつながりを見出すことができるのである。

南エトルリア

　まず南から見ていくと、ローマからわずか数キロのクレメーラ Cremera 川の二本の支流の間の広い凝灰岩の平野にウェイイ Veii（現ヴェイオ Veio）の都市が造られた。この都市は特にアルカイック時代に繁栄したのだが、前4世紀のはじめにローマに支配されて消滅、その破壊は完全なものではなく、共和政および帝政期の遺構が多少は残っているものの、少なくとも相当に縮小した。アウグストゥスの時代のプロペルティウス Propertius（ウンブリアの詩人、前50-15年頃）の有名な詩句（IV, X-27）は、往時の偉大さとその時代の凋落ぶりの対照を次のようにロマンティックに強調している。

　　　おう、古きウェイイよ！　そなたもまた、かつては王国であり、そなたのフォールムには黄金の玉座が置かれていた。いまや城壁の内では牧人の角笛が物憂げに響き、墓地の隙間では草を刈る人の姿がある。

　それはまさに今日でも、この地域を訪れ、クレメーラ川の絵画的な谷を渡り、イーゾラ・ファルネーゼ Isola Farnese の小さな村を過ぎて、もはや住む人もなく、まだほとんど発掘されていないこの古い都市の丘に上るときに得られる印象に一致する描写である。ポルトナッチョ地区の城外の台地で20世紀に繰り返し行われた発掘によって、丘から地下道を通って涌き出る健康水に対する信仰のための聖所が発見された。凝灰岩の基台しか残っていないが、三つの小部屋（あるいは一室と両側の脇部屋）と広い前室をもつエトルリアの建築様式に従った神殿があり、神殿の前方にはより後世に設けられた四角形の祭壇が発見された。周辺一帯からは、建築装飾用の陶板の断片、奉納品、エトルリア文字の書かれた壺類の破片などが採集された。最も目覚しい発見は、一連のテラコッタの大型の彫像であり、有名なアポロン像はその一つである。それらは豪華な神殿の屋根に設置されたアクロテリウム（切妻装飾）であり、前6世紀末から5世紀初めのものと認定される。この都市周辺の他の地域、カンペッティ Campetti、マッキア・グランデ Macchia Grande などでも、無数の奉納品、とりわけテラコッタの小彫刻が出土した。都市は城壁で囲まれている。平地部分の南端に最も古い神殿と住居址が発見された。それらは一般的に前4世紀より前

のものであり、この都市を取り巻くヴィラノーヴァ文化時代まで遡る墳墓から出土した副葬品についても同じことがいえる。幾何学文様を伴った〈アヒルの墓〉（前7世紀）や、東方化様式の装飾のある〈鐘の墓〉（前6世紀初）などの彩色壁画をもつ墳墓が知られている。

　ブラッチャーノ湖とティレニア海の間、海岸から数キロの所に、古代から特に活発な海上活動で知られていたもう一つのエトルリアの大都市の遺跡がある。すなわちカエレ Caere（エトルリア語の原形はおそらく *Caisri*、*Ceizra*、*Cisra*。ギリシア語 Agylla）である。現在のチェルヴェテリの町はそのささやかな生き残りに他ならない。古代の都市の広大な市域は絶壁と角形のブロックでできた市壁に守られているが、近くの谷（19世紀に有名な東方化様式の〈レゴリーニ・グラッシ Regolini-Grassi の墓〉が発見されたソルボ Sorbo 地区）から、バンディタッチャ Banditaccia の丘やアベトーネ Abetone 山まで広がるネクロポリスに囲まれている。20世紀前半に発掘・修復されたバンディタッチャの遺跡総体は、イタリアのみならず地中海世界全体にとっても最も興味深く、示唆に富んだ考古学遺跡の一つである。そこには岩や石の基台の上に、大きなものでは直径30メートルを超えるなど、さまざまなサイズの土まんじゅう型古墳が連なっている。そしてその内部に入ると、凝灰岩を削り取り、種々の部屋、扉、窓、柱、格子天井のほか、たんす、椅子などの家具、死者のためのベッドなどを象って地上の家屋の室内に似せた墓室がある。その他に四角形の状態で発掘された遺構があり、市街地の平面図のように直角に交差する墓地の道路に面してファサードが設けられている。最も後期の墓はより深く、時には複数の墓室を備えた広い構造をもち、これらも現実の建築を模して掘削され、ストゥッコや彩画、碑銘のあるものもある。都市の中央にはテラコッタ像でふんだんに飾られ、奉納品に満ちたいくつかの神殿が存在した。

　チェルヴェテリの出土品は、ヴィラノーヴァ文化時代からローマ時代まで連続している。しかし特別に巨大な墳墓と豊富な副葬品は、前7世紀から6世紀の間、すなわちこの都市が際立って豊かで人口が多く、この時代に知られていた世界で最も繁栄した都市であった時期のものにまちがいない。青銅や銀の東方化様式の物品、洗練された耳飾り、この地でできた練上げ造りの陶器やブッケロなどに加えて、コリント、ロードス、イオニア、アッティカなど各地

から輸入された陶器類が大量に発見されている。おそらくは、外地の陶工たちがこの居心地よい市場で仕事をするために移住してきたと思われ、たとえばチェルヴェーテリのヒュドラと呼ばれる一連の作品はイオニアの陶工たちによるものである。カエレに流入したギリシア・アルカイック絵画の傾向は、建物や墳墓の内壁を被覆して装飾するのに用いられた特徴的な陶板に反映されている。主としてアルカイック時代であるがさらに後のものも含めて、建築装飾用のテラコッタと、やはりテラコッタ製の人像や頭部の奉納彫刻の数はきわめて多い。アルカイック期の陶製の棺や、寝台の形をしていてその上に被葬者が単独あるいは夫妻を並べて象ったテラコッタの像を表した骨壺の数もおびただしい。

カエレの外港都市は、アルシウム Alsium（Paolo 近郊）、ピルジ Pyrgi（現 Santa Severa）、プニクム Punicum（おそらく現 Santa Marinella）であった。このうち歴史的に最も有名なのはピルジであり、疑いなくエトルリアの女神ウニ Uni と同一視される女神ラウコテア Leucothea あるいはイリツィア Ilizia の神殿があったが、前384年にシラクーサのディオニシウスによって略奪された。そして後にローマの植民市となり、多角形の石塊で造られた城壁の一部が残存している。近年の発掘調査により、前6世紀末のギリシア式周柱式神殿、および前5世紀前半の巨大な三廊式神殿の基台部分や、神話的主題を表した後期アルカイックの高浮彫などを含む無数のテラコッタの装飾部品が発見された。さらにはいくつかの碑文も出土し、その中には、やはりウニと同類のフェニキアの女神アスタルテに捧げたエトルリア語で書かれた2枚とカルタゴ語の1枚を含む3枚の金板の献辞も含まれている。

チェルヴェーテリとタルクイニアの中間に、古代にいくつもの鉱山があった粗面岩のトルファ山脈が横たわり、そこにはあまたの「原ヴィッラノーヴァ文化」の痕跡が残存している（Sasso di Furbana や Allumiere の墳墓、Coste del Marano の住居や倉庫の跡など）。しかしまだ少ししか発掘されていないエトルリアの小さな集落の遺跡がないわけではない。

さらに先にあるタルクイニア（[ラ] Tarquinii、[エ] *Tarχ(u)na-*）の地域では、エトルリアおよびローマ時代の都市はチヴィタ Civita と呼ばれる丘を占めていたが、中世から近代までは、モンテロッツィ Monterozzi の丘のはずれに

あったラツィオ・エトルリアとしては最も栄えた都市の一つであるコルネート Corneto を中心にして居住者が存続した。都市部では、前4世紀の角形石塊でできた城壁が確認され、発掘された。そしてとりわけ重要な発見は、〈女王の祭壇〉（Ara della Regina）と呼ばれる場所で発掘された大型の神殿の遺構であり、その屋根の前面に取り付けられていた彩色テラコッタの高浮彫の一つには、二頭の有翼の馬の像が象られている。またその近くで多数のラテン語碑文の断片が見つかり、その中にスプリンナ家の『頌歌』が含まれる。

　ヴィッラノーヴァ文化時代から東方化時代に至るエトルリア南部の先史文化の発達過程が典型的に証明されるのがタルクイニアである。そこには町を取り囲む形の広大な丘の上に、穴型、溝型、部屋型、土まんじゅう型の一連の墳墓が集合している。前7世紀からローマ時代にかけて、そのネクロポリスは主にモンテロッツィの丘（一部はすでにヴィッラノーヴァ文化時代に集落に占められていた）に集中し、そこからは何千にものぼる地下墓室が発掘されたが、その多くは彩色壁画で飾られている。チェルヴェーテリのネクロポリスに特有の疑似的建築構造と同様に、墓室の壁画がまさにタルクイニアの特徴である。現在までに近年発掘された60基ほどの墓室壁画が知られている。最も有名なものとしては、〈二頭馬車の墓〉〈食事の墓〉〈死者の床の墓〉があり、最近発見された〈オリンピックの墓〉〈舟の墓〉〈黒豚の墓〉については、国立修復研究所の手によってフレスコが剝離された。これらの特異な遺産は、アルカイック時代からヘレニズムに至るギリシア＝イタリック世界の絵画に関する貴重な資料をわれわれに提供している。それはエトルリア絵画の数多くの特徴を露にすると同時に、エトルリア人の日常生活、風習、信仰についてきわめて明確な概観を示してくれる。タルクイニアのネクロポリスから出土した美術品の中では、墳墓の構造を支える東方化様式のフリーズと四角の絵のあるアルカイックの石板や、より後代の蓋の上に死者の横臥像が置かれ、側面に浮彫が施された石またはテラコッタ製の棺が特徴的である。最後にタルクイニアに関しては、墳墓の壁面に書かれたり棺の外面に彫られたりしている膨大な数のエトルリア語の文字——時には非常に長文で重要な碑銘もある——が発見されたことは記憶されるべきである。

　タルクイニアの外港、グラヴィスカ（［ラ］Gravisicae）で近年、前6世紀か

ら5世紀初頭にかけて栄えたギリシア人の商品取引所を含む小さな施設が発見され、かれらの崇敬する女神ヘラ、アフロディトス、デメトラなどに関する遺物も出土した。そのほか多数のギリシア製品やギリシア語・エトルリア語の碑文が発見された。

　タルクイニアの北西、約20キロのフィオーラ川に沿った所に、南エトルリアのもう一つの大都市、ウルキ（［ラ］Vulci、［エ］$Vel\chi$-）（現ヴルチ Vulci）がある。市街と広大な墓地の遺跡は、中部イタリアの湿地帯の最も美しい風景を作る場所の一つ、モンタルト・ディ・カストロ Montalto di Castro とカミーノの二つの小さな町に挟まれた人の住まない広大な地域に広がっている。土まんじゅう型や地下室型の墳墓は、カエレやタルクイニアのものとあまり違わない。特に重要なのは前章で触れた〈フランソアの墓〉（発見者の名にちなむ）であり、その装飾壁画は剥離されて、現在ローマのトルローニア公のもとに保存されている（非公開）。これはヘレニズム時代のもので、被葬者の肖像、エトルリアの最も初期の歴史に関する神話的場面（カエレ・ウィピナス兄弟とマクスタルナの話も含まれる）が表されている。ヴルチのネクロポリスの遺構の中で際立ったものとして、「クックメッラ cuccumella」と称される大型の土まんじゅう型墳墓があるが、これは地下にかなり複雑な空間と廊下を備えている。

　そしてヴルチは特に青銅器の製作と輸出の拠点であり、ヴィッラノーヴァ文化時代の末期から壺類や武具の優品を遺している。この技術は、特に前5世紀に頂点を極め、たとえば燭台、小彫刻や、とりわけ特徴的な意匠の三脚台など、イオニア=エトルリア様式の洗練された工芸を産出している。また、膨大な量の輸入陶器が発見されており、ヴルチはおそらく古代世界のすべての都邑の中で、ギリシアの陶器画を知る上での最も豊かな証言を与えてくれるとみなされよう。さらにヴルチでは、コリント式、イオニア式、アッティカ式の陶器を模作する工房がいくつも生まれ、後には赤像式のエトルリア陶器の重要な生産地となった。加えて火山岩を使った葬祭用の彫刻の伝統が生まれ、アルカイック時代からヘレニズムまで続く数多くの作例が知られている。たとえば、人物立像、浮彫、墓碑、棺のほか、人頭で飾りつけたコンポジット式柱頭といった建築要素などである。カエレにおけるピルジ、タルクイニアにおけるグラヴィスカと同様の意味でヴルチの外港にあたるモンタルト・ディ・カストロに近いレ・

ムレッレ Murelle で現在発掘調査が始まったが、ここはおそらく古代のレジスヴィッラの場所だったと考えられる。

　南エトルリアの主要な沿岸都市と比べて、内陸の集落は一般により小さく、歴史的にも重要度は低い。この地域の極東部、すなわちサバティーニ Sabatini 山脈、チミーニ Cimini 山脈とテーヴェレ川の間には、すでに触れたように、エトルリア語の影響を強く受けたラテン語族が住んでいた。ローマに最も近いのはカペーナ Capena の都市であり、アルカイック時代の多くの墳墓が残っており、その周辺部に女神フェロニアに捧げた聖所（Lucus Feroniae）があった。これは近年発掘調査の対象となっている。北側にはファレリイを中心とするファリスキ人の領土が広がり、ほかにもナルチェ Narce、ヴィニャネッロ Vignanello、コルキアーノ Corchiano などの集落があった。この地域の考古学的・美術史的様相は、エトルリア本土とラツィオに非常に似たものである。今日まで発掘された地下墓地からは、非常に活力ある生活や前7〜6世紀のきわめて独自性のある文化状況の証言が得られる。

　やがてこの地区の文化的伝統はファレリイの町に集約されたと見られ、それはある面では他のエトルリアの主要都市やローマそのものにも匹敵する重要性をもつまで高いものとなった。孤絶した美しい景観の中にあって、市内と郊外の地区に彩色テラコッタの見事な装飾をもついくつかの神殿の跡が遺されている。（テラコッタは、サッシ・カドゥーティ Sassi Caduti のものはアルカイック時代、スカザート Scasato のものはヘレニズム）。前4世紀に、中部イタリアで最大のものの一つとみなされる彩色陶器の一派がここに花開いた。前241年にこの町を決定的に壊滅させたローマ人は、少し離れた場所にそれに代わるべきファレリイ・ノーウィ Falerii Novi（現サンタ・マリア・ディ・ファッレリ Santa Maria di Falleri）を築き、エトルリア式の強固な城壁が現存する。

　ファリスキ人の領土の周辺に位置するエトルリア人そのものの都邑として、いくつかが知られている。たとえばネーピ Nepi（[ラ] Nepet）。スートリ Sutri（[ラ] Sutrium）は前4世紀にローマ人と激しく争い、城壁の一部の跡と後期の岩窟墳墓が残っている。オルテ Orte（[ラ] Horta）はテーヴェレ河畔の小高い丘の上にある。ボマルツォ Bomarzo（[ラ] Polimartium）、ヴィテルボ Viterbo に近いフェレント Ferento（[ラ] Ferentum）は共にローマ時代に栄え

たが、先立って近くのアクアロッサの丘にエトルリア人の集落があり、アルカイック時代の遺構と建築テラコッタが発見された。現在の県都ヴィテルボそのものもおそらくエトルリア起源である（[ラ] Surrina?）。その市立博物館は周辺地域の膨大な出土品を所蔵している。しかし最も特徴的な遺跡は、ヴィテルボとタルクイニアの間の一帯、バルバラーノ Barbarano 近くのサン・ジュリアーノ、ブレーラ Blera (Bieda)、ノルキア Norchia、カステル・ダッソ Castel d'Asso などに集中する住居と神殿を模倣して凝灰岩の岩壁に掘り出された墳墓である。同じような状況はより北方のヴルチの後背地ソヴァーナ Sovana (Suana) でも見られる。アルカイック時代にすでに現れる石窟墳墓の発達はエトルリア文明の最後の世紀に頂点に達する。

一方、南エトルリア内陸部のこれらの都邑よりさらに離れた地点でも栄えた集落があった。たとえばサン・ジョヴェナーレやミニョーネ Mignone 川流域のルーニ Luni ではスウェーデンの一隊が青銅器時代まで遡るいくつかの小さな集落を発見したが、これらはトルファ山脈の原ヴィッラノーヴァ文化との密接な関係がある。ミニョーネ川上流のモンテラーノ Monterano、より北寄りのヴェトラッラ Vetralla、ボルセーナ湖南岸のビセンツィオ Bisenzio ([ラ] Visentium) には前9～6世紀の比較的オリジナルな文化を証言する立派な墳墓群がある。

特にトゥスカーニアはタルクイニアの後背地の筆頭をなす都市であり、そのネクロポリスはアルカイック時代から後期エトルリアまでの繁栄を物語っている。ヴルチの後背地にあたるフィオーラ河中流および上流の地域には前述のソヴァーナのほか、カストロ Castro、ポッジョ・ブーコ Poggio Buco（おそらく古代のスタトニア Statonia）、ピティリアーノ Pitigliano などの集落跡がある。これらの原エトルリアの集落のうちの多くは、ティレニア海沿岸諸都市の興隆によって、アルカイック時代末期に凋落した。しかし、この地域のヘレニズムからローマ時代に至る活発な生活に関する重要な痕跡が、石窟墳墓のみならず、大都市の文明の反映を示す他の文物にも残されている。たとえば、ヴェトラッラ、チヴィタ・ムサルナ Civita Musarna、トゥスカーニアなどで発見された石またはテラコッタ製の人像付きの棺であり、基本的にはタルクイニアやヴルチ式だがしばしば地方色を備えている。

この南エトルリアの内陸部には、エトルリアの中で最も重要な都市の一つであり、古代からこの国の中心とみなされていた都市があった。すなわちウォルシニイ Volsinii（[エ] Velsna、Velzna）である。事実、かつてその近くに有名なウォルトゥムナの聖所があり、すでに述べたようにエトルリア12"部族"の年一度の集会と祭事が行われていた。この都市についてわかっているのは前264年にローマに征服された後、住民が別の場所に移転したということである。近代の研究者に提起された問題は、伝承として古代のウォルシニイはその名が残るボルセーナとされていたのに対して、ミューラーをはじめとする歴史家・考古学者の大部分が重要な考古学遺跡の存在によって知られていたオルヴィエートであると認定したことである。この以前からの説は、近年のフランス隊によるボルセーナの発掘によって再び息を吹き返した。古代文献に記された住民の移転はボルセーナの防備された高地から現在のカッシア街道が通っていた湖の岸に向かって行われたのだというのである。ウォルシニイの本来の場所がボルセーナとする説の支持者によれば、エトルリア時代の都市オルヴィエートは古代には対応する名前がなく、近代の呼び名は一般的な「古い都市」（Urbs vetus）を表すに過ぎないという。しかし問題の二つの場所の近年出土した考古学遺物の特徴を考察すれば、オルヴィエートにおける文明の痕跡は前4世紀初頭以降歴然としており、その後中世初期に再興するまで中絶し、一方ボルセーナに出土する遺物はヘレニズム期とローマ時代のもので、つまりその時期に放棄した都市の生活と地名がこの場所で継承されていたと考えられることから、ウォルシニイとオルヴィエートを同一視する説がより妥当であると今日では考えられるに至った。

　オルヴィエートの位置はテーヴェレ川中流の渓谷に近いパーリア川の谷間にそびえる赤い石灰岩の台地の上にあり、きわめてユニークである。古代都市の考古学的痕跡は、独自の特徴をもちながらもエトルリアの大都市のものと似通っている。もちろんその周囲の大部分の箇所で岸壁の崩壊が起こっているが、一部分に城塞の跡も見ることができる。[*26] 市域の中ではいくつかの聖域が確認され、最も重要でよく知られているのはベルヴェデーレ地区にある三室の神殿の基礎が残る部分である。あちこちの遺構、とりわけサン・レオナルド通りの遺跡から多数のテラコッタ人像が出土し、前5-4世紀に質の高い工房があっ

たことを示している。町の北西と南東の岸壁の麓にそれぞれ〈クロチフィッソ・デル・トゥーフォの墓〉と〈カンニチェッラ Cannicella の墓〉という二つの広大なネクロポリスが発見されており、特に前者では直交式平面計画によって交差する長い道路に沿って石造墳墓が並び、前面に被葬者の名が記されている。カンニチェッラのネクロポリスはより広大だが、アルカイック時代の女性像を伴う一つの聖域が発見された。その他の出土品としては、さほど数は多くはないが、ヴィッラノーヴァ文化時代と東方化時代の遺物がある。前6世紀に属する膨大なアッティカの黒像式・赤像式陶器の模作とブッケロが数的にも重要度からも際立ったもので、前5-4世紀には地方的な製品が増え、最後に前3世紀初めには特色ある銀器が生産される。明らかに貴族の所有地に属するやや離れたセッテカミーニ Settecamini やポラーノ Porano には壁画のある墳墓がいくつか発見された。

　ボルセーナに関しては、ヘレニズム期、ローマ期のウォルシニイを証明するものとして、市壁に囲まれた堅固な市街の跡があり、最高部にはアクロポリスであったと推測される遺構がある。ポッジョ・デッラ・カゼッタ Poggio della Casetta とポツァレッロ Pozzarello の地点に前3-2世紀の少なくとも二つの聖域が確認され、神殿の遺構と建築テラコッタが出土している。市内にも墓所にもアルカイック時代、あるいはとにかく前3世紀以前の出土品は稀である。いずれにせよ、この地がもしオルヴィエートからウォルシニイの住民と地名が移住したとしても、その以前から一定の重要性をもったエトルリア人の集落であったことは否定できない。ともあれこの都市の周辺一帯は後期青銅器時代からローマ時代までの考古学遺跡に満ちている。重要なものを一つあげれば、ボルセーナ湖のグラン・カッロ Gran Carro の地点の水面下に露出した壁に囲まれたヴィッラノーヴァ文化の湖上集落の跡がある。

中北部エトルリア

　ティレニア海沿岸を北エトルリアの方に向かうと、まずアルジェンタリオ Argentario 岬やアルベーニャ Albegna 渓谷の周辺に、一連の小都市がある。アンセドーニア Ansedonia 地区のオルベテッロ Orbetello 沼に近く、海を臨む

美しい丘の上に、コーサ Cosa の多角形の壮大な市壁やその他の遺構が聳え立ち、これは長い間エトルリアの都市と考えられてきたが、現在では、前273年にローマ人が築いた植民市とみなされている。そしてコーサのローマ時代の港湾工事には、有名な「エトルリアの運河」も採用されている。コーサははじめヴルチの領域に属していた。ピルジやコーサにあるローマ時代の多角形の市壁の跡は、オルベテッロにも見られるが、これは明らかにエトルリア時代のものである。**101

さらに海に向かった岬の上に、タラモーネ Talamone（[ラ] Telamon、エトルリア語はおそらく *Tlamu*）の集落があったが、装飾テラコッタを伴う神殿の遺構が発見され、そのうちテーバイの神話を表した有名な破風（前2世紀、フィレンツェ国立考古学博物館）は最近完全に再構築され、その他おそらく前225年にこの周辺で展開されたローマとガリアの歴史的戦闘に関連する奉献物の集積が回収された。アルベーニャ川の左岸のマルシリアーナ Marsiliana の近くでは、円形墳墓と東方化様式の副葬品がある大型のアルカイックのネクロポリスが発見され、一部発掘調査がなされた。この集落は所在不明のカレートラ Caletra の都市ではないかと推測されたことがある。同じ地域に、都市ヘバ（現Magliano）とギアッチョフォルテ Ghiaccioforte、さらに渓谷上流に重要な都市サトゥルニーア Saturnia（あるいは Aurina）があり、ヴィッラノーヴァ文化時代に遡るエトルリアの城壁の一部とネクロポリスがある。

より北のオンブローネ渓谷の現グロッセートから数キロの地点に、もう一つのエトルリアの大都市ロゼッレ Roselle（[ラ] Rusellae）の遺構に出会う。グロッセートはその位置からして、ある意味でロゼッレの栄光を継承しているのである。ロゼッレは現在のところ、最も調査が進んでいない場所であり、ようやく近年、組織的な発掘が試みられた結果、前7世紀にまで遡る石と煉瓦併用の城壁の一部と居住地区が明るみに出た。特に大量に出土した陶器が伝統的に語られてきたこの都市の重要性を正当化している。

やはりグロッセートの地域で、さらに海に近く、ヴェトゥローニア Vetulonia（[ラ] Vetulonia, Vetulonii、[エ] *Vetluna*、*Vatluna*）があった。この有名な都市の位置については沿岸のエトルリア内のさまざまな場所が想定され、19世紀までは、ポッジョ・コロンナ Poggio Colonna にそれを求める人たちとマッ

サ・マリッティマ Massa Marittima に近いポッジョ・カスティリオーニ Poggio Castiglioni だとする人々との間で激しい論争の的となっていた。いまでは第一にあげた場所が正しいことは疑いなく、事実そこで市壁と住居址が発見された。しかしこの都市の重要性は、市域を取り巻く広大なネクロポリスであり、発掘は 19 世紀初めに集中的に行われた。豊富な出土品はフィレンツェ国立考古学博物館の収蔵の重要な核をなしている。主要な墳墓は、積石の円環で囲まれるか、あるいは土まんじゅう型をしており、副葬品は大部分が青銅製で、前 9 世紀から 6 世紀までのものである。ピエトレーラ Pietrera の土まんじゅう型の墓からエトルリアの大型の人像石彫の最初の例、すなわち男性と女性の被葬者の肖像が出土した。その後、考古学的資料が示す限りにおいて、この都市は急速に衰退したと思われ、ローマ時代以降の生活の痕跡は全く残っていない。マッサ・マリッティマ地区のアッチェーザ Accesa 湖の近くで発掘された墳墓から得られる資料によれば、この地域にはさらにいくつかの都市が存在したことが推測される。

　ヴェトゥローニアの北のポルト・バラッティ Porto Baratti 湾を望む丘の上にあったのがポプローニア Populonia（[ラ] Populonia、Populonium、[エ] *Pupluna*、*Fulfuna*）である。海に直接接する唯一のエトルリアの大都市であるが、それが姿を現したのは最近のことである。20 世紀の最初の数十年からエトルリア文化財保護局によってネクロポリスの大規模な発掘が行われたのである。都市部の方では、まだ発掘されていないとはいえ、堅固な市壁が残っている。ポプローニアの墳墓の中で特徴的なものは、穹窿天井あるいはクーポラをもつ墓室のある大型の土まんじゅう型墳墓であり、そこからヴィッラノーヴァ文化時代から前 6 世紀にわたる副葬品が出土した。さらに少し時代が下がる小神殿型あるいは長持型の墳墓もある。とりわけ重要なことは、この周辺の広い地域一帯に鉄の溶滓が存在することで、これはエトルリアからローマ時代にかけてエルバ島の鉱山で採掘されてポプローニアで精錬・加工されたものであり、ポプローニアは古代世界における最大の製鉄産業の中心の一つだったのである。この作業に使われた建物の部分も発見された。最も古い墳墓はこの溶滓の層の下に発見された。なお、エトルリアの鉱業分野の活動の痕跡は、コッリーネ・メタリーフェレ Colline Metallifere（鉱山の意）、特にフルチナイア渓谷の

カンピーリア・マリッティマ Campiglia Marittima でも見ることができる。

　次に特にいくつかの大きな河沿いに散在する内陸部の諸都市について検討するなら、まず第一にキュージ Chiusi（［ラ］Clusium、エトルリア語ではおそらく *Clevsi(n-)* だが *Camars* という呼び名も確かめられている）をあげなければならない。エトルリアとローマの歴史においてよく知られたこの都市は、中世から現代まで、規模は小さいとはいえ、住民が絶えることはなかった。そのため、周辺部において早くから豊富な考古学的発見があったのに対して、都市部ではほとんど完全に住居址が消滅してしまうことになった。キュージとその領域の特徴は、市内および周辺各地（パニーナ Pania、ポッジョ・ガイエッラ Poggio Gaiella、ポッジョ・レンゾ Poggio Renzo、ドルチャーノ Dolciano、サルテアーノ Sarteano、キアンチャーノ Chianciano、チッタ・デッラ・ピエーヴェ Città della Pieve、モンテプルチャーノ Montepulciano）に散在する無数の墳墓の存在である。これらすべての墳墓群は、キュージという首都を衛星として取り囲む集落を強力に支配していたことを物語るように、本質的に類似の文明の様式を示している。ヴィッラノーヴァ文化時代の最初の段階のあとの古い文化は、いわゆる「カノーポ canopo」という骨壺で代表される火葬墳墓を特徴とする。カノーポというのは、人間の頭部を象った蓋付きで、多かれ少なかれ人体の形に似せて造った骨壺である。これから発展して副葬品としての一種の人像彫刻が生まれる。前6世紀の終わりから5世紀にかけての典型的なものは、石造の墓碑と、饗宴、競技、葬礼などの場面の浮彫のある小型の棺である。キュージ近辺で発見されたいくつかの部屋型墳墓は、タルクイニアのものと同様に、生前の生活の情景が壁に描かれており、大部分は前5世紀のものである。こうした美術作品を見ると、この都市が最高に繁栄したのは沿岸部の大都市の衰退が始まった時期と一致することを思わせる。事実、伝承によれば、前6世紀末はポルセンナ王がローマを襲撃し、一説によれば征服するに至ったときである。それはキュージの勢力が最大に拡張した時期なのである。より時代が下がって前5世紀末から4世紀にかけて、キュージの領域内で、個人の肖像の形をとる彫像、群像、棺などが造り始められる。そしてヘレニズム期に属するものとして、多くは彩色テラコッタ製で、蓋の上に被葬者の像が載せられ、前面には神話的情景が浮彫された芸術性豊かな一連の小型の陶棺がある。付け加えれば、

前4世紀にキュージには赤像式陶器の工房があって活発に活動していた。

　ペルージャ Perugia（[ラ] Perusia）は、エトルリアからローマ時代、さらに中世から近代まで一貫して発展してきた都市の典型である。その過程において、前4-3世紀のエトルリア文明の終末期にあたるこの都市の最高の繁栄期に関係する都市構造やモニュメントを破壊することがなかった。その証言者となるのはトラヴェルティーノ（トラヴァーチン）の大きなブロックを積んだ美しい市壁の一部や、大規模なアーチ構造の「アウグストゥス門」であり、さらに「マルツィア門」は神像の浮彫で飾られていたが、ルネサンス時代にサンガッロが「ロッカ・パオリーナ」として改造した際にその保塁に巧みに取り込んで現在も保存されている。19世紀にはエトルリア研究の拠点として、ペルージャでは市内および郊外の遺跡で盛んな調査が行われ、幸運に発見された出土品が市立（現国立）考古学博物館の貴重な収蔵をもたらした。トラジメーノ湖とテーヴェレ川上流の間に位置し、ウンブリアの谷間に向かって開けたペルージャの領域には、はじめはいくつかの集落とそれぞれに付随する墓地が点在していたはずであり、いくつかの墓からアルカイック期の青銅人像（サン・ヴァレンティーノ San Valentino、カステル・サン・マリアーノ Castel San Mariano）や、キュージの影響を受けた彫刻（スペランディーオ Sperandio）が発見されている。そしてより最近、都市の周辺のあちこちに見事な墳墓が現れた。サン・マンノ San Manno の地下墓室は穹窿の天井に長文の記銘があり、パラッツォーネ Palazzone の墓も同様である。また地盤を掘り抜いた〈ウォルムニの墓〉は数室に分かれ、浮彫のほか、人物像の壁画とエトルリア語、ラテン語の碑文を伴う多くの石棺（前2-1世紀）が置かれていた。ペルージャ博物館の数多くの石碑のうち、特に注目すべきものは、これまでに発見された最も長いエトルリア語が彫られた石碑である。

　19世紀におけるペルージャと同様に、18世紀にはコルトーナ Cortona（[エ] *Curtun-*）がエトルリア研究の標的であった。以来この都市の内外で発掘調査が進められた。市部については城壁の一部が遺っており、ネクロポリスに関しては散在する土まんじゅう型墳墓（民間では比喩的に「メロン」と称する）と、やはり円形の建築的構造をもったより後代の霊廟（通称〈ピタゴラスの洞窟〉）が一つある。コルトーナ・アカデミア博物館には、複雑な象形模様のある有名[102]

な青銅のシャンデリアが収蔵されている。注目すべきはフィレンツェ国立考古学博物館所蔵のアウレ・メテリ Aule Meteli という人物の著名な青銅肖像（通称〈演説者〉）である[**103]。この出土地はコルトーナ南方のトラジメーノ湖畔のサングイネート Sanguineto であると一般に信じられているが、他の史料によれば、ペルージャ近郊のピーラ Pila で発見された可能性もある。

アレッツォ Arezzo（［ラ］Arretium）は、特にローマとの接触が生じた時代の文献にしばしば言及されていることからも確かめられるように、北エトルリアの最も重要な都市の一つだったことは疑いない。しかしその遺物は非常に少ない。現在の市域の丘の上に位置し、石と煉瓦の城壁で囲まれていたが、壁の一部が発掘され、エトルリア時代の居住区の一角も確認された。16世紀に現在フィレンツェ国立考古学博物館所蔵の有名な青銅彫刻〈キマイラ〉がここで発見された。市内の神域から近年、外枠の部分に人像の浮彫のある後期アルカイックのテラコッタ板と、おそらく破風（frontone）の部分だったヘレニズム様式の人像彫刻の断片が出土した。テラコッタの奉納品もある。一方、墳墓はほとんど発見されていない。前3世紀、アレッツォは金属器の生産で有名な工業地であった。この特徴は帝政ローマ初期まで継続し、さらにサンゴ質の釉薬を施した陶器の生産で名を馳せ、古代世界全域に輸出され、模倣された。

フィレンツェ地区では、アルノ河北側で唯一、フィエーゾレ Fiesole（［ラ］Faesulae）の丘の上にエトルリアのもうひとつの大きな都市があった。広い考古学的地域の発掘によって、一つの神殿の基礎とその前部の祭壇、程近いローマ劇場、見事な市壁の一部が発見された。しかしここでも北エトルリアの大部分の都市と同じく、記念碑的な発掘資料はかなりおそい時代のものである。おそらくフィエーゾレのアクロポリスは、アルノ川の谷間とそれを望む丘の上に散在した広大な地域の中心にあっただろう。これらの集落はフィレンツェの中心部で発見されたいくつかの墳墓が示すように、ヴィッラノーヴァ文化時代に遡る（フィレンツェは後のローマ時代に初めて重要な都市となる）。クイント Quinto とセスト・フィオレンティーノ Sesto Fiorentino の中間のモンタニョーラ Montagnola の疑似穹窿をもつ土まんじゅう型墳墓とコメアーナ Comeana、アルティミニオ Artiminio の墓地から近年出土した豊かな副葬品は、東方化様式の段階を示している。フィレンツェ地区全域、特にフィエーゾレ周辺では、

長方形あるいは馬蹄形で浮彫のあるアルカイック期の墓碑がいくつか発見され、これらは一方ではポプローニアやヴォルテッラのものに類似し、他方ボローニャの墓碑を思い出させる。事実、フィエーゾレはアペニン山脈を越えてエトルリア・パダーナと接点をもっていた地域の一つだったと想定できるだろう。アルノ川下流地方とヴェルシリア地方（トスカーナ州ルッカ北西部）におけるエトルリア関係の遺跡はほとんどないので、この地方と境界を接して存在していたリーグリ人との関係という問題や、都市ピーサの起源に関してはエトルリア人の存在の痕跡が全くないわけではないが、海港としての重要性や古代からの伝承、ローマ時代の繁栄に相応するものではないといった問題がいま問われている。ピーサの北、ヴィアレッジョ近くのマッサローザ Massarosa では正しくエトルリアのささやかな住居址が発掘された。

　最後に中部トスカーナのオンブローネ川 Ombrone とアルノ川の中間地帯が残っている。ここでのエトルリアの際立った都市はヴォルテッラ Volterra（［ラ］Volaterrae、［エ］*Velathri*）であり、チェーチナ Cecina 渓谷を望む高い丘の上に築かれ、古代末期まで存続した。規模的に、また人口的な観点からすれば、中世から近代に至る居住地区は、エトルリア時代の頑丈な市壁が示す市域よりもかなり狭い区域だったことがわかる。元の市域は前4世紀に新たに拡張され、アルカイック期の墳墓が発見されたグエルッチャ Guerruccia 高原まで伸びるまでになっていた。市部の遺物として特に著名なのは、いわゆる〈アーチ門〉であり、いくつかの神像の頭部が飾られている。ヴィッラノーヴァ文化時代まで遡る最も古いネクロポリスは、「バルツェ Balze」と呼ばれるすばらしい景観をもつ崖崩れによって大部分が呑み込まれてしまった。ヴォルテッラおよび周辺の典型的な遺物は、アルカイック期の石碑、前4-3世紀の彩色土器のほか、特に高浮彫が施されたアラバスターの骨壺が見事なものであり、多数が市立グアルナッチ博物館に収蔵されている。ヴォルテッラ周辺は主に農業地帯であり、無数の村落が存在していた（ポマランチェ Pomarance、ライアーティコ Laiatico からはヴォルテッラ型のアルカイックの石碑が出土。サン・ジミニャーノ S.Gimignano、ルスティニャーノ Lustignano、海側にコッレート Correto、モンテスクダーイオ Montescudaio、カザーレ・マリッティモ Casale Marittimo、ビッボーナ Bibbona、チェーチナ、カスティリオンチェッロ Castiglioncello。これらの地区の墳墓は、穹窿式または疑似穹窿式の違いがある）。

多人数が小集落に分散して住んでいたと思われるのが、ヴァル・デルサ Val d'Elsa、キアンティ Chianti、セネーゼ Senese である。キアンティ地方のカステッリーナ Castellina では四室が十字形に配置された大型の土まんじゅう型墳墓がある。少し時代が進んでも多数の単独で孤絶した墓があり、シエーナ南東のアシャーノ Asciano で発見されたようなヘレニズム時代の小型の骨壺を見ることができる。シエーナではようやくローマ時代になって都市的集落が形成されたと思われる。

最後に、近年の考古学調査の華々しい成果として、シエーナの南のムルロ近郊のポッジョ・チヴィターテの丘の上にある遺構をあげなければならない。これは四角形の中庭の周囲に翼形に四室がある建築で、中庭には一種の神殿があり、建物全体が具象的な図柄を表したテラコッタで装飾されている。前7世紀に最初の部分が造られ、前6世紀前半に主要部分が完成した。おそらく王家の宮殿であり、集落の中心を占めていて宗教的機能ももっていたと思われる。前6世紀後半にはこの建物も破壊され、平凡な住居群となり、土塁で囲まれている。

周縁部の領土

エトルリア本体の諸都市の主要な特徴を概観したが、エトルリアを取り巻き、その支配や影響を受け、あるいはエトルリア人の拡張する地域に（時には非常に古い時代から）属していた集落を見落としては地形学的考察は完全ではないだろう。しかしこれらについては歴史的な論述の部分でかなり詳しく述べたので、ここでは重複を避け、特に考古学的に際立った特徴のあるいくつかの場所に的を絞り、残りについては要点をリストアップするに留めたいと思う。

まずはローマ（[エ] *Ruma-*）から始めないわけにいかない。ローマは前7世紀末からほぼ前4世紀全体の間、エトルリア人に由来する君主制の中心であり、その間の記念的建築、造形作品、制度、宗教はエトルリアの影響を受けたものであった。住民の基本をなしていたのはラティウム人と一部のサビーニ人であったが、前述した近年のエトルリア語の碑文の発見によりエトルリア人の住

民の存在も確認され、その居住地区は伝承によれば（ワロ『ラテン語について』V-46、リウィウス、II-14, 9、ハリカルナッソスのディオニシウス、V-36、ほか）、カンピドーリオの丘の麓のヴェラーブロ Velabro 地区であり、そこにエトルリア人の要塞が築かれていた。いうまでもなく、ローマはタルクイニウス一族を追放したあと、完全にラティウムの民族的・言語的性格を確定することになる。エトルリア人が遺した明瞭な痕跡は、カンピドーリオの上の三室の神殿、現在の聖オモボーノ聖堂の聖域、フォロ・ロマーノの〈女王の部屋〉とその装飾テラコッタのほか、最も古い市壁の一部などで見ることができる。こうした理由でローマが「ティレニア人の都市」（ハリカルナッソスのディオニシウス I-29, 2）と定義されたこともうなずける。

　ローマほど重要でないにせよ、アルカイック期にはいくつかの他のラティウムの都市もエトルリアの影響を受けている。すなわちパレストリーナ Palestrina（［ラ］Praeneste）には有名な東方化時代の王家の墓がある。ラウィニウム Lavinium（現プラティカ・ディ・マーレ Pratica di Mare）はラティウム人の聖都であり、東方化時代の墳丘は後にアイネイアスの墓と信じられることになった。サトリクム Satricum にはエトルリア人の墓地とエトルリア語の碑文があった。そして現ラツィオ州にはアルカイック期のエトルリアの神殿形式と装飾テラコッタがいたるところに散在しており、なかでもヴェッレートリ（［ラ］Velitrae）の石板浮彫は、ウェイイとローマのものに似て、非常に見事である。

　さてカンパーニアに目を移すと、この地域のエトルリア支配の中心はカプア（別称ウォルトゥルヌム Volturnum）であったことがわかっており、後に最大で最多の人口を擁するイタリキ=ローマの都市となった。現在のサンタ・マリーア・カプア・ヴェーテレ S.Maria Capua Vetere の地点にあった。最近の発掘により、前9-6世紀の最も古いネクロポリスの一部が発見された。市域の中のパットゥレッリ Patturelli の聖所やネクロポリスから出土したアルカイック期の出土品のうち最も特徴的なのは建築テラコッタ、青銅骨壺、奉納人像、彩色陶器などである（大部分は州立カンパーノ博物館蔵）。これらの様式はラティウムやエトルリアのものと似ているが、独自な性格とギリシアの直接的影響を備えている。エトルリア人に支配されていた確かな証拠として、一枚の瓦の上に彫られた長文の碑文（ベルリン）がある。

カンパーニアのその他のエトルリアの都市は、スエッスーラ Suessula、ノーラ Nola（[エ] *Nula-*）、アチェッラ Acerra、ノチェーラ Nocera（[ラ] Nuceria、[エ] *Nucr-*）、エルコラーノ Ercolano（[ラ] Herculaneum）、ポンペイ（[ラ] Pompeii）、ソッレント（[ラ] Surrentum）である。ほかにサレルノの近くで場所が特定されていないマルキーナ Marcina があり、Velcha、Velsu、Irnthi、Uri(na) は貨幣に刻まれているが特定する根拠のない地名である。以上あげた都市にはすべて非常に古い時代にエトルリアの呼称と文明が入り込んで一定の政治的・文化的な活動が行われたが、その時期は過渡的なものだった。ヴィッラノーヴァ文化時代から東方化時代、そして前6-5世紀のアルカイック期までのエトルリア本体と平行する文化的展開がサレルノ海岸地帯、特にポンテカニャーノに垣間見られる。一方、一定のエトルリアあるいはエトルリア＝イタリキの影響（墓室壁画、彫刻、その他）の流れが、サムニウム人が征服した後のパエストゥムまで続いた。

ここで北に向かって上ると、まずエトルリアの東側の境界線の沿って、サビーニ人の領域ではあるが多かれ少なかれエトルリア化されたいくつかの都市をあげねばならない。すなわち、部分的にファリスキ＝カペーナ人の領域が含まれるコッレ・デル・フォルノ Colle del Forno、ポッジョ・ソンマヴィッラ Poggio Sommavilla、マリアーノ Magliano、そしてウンブリ人の領域で前5-4世紀にオルヴィエートの影響下で栄えた重要なトーディ（[ラ] Tuder）、距離が近いペルージャに文化的に従属するベットーナ Bettona（[ラ] Vettona）などがある。

北方エトルリアの中心はボローニャ Bologna（[ラ] Bononia [エ] *Felsina*）である。多くのネクロポリスをもつヴィッラノーヴァ文化の集落群から都市が形成され、前5世紀にいわゆる「チェルトーザ文化」[**104]として繁栄した。これは浮彫のある石碑、エトルリアの青銅製副葬品、ギリシア陶器、エトルリア語の碑文などを特徴とする。それらの多数の発掘品はボローニャ市立博物館に収蔵されている。青銅工芸のうち有名なのは、明らかにエステ文化の影響をもつ浮彫のある「チェルトーザのシトゥーラ」である。また、レーノ川渓谷の今日のマルツァボット近くにエトルリアの特徴的な都市が発見された。直角を基本とした平面計画がなされ、道路は石畳で舗装され、水道設備が非常に発達してい

た。アクロポリスには種々の神殿建築の礎石が残っており、前6世紀末から前4世紀にかけての遺物が出土した。

　アドリア海を経由するギリシアと北イタリア、アルプス北側のヨーロッパとの関係を構築するためのシステムにとって根本的に重要なのが海浜都市スピーナであった。そのネクロポリスは、前5-4世紀のアッティカ陶器、エトルリアの青銅器、金銀細工などに富み、20世紀の後半に、コマッキオ Comacchio に近いヴァッレ・トレッバ Valle Trebba とヴァッレ・ペーガ Valle Pega の干拓地で場所が特定され、発掘された。近年航空写真と試掘によって都市の広がりを特定する試みがなされている。実際にボローニャ、マルツァボット、スピーナは、アペニン山脈北側のエトルリア文明を知る上での考古学的観点からの三つの基準点を構成しているのである。

　しかしながら、エトルリア人の領土拡張と影響の拡大の現象に関して、出土品などによる直接の証言や、あるいは文献資料から得られる間接のデータが、さらに以下の場所で確認される。1）ロマーニャ地方。ヴェルッキオ（特にアルカイック期の出土品）。リーミニ Rimini（［ラ］Ariminum、おそらく［エ］*Arimna*）。ラヴェンナ。そして名前から考えてチェゼーナ Cesena（［ラ］Caesena）。しかしケルト人侵入前のロマーニャの住民の正統的な民族性は主としてウンブリア由来のイタリキ人によって構成されていたと思われる。2）スピーナの北側沿岸。アドリア（［ラ］Hadria）はスピーナより前からギリシア世界との通商で栄え、原ウェネティ人世界と接していて一種のウェネティ＝エトルリアの共同所有となっていた。3）ポー川以北。マントヴァ（［ラ］Mantua、［エ］*Manthva*）。市域には考古学的遺物はほとんどないが、近郊のバニョーロ・サン・ヴィート Bagnolo San Vito で近年スピーナに似たエトルリア文化の重要な痕跡が姿を現しつつあり、相当数のエトルリア語碑文が発見されている。4）ボローニャ西方のエミーリア地方。おそらくモーデナ（［ラ］Mutina）にもエトルリア人が存在したと思われ、その他、よりおそいローマ時代にパルマ Parma、ピアチェンツァ Piacenza にも痕跡がある。

エトルリア博物館

　関連する地名の集成の付録として、エトルリア世界各地で発見された出土品を収集・保存し、遺跡・遺構に加えてエトルリア文明の可動の証拠物となっている施設を列挙しておこう。エトルリアの遺物は公共または私的な収集として広範な方向に散在しているので、組織的で完全な形で提出することがむずかしいのはいうまでもない。それゆえ、一定の場所に結びつき、その遺跡の考古学的総体の「図解」になるような博物館と、複数の場所の出土品を含んだり、あるいは既存のコレクション（特に外国の博物館）や骨董市場から入手した品物で成り立っている博物館を区別しながら、量的にも豊富で特徴的にも際立った施設を選び出すことを努めた。

　こうした分類には歴史的な発展の必然性がある。考古学に関する博物館学における一般的現象として、科学的な基準による収集よりも骨董的収集熱が先行したのである。特に私的な大小のコレクションが生まれ、それらが譲渡されることによって、とりわけイタリアの国外のいくつかの大博物館にエトルリア部門が形成されるようになった。なにはともあれ最も有名なのはルーヴル博物館に移譲されたカンパーナ・コレクション[**105]の例である。19世紀末にイタリアで、比較文化論的な科学的理由づけのもとに「中央」博物館、もしくは国立博物館の理念が強まり、フィレンツェとローマ（ヴィラ・ジューリア）にエトルリア博物館が生まれた。それに反して、遺跡のある場所との直接の結びつきが地方文化や観光の推進という観点から最近ますます有力となり、時には極端な細分化に陥っている。

　一定の重要度をもったエトルリアの都市のほとんどすべてが現在はおのおのの博物館を備えている。たとえばタルクイニア、キュージ、ペルージャ、アレッツォ、フィエーゾレ、ヴォルテッラなどの博物館は歴史があり相当な規模をもつ。その他コルトーナのアッカデミア・エトルスカ付属博物館、ボローニャ市立考古学博物館の地域古代文化部門、カプア州立博物館がある。特異な例はオルヴィエートで、市立のファイーナ個人コレクション[**106]と国立の大聖堂管理部（Opera del Duomo）のコレクションが隣り合わせにある。近年大規模な収集と

並んで、新しく発掘された出土品によって重要性を増した小型の博物館がいくつかある。たとえば、南エトルリアではチェルヴェーテリとヴルチの国立博物館、トゥスカーニアの市立博物館である。そして周辺の出土品を集めた近代の都市の博物館もある。ヴィテルボ、チヴィタヴェッキア Civitavecchia、グロッセート（ロゼッレの出土品をすべて含む）、シエーナ（国立考古学博物館。ほかにパラッツォ・プップリコにはポッジョ・チヴィターテの出土品が展示されている）。

最後にわれわれが「中央」博物館と定義しているもの、すなわちフィレンツェの国立考古学博物館とローマのヴィラ・ジューリア国立博物館について述べると、前者にはエジプト、エーゲ、ローマ部門のほか、一部はメディチ大公の収集も含まれるエトルリア部門があり、またミラーニ L. A. Milani が館長を務めた時代に知られていた古代エトルリアのすべての主要な地点を図示した「地形学博物館」が設けられている。後者にはタルクイニアを除いた南エトルリアの遺跡からの出土品のほか、ファレリイ人の領土とラティウムから出土したエトルリア関係の遺物が集められている。合理的な計画性というより歴史的な事情から博物館の収集が偶発的になってしまった例として、ヴェトゥローニアの出土品はすべてフィレンツェ国立考古学博物館に納められ、最近のウェイイの発掘品はすべてヴィラ・ジューリアの収蔵となっているが、これはほとんど公開されていない。

ヴァティカーノのグレゴリアーノ・エトルスコ博物館は特別なケースであり、19 世紀に法王庁が行った発掘による出土品（特筆すべきはチェルヴェーテリの〈レゴリーニ・ガラッシの墓〉の東方化時代の遺物）と、膨大なギリシア彩色陶器があり、これはエトルリアから出土したために伝統的にエトルリア美術のコレクションに含まれていたものである。ローマ時代の"トゥスキア"の発掘品の大部分は、残念ながらグレゴリアーノ博物館にはなく、カニーノの貴族ルチャーノ・ボナパルテや銀行家ジョヴァンニ・ピエトロ・カンパーナといった個人のコレクションに入り、その後ほとんどが外国に売られたり散逸した。

エトルリア美術を多数所蔵する外国の博物館をあげれば、パリのルーヴル美術館、ロンドンの大英博物館、コペンハーゲンのニイ・カールスベルグ彫刻美術館、ベルリン博物館、ミュンヘン工芸博物館、ニューヨークのメトロポリタ

ン博物館があり、その他相当のエトルリア関係のコレクションがオランダのライデン考古学博物館、ブリュッセルのサンカントネール博物館、ジュネーヴ美術歴史博物館、ウィーン美術史博物館、ストックホルム地中海博物館、サンクトペテルブルグのエルミタージュ博物館、ボストン美術館、バルティモアのウォルターズ・アート・ギャラリーにある。

　すでに述べたように、エトルリアの可動の美術品（ブッケロ、テラコッタ、骨壺、鏡など）は広く行き渡り、イタリアおよび海外の個人コレクションに入り込んでいる——遺憾ながらこの分野では偽作がますます増えているのだが。そして個人コレクションや骨董商から、しばしば盗掘、窃盗、不正輸出によって、大小の公共の博物館に納入される。このためヨーロッパや北米の古代博物館においてなんらかのエトルリア関係の展示品がないところを見つけるのがむずかしいほどだ。しかも時にはエトルリア部門が充実していることもある。たとえば、イギリス・オクスフォードのアシュモレアン美術館、ドイツではカールスルーへ、ハノーヴァー、ハンブルグの博物館、アメリカではクリーヴランド、セント・ルイス、バークレー、マリブの美術館である。東欧ではブダペスト、ワルシャワにエトルリア美術のコレクションがある。最後に、ザグレブ国立博物館所蔵のミイラの布に文字が書き込まれた"聖遺物"の存在を忘れることはできないだろう。

原注
＊26　市域の西側のカーヴァ通り（Via della Cava）に1964年に城壁の一部が発見され、このことはウォルシニイの防衛力に言及した12世紀のビザンティンの歴史家ゾナラスの記述（『歴史要約』VIII-7）を裏付け、オルヴィエートとウォルシニイを一致させる一つの手がかりとなる。

訳注
＊＊101　土砂の堆積を防ぐために陸地から港への流水を促進する人工の切通し。エトルリア人の技術と考えられてきたが、近年はローマ人の発明とみなされている。コーサではその一部が現存し、特有の風景をつくっている。
＊＊102　ピタゴラスの居住したクロトンとコルトーナが誤って読まれたことにより、中世以来ピタゴラスの家と信じられていた。
＊＊103　着衣の端に書かれたエトルリア語の記銘から人物の名が知られる。キュージ

あるいはコルトーナの高位の政治家と思われる。
＊＊104　チェルトーザ Certosa はボローニャ市西部の共同墓地のある場所。一部にエトルリアのネクロポリスが発見され、多くの副葬品が出土した。
＊＊105　カンパーナ（Giampietro Campana）は 19 世紀のローマの銀行家。
＊＊106　ウンブリアの貴族ファイーナ Faina 家が所有していたエトルリア美術の収集が 1954 年にオルヴィエート市に寄贈された。

VI 政治的・社会的制度

エトルリア社会の特徴と発展

　エトルリア人の政治・社会組織の問題を論じる場合、最初に基本的に注意すべきことは、そうした現象を理解するために肝要な時間的発展を考慮することなしに単純な議論はなしえないことである。ギリシア・ラテンの文人の偶発的・要約的な記述に由来する情報はもっぱら諸制度の外観を描写したものであり、大抵はローマとの関係で時代や状況を捉えたものである。前7世紀以降エトルリア文明の全期間にわたり、固有名詞をわれわれに伝える土台となる碑文はかなりの数にのぼり、つまりこれまでに発見された範囲でも（そして毎日のように新しく発見される）それらはエトルリア社会の一種のX線写真を提供してくれる。そして墓碑銘の伝記的記述が人物の地位を明らかにする。さらに、非常に古い時代でも、墳墓の形態や配置、副葬品の特徴など、考古学的遺物の総体がさまざまな集合体の実態や他との関係、社会的構造などを明らかにしてくれる。

　現在、エトルリアの社会についての二つの重要な説がある。第一に、それは強い実力や富が突出して力ずくで分割された小集団に分かれたような単純な小さな共同体が進展したものだとする説で、第二には、寡頭政治体制が支配的で継続的な役割を果たしたというものである。このどちらについても検討が必要である。ヴィッラノーヴァ文化時代、すなわちエトルリア文明の初期段階では、先史時代の集落の文化に特有の生活形態（ヴルチ、ビセンツィオ、ウェトゥローニアの青銅小彫刻に表現されているように）と次の東方化時代の豪華さとは対照的に、比較的似通った墳墓の形式が示す平等な関係が明らかである。しかしヴィッラノーヴァ文化が原始的な社会だったとみなすことも間違いである。イ

タリア半島、そしてエトルリアの地そのもので続いた文化的経験の奥深さと重層性、先進の東地中海からの影響の不可避的な浸透、青銅器時代、とりわけ最末期において政治的・社会的な特徴が際立つ集合体と建築物の存在（ルーニ・スル・ミニョーネ Luni sul Mignone、クロストレット・ディ・ラモーネ Crostoletto di Lamone〔ヴィテルボ県〕、フラッテジーナ Frattesina〔ロヴィーゴ県〕）、これらすべての要素がヴィッラノーヴァ文化の現象はすでに発達した活力をもった構造の中で成熟したことを納得させてくれる。また墳墓が特定の場所に集中し、形式もほとんど同一であることは共通した葬祭形式に従ったということも否定できない（ただしたとえば双耳付きの骨壺の代わりに小屋型の骨壺を使用するとか、蓋の役をする兜を載せるとか、かなりの数の副葬品を用いるといった明らかな相違がないわけではない）。

　鉱山における採鉱、工芸品制作、建設作業といった活動は必ず労働の専門性を反映するだろう。この時代に始まった船舶に関する仕事は資金能力の集中化を前提とし、したがって財力をもった一部の人間のグループ化をもたらす。そしてこうしたグループは土地所有とその相続に依存しながら、あらゆる権勢と奢侈をほしいままにしつつ、一握りの特権的家族、つまり同時代のギリシアと同じような貴族的寡頭体制の中に閉じこもろうとしたが、このことは前8世紀にヴィッラノーヴァ文化社会から東方化時代の社会を区別することになるプロセスとみなすことができる。

　確実とはいえないまでも、ギリシア人など古代世界の種々の民族の間で用いられていたのと違い、おそらくエトルリア人に由来し、ラティウム人、イタリキ人の世界で見られる「二重命名」のシステムの発祥がこのプロセスの間に起こったと推測される。つまりギリシアなどでは単一の名前と父からとった名前で人名を表す（たとえば Appolonio di Nestore）か、あるいは出自を示す形容語を付け（たとえば Aiace Telamonio）、家系の継続の概念を明確に表すことはなかった。古代イタリアで行われていた形式では、人名は個人の第一名と家族または氏族名という二重の要素で表されていた。この意味でこれは近代文明社会において社会的・文化的・政治的必要性から確立された習慣を先取りした唯一の古代世界における人名呼称のシステムである。この二つの主要な要素のほか、しばしば父の名と母の名、時には祖先の名が付け加えられる。後代には稀

にローマ人が cognomen（添え名、苗字）といっていた第三の名が付けられることがあり、これはおそらく氏族（gens）の傍系であることを示すために用いられたのであろう。

　最も古い要素は第一名、または個人名であり、これは単一であったことは疑いない。氏族名は父の単一の名（たとえばギリシアの Telamonio）に多くの場合 -na という形容詞的接尾辞を付けて作られると考えられる（たとえば Vel から Velna となる）。しかし氏族名は神の名（Velthina）や場所の名（Suthrina）からも作られ、時には判定不可能な別のやり方もあった。とにかくこの方式のユニークさは家族構成員の全員とその子孫に継承されたことである。氏族名の登場と伝播が前8世紀に始まったのか、あるいはもっと前なのか（その可能性はある）は議論されている。今日知られている氏族の数は膨大なものであり、だから氏族による限られた寡頭体制と貴族制に無縁の大衆を対置する仮説は排除されるのである。

　確かにいえることは、形成されつつあったエトルリアの都市的共同体のすべての成員、つまり自由な市民は当初から「氏族制」の構図の中に組み込まれていたように思われるが、少数の大きな家族的集団の範囲内ということではなく、それぞれが個別の氏族名をもつ数多くの家系の分派に属していたということである。これは中世の終わりから近代の始まりにあたって家族名が生まれ、上流階級から下層に至るまですべての人民が単一の命名のシステムを採用するに至った状況を思い起こさせるかもしれない。アルカイックのエトルリアにおいて、共和政時代のローマと同様に、貴族の氏族と平民の氏族があった可能性がある。正真正銘の下層階級に属するのは奴隷、役者、軽業師、外国人などであり、かれらは現在伝えられる美術作品などにおいては個人名のみで表され、つまり氏族制度とは無縁の存在である。

　もし小さな無数の家族的集団に分かれた自由民の社会が、後述するようにアルカイック時代にエトルリアで主流だったような独裁的体制と両立することができたとしても、エトルリア文明の後期において古代作家たちの記述で証明されるような寡頭体制にとってはむずかしいように思われる。いずれにせよ碑文資料からは、エトルリア各都市における明らかに社会的平等の上に立った数多くの家族名（後期には複雑な家系についても知ることができる）をわれわれは

知っている。しかし一つの氏族に属しながら、本来の出自の都市の外部でも多くの分脈をもった一層広い家族集団が形成されたことをうかがい知ることもできる。それはローマ世界で非常によく知られた「ゲンス」gens の形の現れである。そしてしばしば家族のさまざまな枝分かれを区別するために、氏族名に「添え名」が付け加えられる。アルカイック期の単一家族の小さな墓に代わって、多人数を埋葬した大規模な霊廟が登場するのである。いくつかの「氏族」の成員の間の婚姻がしばしば行われ、そしてこのメンバーがしばしば政治的・宗教的重職を担うことがわかる。本来の氏族的社会制度において、一握りの強力な氏族の歴然たる優位性が確立されていき、それらが少数者独裁制を構築したことを考えれば、以上のことは十分論理的に説明されるだろう。このことについてはすでに歴史的記述に現れている。明らかにタルクイニアのスプリーナ家、ウェルカ家、アレッツォのキルニイ家、ヴォルテッラのケイクナ家と多くの分家がそうした寡頭体制の例としてあげられる。

　寡頭体制の下でのより小さな氏族の地位を確定すること、あるいは無産者、奴隷階級の特徴が何であったかを決定することはよりむずかしい。特に北エトルリアでは、*lautni, etera, lautneteri* といった称号をもつ人物の墓碑銘がかなり頻繁に現れ、それらのいくつかは奴隷の身分を示す第一名のみしかなく、あるいは外国起源の名が付けられている。"*lautni*" という語は「家族」を意味する "*lautn*" に由来して「家族の」の意であるが、ラテン語の "*libertus*"（解放奴隷）に相当する意味に使われている。"*etera*" については「奴隷」と訳す人がいるが、正確な意味は不明である（ともかく "*etera*" を「貴族」「貴族の母方」というかつての対照的な解釈は排除された）。下層階級の政治的・社会的地位の確立に関しては、伝承によればアレッツォとウォルシニイにおいて前3世紀前半に無産者が権力を獲得し、貴族との階級格差（たとえば婚姻の禁止）を一時的に廃止させるといった正真正銘の革命が起こったことがある。とはいえ、こうした社会的闘争が共和政ローマにおける貴族（パトリキ）と平民（プレブス）と同様の氏族制度における大氏族と小氏族の衝突としてどこまで解釈できるか、あるいは氏族とは無縁の奴隷階級による革命的勝利と絶対的に解釈すべきかは依然として疑問である。一方、最近リックスが発表したように、前2世紀に北エトルリアでは奴隷階級の一般的な平和的地位向上という現象が起こり、かれらの

個人名（Cae, Tite, Vipi など）が氏族名となった。

　エトルリア人の家族と人名の制度について概観したわけだが、ここでエトルリア人のいわゆる「母系社会」について言及することができる。これはヘロドトスの記述（I-73）によるエトルリアと小アジアの比較から生まれ、他の古代作家たちによるエトルリア女性の自由に関する情報によって肉付けされた伝承に過ぎない。リュディアの子供が父の名でなく母の名で呼ばれたという事実が、碑文で確認されたエトルリアの「母系襲名」の習慣と対比されたことがある。しかし事実はエトルリアの多くの墓碑銘に氏族名が記され、時には母の第一名が添えられているとはいえ、碑文で優勢を占めるのは「父系襲名」である。エトルリア社会——ついでローマ社会——における女性が古典ギリシア時代の女性と明らかに異なる高い地位を占めていたことは疑いない。男性とともに宴会に参加することは放埒の証とは縁遠いことであり、ギリシア世界では排除されていた風習に驚いて顔をしかめた一部のギリシアの作家が悪意をもって報告しているが、これはまさに社会的平等の現れであり、この部分に関しては古代エトルリア人の社会と近代西洋に特有の風習が直結するのである。

　最後に、ギリシアのモデルに基づき、イタリキ世界、特にローマにおいて重要性をもっていた社会制度の一面として、「ユウェントゥス」iuventus（青年のスポーツ・教練組織）に触れておく。これがおそらくエトルリアにも存在していたと思われる。

政治組織：都市国家とその連盟

　エトルリアがローマと接触した時期には、エトルリア民族の政治は基本的に大きさと豊かさにおいて有力ないくつかの都市に小都市が従属する形の体制に支えられていた。アルカイック期の実態については不明であるが、それぞれの首長に率いられ、固有の特徴と習俗をもったウェイイ、カエレ、タルクイニア、ヴルチのように、あまり離れていないいくつかの重要な都市が共存していたのは、同時代の西方のギリシアおよびフェニキアの植民市に特有の都市国家組織に示唆を得たものと考えられる。この政治体制は、エトルリア化された後のラティウムにも波及し、ラテン語で populus（共同体を構成する人員。おそらく

エトルリア語由来）と呼ばれるが、ある意味で civitas の同義語と思われる。エトルリア語ではこの概念は、微妙なニュアンスの違いはあるものの、おそらく *spur*-、*meχ*、*tuθi* にあたる。

　共同体を構成する人々の正式な名は、それぞれの都市の住民そのものの名、ウェイイ人、タルクイニア人、カエレ人、キュージ人などと呼ばれることになる。おそらく時の経過とともに、ローマ古代史の中に読み取れるように、有力な都市は他のライヴァル都市を傘下に収めながらかなり広大な領地を併合したと思われるが、併合された都市のいくつかは部分的な自治性を保ち、あるいは征服者たちと同盟の関係で結ばれていたということも否定できない（中部エトルリアのウェイイ、タルクイニア、ヴルチなどの大都市の領域内におけるネーピ、スートリ、ブレーラ、トゥスカーニア、スタトーニア、ソヴァーナといった中程度の重要度の都市の存在はそのことを物語る）。加えて、カンパーニアや北方へのエトルリアの拡張におけるように、植民市とそれが従属する都市との絆が保たれていた可能性も考慮に入れなくてはなるまい。地方自治と政治的分散主義の理念が南および北イタリアのエトルリア領の制度において優先していたに違いないのである。

　エトルリアの政治的・文化的生活の代表的要素は、伝統的に 12 と数えられていた主要な大都市（前述のようにローマ時代に限り 15 の部族に言及されている）の中に見出されるだろう。それらについてはすばらしい遺跡が残されている。12 都市とはどこか？　ローマによる征服の時点では明らかにカエレ、タルクイニア、ヴルチ、ロゼッレ、ウェトゥローニア、ポプローニア、ウォルシニイ、キュージ、ペルージャ、コルトーナ、アレッツォ、フィエーゾレ、ヴォルテッラの名があげられ、ウェイイは前 4 世紀初頭にはすでにローマの領土に組み込まれていた。前 4-3 世紀には、ペイテーザ Peithesa とかエケティア Echetia、あるいはより謎に包まれた都市の名が記された貨幣からもわかる通り、より小さな集落がいまだに独立を保っていたかもしれない。アクアロッサ、ビゼンツィオ、マルシリアーナ・ダルベーニャ、あるいはウェトゥローニアのように、アルカイック期に栄えた都市はやがて衰退する。シエーナ、フィレンツェ、ピーサ、ルーニのような都市は、エトルリア文明の末期、つまりローマの支配下でようやく発展することになる。都市的な整備が行われる以前の状況につい

ては全く史料がない。したがって、そうした歴史以前の集落の遺構などがエトルリアの地域に多少残っているにせよ、行政組織や相互関係についてわれわれは知ることができない。古代著述家による間接的な言及や、ローマの初原的な法律との比較をもってすれば、この時代の都市の住民は、おそらくトリブスに区分され、それぞれがクリアに分かれていたことがうかがえる。それ以上のこと、つまりこうした都市内の組織的分割と、従属する周辺区域のみならず都市そのものを形成する集合体の領地的集団との関係は全く不明である。

それぞれの都市国家あるいは国家の首都は政治的に、そしてある程度まで文化的に独自の世界を作っていた（たとえばタルクイニアは墓室壁画、カエレは墓室内の模擬的建築構造、ヴルチは青銅器と彫刻に優れているといったように、芸術制作においてスペシャリティをもっていた）。国家経営、商業、海運は、アルカイックと古典期のギリシアの「ポリス」と同様に自主的であったはずである。古代文献によれば、外交政策もまた各都市の利害によって自主的に決められたと推測される。とはいえ、同様に他の文献によれば、同盟、連盟といった近代的用語が用いられることがあるような一種のエトルリア都市の連携があったことがうかがえる。

この最後にあげた制度の実際の性格がいかなるものであったかが研究者の間で議論された。いくつかの自治的共同体の間に連合的組織が存在したことは、ギリシアであれイタリアであれ、時代と場所で特徴があるとはいえ、古代世界においてよく知られた事実であり、驚くにあたらない。エトルリアに関しては、古代著作者はこうした連合組織を意味する特定の用語を使っていないが、「12都市同盟」（duodecim populi、または duodecim populi Etruriae）について述べている。エトルリア本体の大都市の 12 という数は——ポー川流域のエトルリア（エトルリア・パダーナ）とカンパーニアのエトルリア（エトルリア・カンパーナ）でも転用される——おそらく慣用的なものであり、古代世界の他の地域にも「イオニア 12 都市同盟」という類似の例がある（ちなエトルリアと小アジアのイオニアとは文化的な関連がある）。これが単に観念的な次元ではなく、現実的な政治制度であったことは、主としてリウィウスの記述（IV-23；V-1；X-16 ほか）から推論されることであり、ファーヌム・ウォルトゥムナエにおいてエトルリア諸国の首長たち（プリンキペス principes）による年一度か、とも

かく定期的な会議が催されたことに言及している。しかしパレーティ氏は、想定されるエトルリア連盟の継続的性質と強力な超国家的権力があったことを証明する証拠が不十分であるとしており、これは正当な発言である。エフェソス、オリンピア、デルフォイ、コリントなどのギリシア世界でも同様な事実があったことがわかっているが、ウォルトゥムナの聖所における汎エトルリアの祭典や年一度の競技会の存在が確認された以上、少なくともたとえばローマの脅威のような特別の政治的状況に際してエトルリア各都市の代表者が国家的聖所に集まり、ある種の政治的・軍事的同盟を結んだことは推測できるであろう。

しかし一方で、そういう組織が続いたことと各都市国家がそこに従属したことを示すような言及が存在する。具体的にはセルウィウスの一節(『アエネアス』VIII-475)に、エトルリアには12人の"ルクモーネ"*lucumone*(王)がおり、そのうちの一人が他の王たちの長であったとあり、またリウィウス(I-8, 2 ; V-1)は、12の共同体から一人の王が選出されること、各都市がファスケス(権標)を奉持するリクトルを派遣したこと、後にはウォルトゥムナの聖所における汎エトルリア会議の際に一人の神官を選出したことに触れている。結局われわれのエトルリア同盟の判断はこれらの文献の内容の信頼性によっている。興味深いことに、以上の証言のうちの二つが特にアルカイック時代における王について言及している。しかしリウィウスの別の一節では、前5世紀末、すなわちウェイイとローマの抗争の時代にエトルリア人の共同体で選出された一人の首長は「祭司」(sacerdos)の称号で呼ばれ、つまり宗教的な最高権力者だった(もしくは宗教的範囲内のみで権威をもっていた)ことを述べている。

ローマ帝政期にはエトルリアの体制と称号は形式的に存続しているだけだったが、その時代のラテン語の碑文に、「(第15管区)エトルリア法務官」praetor Etruriae (XV populorum)という称号が現れ、つまりローマ時代にはエトルリア人共同体が3都市に増えたことを表している。エトルリア語の碑文に記されたエトルリア人の就いた役職の称号として *zilaθ meχl rasnal* (*C.I.E.* 5360、タルクイニア)というのが出てくる。ディオニシウスの有名な一節(I-30, 3)ではエトルリア人は Rasenna という国名で呼ばれているが、rasna というのが「エトルリア、エトルリアの」を意味するに違いないことがわかっている。また、*zilaθ* で表される司法官はエトルリアの公務員の中で、おそらくロー

マのプラエトール praetor にあたる最高位の役職と思われる。$me\chi l$ は〈ピルジの金板〉の長い碑文に現れる $me\chi$ の所有格で、「市民組織の」と訳すことができる。したがって、前出の $zila\theta\ me\chi l\ rasnal$ はラテン語の praetor Etruriae (populorum) と一致するということになろう。この官位がエトルリアのすべての市民共同体によって選出される最高の代表者とみなされるか、あるいはリウィウスが言及する「プリンキペス」のように、それぞれの同盟市の代表者であるのか議論の的となるところである。現在は前者の説がより可能性が高い。

エトルリア諸都市の首長うちの一人が優位にあったという情報に全く根拠がないわけでないとすれば、歴史時代の初期に南エトルリアにおいてある一つの都市の主導権の下に統一的な結束の最初の形態が存在したという勇敢な仮説が成立すかもしれない。少し時代が下がって、この当初の統一体は宗教的・経済的・政治的な性格を備えるようになり、ウォルトゥムナの聖所で国家的な祭典と会議が執り行われるようになったのである。一年ごとの最高司法官の選挙は、多分一都市の首長が他の諸都市の最高位に立つ習慣の名残である。リウィウスによれば、前５世紀末頃、ウェイイの王が選挙に立候補したが——国家的司法官の重要性を物語る——落選するということがあった。

各都市国家における権力と体制

前4-2世紀におけるエトルリア諸都市に内在したさまざまな状況は、古代文筆家の言及するエトルリアの政治・社会的制度の総合的解釈に影響を与えた。それぞれの都市は貴族による寡頭政治が行われ（散発的、短期的に他の階級に覆されたことはある）、ローマ時代の文献によればプリンキペスという名のもとに役人たちが支えるのが一般的だった。一族に関連する多くの言及を伴う大規模な氏族の墳墓や、特に古代世界の都市国家の制度組織においてよく知られているのと同様の時限的で、おそらく集団内における種々の役職の称号をもつ人物たちの碑銘などが、部分的にそうした伝説を裏付ける。

しかしそうした条件は、より古い時代のエトルリアの政治文化の状況を明確には映し出すことがない。多くの文献はエトルリアの各市にそれぞれ王がいたことを記している。ルクモーネという語（［ラ］lucumo, lucmo、［エ］はおそ

らく *lauχume, lauχme, luχume*）は、ローマ王タルクイニウス・プリスクスの場合のように、しばしばエトルリアの重要人物の第一名である場合もあるが、普通はエトルリアの首長を表す一般名詞として使われている。ウェルギリウスやセルウィウスなどは、ある時にはマントゥウァの議会における最高位の官吏をルクモーネと呼び（『アエネアス』X-202）、他の箇所でははっきりと都市の首長を指す言葉としている（『アエネアス』II-278、VIII-65, 475）。貴族制国家という想定から出発して、ミューラーが推論し、その後もしばしば無批判に繰り返されたのは、ルクモーネはプリンキペスと同じ意味で、どちらも貴族の一族の長を指す以外のなにものでもないという考えであった。

しかしおそらくプリンキペスという語は、社会的立場である以上に、共和制国家の司法府、それも最高司法官を指すと思われ、そのことから同様に、ルクモーネは、セルウィウスが明確に繰り返し述べていることに従えば、アルカイック時代のエトルリアの王を表したと考えられる。したがってコルツェンのように、語根 *purθ-* や、キュージの王ポルセンナの場合のように固有名詞とみなされた称号 pursna、purtsna などの語に、エトルリア語の「王」の意を見出そうとする必要はないように思われる。一方、ローマで rex（sacrificulus）という語について発生したことと類似して、古代の君主の称号が貴族的共和制国家の変容に際して消失せず、基本的に政治的権力は失いながら宗教的機能をもった新しい司法官として保有されたということかもしれない。前 2 世紀のあるタルクイニアの聖職者が記した一文の中で、かれの職分を表す言葉の一つとして lucarice という動詞が出てくるが、この語根は明らかに名詞 lucumone に由来するものである。〈ザグレブのミイラ〉に記された碑文の中で、「*lauχuma-*」、すなわちおそらく *lauχume*（*lucmone*）の住まいで行われた儀式に言及されているが、これはローマのレギア Regia、すなわち大神官の住居に似たものと思われる。そして最後に、リウィウスが聖職者と規定しているファウヌム・ウォルトゥムナエの実質的な首長は、当初は、セルウィウスがいうところの最も強力なルクモーネであり、12 の集団から選挙で選ばれた王にほかならなかっただろう。時代の進展と政治状況の変化によって権力は減少・変質したかもしれないが……。

初期エトルリアの君主制はいかなる性格をもっていたのか？ 残念ながらそ

れに関する決定的な資料は存在しないが、ローマの君主制についてわれわれが知る歴史的に確実なわずかな事実との類似によって、なんらかの推測が可能である。マクロビウス（5世紀の文人）によれば（『サトゥルナリア』I-15, 13）、8日ごとに開かれる公開審判の場で、王は最高の司法権を行使したことはまちがいない。王は軍の司令官であり、国家の宗教的首長でもあったと思われる。君主制に関する儀礼習慣や服装などについてはわれわれはもう少しよく知っており、それらはローマに継承されたが特にエトルリアに由来するものと古代著述家たちが述べている。すなわち、金の冠、錫杖、トーガ・パルマータ（ヤシの葉の文様で装飾された儀式用の長衣）、玉座、権威を示す帯や勲章、そしておそらく凱旋の儀式などである。

特におもしろいのはファスケス（［ラ］fasces、［イ］fascio littorio）の起源の問題である。それがエトルリア起源であることは、シリウス・イタリクス Silius Italicus（『ポエニ戦記』VIII-483）、フロルス Florus（I-1, 5）などの帝政期の著作家たちによって明瞭に支持されている。エトルリア各都市の首長選出に際してリクトルが招待されたというリウィウスの記述についてはすでに述べた。刃の付かない権標の最も古い美術表現は、パレルモ博物館にある紀元前5世紀前半のキュージの浮彫に見られ、したがって、リクトルという役職やタルクイニアの石棺に表されているようなエトルリアの役人が奉持する権標などをローマが模倣したという仮説が成立する。1893年、ウェトゥローニアのネクロポリスのアルカイック期の墓から錆びた鉄でできた物品が発見されたが、ファルキ I. Falchi はそれは小さな凹んだ板と両刃の斧を組み合わせた権標であると考えた。発掘と移動の際にばらばらになったが、フィレンツェ国立考古学博物館で修復され、現在公開されている。この出土品の原初の形態と権標であるとする見解には疑問も提起されたのだが、仮にそれが埋葬用の模型であったり、両刃の斧であったとしても、前記の見解は仮説として成立するだろう。両刃の斧は、武器でありパレード用の小道具でもあるが、ウェトゥローニアには上記の墓とほぼ同時期（前7-6世紀）に現れる。この墓は碑文により、典型的な武将であったアウェレ・フェルスケ Avele Felsuke のものであることが知られる。しかし、シリウス・イタリクスは権標を発明したのはまさにウェトゥローニア人であると記しており、このことは驚くべき一致を示すことになる。つま

りこの場合、文献資料と考古学の発見の一致の幸運な一例となるであろう。斧が東方文明および地中海世界、たとえばミノア時代のクレタやヌラーゲ時代のサルデーニャなどで政治的・宗教的な特別の象徴としての性格をもっていたことはよく知られている。

地中海文明のさまざまな潮流が集約していたアルカイックのイタリアでは、ボローニャのチェルトーザ出土の青銅製シトゥラの浮彫や、フィエーゾレのラルト・ニニエ Larth Ninie、前述のウェトゥローニアのアウェレ・ファルスケの墓碑などで明らかなように、斧は労働や戦闘の用具であるばかりでなく、首長のための武具であったことはまちがいない。この最後の例では両刃の斧が表されているが、これは権力の象徴でもあったであろう。一方において審判の場に首長が持参した束にまとめられた突き棒でもあり、他方では王のパレード用の武具であることを認めるならば、首長たるものの根本的な諸性格、すなわち司法的・軍事的、そしておそらく宗教的な側面における至高性を、単一の物体が表現すると考えたとみなすことが可能である。そしておそらく、権標ははじめは一つしかなかったが、領土が広がって統治者の権限の拡大に伴ってリクトルの数が増えることになったか、もしくは最高権力の保持者が増えたものと思われる。

権標の物質的な象徴性に対応するのは政治的・宗教的な能力であり、ローマ人はそれを imperium（権力）と呼んだ。至高の権力の象徴としての斧の価値の証明として、ローマの行政官に斧の付いた権標を掲げる権利を許可したのは imperium maius（最高権力）とその他の特殊な存在のみという事実がある。imperium は一般的な potestas（力）と区別されて、司法的・軍事的な権力の頂点を示すものであり、王政時代の王から共和政の司法官に継承された主権の表現にほかならない。そして imperium の概念は、宗教的な意味合いも含めて、おそらくエトルリアの君主制に由来する。さらに、ローマ後期の辞典編集者ヘシキウス Hesychius によれば、おそらくラテン語 imperium に対応するエトルリア語の「力」が、ギリシア語も関連して伝えられたものと考えられる。そしてそれは *truna*、*θruna* というエトルリア語にまで遡り、前ヘレニズム語や女神ウェヌスのエトルリア名 Turan にも結びつく可能性がある。

前 6-5 世紀に起こったエトルリアにおける君主制から共和制への移行を知る

ことにより、ギリシア人、フェニキア人、エトルリア人の政治制度の歴史に基本的には共通し、公的生活の本質的な部分ではヘレニズムおよびローマより以前でさえも地中海文明の一体性を示す現象が、国際的な広域性をもったものであったことが明らかになる。宗教的な性格をもつ原始的な君主制から、選挙によって選ばれ、合議制で期限付きの司法官による寡頭体制に移行するのである。時にその経緯は個人的な権力の確定（独裁）と民主的な解決とが併存して進展することもある。ギリシアの多くの都市ではそのような変革は歴史時代以前、ミュケナイ時代の前後にすでに進行していたが、スパルタなどの他の都市では、その歴史の最後に至るまで、形式的であるにせよ、君主制を保持した。ギリシア世界の西部では新しい体制が植民時代の初期にすでに大方確定していたように見えるのに対して、ローマでは変革は前6世紀になって起こる。シリアとアフリカの諸都市でもまた、時代と場所によって結果が異なるとはいえ、前8世紀から4世紀までの期間に君主制から寡頭的共和制に移行する類似の傾向がある。

とはいえ、社会的階級の格差、家系的・宗教的な貴族制度の伝統の確定、原始的な君主制度の廃絶に向かう一般的な制度的発展の傾向が見られるのは、ラツィオとエトルリアの地方的な状況のみではない。ことによると、イタリアではアルカイックの君主制は地方的な傾向に対応する必要から生まれたものなのか、それとも、東方の制度の影響を受けて、当初族長あるいは集会の実権に限られていた力の偽装に過ぎないのかということが問われるだろう。その場合には、国家制度の変容は、むしろ本来の政治的形態への逆行ということになろう。それはローマの初期の「氏族」と君主制国家におけるかれらの価値に関する問題として、まず議論されるべきことである。

ローマにおける原始的な君主制から共和制政体への移行を説明しようとする多くの仮説は、一方では継続的で必然的な発展という理念に方向づけられ、他方では偶発的な変革という考え方に向かう。後者の発想は実際には、ギリシア、ラティウム、そしてエトルリアなど、他国の制度の模倣を想定するのかもしれない。さらに、共和制の初期、たとえば権力の平等のもとに存在したローマの執政制度のような合議制が確立する以前においては、特に軍事的性格をもつ強力な個人による政権、アルカイックの王権に替わる不動の独裁制のような局面

が想定されるとする仮説がマッザリーノ S. Mazzarino によって提出された。ローマにおける「独裁執政官」(magister populi) や「最高法務官」(praetor maximus) といった資格はそのような意味で解釈されたし、マスタルナというエトルリアの人物(ヴルチの〈フランソアの墓〉に見られるが姓はない)の名はラテン語 magister に由来する資格の呼称かもしれず、だからそこに似たような権力を認めることができるという説も生まれた。マスタルナはいくつかの文献から、ローマの王セルウィウス・トゥリウスであり、その制度改革が共和政の起源そのものとなったことが確認されている(リウィウス、I-60)。前6世紀末から5世紀初めにかけてのエトルリアおよびラティウムの諸都市における強力な個人権力の存在は、同時期の西ギリシア諸都市を特徴づける専制君主の形式を一種の疑似形態として適用したものかもしれない(たとえば、クマエのアリストデモス)。近年ピルジで発見されたエトルリア語とカルタゴ語の碑文のある金の薄板には、カルタゴ語で「カエレの王」または「カエレの支配者」を意味する奉納者テファリエ・ウェリアナスの姿が表されているが、これは唯一の個人的権力を備えた国家元首のあらゆる特徴を示しており、上のような問題の議論のために新しい貴重な資料となっている。

　以上に加え、おそらくエトルリアにおいては、もう一つの理由から独裁制と共和制の間に明確な時間的転換が存在しないことがいえる。すなわち名目的にも事実上も、体制の変化が起こる共和政ローマの初期と同時期の後期アルカイック時代より後に、少なくとも二つのケースにおいて独裁制が延命し、再興するのである。すなわち、前5世紀末にウェイイに王が誕生したことと、アウルス・スプリンナの『頌歌』の中で前4世紀半ば頃に「カエレ人の王」に言及されていることである。どちらの場合も他のエトルリア都市国家の明らかな敵意が表されており、それはいまや共和政体制が常態化した世界での例外的出来事であったことを想像させるだろう。

　エトルリア諸都市が自治体制にあった時代の終わりの頃一般的だったと思われる制度は、すでに述べたように少数独裁的共和政である。しかし残念ながら詳細についてはローマとの類似性を除き、わずかな碑文の直接的証言と歴史文献しか判断材料がない。「氏族」の首長たちで構成される「元老院」、おそらく人民総会、単独あるいは合議制の下の時限つき最高司法官、政治的・宗教的性

質をもった合議的司法官などの存在が推測される。いずれにせよ個人の権力が固定化するのを避ける目的で、権力を分散、抑制し、絶えざる相互的コントロールの下に置く傾向がうかがえる。こうした寡頭的体制の厳格さはローマにおけるよりもエトルリアの方がより顕著だったと考えられる。その違いの一つとして、下層階級の権利要求の運動に関して、エトルリアではローマのように制度が漸進して平民層が権力の座に就くという可能性は基本的には存在せず、ウォルシニイ、アレッツォ、そしておそらく他の都市でも、民衆的無政府状態の時期があった。しかしながら、特に前2世紀の北エトルリアでは、すでに触れたように、氏族制度に氏族成員外の要素が漸次吸収されていったことは否定できず、つまり少なくともなんらかの公務に従事することはあったかもしれないのである。

　エトルリアの司法官の役職名の当初の形は、墓碑銘のcursus honorum（栄誉歴）によって知られ、いくつかの役職については、たとえばローマのスキピオ家の墓碑銘のように、まさに死者に対する詩的なエロギア（賛辞）の形式で記述されなければならなかった。それにしても、それらの役職の実態や、相互の関係、「偉さ」の違い、ラティウムやイタリキ世界の制度との対比などを解釈するのは容易でない。

　最も頻繁に出てくる役職名は、まだ起源がわかっていない（おそくとも前5世紀初頭にカエレに現れる）語幹 zil- を伴った *zil, zil(a)c, zilχ, zilaθ* などである。それらのうちの一つは場合によってはローマの praetor にあたることが知られている。それはまちがいなく、ある高官、おそらく国家の最高位の役職を示すと考えられるが、しばしば *zilaθ, zilχ parχis, zilaθ eterau, zil eteraias, zilc marunuχa, zilχ ceχaneri* などのように、特定する補助的形容詞を伴っており、これらはなんらかの専門的な役職（ラテン語の praetor peregrinus〔外国人担当司令官〕のように）を表すと思われる。だから、エトルリアの役職名は、ラテン語の praetor のように、時に一般的であり、時には特定的であった可能性がある。

　もう一つの重要な役職で、人によっては *zilaθ* の集団のようなものの最高位とみなすものは、語幹 *purθ*- で示されるもので、おそらく前ヘレニズム期に起源をもつギリシア語の役職名と関係があり、これは西ギリシアの諸都市でもよ

く知られ、そこから多分エトルリアに伝えられたものである。そしてそれはまた、ラティウムおよびローマの役職名 dictator（独裁執政官）に対応するかもしれない。

　mar, marniu, marunuχ という役職名もしばしば見られるが、これが聖職と関係があることは cepen という聖職者の役職名と結びつくことと、*Paχa*（バッコス）、*Caθa* といった神の名前を含む *maru paχaθuras* あるいは *marunχ paχanati* などのタイプを特定することによって明らかとなった。ウンブリアでも marones（マントヴァのウェルギリウスの「添え名」であった！）という集団が出てくるが、これはラテン語の aedilis（造営官）にあたると推測されている。その他、*camθi, macstrevc* などの語が、行政あるいは軍部の役職を表すものである。

　12都市同盟に関連する役人と異なり、各都市の政務に関わる役職は、*spurana, spureni, sputeθi* など（*spur* は「都市」の意）の表記で特定される。終身の役職を示す語（*svalas, svalasi*）がないわけではないとはいえ、役職名に伴う数詞は、大抵の場合、その役職が繰り返された回数を示し、したがってその時限性を証言することになる。

　エトルリア国家の制度に関して、最後に法律の問題に触れておきたい。しかし残念ながらこのテーマについては、古代文献はエトルリアの宗教教義や典礼書について言及しているのみで、きわめて限定的で不確かな情報しか存在しない。マッザリーノによって提出された土地私有に関するエトルリアの法律の仮説は、セルウィウス（『アエネアス伝』I-2）に基づくもので、「エトルリア法」（ius Etruriae）と呼ばれるようなものに言及されているが、議論の余地がある。国境（市境）に関する規定（多くは tular という語を付した石柱で示されていた）はきわめて重要なもので、これについては他の史料で確認される。いずれにせよ、こうした民事のみならず、特に宗教的領域に関わる刑法については次節で取り扱われる。

Ⅶ　宗教

問題点と資料

　本書の課題はエトルリア文明の種々の問題を細密に羅列することではなく、これらに関する資料を解釈し、現在までに未解決の基本的テーマを論じることであるから、エトルリアの宗教の現象について他の場所で書いたことを決定的な形として繰り返したり、神々の名、崇敬の形、神の意志の解釈、葬制などについて知られている情報のすべてを集約したりするつもりはない。事実、宗教はエトルリアに関する最もよく知られ、よく扱われている主題である。なぜかといえば、非常にもっともなことだが、文献から得られる資料が最も豊富であり、特に宗教についてさまざまな形で記録して手がかりを与える考古学遺物が数多く発見されているからである。この問題については、各国の多くの研究者たちが取り組んできた。しかしそれでも、もはやすべて語り尽くされたというわけではなく、現在われわれが共有する資料がさらなる問題提起や結論を必要としないところまで研究され尽くしたということはできない。たとえば一例として、クレメン C. Clemen の論文（『エトルリア人の宗教』1936、ボン）では、宗教の問題が近代的な鋭い批評精神をもった新しい方法で論じられている。そしてまさにこのクレメンの業績が、ジリオーリ Giglioli やグルニエ Grenier の最新の研究と併せて、エトルリア宗教のより幅広く深化した理解のためには、文献および考古学のすべての資料を総合的に再検討する次なる作業の必要性を痛感させた。こうして生まれたのがピフィッグ Pfiffig の『エトルリアの宗教』（1975、グラーツ）であった。

　エトルリア人の信心深さはよく知られていて、古代文人たちの著作に共通して現れる要素の一つである。たとえばリウィウス（V-1, 67）は、「かれらは他

の民族にもまして、特に宗教祭儀を熱心に行った民族」と描写している。また
アルノビウス（4世紀のキリスト教護教論者）はエトルリアを「迷信の親であり
母である」（『異教徒に対して』VII-26）と規定している。さらにエトルリア人
の俗称 tusci はギリシア語の「生贄を捧げる」を意味する単語に由来するとい
う説もある（ハリカルナッソスのディオニシウス、I-30, 3他）。そして近代の
研究者たちも、古代世界の諸民族の中でのエトルリア人のこうした際立った評
判を信ずるにやぶさかでない。

　実際には、宗教心の強さに関して、特に異なる民族の間の量的な比較をする
ことは、それを決定づける具体的な歴史的要因を考慮しなければあまりにも幼
稚な考えということになろう。帝政ローマにとってはエトルリアの伝統はきわ
めて大きかった。それは、ローマの宗教のはじめの段階で、イタリア半島で最
初で最大の影響を与えたからだけではなく、エトルリア文明の歴史的遺産とし
ては宗教がローマによって最も躊躇なく受け入れられた要素であり、ヘレニズ
ム文化の影響の激しい潮流に最も強固に抵抗したものだからである。しかしそ
れ以上に、エトルリア宗教とギリシア・ローマ宗教との質的相違という重要な
事実がある。エトルリアの宗教において明らかなことは、崇敬の形態の複雑さ、
解釈はさまざまとはいえ、神々の意志と対面する人間の一体性と思慮深さ、神
の圧倒的で不気味な力や無期限の効力に対する絶え間なき畏れなどである。神
の力を前にした人間性の否定の感覚があり、これはギリシア人は神の支配力の
絶大な強さを目のあたりにしてさえ持ち得ないものであり、ローマ人は人間と
神々との間の、法的な——しかし具体的・実際的な——関係においてそれを解
決しようとする傾向がある。だからギリシア・ローマの宗教においても宗教美
術においても、主役はつねに人間であるのに対して、エトルリアでは神は絶対
的な態度で君臨し、人間にとっては慎重で畏怖に満ちた注釈をするしかないよ
うな不滅の独演者として登場する。こうした観点からして、両者の比較の結果
は明瞭である。エトルリア人の深くて特異な宗教性に関する古代文献の正当性
に対して、いかなる疑問を呈することもできないだろう。

　エトルリアの宗教文化を形成する精神性、修行、実践形態の全体像を再構築
するためには、文献研究が基本的な重要性をもつ。すでにしばしば指摘されて
いるように、エトルリア宗教に関するわれわれの知識の源泉は、直接資料とし

ては、オリジナルのエトルリア文献（特に〈ザグレブのミイラ〉の麻布や〈カプアの瓦〉の祭祀文——部分的に未解読だが——、たとえば有名な〈ピアチェンツァの肝臓〉のようないくつかの文字資料、造形的遺品（絵画、彫刻、そして特に青銅鏡の線刻）、神殿建築の遺構、墳墓などがあり、間接資料としては帝政期および古典後期のギリシア・ラテンの文人たちによる情報が存在する。いうまでもなく、上記の間接資料は、エトルリア宗教の再構築に活用するためには、一連の批評的見直しの作業がなされなければならない。崇敬や祭儀といった非常にデリケートな問題であるから、原初の素材の誤解や取り違えが起こることは避けがたいと思われる。精神的態度のある点での類似、ある種の神の図像の相似、種々の典礼の共通性などが確認される以上、ローマの文人たちがしばしば要約したり散発的に引用したり、あるいはキリスト教神学者（たとえばアルノビウス）たちの論文の中で触れられていたりするエトルリアの宗教の伝統が、基本的なところで変質して現代まで伝わっているかもしれないとしても驚くにはあたらないだろう。典型的なケースとして、Suida という名の中世の百科辞典によれば、世界は 6000 年かかって創造されたとされているが、これは聖書の創世観に明らかに類縁関係がある。このことはおそらく、ローマ後期における文学的伝承の過程で起こったエトルリア的要素とキリスト教的要素の混淆として説明されるだろう。[**107]

　結論としては、エトルリアの宗教の実態を再構築するために有効な資料は残念ながら非常に限定的で不確かである。原初の宗教文書の喪失は回復不可能である。キリスト教の精神、教義、典礼に関しても、もしわずかの聖像や典礼書、わずかの教会の遺跡しか残っていなかったら、今日知っていることもきわめて少なかっただろうといわれるのはもっともなことである。

神の概念

　しかしながら、もしより多くの文献資料があったとしても、エトルリア宗教の理念や本来の形態を完全な形で把握することは容易でないだろう。とりわけ神話や美術に関して、エトルリアに対するギリシア文化の圧倒的な影響はあまりにも古くて深遠なものだから、エトルリアの宗教の志向や行動表現の中にそ

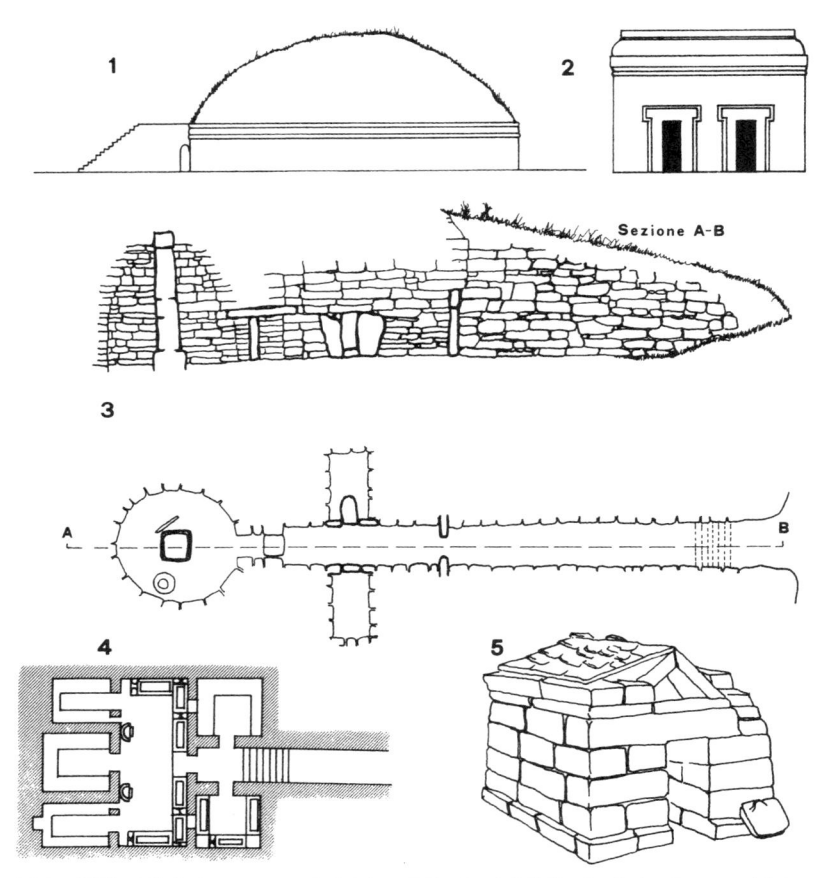

図3 墳墓の形式（1：カエレの土まんじゅう型　2：立方体型　3：クイント・フィオレンティーノのトロス式〈モンタニョーラの墓〉　4：カエレの〈盾と椅子の墓〉　5：ポプローニアの小礼拝堂型）

　の明らかな痕跡が滞留していないはずはない。そのことは特に、神々の個別性であれ形姿であれ、それを区別して理解しようとする場合に著しい。クレメンはエトルリアの宗教理念のある特別な部分に、武器、樹木、湖水などに対する崇敬に代表される物神崇拝的性質の残存を見出そうと試みた。実際には、先行する地中海地域の宗教においてもまた、武器や樹木の崇拝が物神思想の正統な顕現であるのか、あるいは人物神が、神人同形説的に把握されていないにせよ、

個々のアトリビュートによって表される宗教的な象徴性を表現するものなのかということはかなり疑わしい。同様に、エトルリアのアニミズムを、先祖の魂を敬う宗教としてのアニミズムに結びつけるのはむずかしい。

　しかし疑いもなく、エトルリア宗教の最も正統的な形態においては（正統的というのは古代の文献に記述され、古典世界で最も広く伝播した宗教の形態と対照的であるにもかかわらず持続したという意味だが）、超越的存在の概念は、数・性質・性・形姿という点において不確かなものなのである。その不確かさのために、諸々の神々や精霊としてしばしば具体的に現れて世界を支配する神の力の原初の信仰の形があいまいになる。こうしたヴィジョンからおそらく、「霊」という概念が生まれるのである。霊とはつまり単一の神であるかもしれない生命力・繁殖力をもった存在であり、あるいは男性または女性の多数の精霊の祖型（女性の精霊は $Lasa$ という名で呼ばれる）[*27] であり、これらは人間や神々と混在し、冥界にも住み着き、時には性の象徴として人間ではない形をとって表される。頻繁に現れて個々の神や人間に伴われるローマの「霊」（genius）は、おそらくエトルリアの概念に由来するだろう。

　その結果、強力な個別性をもつエトルリアの神々は、この漠然として無定形の原始的宗教風土に対する外来の、より正確にいえばギリシアの影響によって創出されたと考えることができるかもしれない。しかし、エトルリア文明の形成が地中海地域の文化発展の全体から見てかなりおそい現象であり、それ以前に文化的熟成・混淆の時間が幾世紀も――何千年というわけにはいかないが――先行していたことを考えれば、そのことはあり得ないだろう。すぐれて天上的なアトリビュートを纏い、雷光によって意志を示す至高の存在の理念は、外来のものを新しく取り入れたものとはどうしても考えることができない。同じことが愛の女神トゥラン $Turan$（この名はおそらく元来「夫人（シニョーラ）」を意味する）の理念についてもいえるはずである。それは明らかに原始的地中海宗教の風土において形成されたものである。さらにいえば、地中海世界の他の民族ではすでに通過したかあるいは通過中の信仰形態に遅れ馳せにこだわるエトルリアの宗教理念の際立ったアルカイズム、あるいは原始主義が指摘されるかもしれない。このことは以下の点で明らかになろう。

　それとは別に、ギリシアの影響が、エトルリアの神々の個性化、人格化、人

間化の経過を助長したかもしれないというのは事実である。重要な神々の形姿に性格づけをし、多数製作し、地方的な精霊を国家的な神の座に引き上げ、似たような特徴をもつ神々の一群を同一のものとしてまとめたのである。典型的な例は *Veltha* あるいは *Veltune* あるいは *Voltumna*（ラテン語形では Vertumnus）の場合である。これは時には妖怪のように、時には性別がわからない繁殖の神として、また時には偉大な戦士のごとく表現される矛盾に満ちた不思議な性格をもつ神である。これは南エトルリアのいくつかの場所で国家の最高神（*deus Etririae princeps*）（ワロ『ラテン語論』V-46）として崇められていた土着の精霊の、まさに個別化、変形の過程を示すものである。このようにして、武装した戦士として表される各種の戦争の守護神もまた、ギリシアのアレス Ares をモデルとしたイタリキ、エトルリア、ローマのマルスとして、単一の神に収斂される方向に向かう。

次にエトルリアの宗教に対するヘレニズムの影響のもう一つの主要な結果について考えよう。つまり神々の神人同一化、より正確にいうなら、ギリシアの神人同一説にしたがった神の姿の外形の成立についてである。おそらくエトルリア人ははじめから神々が人間の姿をしているというなんらかのイメージをもっていたかもしれない。そういう民間の想像には、確かめることはできないが、東方の成熟した文明からの長期にわたる影響があっただろう。すでに述べた戦士像の場合、あるいは右手に雷光を携えた裸体の青年として青銅小彫刻に表された Tin という神像の場合において、そのことを認めることができる。しかし、おそくとも前6世紀前半以来長きにわたって、ギリシアの文学・美術は、神人同一説的な外観とそれぞれのアトリビュートを伴った主要な神々の姿をヘレニズム世界に定着させた。そしてこうした経緯により、ギリシアの神像と全く同じではないにしても、本質的に平行する一連のエトルリアの神像の形式が生まれたのである。

たとえば、ゼウス（ユピテル）に対する *Tina* あるいは *Tinia*、ヘラ（ユノ）に対する *Uni*、アテナ（ミネルワ）に対する *Menerva*、ヘファイストス（ウルカヌス）に対する *Sethlans*、ヘルメス（メルクリウス）に対する *Turms*、アフロディトス（ウェヌス）に対する *Turan*、アレス（マルス）に対する *Maris* などである。エトルリアに直接移入されたギリシアの神もある。たとえばヘラクレ

スはエトルリアの *Hercle*、ローマの Ercole となり、アポロンはエトルリアの *Apulu* または *Aplu* となり、アルテミスは *Aritimi* または *Artumes* となる。またディオスクロイ（ゼウスの息子たち）はエトルリア語の斜格において文字通り *Tinas cliniiaras*（*Tina* の息子たち）と"翻訳"され、兄弟それぞれはカストールが *Castur* となり、ポリュクスは *Pultuce* となる。ギリシアの神々のエトルリアへの侵入または強化は、グラヴィスカにおけるように、神々の崇敬とともに神像がもたらされるという直接的な方法によっても起こったことである。ピルジの聖所において、地方的な女神ウニは、ギリシア人からすればイリテュイアかレウコテアに見えたかもしれない。これはフェニキアの女神アスタルテと同一視されていたことはまちがいない。

　一方でギリシア・ローマの神の系譜に一致しないエトルリアの神々も存在する。具体的にはすでに述べた *Veltha* または *Voltumna*、あるいは *Nortia* であり、ウォルシニイのその神殿には年号を表す釘が打たれていた。こうしたエトルリアの神々の種類やその起源については、歴然として遺る考古学的資料や文献が証言する。たとえば、すでに述べた〈ピアチェンツァの肝臓〉（おそらく占い師が生贄の山羊の肝臓に現れた兆候を解読するための模型）の表面の仕切りには神々の名が刻まれており、そのほか〈マリアーノの鉛版〉[**108]や、やはりいくつかの神の名を含む〈カプアの瓦〉、〈ザグレブのミイラ〉に刻記された碑文などがあげられる。

　しかし、オリンピアの影響の下で人格化され、図像化された重要な神々と並んで、土着の超自然的存在、神秘的で不可思議な神々も依然として生き続ける。それらについては数も名称そのものも知られていなかった。古代の文人たちは、土着の伝統の余韻をしばしば混乱させながら至高の神と神秘に包まれた不可解な存在について語っている。これらの神は、ユピテルに対して最も強い雷光を放つことを指示したりする。またやはりユピテルの助言者であって無名だが無慈悲であり、一般に 12 人とされる「助力あるいは共謀の神」（[ラ] Consentes あるいは Complices）[**109]、天・水・地・人間の霊魂の 4 段階に分かれる家庭の守護神ペナテス Penates、「9 雷神」（プリニウス、II-52, 138；アルノビウス、III-38）、「隠れた〈善〉の神々」*Favores Opertanei*（マルティアヌス・カペッラ『文献学とメルクリウスの結婚』I-45）、ラール（複数ラレス）Lar（Lars）（家の

神)、マネス Manes（死の神）などの神がある。これらの神の序列の関係は明らかでない。たとえばワロは Consenesi と Penates を同一視している。

　間接的な資料によれば、これらの多くは運命の神とみなされるべきだと思われる。おそらく、エトルリアの文献は、個別の神々と平行して崇敬の集合体とみなされる神々をしばしば別名で呼んでいた（たとえば aiser, eiser）可能性がある（〈ザグレブのミイラ〉、〈マリアーノの鉛版〉、その他の短文）。しかし〈ザグレブのミイラ〉の eiser sí-c séu-c や aiseraś θuflθicla あるいは θulflθas、θulplθas（属格の場合）のように、弁別的に限定されることもある。この最後のケースでは、エトルリア語の語根 θu-、tu- は１の数を表し、したがってラテン語の una（「共に」の意）に等しいから、ラテン語の consentes、complices と対応すると考えられる。12 神と 9 神の集団と並んで、三室のプランをもつ神殿形式や、ローマ宗教との類似などから、三主神の信仰の存在を推論する試みがあった。すなわちローマのカンピドリオに祀られていたユピテル、ユノ、ミネルワの三神であり、一般的にこれはエトルリア起源と考えられているが、しかしこの問題は論争中である。より確かなのは二神一組の信仰の存在であり、男女一対の神（たとえば地獄の神 Aita と Phersipnai、Mantus と Mania）、あるいはギリシアのディオスクーロイやボルセーナの破風テラコッタに記された θuluter（C. I. E. 5180）のような双子兄弟などである。

　造形芸術に表され、多分口頭や文書でも伝えられたに違いない神話や英雄物語の分野においても、圧倒的なのがギリシアの影響である。さらにいえば、エトルリア人にとって神話の世界というのはすなわちギリシア神話であり、ギリシアと全く無関係の土着の生粋の伝説とみなされるなんらかの要素は存在しない。とはいえ無理解や混同によってギリシア神話の内容を変え、あるいは地方的要素（たとえば青銅鏡、骨壺の浮彫、絵画などの場面の戦争や死に関わる悪魔的な図像）を挿入したりする傾向があるのはもとより、やはりギリシアの深層に結びついているとはいえ、鋤（すき）をもって闘う英雄とか、井戸から跳び上がるオオカミの怪物とか、若い予言者とみなされているカク Cacu（ウェルギリウスの詩に出てくるならず者のカクス Cacus とは別物）とか、ミネルワ、少年マルスといった地方的神話の萌芽たるべきものも表現されている。

　しかしながら、エトルリアの宗教性の最大の独自性は、いわゆる教義、すな

わち神と人間との関係を規定する規則の総体にある。その出発点は、あらゆる所業に現れる神の意志の細心な研究であり、なかでも最も重要で伝統を形作るのは動物の内臓、特に肝臓の解読（腸卜占い）と雷光の解釈であった。近年の研究によって東方世界、とりわけメソポタミアにその先例があったことがわかったが、エトルリアではすぐれて国民的な性格をもち、エトルリアの伝統を吸収したローマの宗教に浸透したとはいえ、決して同化されることなく、外来の要素としての性質を保存することになる。おもしろいことにローマでは、ウンブリ人と同様に、鳥の飛翔の観察による神意の解釈（鳥占い）が優位に立つことになる。しかしこれもまたおそらくエトルリアの教義において、神の意志の徴や奇蹟の意味の解読に関する部分に属するものとしてすでに存在していた。エトルリアではギリシア世界特有の神託を告げる神の存在はほとんど記録されていない。さらにこの教義に基づくものとしては、生贄や祭儀の細密な規則、人間および国家のために予定された時間（の限界）があるという教理、冥界の生活に関する定めとその信仰などがあげられる。

　宗教的な個々の出来事について、エトルリアの教義に関わる部分の研究には多くの欠落があるとはいえ、解決されねばならぬ基本的な問題は、これらすべての事実の全体的な意義と、それに基づく神と人とが造る世界のヴィジョンである。この二つの世界は、原始人の精神性に呼応する神秘的な不可分の共感によって密接に結びついている。有効な資料から垣間見えることは、ギリシア・ローマの思想的尺度からすれば曖昧模糊としたエトルリアの精神構造の多くの要素は、神と人との以上のような分類から見れば、さまざまな宗教概念が一つの次元にあるということで説明がつくのである。天と地、超自然的な実在と自然的な現実、マクロコスモスとミクロコスモスが、神意によって予定された統一的システムの枠内で照応し、そこでは空間の方向づけと分割が基本的な重要性をもつ。この点に関する近年の研究の結果、ピアチェンツァ近郊のゴットレンゴ Gottoleno で発見された肝臓（おそらく占いのための一種のマニュアル）の表面を分割して記された神々の名による宇宙観と、プリニウス（『博物誌』II-54, 143）およびマルティアヌス・カペッラ（『文献学とメルクリウスの結婚』I-45）が記したように天が分割され、それぞれの区画に神が住むという考えが近似するという見方が一つの出発点となった。

整然と区分された「聖なる」空間は、ラテン語の templum で表される概念に相応する。それは天界、あるいは聖別された地上の一区域（囲みを備えた聖所や都市やアクロポリスなど）、あるいはもし天界のモデルに応じた方向づけや区画の分割が可能ならば、もっと小さい物の表面、たとえば神聖な行為のために使われる動物の肝臓などに関連することである。方向づけは交差する二本の直線が規定する四方位基点によって確定される。ローマの都市計画および土地測量術の用語では、二本の直線の南北の線は cardo（初期ラテン語に由来）、東西の線は decumanus と呼ばれ、エトルリア＝イタリキの概念に結びつくものである。もし二本の直線の交差点に立って北側に背を向ければ、後側に decumanus の北側の空間をすべて背負うことになる。この全体の半分の空間はまさに pars postica（後半分）と呼ばれる。その地点から前に見える南側の半分が pars antica（前半分）となる。同様の空間の分割が cardo の垂直方向においてもなされる。すなわち、左の東部分は縁起がよく（pars sinistra または familiaris）、右の西部分は不運な部分（pars dextra または hostilis）となる。

　このように方位づけ、分割された天界は、さらに 16 に細分化され、それぞれに異なる神が住まう。この図式は〈ピアチェンツァの肝臓〉の外面の区画（まさに 16 区画）と内部の区画（完全な形かどうかは不明）に反映されていると思われる。マルティアヌス・カペッラが言及している 16 の天界の区画の名前と〈ピアチェンツァの肝臓〉に記された神の名前との間には明らかな一致が認められるが、エトルリア本来の伝承はローマ後期の文献では多少の修整が行われた可能性があるので、絶対的な合致ということはできない。とはいえ、エトルリアの教義による天界における神の配置の概念図を描くことは可能である。それによれば、明確に人格化され、どちらかといえば友好的な強力な神々は、天界の東側部分、特に北東に位置し、大地と自然の神々は南側に、恐るべき地獄と運命を司る神々は、最も不吉とみなされた北西の冥界の区域に住まうと考えられた。

　天界に表される表象（雷光、鳥の飛翔、奇蹟の出現）の位置は、いかなる神意からそのメッセージが発せられ、それは縁起がよいのか不吉なのかを明示している。表象の特徴（たとえば形態、色彩、雷光の効果、雷の発生する日）などに関する複雑な解釈がその本質を確定するのを助ける。すなわち、友好的な

語りかけなのか、命令なのか、絶望的な告示なのか、といった具合である。腸卜占い師が取り出した生贄の動物の肝臓に現れる各部の特徴を天界の区分と照合させたとき、同様の訓戒的・予言的効果をもつことになる。こうして「雷判断」と腸卜占いというエトルリアの「神意伺い」の典型的な二つの形式は密接に結ばれているように思われる。たとえばペーザロで発見された二言語併記の墓碑銘に記された L. Cafatius のように、同一人物が上記の二つの行為に携わっても驚くに値しないのである。かれはラテン語で haruspex（[エ] *netś'vis*）であり、fulguriator（雷の占い師、[エ] *trutnvt frontac* または *trutnvt* か）でもあったことがわかる。

　鳥の飛翔による神意の観察に対してもまた、同様の規定があったことが、ウンブリア（グッビオの碑文）やラティウムの文献資料からうかがうことができる。これに関しては、観察のための地上の空間、つまり方向づけと区分をもった templum が特に重要な役割を果たす。それには疑いもなく聖域の囲いの配置のみならず、神殿そのもの、すなわちなんらかの神像を祀った聖なる建物の位置づけが関連することになり、神殿は普通エトルリアでは南または南東に向けて設計され、pars antica はファサードと柱列に対応し、pars postica は神像の安置所に当てられる。そして同様の聖なる地画配置の規則が、（少なくとも理念的には）都市の平面計画と耕作地の分割においても遵守される（具体例としてはマルツァボットの遺構がある）。

　上記の理念や実践のすべて、というより一般的にエトルリアの祭祀の形式において、すでに見たように、神に対する人間の精神活動が放棄されている印象を受ける。そのことは、神意を知ることと実行することという二重の強迫観念、すなわち一方では占いの技術の発達、他方では崇敬の厳密な形式の中に見出される。だから贖罪の儀式によってなされる修復のみならず、神の法則を履行するかあるいは違反するかもまた、きわめて形式的なものであり、古代世界に広まっていた概念からすれば正統的な倫理的価値とはかけ離れているとはいえ、エトルリアの宗教では特に際立つ特徴として現れる。しかし少なくともこの形式主義の最も厳しい局面は、エトルリア文明の最終段階にようやく定着した可能性がある。正確には、そのような環境では聖職者階級が神学的・典礼的に成熟し、聖なる書物の中にかれらの表現の基準を見出したのである。聖職者自身

が神意の解釈と、それに従って国家の精神生活の方向性を自らの手で行いたいという欲望——無意識かもしれないが——がそのような成熟を促したのである。

　エトルリア人の原初の精神構造に関係するもうひとつの要素は、自然現象の不合理で神秘主義的な解釈であり、これはずっと後まで継続してギリシア人の科学的合理性と決定的に相反するものとなった。この点について特に注目に値するのは雷に関するセネカの次の一節である。「われわれのギリシア・ローマ世界とエトルリア人の違いは以下の通りである。われわれは雷は雲の衝突によって発生すると考えるが、かれらは雲が雷を起こすために衝突すると信じている。すべて神の意志によるとはいえ、ものごとはそれが起こることで意味をもつのではなく、意味をもたねばならぬから起こるのだと雷がかれらに思わせるのである」(『自然問題集 II-32, 2』)。

冥　界

　天上と地上の世界の神秘的な一致の観念は、地下の世界についても同様に展開するように思われる。そこでは、エトルリアの最も成熟した宗教観によれば、死者の王国が用意されている。周知のように、エトルリア文明に関するわれわれの知識の大部分は墳墓に由来している。(発見された碑文の大部分は葬祭に関するものであり、絵画、彫刻、副葬品からは、造形的特徴とともに日常生活の様態についての基本的情報を得ることができる。そして当然ながら、墳墓は人間の未来の運命に関する信仰の内容や、そういう信仰に関連する習俗・典礼についての示唆を与えてくれる。にもかかわらず、われわれは依然としてエトルリア人の終末観について明確な理解が得られていない。複雑で矛盾する要素が、宗教観の重層性と外来の異質な影響を示している。これはいまだに完全に解決されない、きわめて魅力的な問題点である。

　とりわけ古い時代における墳墓とその副葬品の性格そのものが、地中海世界に広く伝播した原初的理念の継続の明らかな証言を提供している。その理念とは、死者の個別性は、同時に埋葬されている衣服や服飾になんらかの形で結びついて生き続けるということである。その結果、遺族にとって死者に対する情

愛という感傷的な行為としてのみならず、おそらく恐怖心と無縁でない宗教的な義務として、こうした生の継続を保証・保全・延長する基本的な要望が生じたのである。こうした理念からエトルリアでは（古代エジプトなど、他の地域と同様に）、墳墓を地上の住居の形に象り、家具調度で飾り、少なくとも初期には呪術的な意味を秘めた人像（特に墓室壁画における饗宴、音楽、舞踏、曲芸の場面）を配し、遺体の周囲には衣服・服飾品・武具を並べ、食物・飲料を供え、家族を象った土偶を侍らせるなどの傾向が現れる。そして最後に、遺体を腐敗させる脅威的な精霊に対抗するために死者自身の身体的な画像のコピーが製作され、エトルリアでは（エジプトと同様）、デス・マスクが誕生したと考えられる。

しかしながら、このような習俗として外側から透視することのできる宗教的思想の具体的な本質は何かということと、いかにしてそれが他の周辺の宗教と接触しながら存続し発展することができたのかということは結局のところ依然としてかなり不明である。事実エトルリア諸都市の原初においてはほとんど例外なく火葬の形式が支配的だったことが知られる。つまりそれは、どこで発生しいかに伝播したにせよ、死者の魂と体の物質的結合とは無関係の理念を反映しているといわねばならない。それどころか、少なくとも歴史時代を通じて、火葬は物質のくびきから天上に向かう魂の「解放」という思想を意味するように思われる。ヴィッラノーヴァ文化時代および東方化時代のエトルリアの墳墓において、焼かれた死者の灰や骨がしばしば住居型の棺や死者の顔貌を真似ようとした壺（キュージの「カノプス」など）に納められているのを見るのは実におもしろい。このことは、エトルリア国家の形成の初めの頃から、地中海地域の火葬人によって広まった風習の伝統の混淆、ないしは再強化を表している。

墓の中で生き続けるという思考が冥界における転生の信仰を絶対に排除するものということは確言できない。むしろエトルリアではこの転生の概念は、ギリシアの神話と宗教の影響の下で、初期の信仰が弱まり、徐々に発達し具体化された。すなわち、土着の神々や古代の英雄たちの霊魂や多くの死者たちの亡霊がうごめくホメロスの冥界のヴィジョンに従って形成されたのである。前5-4世紀以来、そして特にヘレニズム期の遺物において、未来の運命は死者の王国への魂の旅立ちや、地下世界での滞在として表現されている。望みなく悲

しい滞在であり、時には恐ろしげな悪魔どもの存在に驚かされたり、直接加えられる責め苦に苛まれる。要するに、それは本質的に原始的な終末観における死の苦しみの具体化なのである。そして死を象徴するものとして二つの冥界の住人がいる。大きな翼をもち松明を手にした女神ヴァント Vanth はギリシアのモイラ Moira に似て、容赦ない人間の宿命を象徴し、悪魔カルン Charun は重そうな槌で武装した半獣人として表され、ギリシアのカロンに由来し、それをさらにおどろおどろしく変形したものとみなすことができる。ヴァントにせよカルンにせよ、おそらくその個別性と第二名をもつゆえに、単独ではなく複数が存在する[*28]。しかし冥界の構成はさらに豊かで華々しく、禿鷹の面貌をしてロバの耳をもち、蛇を伴った身の毛もよだつトゥクルカ Tuchulcha などのような存在があり、蛇や馬のように土着の動物の象徴性を広く受容している。

　この時代のおそい時期に関しても、遺物の外面や断片では同時代の冥界に関する信仰の完全な理解を得ることには不十分である。墳墓に残された壁画や浮彫を見る限り、死者の運命はとてつもなく悲惨でありすべての人に平等であるかに思われる。残酷な法則は最も高位の人物をも容赦することなく、その優越性を証明するのは豪華な衣裳や地位を表すアトリビュート、冥界への旅立ちに供する従者に限られている。しかし文献の伝承（アルノビウス II-62、セルウィウス『アエネーアス』III-168、マルティアヌス・カペッラ II-142）によれば、なんらかの救済を示唆する記述もある。すなわちエトルリア人の書いた『冥界の書』（*Libri Acherontici*）にある特別の儀式によって、死者の魂がある種の至福の状態に導かれたり、もしくはずばり神格化される可能性である。特に冥界を司る神々に対して供物と生贄を捧げるこの贖罪の儀式に関する貴重なオリジナルの資料が、おそくとも前4世紀に遡る〈カプアの瓦〉のエトルリア語の碑文である。こうした新しい終末思想の発達に対して、エトルリアにおけるオルフェウス教やピタゴラス学説、さらにディオニュソスの教義の伝播がどこまで寄与したのかは知るよしもない（事実として、バッコスの崇敬は死者の世界との関係においても広く認められるところである）。いずれにせよ、救済への希望は、生前に行った善行の報酬という高度な倫理観に基づくというよりも、原始的な心性に特有の呪術的な行為に結びついた次元にあることだったと思われる。

崇敬の形式

　考古学的遺物、解読できる段階でのエトルリア語資料、古典文学に現れる言及が宗教生活や信仰の形態を再現するための数多くのデータを提供してくれる。聖なる場所や神殿、聖職者の組織、生贄、祈祷、供物といった少なくとも本質的な部分においては、ギリシア、イタリキ、そして特にローマに類似する現れ方とそれほどは違わない。そのことは一つにはアルカイック時代以降のギリシア＝イタリキ文明の共通の精神構造を考慮したとき、また他方ではローマの宗教にエトルリアが及ぼしたきわめて強い影響を念頭に置いたとき、説明することが可能である。したがって、エトルリア宗教の研究にあたっては、ギリシア・ローマとは特殊性、複雑さが別のものであるとはいえ、その枠組から免れることはできない。

　まずなにはともあれエトルリア人に帰せられるのは、古来から継承されてきたしきたりに対する具体的でほとんど物質的な遵守、定められた典礼の形式主義、贖罪の生贄に対する固執である。生贄の風習は、ローマの宗教的伝統の枠内では、古いラティーニ人の単純で粗野な宗教性とは無縁の要素であり、まさにエトルリアという古くて成熟した祭儀の文化にしか源泉を求めることができない傍系的要素の存在の証として認められるものである。前掲のリウィウスが「宗教的崇敬の技術」と表現したこのような内容は、エトルリア宗教において肝要であり、最も原初的な精神構造による祭儀の魔術的な効果の信仰を前提とする神への従属の感覚に対応するものだったのである。

　神に訴えかけたり宥めたりする行為が行われる場所、時、人、形式が正確に決定されたとき、どのような具体的な祭事が行われていたかがわかるだろう。そのような行為全体をローマ人は「神事」res divina と呼び、エトルリア人はおそらく ais(u)na（神を意味する ais に由来する「神の奉仕」）と呼び、ウンブリア語の「生贄」を意味する esono もその派生である。

　そうした行為は前に触れたように、聖なる場所（templum）、つまり祭壇があり、神像を祀った神殿で行われた。こうした神殿建築はしばしば南あるいは南東に面していた。特定の場所や建物を信仰の対象として神聖視する理念はエト

ルリア語ではおそらく *sacni* という語で表される。こうした状況はギリシアやイタリキおよびローマ世界と同じく、たとえば都市（マルツァボット）のアクロポリスの上にある一体をなした神域と神殿の空間に展開する。これは墳墓でも同様であり、その空間で葬儀や供犠が行われた。

エトルリアで特に重要なのは、祭日や祭儀のカレンダーの取り決めであったと思われ、これは典礼の様式とともに、文献に現れる『儀式の書』の主要部分を占めていた。原語で書かれたエトルリアの典礼の文書として現存する最大のものは、〈ザグレブのミイラ〉の巻布の一部に手書きで記されたものであるが、そこには特定の儀式が行われる月日が指示されており、まがうことなき典礼暦年である。現存するラテン語の宗教暦の形式で編集されたその他の資料もおそらく存在しただろう。すなわち、単に祭日の名称や祝うべき神の名を記した月日の連続一覧表のようなものである。エトルリアの暦は多分カエサル以前のローマ暦に似たものであったろう。いくつかの月名はわかっている。そして月の中頃の日（idi：ローマ暦で 15 日）はエトルリア語起源の名をもっていたと思われる。しかし各月の日の計算はローマ暦と異なり、普通は連続番号で数えられた。それぞれの聖所、それぞれの都市が、当然のことながら、特別の祭日をもっていたはずである。ザグレブの典礼書が触れている *ś'acni cilθ* はまさにその一例であり、特定の一都市の聖域である。一方ウォルトゥムナの聖所における年一度の祝祭は、文献で知る限り、国家的な性格のものであった。聖なる儀式や神事の一つとして特筆すべきは、ローマのカピトリーノのユピテル神殿におけるのとの相似という点で記録されている（リウィウス、VII-3, 7）もので、ウォルシニイの女神ノルティア Nortia の神殿で年号を示すために釘を打つ行事（[ラ] clavi annales）があった。

聖職者の役割と組織を理解するためにもやはり、イタリキとローマ世界との比較を余儀なくされる。ともかく聖職者は種類が多く、専門化され、行政と密接に結びついており、しばしば合同の会議をもったと推測される資料が存在する。エトルリア語の文章に特によく現れる聖職者の資格 *cepen*（カンパーニアでは変形として *cipen* が出てくる）は、その行動範囲あるいは専門の役職を表すアトリビュートをしばしば伴っている。たとえば *cepen θaurχch* というのは疑いなく葬礼を司る聖職者である（*θaura* は「墓」の意）。聖職者の身分全般や

専門性は他の用語でも示される。*eisnevc*（生贄の供儀を意味する *aisna* と関係がある）、*celu, śanti* 等々である。

そのほか占いに関する聖職者がある。鳥占い師（*netsś'vis*）は頂上が円筒形の帽子を被り房飾りのついたマントを着た特徴ある服装で美術に表され、ほかに雷の占い師（*trutunvt?*）がある。*marun*-はすでに述べたように、たとえばバッコス崇拝におけるなんらかの役割をもった聖職者である（*marunuχ paraχanati, maru paχaθuras*）。また *zilch ceχaneri* という称号は、ローマの「curator sacris faciundis」（聖務監督官）のような役職を表すと解釈されたことがあるが、これはあまり根拠がない。おそらく *pachaθuras*、*almunaθuras* のような集合名詞は信徒会のようなものを表し、形としては氏族会を表す言葉（たとえば *Velθinaθuras* は *Velθina* 一族を表す）やその他の集団を意味する言葉に類似する。聖職者のアトリビュートの一つは先の曲がった杖であったが、美術ではしばしば体操競技の審判員など、世俗的人物がもっていることもある。

崇敬の行為は占いの法則に応じて神々の意志を尋ねることに向けられ、その助けや許しを乞うために供物が捧げられた。文献によれば、内臓占いのための生贄（*hostiae consultatoriae*）と人身御供の代わりとして捧げ物にされる動物（*hostiae animales*）とが区別されているが、おそらく二つの行為は密接に結びついていたと思われる。同様に、残酷な動物の生贄とともに、残酷でない捧げ物（酒や食物）も複雑な祭儀の中で併用されていたと考えられる。ザグレブの分厚い典礼書と〈カプアの瓦〉の典礼書には、こうした儀式についての規定が専門的な術語を用いて事細かに記されている。しかし現在のわれわれのエトルリア語の知識では、典礼に関する記述に出てくる多くの用語の意味を正確に捉え、その情景を完全に再現することはできない。祈祷、奏楽、舞踏が儀式の多くの部分を占めていたであろうと考えられる。タルクイニアの〈死者の床の墓〉の奥の壁に、供犠の場面が描かれている。

神に対する願望あるいは感謝を示すために聖所に捧げる奉納品は、神そのものや寄進者の姿、生贄の代替としての動物、人体の一部のほか、壺や武器などが描き込まれた青銅、石、テラコッタなどの彫像が一般的なものであった。倉庫と思われる場所に大量に残されたこうした物品にはしばしば奉納文が記されている。これらの大部分は型造りのテラコッタ製の平凡な小像であり、芸術的

にも金銭価値としてもピンからキリまである。このことは、大きな聖所の周辺に民衆的な心性に深く根差した宗教が広まっていたことを示唆している。

原注
* 27　*Lasa* は半人半神の女性で、第二名を付けた複数が存在し、ギリシア・ローマでは時にニンフと同一視され、近代において冥界の女性悪魔とみなさたが、これは不適切である。
* 28　Vanth は冥界に住む *Lasa* と誤って同一視されたことがあるが、ギリシア神話の復讐の女神エリニュエスに対応する。

訳注
** 107　ビザンティン時代（10世紀頃）のギリシア語の百科辞典。著者不祥。主として古代ギリシアおよび地中海文明に関する約30,000項目からなり、一部の古典作家についての唯一の資料として貴重である。
** 108　グロッセートに近いHeba（現マリアーノ）に出土した鉛の円板（前5-4世紀）。複数の神への献辞が彫られている（フィレンツェ国立考古学博物館蔵）。
** 109　6人の男神と6人の女神からなる。ローマに継承されて以下の神となる。ユピテル、ユノ、ウェスタ、ケレス、ディアナ、ミネルウァ、ウェヌス、マルス、メルクリウス、ネプトゥヌス、ウルカヌス、アポロン。

VIII 文学・美術

エトルリア語の書物

　大局的に見てエトルリア文明は、時代的には歴史時代に属するとはいえ、先史文化の尺度、すなわち基本的に物質的（考古学的）な遺物によって研究されねばならない。事実、この民族の思考法、感性、生活理念などに入り込むための、古典時代の他の民族については可能となるような、長大な独創的文学の伝統に関する直接的資料を欠いている。エトルリアについてギリシア・ローマの文人たちが遺した間接的・傍観的で後代に属する文献と、エトルリア語そのもので書かれた記録（ほとんど短い記述であり、完全には解読しにくい）は、いうまでもなく貴重な情報を提供してくれる。社会的・政治的組織と宗教に関してすでに見たとおりである。しかしそれらの文献は、ギリシア・ローマについては今日まで保存されてきた詩、歴史、哲学に関する作品などのような国民的文学の欠落を補うものではない。

　だからといって、エトルリア人がかれら自身の文学を創造しなかったということにはならない。今日まで何も伝わっていないという事実は、それが存在しなかったという根拠にはならないのである。ギリシアとローマの文学をわれわれがいま所有しているのは、一重に長い中世を通じて写本家から写本家へと絶え間ない伝統によって遺されてきたからである（考古学者によって土中から掘り出されたパピルスや碑文に刻まれた文献の重要性は比較的二次的なものである）。しかし古典作家の作品が現代まで複写され伝えられたというのは、それらが普遍的によく知られていまも生きている言語で書かれていたという事実によるものである（これらの作品が西洋世界の文化の構築そのものにとって果した重要性の観点はまた別問題である）。これに対して、エトルリア人を含む

ローマ以前のイタリアの民族のオリジナルの文書は、帝政ローマ期以降、すでに話されることなく、おそらく一部の教養人を除けば理解されない言語で書かれていたために全く関心がもたれなくなっていた。それらを筆写して後世のために保存しようなどとはだれの頭にも思い浮かばなかったことは明らかである。

事実はエトルリア人のある種の文学的活動は、ギリシア・ラテンの文献の中に生き延びた記録として、間接的ではあるが確かなものとして証言されている。ローマの聖職者や教養人の間で翻訳や要約として知られていた宗教的内容の文書の存在をうかがわせる断片的な情報である。今日知られていることによれば、それらは Libri Haruspicini（内臓占いの書）、Libri Fulgurales（雷の書）、Libri Rituales（儀式の書）という名の基本的な三つの種類に分類されていた。第一のものは動物の内臓占いを扱ったもの、第二は雷の占いの理論である。第三は崇拝の規則のほか、聖所への奉納、都市の創設、耕作地の分割、文民および軍隊の組織などの法則に関わる広範で複雑なテーマをすべて含むものと思われる。そしてさらに、時間の分割、人間や民族の生命の限界（Libri Fatales）、冥界や救済の儀式（Libri Acherontici）、不思議な現象の解釈（Ostentaria）についての記述も含まれていた。

エトルリア=ローマの伝承によれば、以上の作品は非常に古く由緒正しい由来のもと考えられてきた。つまりその一部は天才的なタゲス Tages の教示を本にして書かれ（Libri Tagetici（タゲスの書）：Libri Aruspicini と Acherontici のことをいう）、Libri Fulgurali と Libri Rituali に含まれる土地測量術の記述は、ニンフ Vego(n)ia あるいは Begoe に由来するというのである。要するにそれらのもつ神との関わりの要素が信じられていたわけだが、その起源はエトルリア文明の起源そのものと一致する原初の「啓示」に遡ると考えられたのである。そしてそのような聖なる文書の収集がエトルリア民族の最終期には行われ、少なくとも部分的にはラテン語に訳されており、中には相当に古い要素が含まれていたことも否定できない。しかし全体としては、それらの文書の非常に規範的な性格は、エトルリア社会の精神的・宗教的発達の相当進んだ、多分最終的な段階を反映していると思われる。文章の彫琢の最終的な完成、つまり「正典化」は、ローマ時代に入ってもなおタルクイニアに健在だった「60人内臓占い

師団」のような聖職者の狭い組織の枠内でなされたと推測することができる。ローマ時代にエトルリアのさまざまな宗教文書をラテン語に翻訳・編集したと考えられるタルクイティウス・プリクス（あるいはトゥスクス？）がその集団に属していたことは疑いない。

　こうしたことからわれわれはエトルリアの宗教文学の性格そのものを考察しなければならないことになった。おそらくそれは詩的な部分、あるいは少なくとも韻律を踏まえて構成された箇所や、細密な祭儀や規定を含むさまざまな内容をもっていたと思われる。この最後の種類のものについては、〈ザグレブのミイラ〉や〈カプアの瓦〉の手書き文書のようなオリジナルのエトルリア語文書から直接なんらかの判定を行うことが可能である。しかも、すでに述べたように、カプアの葬礼儀式と Libri Acherontici の間にはなんらかの関連があるかもしれない。そもそも聖なる文書全体の中には、宗教的な基本的示唆と同時に司法的性格も内包していたはずである。つまりそれは宗教教義の条文であるとともに、世俗的法令集（*ius Etruriae*）でもあったのである。予言的でかつ倫理的・法的でもある非常に特殊な性格をもつのは、アルンテ・ウェルティムノ Arunte Veltimno（エトルリア語では *Arnth Veltimna*。おそらくキュージかペルージャの人物）にニンフのヴェゴイアが授けた教えをもとにラティウムの土地測量師たちによって伝承された文章の断片であり、そこでは奴隷が独断または主人の暗黙のもとに土地の境界の標識を移動して他人の私有地を所有することに対する罰則が述べられている。その罰というのは、"第8世紀"（もちろんエトルリアの暦によるもので、信頼すべき資料による計算では前88年にあたると考えられる）の終わりまで疫病あるいは自然災害が発生するということである。その一節は、「この規則をなんじの心に刻め」という警告で終わっている。この記述はスラの時代に農地改革や一揆の危険に直面したエトルリアの保守層の思惑を反映していると推測される。

　もうひとつの問題は、エトルリア人が別の形の文学をもっていたか、そのような作品はどこまで宗教文学に比べて自律的に展開していたかということである。準科学的あるいは歴史的な文章の存在は、ワロの記述に現れる『エトルリアの歴史』によって確認されると考えられる。それに対して叙事詩や神話的文学に関する言及は一切ない。この種の文学がエトルリアで発達していた可能性

を否定できないとしても、エトルリア人の精神性はギリシア人の豊穣な空想的神話の領域にまで達していなかったと見るべきだろう。わずかな例外を除いて、造形芸術はギリシア世界から収集した神や英雄の伝説を模倣・再製したものである。祝宴歌や卑猥な諷刺文学がエトルリアでも同時的に存在したという可能性はあるが、正確な資料はない。死者の遺徳を称える賛歌については、長文の韻律的墓碑銘のいくつかにその傾向が垣間見える。エトルリアの悲劇作家 Volnio なにがしに関する記録（ワロ『ラテン語論』V-55）から存在がうかがえる詩劇は、おそらくギリシア劇の模倣としてようやく後期に生まれたものだろう。

音楽と舞踊

しばしば指摘されたことだが、エトルリア語の文章には単語や語句の規則的な集合体、反復、頭韻法、韻文などの存在があり、これらは韻律形式に対する強い傾向を示している。一方これまでのところ、ギリシア語・ラテン語におけるような音量（長短）を基礎とする韻律を特定できる正確な資料はない。しかしいずれにせよ、ギリシアとローマではしきりに行われていたように、特にアルカイックの献辞やいくつかの墓碑銘が、韻文の形をとっていた可能性はかなり高い。聖歌、賛歌、祈祷文や、おそらく世俗的な文章も、韻律をもち歌唱されていたのは明らかである。

歌唱に伴う音楽や、歌が加わらない音楽もまた、文献と美術の資料が一致する点から考えて、エトルリア人の儀式や公私のさまざまな場面で非常に重要だったと思われる。楽器類（そして必然的にリズム、ハーモニー、メロディー）は明らかにギリシア世界の音楽のものと同一である。これはエトルリア諸都市とヘレニズム文化をさまざまな局面において結びつける密接な従属関係を考えれば驚くにあたらない一致である。文献と美術に記録された弦楽器としては、ケトラ、リラ、バルビトン、吹奏楽器としては二本笛、縦笛、角笛、打楽器では踊り子たちのもつクロタロ（古代のカスタネット）があった。ケトラ（またはリラ、バルビトン）と二本笛の二重奏は、ギリシアと同様に一般的な組み合わせだった。墓室の壁画の饗宴や舞踏の場面にしばしば描かれているのを見

る。

　しかしながら、共通した音楽文化の範囲内において、エトルリアは伝統的にある特殊な傾向をもっていたに違いない。古代の文人たちがエトルリア人がほとんど国民的楽器として二本笛を使うことを強調している（たとえばアテネウス、IV-154a）ことは見逃すことはできず、これはリュディアで発明され、エトルリアを経てローマに伝えられたものである。笛吹き奏者をローマでは subulo といったが、これはエトルリア語に由来する。事実、笛の吹奏はギリシアでは広く普及したが、元来はフリュギアとリュディアから伝来し、哀愁感や祝祭的気分を表す音楽の嗜好に応えるものであった。この場合でもまた、他の芸術分野におけるのと同様、エトルリア人はヘレニズム文化からかれらの感受性に最も近い要素を導入し、特に小アジアの東方ギリシア諸都市の洗練された形態に目を向けたのかもしれない。理論的にいえば、エトルリア音楽は、荘重なドリス人の音楽と反対の調性をもつリュディア、準リュディア、フリュギア、準フリュギアとギリシアの理論家たちが定義した形式を好んだと推測しなければならない。一方、古代ギリシアの多くの文献は（アエスキウス、ソフォクレス、エウリピデスなど）、管楽器のチューバ（[ラ] salpinx）をエトルリア人に帰するとしている。この古代楽器が確かにエトルリアで発明されたことを意味するのではないとしても、エトルリアの軍隊用かあるいはそれとともに宗教的な儀式にも用いられた特徴的なものであり、多分エトルリアの青銅工房で製作され、輸出されたことを物語るだろう（ただし美術では角笛や lituo のような先端が曲がった縦笛の方が好んで描かれている）。

　いずれにせよ、吹奏楽器への愛好から、歌唱と離れた音楽の著しい発達が生じた。音楽は宗教的な儀式や演劇の上演の際の舞踏やマイムと結びついているだけではなく、しばしば情趣豊かなリズムとメロディーをもって、スポーツ競技、狩猟、饗宴や、時には奴隷の打擲（ちょうちゃく）など、公私の生活のさまざまな場面で伴奏音楽として演奏されたのである。台詞よりもどちらかといえば仕草に関係する音楽のこういう役割は、現在知られる限り役者＝踊り手がマイムを主とし、仮面をつけて時には道化師や諷刺劇を演じたエトルリア演劇の特有の形式に対応するものである。しかしだからといって、前４世紀以降、明らかにギリシア演劇の影響を受けて、人気が生じた会話を主とする正真正銘の演劇の存在が排

除されるものではない（たとえばエトルリアの墓室からしばしば喜劇の仮面の模型が出土している）。

　舞踊は特に前 6-5 世紀の墓室の壁画によってよく知られている。普通は職業的なダンサーが演じたと見られる。一人の二本笛奏者の伴奏で踊る女の踊り子、二人で踊る男性ダンサーなどもいるが、特に目立つのは、それぞれ異なるポーズをとりながら列を作り、多分コーラスの役として音楽（ケトラ、リラ、フルートなど）に合わせて前進する男女の一群である。たとえばタルクイニアの〈碑文の墓〉の壁画に見られるように、時には被葬者の家族が属していた貴族階級の人物が踊っているのも確認できる。脚を高く上げ、おそらく速い腕や頭の動きを見れば、ディオニュソス信仰に由来するギリシアの sikinnis から想を得た陶酔を誘うような非常にリズミカルなダンスの一種だったと思われる。しかし限られた文献はこの種の舞踊がエトルリアで発達した唯一のものであることを証明するには不十分である。ともかくわれわれがエトルリアで主導的な音楽形式と推測するものと合致している。

美術：建築の遺構

　建築および造形美術についてはより豊富な直接的証言が提供される。考古学発掘によって得られた遺構や出土品である。時の経過による避けがたい変質と他の文化の重層のために多くの作品が破壊されているとはいえ、これらの資料はエトルリア人の造形活動の傾向や発展についての十分な展望をわれわれに与えてくれる。

　記念碑的な建造物についてはもちろんギリシア・ローマの場合と同じ尺度で評価することはできない。石塊を積み上げる壁構造は軍事的構築または墳墓に限られ、それ以外のもの、つまり宗教的あるいは世俗的建築においてはそれは基礎部分に用いられるのみで、それより上の部分では木、粗石、日干し煉瓦、テラコッタなど、より軽い素材が用いられた。したがってこうした建築については平面図もしくは若干の装飾要素しか残っていないということになるが、にもかかわらず、それらを模した地下墓室や棺、あるいは奉納品として造られたミニチュアをもとにして当初の状態を想定することが可能なのである。

壁の構造は、時と場所、建物の性格によって、材料と技術に著しい相違がある。最も広く使われた石材は、石灰岩、トラヴァーチン、砂岩、凝灰岩など、すべて近隣から掘り出されたものである。ギリシア建築では非常に重要な大理石が使われていないのは、カラーラの採掘が始まるのはローマ時代以降だったという事実によるものである。壁構造の種類というのは、掘り出された不規則な大きなブロックの積み重ね方によってさまざまである。たとえばウェトゥローニアの市壁では、南エトルリア諸都市の市壁やその他の墳墓とは反対に、小さい角形に分割したブロックで美しい外面が仕上げられている。しかし一般的に、原始的で粗雑な構造から最も洗練されたものへの進展は存在しない。角形の石塊の規則的な壁構造はエトルリア文明の創成期から知られていた。各地で多少の変化があるとすれば、それは石材、技術の巧拙、工事の速度などによるものであろう。考古学界の一部の意見とは反対に、正真正銘の多角形の石塊を用いる技術は、エトルリア人本来の建設技術ではなく、より後にピルジ、コーサ、サトゥルニアなどのローマの最初の要塞に導入されたと考えられる。住居をはじめ軍事的な建築にも見られる日干し煉瓦の（少なくとも部分的な）使用は、前7世紀末以来ロゼッレで確認される。それはギリシアの影響で地中海世界に徐々に広がっていく建設技法であり、アレッツォの市壁が煉瓦造りであったという情報も、おそらくそのことを意味している。

　またエトルリアでは、地中海圏に広く普及していた技術として、石塊を積み重ねた偽ヴォールト、偽キューポラで屋根を覆う工法が発達していた。そして時代が進むと、都市の城門（ヴォルテッラ、ペルージャ）や大型の墳墓に見られるような実物のヴォールトの技術が現れ、ローマ建築の主流の先駆けとなる。ギリシアの古典建築ではアーキトレーブを基本とする厳格な直線志向のもとにヴォールト天井は一般に斥けられるのだが、エトルリア建築では東方起源のこの技法に対する愛好が長く続き——つまり革新がなく——、完成度を増していき、代表的なものとなった。

　軍事的な建築で最もめぼしいものは、タルクイニアの市壁（およびこれと類似するが部分的に遺ったウェイイ、カエレ、ヴルチのもの）、ウォルシニイ、ロゼッレ、ウェトゥローニア、ヴォルテッラ、キュージ、コルトーナ、ペルージャ、フィエーゾレ、アレッツォにあるものである。これらはすべて前6-3世紀に建

造され、多くはその後のローマ時代、中にはより後まで活用することができたので修復や拡張工事がなされたものもある。構造の違いにもかかわらず、共通して連続する壁の形をとり、はじめは途中に塔が設けられることはなかった。突出部や凹みが見られるのは城門に関連する部分だけである。城門ははじめからアーキトレーブ構造だったと思われる。しかしヴォルテッラの〈アーチ門〉、ペルージャの〈マッルツィア門〉と〈アウグスト門〉のような現存する大型の門にはヴォールト天井があり、ファサードには建築的装飾要素や浮彫が取り付けられている。古代の狭間胸壁やアーチ門の様相は、各種の棺の壁面の浮彫または絵画にもまた再現されている。

　墳墓の構造に関しては、かなり不均質な感じである。当初の墓をそのまま手を加えて完成したり、別のイメージで改変したりしている。記念碑的な大規模のものも含めて、大部分の墳墓は岩壁に直接加工したものであり、穴を穿ったものもあれば（最も原始的な粗末な墓穴から複数の墓室をもつ複雑で大型の空間まである）、円形・角形の盛り土をしたり、勾配のある斜面にファサードを彫り出したりして、地上でなんらかの構築をしたものとがある。こうした構造物は、正しくは建築ではないが、しばしばその外観や内部の姿、装飾的要素、時には家具調度の仕上げに至るまで現実の建築の形を忠実に模倣している。しかし壁や岩盤の天井の補強のための石積みも数多く見られ、時には全体がモニュメントの観を呈することもある。最も古い時代の墓室は、偽ヴォールトや偽キューポラの天井の形で表されることがある（ヴォルテッラ近郊のカステル・マリッティモや近年発掘されたクイント・フィオレンティーノの墳墓）。より時代が下がると、美しい円筒形ヴォールト（volta a botte）をもった墓が現れる（キュージの〈大公の墓〉、ペルージャ近郊の〈サン・マンノの地下墓室〉）。モニュメンタルな盛り土の半球型墳墓（普通はいわゆる羨道があり、カエレでは岩盤を掘り抜き、ポプローニアでは外側に構築している）は前5世紀以降少なくなるが、おそらくヘレニズム世界との接触により、アウグストゥス霊廟やハドリアヌス霊廟のようなローマ帝政時代の壮大な円形霊廟のスケールに近づいていく（たとえばコルトーナの〈ピタゴラスの洞窟〉）。ほかにポプローニアにあるような小神殿型の四角形プランの墳墓もある。最後に、基台部分に腰羽目がつき、大きな円柱またはオベリスクが上に乗る形の墓もあり、これは棺の壁

面に描写されていたり、エトルリア以外のアルバーノ・ラツィアーレのいわゆる〈ホラティウスとクリアティの墓〉などで直接確認できるものである。鐘楼を備えたオベリスクのあるこの形式の大型の作例としては、キュジに現存して古代文献からポルセンナ王の墓と認定されているものがある。各所で見られる小型の墓碑はこうした形式を縮尺した形をとるのである。

　住宅建築と宗教建築は共通の起源と性格を有する。住居の形式については、次章の「エトルリア人の生活」で詳述する。神殿ははじめは他のヘレニズム世界同様に、勾配のある屋根をもち、柱廊を伴わない矩形プランの住居（奉納用のミニチュアとウェイイのアクロポリスで発見された建物の遺跡で確認される）と一致するが、やがて部分的にはギリシア神殿と類似する一層複雑な形態を採用するようになる。ウィトロウィウスがエトルリア人の独創に帰している（『建築書』IV-7）形式の特徴は、幅が長さよりわずかに狭いプランで前部には柱廊があり、後部は三神を奉る三祭室あるいは二つの翼室を伴う一つの祭室で占められるか、または開かれた部屋となっていたことである。ヴェイオ、ピルジ、オルヴィエート、フィエーゾレ、マルツァボットで発掘された遺跡は、上記の平面計画がアルカイック時代からヘレニズム期に至るまで、広い範囲で長い期間に普及していたことを示しており、ローマのカピトリーノのユピテル神殿も最初の建設がエトルリアのタルクイヌス王朝の時代に遡り、やはりこの形式に従っている。しかし平面計画としてギリシア神殿により近いタイプ、すなわち長細い矩形のプランとファサードに複数の柱（prostilo）、あるいは四辺のすべてに連続列柱をもつもの（periptero）なども造られたことはまちがいない。典型的な例として、ピルジの最古の神殿、タルクイニアの〈女王の祭壇〉がある。

　とにかくエトルリア神殿のオリジナリティは平面計画の理念よりも、素材、プロポーション、立面の形態、装飾性にあるのである。すでに述べたように、それらは基礎部分を除いて、支柱や梁などの骨組みには木材のような軽量の材料を用いて造られた。したがって、高さ（ウィトロウィウスは「トゥスカニア神殿の尺度」といっている）、広い柱間、屋根の側面に長く突き出る庇などの点において比較的制限されねばならなかった。木材の梁は密で軽い素材による保護が必要だから、多色テタコッタで塗り固めるのが普通であり、幾何学的また

は具象的文様のプレートを梁や枠に縦に並べて覆ったり、屋根瓦の先端に取り付けたり（antefissa 鬼瓦）、切妻装飾（アクロテリウム）として載せたりしている。破風の部分は当初は空いたままで、正面から内部の枠組みが見える状態だったが、ずっと後になってギリシア神殿のように具象的な装飾を施した壁面で塞がれた。

　エトルリア神殿のこうしたさまざまな特徴は疑いもなく初期ギリシア建築と一致する。相違点といえば、ギリシア神殿は前7世紀以来、ほとんど全体が石で造られ、建築様式として一貫した自律的発展を伴って記念碑的な建物に変貌する流れがあったのに対して、エトルリア神殿はヘレニズム盛期までは基本的に木造建築の伝統に終始忠実であり、テラコッタによる外壁の装飾性に力が注がれたことである。テラコッタの外装は特に前6-5世紀には発想も仕上げも豊かなヴァリエーションが生まれる。たとえば、梁の縦列のパネルは、ギリシア＝東方様式（いわゆる「第一段階」または「イオニア段階」）の具象的フリーズを形成することもあれば、ギリシア本土や南イタリア、シチリアの植民市における陶板装飾の方式（「第二段階」または「アルカイック段階」）のように、突き出した庇の単純な装飾として使われることもある。この最後の形式は、前6世紀以降、折しもエトルリア神殿が最高に発達した時期に定着する。

　特徴的なのは、貝殻形の鬼瓦、長い梁の先端に付けられた浮彫、大型の具象的なアクロテリウムなどであり、ウェイイとピルジの神殿にそれらの例が見られる。この形式の装飾は後代に多少の変形が生じることになる。ただ一つ新しくなったのは、ギリシア流に、テラコッタによる高浮彫で、具象的な主題をもった破風を導入したことである。おそらく前5世紀には出現していたと思われるが、特によく知られているのは前4世紀以降のタルクイニア、タラモーネ、ルーニのものである（「第三段階」または「ヘレニズム段階」）。エトルリア神殿の様式と発展を語る場合、同様の特徴と展開が、ファレリイとラティウムの領域、および多少の相違があるもののカンパーニアでも認められるという事実を見逃すことはできない。つまりギリシア人の植民に直接さらされた地域の北側のティレニア海沿岸地方における共通の建築文化というものを設定することができるのである。伝統的な木造に代わって石材による神殿形式（ギリシアの影響によるがつねに様式的特徴をもつ）は、前4世紀からヘレニズム時代にかけて

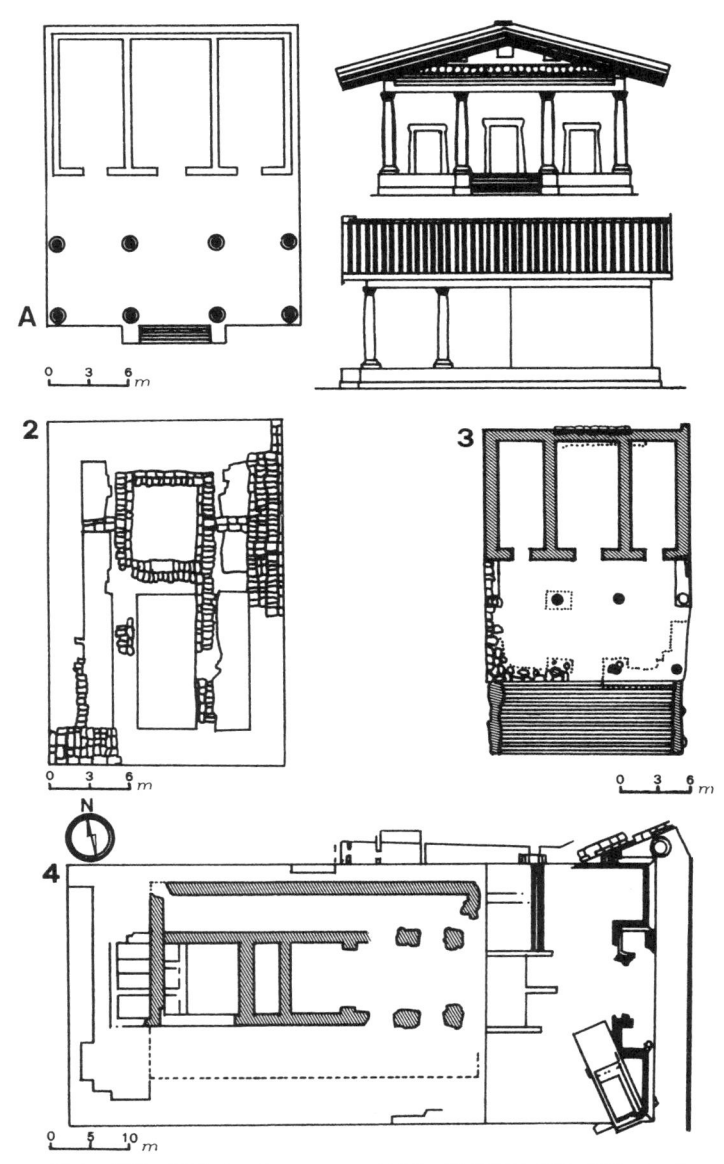

図4 神殿の形式 (A:トゥスカニコ式神殿の平面形式と正面・側面　2:ピルジのB神殿　3:オルヴィエートのベルヴェデーレ神殿　4:タルクイニア〈女王の祭壇〉神殿)

徐々にギリシア様式の影響を明確なものとしていくことになる。

　かつまた最もおそい時代の作品に関しても、石造、木造、テラコッタ製の建築、および副葬品や奉納物におけるそれらの膨大な再現・模倣など、エトルリア建築の装飾モティーフのすべてにおいて、アルカイック的要素が優越するのが確認される。ウィトロウィウスはギリシア建築におけるドリス式、イオニア式、コリント式オーダーと区別して「トゥスカニア式オーダー」に言及している。それは実際にローマのいくつかの実例に見られるような柱の形式で、特徴はドリス式の変形で柱頭は同形であるが柱身がより細く、基台を伴う点である。それがエトルリア起源であることはアルカイック時代に遡って証明される。おそらく神殿や世俗建築の大部分の木の柱がこの形式であっただろう。すなわち、いわゆる「原ドリス式」（protodorico）という形式の系譜を洗練させたもので、初期ギリシア世界では非常に早くドリス式そのものの柱に取ってかわられた。「原ドリス式」の柱というのは、整形した台座の上に縦溝をつけない著しい膨らみをもった柱を立て、柱頭に凸形の受け皿を載せたものである。

　しかしエトルリアではこの形式と並んで、シリア＝キプロスの柱頭および東ギリシアのいわゆるアイオリス式柱頭（これも早いうちに姿を消し、イオニア式が定着する）に起源を見出す花弁型渦巻装飾のある柱も普及していた。台座、縁石、基部、波繰型などといったアルカイック特有のモールディングは、建物、祭壇、石碑などの基礎部分や屋根の装飾部分の造形の主流となる。一方、門や窓の縁取りについては、上方が狭くなる空間の側柱と、時代が進むにつれて先端が「小耳」の形に曲がる突き出したアーキトレーヴの層が強調される。窓枠、屋根の上、その他建物の外部構造の諸要素の非具象の装飾は、様式化された葉、組紐、パルメット、蓮の花、渦巻、メアンダー（雷文）など、主にイオニア起源の文様で占められる。トリグリュフォス（三条垂直溝）に挟まれたメトープをもつドリス式フリーズの形式が普及するのはようやく前4世紀以後と思われるが、しばしばトリグリュフォスに代わって単純な角柱が用いられるのが見られる。

彫刻・絵画

　エトルリアの造形美術の資料はほとんど例外なく聖域や墳墓から入手される。それは単に保存や発見の状況によるものではない。ここでは他のどの場所よりも、美術制作における宗教的・葬祭的動機が世俗的なものより優先する。つまり、古典ギリシアやヘレニズム、ローマ世界におけるような歴史的事件や民間人の功績を称揚したり記念したりするいわば記念碑的美術はほとんど皆無なのである。この点では文学における宗教性の優位と平行関係にあるといえる。別の面からいえば、宗教と美術との執拗なまでの関係や、エトルリア人の一般に具体的――功利的といってもいい――な性向が、ギリシアにおいて認められるように、実際的・倫理的であるのみならず美的でもある芸術現象に対する自律的思考の発展を強く妨げているのである。古典前期のすべてに共通する「芸術のための芸術」という価値観の欠落によって、エトルリア美術が一般に応用的・工芸的・装飾的な性格を保有し、いわゆる「大芸術」と定義されるようなレヴェル、すなわち芸術家が自らの創造性を意識し、社会的に評価される個人的作品に達しなかった理由が説明される。事実、文献によって知られる唯一のエトルリア人の美術家は、ウェイイ出身で前6世紀にローマでも活躍した彫刻家ウルカ Vulca である。

　ここで基礎的な問題を明確にするために、現存する遺物を技術別に通観しておこう。造形芸術は、青銅（他の金属は少ない）、テラコッタ、石を素材とする（大理石は産出せず、きわめてわずかの例外を除いて輸入もなされなかった）。間接的な資料によれば、木も広く使われていたと思われる。小品では象牙、動物の骨、琥珀に線刻を施したものもある。聖所に置かれた彫像は以下のように分類することができる。1）崇拝の対象としての神像。しばしば古代の文人が言及している（前述のウルカの作とされるローマの彩色テラコッタ〈カピトリーノのユピテル〉が有名）。しかしこれらはほとんど失われた。2）神あるいは寄進者を表した彫像および群像。これについては特に聖域の倉庫の中から出土した青銅小像やテラコッタ像などの膨大な遺物がある。3）神殿の大型のアクロテリウムなど、建築装飾の断片。有名な〈ウェイイのアポロン〉などを含む。

墳墓に関するものとしては、多くの小彫像のほか、キュージの「カノポス」、大型の肖像彫刻、棺の蓋の上に彫られた死者の像があり、特にこの種類では肖像の個別化が認められる。共和政ローマで行われていたような著名人を顕彰する彫像といった作品は、宗教や葬礼の世界では無縁であろう。しかしこの種の遺品の分別には慎重さが必要である。たとえば有名な〈演説者〉という青銅像（フィレンツェ国立考古学博物館）はこれまでそういう顕彰的な人物像と考えられていたのだが、碑文に見える *flere*（オルツシャの説では「神意」の意）のような神聖で葬祭との関わりを暗示する言葉の存在は、むしろ宗教的な意味合いを示している。丸彫りの技術は、青銅、象牙、テラコッタによる種々の出土品の装飾にも見られ、仕上げは時に見事なものである。同一の青銅工房が奉納用小彫刻や燭台、壺その他の家具調度を製作していたことは確かである。

　テラコッタの建築装飾に関しては、その浮彫はしばしば丸彫に近い。南エトルリアおよびファリレイ地域のアルコテリウムと鬼瓦においては、空間の中に自在に配置された群像が現れるが、これらは浮彫として造形されたものである。反対に、ファサードの構図の中で、高浮彫の部分は彫像のように背景から飛び出しているかのごとく造られている。このどちらの特徴もギリシア神殿の大型の装飾的彫刻に見られる。文字通りの薄浮彫は屋根の前面のフリーズに現れる。主題は一般に神話から取材したものである。しかし浮彫は、神殿建築よりも葬祭の美術においてより見事な成果を示す。たとえば、「東方化」の伝統に結びつくタルクイニアの角形の大型プレート（おそらく棺の蓋）や、ヴォルテッラ、フィエーゾレ、ボローニャの墓碑（前6-4世紀）で死者の像、生前の生活情景、冥界への旅立ちを描いたもの、あるいはキュージの墓標や棺に葬礼、饗宴、舞踏、スポーツ競技などのリアルな主題を表したもの、さらには墳墓の壁面や、それ以上に石棺（南エトルリアおよびキュージ）や前4世紀から前1世紀にかけて造られるアラバスター（ヴォルテッラ）、テラコッタ（キュージ）、トラヴァーチン（ペルージャ）の棺に彫られた神話や冥界に関する浮彫などがある。

　特に重要なのは、青銅薄板に打ち出し文様を施したもので、家具、盾、車輪、壺、燭台などにこの技法が応用された。打ち出し細工は東方化時代に現れ、前6世紀に盛んとなる。（特にペルージャ近郊の大型墳墓の出土品が有名であり、細密な説話的主題を表したボローニャの〈チェルトーザのシトゥーラ〉では初

期ウェーネトやアルプス地方のいわゆるシトゥーラ工芸と関わりをもつ）。打ち出し細工は貴金属製の壺類やジュエリーにも適用された。浮彫としては象牙や動物の骨に刻んだものもあり、印章のために硬石に線刻した遺品も豊富である。装飾あるいは「応用美術」全体の中で、主題として圧倒的な数を占めるのはギリシア神話に取材したものである。

　絵画に関しては数多い遺物が残存する。これはヘレニズム後期以前の古典世界では稀有のことである。エトルリアのこうした遺品は、偉大なるギリシア絵画のオリジナルがほとんど完全に消失してしまったことを考えればきわめて貴重なものといえよう。地下墳墓の壁面は一般にフレスコで装飾されるが、この風習は特にタルクイニアで証明され、より散在的で質も劣るがキュージ、オルヴィエート、カエレ、ヴルチ、ヴェイオその他の地で見ることができる。近代になって発見された墓室壁画のうち、いくつかは消失しているかまたは修復不可能の状態であるが、他のいくつかはよい状態で保存されている。そのうちの多数が近年タルクイニアでレリチ財団（Fondazione Lerici）の地下探査によって発見、あるいは再発見され、いくつかの壁画は変質を防ぐために剝離された。フレスコ壁画のほかにテラコッタの板も発見されたが、これは神殿（ヴェイオのポルトナッチョ）や墳墓（カエレ）の内部の壁面の補強および装飾のために並べて貼りつけられていたものだった。少ない例だが棺や骨壺の側面に、浮彫の代わりに絵画を描いたものがある。この種の最もよく保存され有名なものは、通称〈タルクイニアのアマゾン〉（フィレンツェ国立考古学博物館）である。絵画装飾の内容は当初は単なる装飾的なもの（東方化様式）もしくはギリシア神話の主題や人物に由来するものであった。それに対してタルクイニアとキュージのアルカイックの大型の墓室絵画（前6、5世紀）の主題は饗宴、舞踏、スポーツ競技などを伴う葬礼の場面や、より一般的なのは狩猟などのリアルな日常生活の場面である。時代が下がり前5世紀以降には、冥界の表現、彼岸への旅立ち、神話と混淆した冥界の饗宴などの情景（オルヴィエート、タルクイニア、ヴルチ）が盛んとなり、被葬者の肖像がしきりに描かれるようになる。

　彩色陶器に関しては、多かれ少なかれギリシア陶器をそっくり模倣したものが大部分である（特にアルカイック時代にはエトルリアにギリシア陶器が非常に多く輸入されていた）。ギリシアおよび東方の陶器絵付師が前6世紀を通じ

てエトルリア諸都市で就業し、地方的流派を形成していたことはほぼまちがいない。代表的なのが生き生きとした神話的描画のあるカエレのヒュドリアの場合である。もう一つ重要なのは前4世紀に南イタリアのものと平行して活動を展開した赤像式アッティカ陶器を模倣する陶芸家工房である。

それとは別に描画の技術は、やはりギリシアの様式の一層直接的な影響の下に、青銅の鏡のきわめて繊細な線刻にも現れる。しかし青銅の家具、陶器、金銀細工などからは、現代から見て骨董趣味の対象以上に、エトルリア人の生活の状況が通観できるであろう。

"エトルリア美術"の問題

種々の領域にわたる美術遺産を観察してきたが、より重大な問題、すなわちそれらのもつ美学的・美術史的な意義の問題が残っている。現存する作品の大部分は明らかに独創的創造性に欠けるものである。つまり職人的伝統の枠内に留まり、美術史の展開の潮流に大きく影響を与えるものではない。しかし、主観的な印象および客観的な考察のどちらからしても、相当に明確な芸術的個性の存在が想定されるいくつかの遺品が残存する。この場合問題となるのは、上記のような可能性がどこまで現実であるかを見極めることであり、すなわち小型の細工物あるいは大規模な作品においてそうした個性が認められるか、あるいは逆に原型の単なる模倣なのか、もしそうなら場合によってはそうした原型を探り出さなければならないのかを見定めることが重要となる。

非常にはっきりしているのは、エトルリア美術の主題、形式、構図の大部分がギリシア世界に前例をもち、それらにヒントを得ていることである。そしてそのようなギリシアの影響は表現様式にも及ぶのであり、つまり初期のアルカイックから最終段階のヘレニズムに至るエトルリア美術の展開は、本質的にギリシア美術の発展段階を繰り返すことになるのである。しかしながら、相違点も認められる。エトルリアではヘレニズム美術におけるある種のモティーフとは無縁であり、逆にギリシアではほとんど現れることがないかまたはすでに過去のものとなった様式に属する造形が一層洗練されていくといったことがある。また、ギリシア美術の理念に対し、全く相反するとまではいえないとして

も、無関係な制作態度もないわけではない。

　ギリシアの主導的な潮流に対してエトルリアの美術家たちがどこまでオリジナルなやり方で対抗しようとし、また実際に対抗し得たのかが問題となる。そしてかれら自身の芸術的ヴィジョンを実現したとするなら、ギリシア美術と一線を画する地方的な伝統の形成の前提を創造することができたのか、さらにこうした伝統がどの範囲内で、どれだけ長く評価を得ることができたのかが問われるだろう。いいかえれば、エトルリア美術に自律的な発想の存在を認めるならば、そのような創意は一貫性のない思いつきに過ぎなかったものか、あるいはそれらの間に一定の関連性があったのかが問題となる。また、数世紀にわたるエトルリア人の嗜好における仮定の「定性」は、歴史的な連続性に帰せられるべきか、あるいはギリシア人の体質とは異なるエトルリア人の美的表現に対する根本的な性向によるものかが問題となるだろう。こうしたいくつかの疑問は、要するに、われわれはどの点まで、いかなる意味において"エトルリア美術"の存在について語ることができるかという単一な問題提起に集約されることになる。

　19世紀における批評の立場は、基本的に古典主義的・自然主義的な前提に支配されており、要するに否定的であった。エトルリア美術はギリシア美術の粗悪で無価値な地方的現象とみなされており、エトルリアで制作されたなんらかの出来のよい作品が見つかれば、それはまちがいなくギリシア人の手になるものとされた。しかし20世紀の初頭に特にリーグル学派（Alois Riegl、オーストリアの美術史学者）によって確立された新しい美術史および芸術批評の概念は、古典的なものとは異なる芸術的経験の有効性を認め、以前は低く見られていた古代世界の種々の様式、まさにエトルリアの現象を理解する道を開いた。近年発見されたいくつかの作品（たとえば〈ヴェイオのアポロン〉）や、新しい美的感覚が再発見された作品（たとえば〈カピトリーノのブルートゥス〉）などの分析の結果、エトルリア美術におけるヘレニズム様式の模作においてさえ、明らか透過される形態の独自性により、ギリシア美術に対するオリジナリティ、自律性が確認されるに至った。

　事実、ギリシア美術の自然主義的・有機的・形式的ヴィジョンに対してイタリキ民族（つまりエトルリア人のみならず後に現れるローマ人も含めて）の幻

想的・非有機的・直接的で極度に個別的なイメージによって現実を把握する特殊な傾向が注目された。この傾向はヴァインベルグ G. Kaschnitz Weiberg が「構造」という独特の概念で定義づけようと試みた。こうした観点に対して、厳しい反論がなかったわけではない。最近、エトルリアにはギリシア様式の直接的影響を受けない本来的な美術作品は存在せず、エトルリア＝イタリキの「オリジナリティ」なるものは一つの伝統を生み出すような力のない民衆的職人芸の単発的な発現に過ぎない（バンディネッリ Bianchi Bandinelli、イタリアの考古学者・美術史学者、1900-1975）という見方に戻ってしまった。

　問題は本質的に依然未解決のままである。しかしおそらくこの問題は、エトルリア美術の独創性の支持者たちと同様に否定論者たちによって分析不十分な形で提起されたということである。事実、この現象が少なくとも 7 世紀にわたって非常なヴァラエティをもって継続した表現活動であり、原史時代から帝政ローマ初期までというこの長期間に起こった変化がエトルリアとギリシアに関係するのみならず、古代美術の発展全体にとって決定的な経過であったということを考慮することなく、一塊の現象として捉えたということなのである。時代とともに視点が変わるのは明らかである。したがって、いうまでもなく歴史の具体的な現実に密着しながら、"エトルリア美術"を抽象的な全体像として解釈しようとするのではなく、それぞれの時代状況に即して検討することが論理的であろう。

　こうして前 9-7 世紀頃の初期におけるエトルリア諸都市の造形芸術の活動は、ギリシアを含む他の地中海諸国と平行して、まさに東方化と称する装飾的な趣味を特徴づける先史時代の伝統（特に小さな美術品に見られる生き生きとしたリアリズム）と東方の影響の流動的で複雑な積層の中で展開するということになるだろう。この時期についてはまだギリシア美術への従属とはいえないのは明らかである。むしろエトルリアは地中海の西方の辺境にあって、その古い芸術的経験を彫琢する役割を演じたといえるかもしれない。しかし、たとえばキュージのカノポスの頭部の表現性のような副葬品におけるある種の独創性の兆候を除けば、地方的あるいは国民的な美術の有効な伝統を形成する兆しは見受けられない。ここにまさに、この重大な時点において力強い創造力をもって古い世界の定式を乗り越え、世界美術史の新しいページを開きつつあったギ

リシアに比して、未来の発展を孕んだ状態にあるという決定的な相違が存在する。

　独自の伝統をもたなかったエトルリアは、所詮ギリシア美術の軌道内に組み込まれる運命にあった。ギリシア美術の誘引力は、美的価値の本質的な優位性と革新的魅力という点に示されるのみならず、自国からイタリアおよびシチリアの植民市に至る広範な領土内に伝播するに値するだけのものであった。それはおそくとも前6世紀初頭に始まったことである。そしてギリシア・アルカイズムのエトルリアへの影響は、宗教、行政制度、音楽、風俗の分野で与えたのと平行して、美術品をギリシアから輸入するだけでなく、エトルリア諸都市においてギリシアの職人が直接活動する状況を生んだと推測せざるを得ない。

　しかしながら、まさにこの前6世紀から5世紀の最初の数十年に、エトルリアの造形美術は、神殿建築、彫刻、絵画、装飾工芸の分野で、驚異的で、ある面では比類なき豊穣さを示している。それらの膨大な作品は、洗練された技術と高い様式的水準を有し、しばしばまさにエトルリア人あるいはエトルリア文化圏の作品であることを識別し得るある種の特別の「性格」をもっている。ギリシアへの従属か、自律かという基本的なジレンマは非常にデリケートな問題として提出されるわけだが、それは全く正反対の判断を導くことであり、近代における評価が不確かなのは当然である。つまりこれらの作品は「エトルリアの」美術でありながら「ギリシアの」ものであることから離れないのである。この言い方は矛盾するように見えるかもしれないが、ある場合には適用することのできない「国民的美術」という概念から離脱しようとしさえすれば、必ずしもそうではない。

　事実、ギリシア・アルカイック美術は厳密に統一的で継続的な様式を表すものではないことを念頭におくべきである。むしろ、広域に散らばった雑多な多数の都市群において、互いに拡散・継承・交差し合う多様な変化形のある流派によってなされた消化作用の結果なのである。本質的に「地域主義的」なこの意味において見るとき、部分的にはヘレニズム化した、あるいはギリシア人の領域ではないがギリシア文明の影響下にある地域というものが浮かび上がる。たとえば東方ではキプロス、リュキア、カリア、リュディア、フリュギア、北方ではマケドニア、トラキア、そして西方のエトルリアである。これらの国は

天才ギリシアの創造の足跡を受動的に追随する劣性の「いなか」であるだけではなく、広大な文化圏の中の「地域」として、それぞれの状況、必要性、能力に応じ、つまりヘレニズム周辺領域において独自の性格を発揮しながら、アルカイック美術の錬成に参加するのである。

エトルリアにおけるアルカイック美術の「地方的」特性は以下の主要な要素に現れると考えられる。1）具体的・直接的・写実的な現実の表現を前提とする宗教的・葬祭的必要性。2）地中海的・東方化的な前段階の構図・技法の伝統の著しい固執。3）ギリシア＝東方世界、つまり小アジア西部の沿岸および島嶼のアイオロスとイオニア諸都市の芸術経験とのきわめて強い直接的関係。それはまさにイオニア＝エトルスコ美術と一般によばれる数十年間（前6世紀中葉〜5世紀初頭）にわたるエトルリアの美術文化の基本的一体性を決定づけるものである。4）地方的な造形活動の環境における際立った人物、ギリシア人および地元の美術家とレヴェルの高い工房の存在（ヴルチやペルージャの青銅作家、タルクイニアの〈男爵の墓〉の作家のような画家群、〈アポロン〉の作家およびその弟子たちのようなウェイイのテラコッタ彫刻家たちなど）で、ここに自律的・独創的で時には迫力に満ちた創造的天性を認めざるを得ない。

前5世紀前半には歴史的な状況が完全に変わる。ギリシアにおいてアルカイック美術からクラシック美術に経過し、これは文明史上の根本的な重要性をもつことである。しかしギリシア美術の巨匠たちの活動は様式的により一層狭められる傾向があり、より「国民的」な性格を取得し、特にアテナイとペロポネソスの諸都市周辺に集中することになる。そして政治経済的な要因からもまた辺境地域は衰退する。エトルリアは隔離された。古典主義の精神は反復や模倣が不可能であり、アルカイック美術の開花に与した幸運な歴史的状況が終わって長い衰退期が始まったエトルリア世界ではその対応が起こらなかった。こうして前5世紀から4世紀後半までの間、アルカイックの伝統あるいはギリシアの厳格様式、すなわちアルカイズムからクラシックへの移行期の美術の影響を受けた主題や規範がそのまま継続することになるのである。辺境地方特有の遅滞の現象（たとえば同時代のキプロスの「亜アルカイック」美術）が歴然としたものとなる。クラシックの影響は部分的で薄弱なものだった。発生期と変わらぬままのこうした統一的伝統を欠く状況においては、独創的表現性は微

弱な兆しとしか姿を見せることはないが、職人的工芸の分野では青銅の作品がきわめて活発に継続した。

　ギリシアとエトルリアの美術の接触が強力に再開されるのは前4世紀以降であり、ヘレニズム期を通じて継続する。そしてついには共和政末期から帝政初期のローマにおけるヘレニズムの勝利という周知の現象に溶解することになる。しかしギリシア美術に対するエトルリアの画家の態度は、もはやアルカイック期とは同じではなかった。もはや共通の遺産をなんらかの独自の方法で彫琢するというものではなく、むしろ「外国の」モデルの忠実で巧みな模倣なのであった。単にさまざまな形式や類型的な主題をそのまま受け入れるのではなく、建築や小物品の装飾に至るまでの構図全体を特に大絵画の典型から再現するのである。こうした美術制作の状況からすれば、近代の何人かの批評家が主張するように、エトルリアをギリシア世界の「いなか」と見る理念（つまりその芸術的オリジナリティの否定）が正当化されるかもしれない。

　とはいえ、ヘレニズム期のエトルリア美術の活動についての全く異なるはるかに重要なもう一つの局面を理解する必要がある。特に葬祭美術の単独または一群の作品において、クラシックの趣味とは決定的に対立する主題や様式が出現する。すなわち、幾何学的で緊密な構成、「未完成の」形態、不均衡、部分的表現の誇張などである。こうした表現はエトルリアの宗教の保守主義的な典礼に支えられた旧来のアルカイックな職人性の残滓なのか、継続性のない民衆的な即興なのか、それとも未熟な手仕事の偶然の結果なのか、それはどこまでそういえるのかといった設問が可能となる。しかしもう一つは、古来の地方的パターンに順応し、自らの資質によってギリシアの範例に反発しながら新しい表現形態を試みたかもしれない美術家の活動を間接的ではあれ反映していることも考えられる。この仮説は肖像画の分野で確認される。それは青銅の大型彫刻や絵画など、正真正銘の美術作品をはじめ、膨大な数の棺の蓋、テラコッタ像などの二次的工芸品として造られたが、それら自体が巨匠たちの周辺にありながら、確固とした地方的伝統を形成していることがわかる。

　エトルリアの肖像画は当初（前4世紀）ギリシアの肖像画にヒントを得、時には（ヘレニズム期）模倣していたが、やがてそれとは対照的に、容貌やある程度まではその人物の個性に至るまで、自然形態の有機的統一を無視してはい

るものの、線や量の単純で不連続で時には荒っぽい使用によって最大限の具体的表現性を実現する傾向にある。こうしたことから、一つの新しい様式、すなわちギリシア美術に対して事実上自律的な新しい美術の伝統が誕生したということができる。「エトルリアの」伝統であるが、同時により一般的に「イタリキの」伝統でもあり、なぜかといえばその展開は国家としてのエトルリアの消滅の後、ローマおよび帝政期の西洋世界全般の美術に継承されるからである。特に肖像画においてであるが、他の美術主題においても見られるこうした"表現主義的"な現実の見方は、帝政初期の民衆美術の流れに顕著に受け継がれ、ヨーロッパの地方美術に普及し、2世紀末から3世紀にかけての宮廷美術において堂々と開花し、古代末期および中世の美術文化の最も重要な要素の一つを形作ることになるのである。

訳注
＊＊110　エトルリア固有の神。ゼウスの孫ともいわれ、タルクイニアの畑の中から少年の姿で現れ、内臓占いをエトルリア人に教えたとされる。

IX　習俗と日常生活

造形芸術による資料

　宗教性、思想、集団行動の様式、芸術などを通じて一つの民族の精神生活を知ることはきわめて重要であり、これについてはその人々の日常の生活の様態・習慣を観察し理解し、かれらの家の中に侵入し、家庭環境の中で把握し、その伝統や風習を知るのでなければ、かれらの内面の心理を理解する手段はないと確言できる。

　文学作品、特に喜劇、諷刺文学、書簡集などが古代人の私的生活や習俗の知識にとって欠かすことのできない資料となることは疑いない。ローマの諷刺文学や書簡のような私的な主題、あるいは"ブルジョア的"な内容に比較し得る文学活動がエトルリアに存在したことを認めるべきだとしても、それが完全に消失したことによって、われわれはエトルリアの家庭生活や風習を再現するための貴重な方法をもたないのである。

　しかし文献と並んで考古学的資料が伝存する。一方では、居住地の遺物のほか、墳墓の内部に副葬品として現実に残留していた遺物や、そういう墳墓の構造、特殊性、配置などそのものが手がかりになり、他方では、その時代の生活の実景を描写した美術品が存在するのである。この種の遺品という点ではエトルリアは際立って有利な状況に置かれている。被葬者の周囲に宝飾品、武具、道具類、日用品などを配してできるだけ正確に豪華に生前の環境を再現しようとする根強い伝統があったことはすでに指摘した。そういう風習のおかげで、われわれの発掘調査は、個人的習慣、武装の仕方、住居内の家具類の形態、日用品の種類などについての知識の広範な直接的資料となり得るのである。残念ながら基本的な重要性をもつ唯一の限界は、布類、皮革、藤、木など、腐りや

すい有機物がほぼ完全に消滅したことである。エジプトの墳墓にはふんだんに残っていたこの種の遺品の保存をイタリアの風土が妨げたのである。それゆえ、古代エトルリアの「民族学」は不完全なものとなる。わずかな例外として、チェルヴェーテリ、ビゼンツィオ、ヴルチの墳墓において、容器類、木製の家具や道具の部品、藤の籠、皮製のアクセサリーのかけらなどが発見され、そのほか織物の小さな断片や酸化した青銅の表面に付着した布の痕などが保存されている。

　これらの遺品が日常生活において使われているさまを「見て」、破壊された部分も補強して家具調度の全体像を再現する可能性が、絵画的遺物によって与えられた。とりわけ葬祭絵画の資料的価値は、他の古代世界の民族が遺した美術表現による平常のものを超えるものである。エトルリア以外の例外としてはローマ世界の「民衆的」なフレスコ画と浮彫がいくつかあるが、これらの素朴なリアリズムと直截的な表現性はまさにエトルリア＝イタリキの伝統に由来するのである。ギリシア世界ではアルカイック期以降、人間が主役としての重要でかつ絶対的な役割を演じ、環境的情景はほとんどつねに人像に密接に結びつく最小限の必要要素に抑えられており、それもしばしば象徴的なやり方だったり暗示的な意味をもつものでしかなかった。それに反してエトルリア絵画の主題は、遠景の実景的描写をふんだんに用いた東方の諸民族の叙述性に結びつくと思われる。このように墳墓に関わる絵画・彫刻は、その再現の形式・技術が写真のように忠実にあまりにも素直で様式化されているため、いわば過去の現実の真っ只中にわれわれを引き戻すのである。視覚言語のむずかしさをクリアして解読できる者、あるいはそれらを翻訳できる者——しばしば翻訳の必要はないのだが——にとっては、2500年以上前にその場に居合わせたように、そこに繰り広げられる饗宴や舞踏や競技に参加することが可能となる。そして情景全般のリアリティに加え、家具調度や衣服など、環境の細部の写実的描写も注目される。

　エトルリア人の生活に関する考古学資料は、この民族の文明の歴史の発展すべてに関わるものである。しかし特に美術的資料に関しては、最も豊富なものはエトルリア文明の黄金時代、すなわち前6-4世紀に属し、装飾古墳の大部分がこの時期のものである。それゆえわれわれは、特に習俗の面で時間とともに

変化が生まれることを念頭に置きながら、エトルリア人の生活の理念が形成され定着するこの時期について考えよう。加えて、これらの遺物から得られるデータは主として社会の富裕な階級に関わるものであることも理解しておく必要がある。まさにこうした階級の人々の財力や貴族的威厳を示すための装飾志向によって、壮大で堅固な墳墓の構築、装飾、調度の造成が可能となったのである。

エトルリア人の生活環境：都市と住居

エトルリア人の生活の研究のためには、エトルリア文化が地理的にも歴史的も従属するギリシア＝イタリキ世界の文化とは全く対照的なもの、あるいは同時代のギリシア人やギリシア文化を吸収した他の非常に進歩したイタリキの民族の風俗習慣とは非常に縁遠いものと想定することは歴史に反する見方であるということが前提となる。疑いもなく、エトルリア人はかれらの固有の宗教や現実の行動原理に基づくなんらかの独自の伝統を保有したが、制度、技術、風習、服装でさえも、その基本的構造は周辺世界のものと切り離すことは不可能である。浅薄な歴史マニアのみならず時には研究者もが陥りやすいよくある誤りの一つは、ある種の都市計画的理念や下水道の造営技術をエトルリア人に帰したり、あるいは「エトルリアの金属加工技術」「エトルリア医学」「エトルリアの衣裳」といった言葉を用いたりすることである。こうした現象は時には古代著述家の文献を引用して強調され、あたかも絶対的な事実とかエトルリア文明の際立った典型であるかのように思い込み、広い文化圏に共通の遺産ではなく、つまりギリシア文明の地方的な反映などではないと考えるわけである。

たとえばエトルリア人の社会・経済・文化の基盤をなしている都市構造の起源と発達の問題を考えてみよう。エトルリアにおける都市は、特殊な宗教的意義をもち、少なくとも理論的には、城門、道路、神殿などの建設、区域の限定、配置などについての宗教的制約に従うものであるとはいえ、先史時代のような散在する住居や村落の方式とは反対に、都市の組織的構造は東方やギリシアの例に由来し、イタリアにおけるギリシア人の最初の植民と平行して発展したことは明らかである。整然と方向づけられた道路が交差するエトルリアの都市構

造は、多くの文献のみならず、マルツァボット、カプア、ポンペイなどの実例が示しているが、これは実はアルカイック期を通じてギリシアから西方に伝わり、いわゆる「ヒッポダモス方式」として認定されることになる前5世紀にさらに更新された最も典型的な都市計画の一つである。エトルリア諸都市が発生したのはヴィッラノーヴァ文化時代であり、先史時代から原史時代にかけて短期間に集落が次々と形成され（ウェイイやボローニャで確認される）、やや大きな集落の一つが急速に拡大し、防衛に適した丘の上に位置するという条件に利せられた統一的構造の形成がいち早く生まれたと思われる。いずれにせよ長く伸びる市壁というものはすでにアルカイック期に登場する。そして都市の統一的性格が、社会的生活が繰り広げられていたギリシア都市の「アゴラ」に対応する政治的・宗教的・商業的中心部によって代表されていたと考えることができる。

　家族的生活の中心は住居であった。ここでしばらくこの問題に注意を向けておこう。エトルリアの住居の特徴はこれまで、たとえば本質的に独創的なユニークさをもった「ポンペイ式」住居に似た形式のように、しばしば単一の抽象的な建築概念としてしきりに論じられてきた。事実はエトルリアの民衆の住居の再現に有効な数多くの資料によればかなりのヴァリエーションが存在するのであり、それもエトルリア文化自体の発展過程に伴うという意味だけではない。直接の資料としてエトルリア各地で住居の基礎部分が発見されている。とりわけボローニャ近郊のマルツァボット（ここでは居住地区の全貌がわかる）、ヴェトゥローニア、タルクイニア、ウェイイ、ロゼッレ、そして特にアクアロッサなどが重要である。円形または楕円形プランの先史時代の住居はエトルリア文明の夜明けとともに、どの場所においても直線の壁で囲む構造に取ってかわる傾向がある。この移行の経過の最も古い局面は、ヴィッラノーヴァ文化の「小屋型」の骨壺に見ることができる。墓の被葬者の生命が継続するという理念は、墓や骨壺を地上の住居の形式に模し、時には建築や調度の微細な部分まで似せようとする発想のもととなる。特にチェルヴェーテリのネクロポリスの岩壁に掘り出された墓室は、住居の内部のプラン、部屋の配置、扉や窓や天井の装飾から家具（机、寝台、椅子、丸い籠など）に至るまでの形式の貴重な証言となっている。建築の外観の資料は、ブレーラ、ノルキア、カステル・ダッソ

の古墳の岩壁に彫られたファサードが提供してくれる。より新しい時期の住居の全体像を知るための貴重な資料としては、キュージのいくつかの骨壺がある。

　はじめの頃の住居は単室の長方形の建物で、緩い勾配の切妻屋根が掛けられていた。これは最も単純な形式で、大陸内に普及していたが、ミュケナイの「メガロン」やギリシア神殿の基本形でもある。しかしすでに非常に古くから、外側に列柱が付加され、内部の仕切り（部屋）数も増やしてこの形式はより見栄えよく複雑なものとなる。前6世紀のチェルヴェーテリの墳墓のうち、最も共通したものは、ある意味ではイタリキあるいは「ポンペイ式」住居の母胎とみなすことができるようなプランでできている。すなわちその構成は、屋根のない入口の部屋（墓の羨道に対応する）、一つの中央の部屋、おそらく両側に二つの部屋のある小さな中庭（後代のアトリウムにあたるか？）、そして一番奥には中核部分としての部屋と脇部屋があり、それは格天井または切妻（ただしプランの軸に対して直交する）天井で覆われ、さらに切妻天井をもつ一ないし三の小部屋に接している。上記の三室の型は典型的なものであり、三室をもつエトルリア神殿に共通する意味をもつ。なんといってもこれはアクアロッサに残る実例で証明される。中央部の部屋は、神殿の柱廊のあるプロナオス（前室）にあたるだろうし、奥の部屋はポンペイの典型的な住居の三室にその様式が継承されているといえるかもしれない。

　注目すべきは、ある場合には中央の部屋は角柱または円柱による柱廊の様子をしており、円形または半円形の部屋、あるいは放射状に取り付けられた梁の天井をもつ部屋なども存在したことである。古代の文献はアトリウム atrium（この語自体がおそらくエトルリア語 *athre* に由来すると考えられる）の発明をエトルリア人に帰することで一致しているように思われる。ともかくそれはアルカイック期の墳墓には現れないもので、たとえばタルクイニアの〈メルカレッチャの墓〉などのより後の墳墓に見られ、その一番目の部屋は雨よけの天井で覆われたアトリウムの形をとっており、またキュージの骨壺の一つ（ベルリン博物館）にも同様の表現がある。フィレンツェ国立考古学博物館の一つの骨壺はアーチ型の大きな扉がつき、二階建ての邸宅風の形をしており、もう一つのキュージの骨壺では上階に円柱で支えられた一種のヴェランダが表されていて、これらは建築的により複雑で進化した構造物の存在を証明するものであ

る。これに反して、マルツァボットの「インスラ」**111状の集合住宅に二階以上があったことはかなり疑わしい。

　家具調度についてもすでに触れたが、これはすべての古代文明と同様にかなり限られたものでしかなかった。墓室内の壁画や彫刻にも、装飾が施された脚のある寝台、鮮やかな色彩で幾何学文様のある枕、長方形あるいは円形のテーブル、王座の形をした椅子やストゥール、足載せ台などが描写されている。典型的なのはチェルヴェーテリの複数の墓に青銅浮彫で再現された丸いシートと裾広がりの背もたれのつきの藤または木製の長椅子であり、キュージとパレストリーナの副葬品として出土したものや、「コルシーニの椅子」**112と呼ばれる後期アルカイックの大理石製のものなどに類例が見られる。この形式のソファは帝政ローマ期の美術や広くヨーロッパの民衆芸術にも伝承する。

　インテリア用品としてはそのほかに青銅の燭台があり、これについては数多い実物が出土しているほか、壁画にも描かれている。非常に細長い形で、頂上部が小さな人間像や鳥のくちばし型の彫刻となっており、その部分にローソクや松明が取り付けられたのである。ほかに、頂上部に小皿のついた灯油用の燭台や、有名なコルトーナ出土のもののように天井から吊るすタイプのシャンデリアもあった。そして青銅およびテラコッタのありとあらゆる種類の器類がある。大鍋、三脚あるいは円形の台のついた東方起源のレベス（宴席で用いられる丸底の水盤）から、アンフォラ、クラテル（ぶどう酒用）、ヒュドリア（三つの把手のついた水瓶）、水差し、バケツ、フライパン、皿、碗、盃、コップ、種々の動物を模した器類など、ギリシアから輸入したりエトルリアで模作したりしたものである。絵画にはよく描かれている金、銀、銀メッキなどの貴金属製の器は当然少ないが、伝存するものはほとんどすべて東方化時代の墳墓の副葬品である。

　最も古い陶製の壺（前9-4世紀）は精製されない粗い土を練って造られ（impasto）、細い棒などで表面が磨かれていることが多い。さまざまな彩色（黒、褐色、赤、黄）と形態があり、時には金属器の形を模したり、彫塑的な装飾、掻き落とし文、彩文が施されている。前8世紀以降ギリシアの影響を受けて幾何学文や人間像を絵付けしたテラコッタが普及する。キクラデス、前コリント、コリント、イオニア、ロードス、ラコニア、カルケディア、アッティカ式の陶

器が大量に輸入されたり、模造されたりした。やがて前6世紀後半から5世紀を通じてアッティカ陶器が圧倒的な重要性を占めるようになる。はじめ黒像式、ついで赤像式陶器が到来する。土着の陶器として、おそらく練上げ土器に由来するブッケロという種類があり、前7世紀半ばから5世紀初頭にかけてエトルリア全土に普及し、きわめてヴァラエティに富んでいる。黒陶で表面を研磨しているのが特徴である。前4世紀にはアッティカの赤像式や南イタリアで制作されていたものを模倣した陶器が普及した。地方工房として最も重要なのはファリレイの領域にあったが、ヴルチ、キュージ、ペルージャ、ヴォルテッラその他の製品も知られている。より後代には金メッキや銀メッキを施したり、あるいは黒または赤の釉薬を用い、浮彫や刻文の装飾を施した陶器が主流となる。この種の技法から発して、帝政初期にいわゆる「テッラ・シジラータ terra sigillata」というローマ世界を代表する陶器を生み出すことになるアレッツォの製陶業が盛んになった。金属器と陶器のほかに、象牙、アラバスター、練りガラス（輸入品あるいは東方の模倣）と木製の器類もあげておかねばならない。木工品については実物の遺品はきわめて少ない。

　家具調度、諸道具、日用品の全体像について、チェルヴェーテリの〈ストゥッコの墓〉や〈浮彫の墓〉が古代世界の唯一の例としてほぼ完全な形で示してくれる。それは住居の内部を象った広い部屋で、壁にはいくつかの壁龕があって被葬者のためのベッドが彫り出されており、壁面および柱面にはさまざまな物品が吊るされたようにストゥッコで象られている。すなわち、武具（冑、盾、短剣、すね当て）、壺類、花瓶、一本の扇、一個の振り分け背負い袋、一個の中身の詰まったリュック、釘、調理用ナイフ、工具（斧、ベンチ、ナイフ）、一卓の丸テーブル、ロープ類、木製の盆、杖類などである。この情景の効果は驚くべきものである。たとえば木製の長方形の調理用の盆やリュックサックなど、前4-3世紀に使われていたこれらの品のいくつかが、現代の日用品と同じとはいわないまでも、あまりにもよく似ていることは驚異に値する。さらに、武具や道具類に関しては、墳墓の中に置かれていた副葬品としての実物によって、われわれの知識は完全なものとなる。青銅の扇が〈浮彫の墓〉のストゥッコやタルクイニアの〈盾の墓〉の壁画などに表されているが、それと類似する実物がポプローニアの〈団扇の墓〉から発見されている。日用品の中には女性の化

粧に関する品物にも注目される。バスケット類や青銅の鏡、動物を象った木製の化粧品入れなどである。

日常生活、経済、技術

　富者の家庭生活の再現はそれほどむずかしいことではない。すでに述べたように、女性は男性と全く平等に宴会や祭事に参加していた。アルカイック期には男女は共に一つのベッドに横たわりながら饗宴を楽しんだ。「エトルリア人（の男）は女たちとともに同じマントの下で横臥しながら食事する」というアリストテレスの記述はおそらくこうした風習に由来するだろう。アリストテレスはいくつかの棺の上に結婚のシンボルであるマントを纏って横たわる一組の夫婦像の表現を誤って解釈したのではないかという説もある。エトルリア人の婚礼の儀式に、キュージの骨壺の浮彫の一例のように、新郎新婦に一枚のヴェールを被せる所作──現在もユダヤ人が伝承する──が含まれていたのは事実である。そして実際に宴席のベッドでもヴェールが使われていた可能性がある。
　とにかく、エトルリア人との古来からの敵対関係に由来するギリシア人のかれらに対する無理解と敵意ある態度から、少なくとも古典時代のギリシア女性の隔離とはあまりにも異なるエトルリア女性の公的な自由を醜聞とみなすことが起こったと推測される。つまりエトルリアの女性がアテナイでは男性と食事を共にする唯一の種類の女性である娼婦（ギリシアのヘタイライ）と同種の存在であると考えるのは容易であろう。このようにして、古典世界にはつきもののことだが、「野蛮人」の風習に関する情報をほとんど文学的な動機のごとくに安易に受け入れ繰り返すことによって、アテナウエスが強調し、プラウトゥスさえもがその影響を受けているように、エトルリア人の放縦さに関する風評が生まれ、広がっていった。前5-4世紀以降、エトルリアの女性は男性のようにベッドの上に横臥して饗宴に臨むことはなく、座って加わるようになり、その習慣がローマ時代にまで定着することになる。タルクイニアの〈豹の墓〉〈トリクリニウムの墓〉に見られるような複数の寝台を置いた食事の描写には、自然で楽しさあふれる雰囲気が伝えられる。ギリシア式の男性だけの会食もなかったわけではなく、そこでは男たちは時に高揚して暴飲して踊りまくるオルギア

の状態に達することもあった（タルクイニアの〈碑文の墓〉）。スポーツ競技や葬儀などの厳粛な饗宴では、音楽と舞踊を伴うのが普通であった。オルヴィエートの〈ゴリーニの墓〉の壁画には、調理場の内部の場面も描かれており、そこでは饗宴の料理が準備され、おそらく贖罪を司る魔法使いの男が二本笛を吹いている。

　スポーツや演劇に関する絵画的描写は数多い（タルクイニアの〈鳥占いの墓〉〈オリンピックの墓〉〈二頭立て馬車の墓〉〈死者の寝床の墓〉などや、キュージのいくつかの墓）。エトルリア人の生活のこうした部分にはヘレニズム文化の影響が支配していることは明らかである。しかしギリシアのスポーツや競技の闘志むきだしの職業的な性格がエトルリアでは娯楽的な見世物に変質してゆく印象がある。この点に関して非常に示唆に富み興味深いのは、タルクイニアの〈二頭立て馬車の墓〉の小さなフリーズの部分であり、広い運動場あるいは円形競技場が長短二本の軸で分かれて描かれ、一方にはグラウンドを、他方には木造の観客席を表している。グラウンドには馬車、騎手、一組の格闘士、拳闘士、幅跳びと高跳びの選手、重装備の歩兵、審判員たちなどがおり、客席では男女の観客が明らかに興奮した身振りで競技の結果を見守っている。激しいスポーツには社会的に著名な家族の成員も参加したしたに違いない。これに関してはトルイア Truia（トロイアの競技）というエトルリアのスポーツにも言及する必要がある。これは迷路のように入り組んだコースを走る競馬であり、アルカイックの陶器の一つに線刻で表されており、ローマ帝政初期に青年の体育として行われていたことが知られている。馬術競技に参加したのはおそらくタルクイニアの〈碑文の墓〉の所有者の家族の若者たちだった。激しいスポーツと葬礼との関係は、墓室に表されているだけではなく、フォカイア人を虐殺したカエレ人が贖罪の儀式を行ったというヘロドトスの一節（I-168）にも記録されている。

　スポーツ的な見世物と並んで、マイム、奏楽、曲芸、道化芝居といった分野があった。これらを演じるエトルリア人の役者はラテン語で histriones または ludiones と呼ばれたが、前364年に"ludi scenici"としてローマに導入された（リウィウス、VII-2, 3）。事実まさにそういう上演に参加している特殊な服装をして時に仮面をつけた人物を表した絵画、陶器画、青銅小彫刻などが数多く

存在し、そうした演目は民衆的な軽業（タルクイニアの〈軽業師の墓〉、キュージの〈猿の墓〉）、サテュロス劇や幾分悲劇的な演技（とはいえギリシア悲劇の模倣の類は後世なのでその種のものではない）など、多くの種類があったと思われる。

　最後に触れておかねばならないのは、非常に残酷な競技の一種であり、それは古代の文献（アテネウス、IV-153f）ではエトルリアが起源と考えられていたし、ともかくエトルリア化されたカンパーニアからローマにもたらされた闘技に先行するものであった。こうした競技はおそらく、多くの原始社会において首長や有力者の死に際して行われた殉死の苦痛の軽減のために葬儀に伴って行われたと思われる。残酷な格闘とはいえ、最強で最も能力のあるものがかろうじて生き残る可能性を残しているからである。この種の競技の場面と思われるものがタルクイニアの〈鳥占いの墓〉の壁画に表されている。あごひげを生やして仮面をつけ、フードを被り薄汚れたジャケットを着て鎖につけた獰猛な犬を引き連れた「仮面」を表す名前で示される人物が、顔を袋で包み棍棒で武装した半裸の敵に襲いかかっている。この相手の男はおそらく弱い立場の罪人と思われるが、あるいはかれは棍棒で犬を打ち負かすことに成功し、そこで攻撃者を撃退するという意味の可能性もある。髭を生やしフードを被りジャケットを着た人物は、かつて考えられたような悪魔ではなく、人間であることは確かだが、他の壁画にも何度か登場し（〈プルチネッラの墓〉〈オリンピックの墓〉〈雄鶏の墓〉および〈猿の墓〉の小人か子供）、そこでは〈鳥占いの墓〉の死を賭けた競技とは無縁の態度をとり、あるいは無縁の文脈で表されており、つまりその正体と役割は全くはっきりしない。要するにどちらかといえば一般的な役づけであり、イタリア演劇史における最古の「仮面」であることだけは確かである。

　さて、古代エトルリアにおける経済生活の問題に移ろう。はじめのうちはこの国の住民の収入は、当然ながら農業と牧畜に頼っていたが、少なくとも地域によっては埋蔵する金属の採掘によって早々と革命的に変化し、さらに地上および海上交通の活動によって補完されたに違いないと推測される。

　エトルリアの歴史の最終段階における生産活動に関する正確な一つのデータとして、第二ポエニ戦争の際にスキピオ・アフリカヌスの遠征ためにエトルリ

ア主要都市が連帯してローマに捧げた物品についての有名なリウィウスの一節（XXVIII-45）がある。次に掲げるのは、各都市が原料または製品として提供した主要な物品のリストである。

　カエレ：小麦、その他の食料
　タルクイニア：船の帆のための布
　ロゼッレ：造船のための木材、小麦
　ポプローニア：鉄
　キュージ：木材、小麦
　ペルージャ：木材、小麦
　アレッツォ：武具、工作機械、小麦
　ヴォルテッラ：船体、小麦

　これを見ると明らかに、南部および中部（カエレ、ロゼッレ、キュージ、ペルージャ、アレッツォ、ヴォルテッラ）は農業地帯であり、そのうちのいくつかは周辺の森林の恩恵に浴するものであり、ポプローニアは明らかに製鉄業の中心であり、アレッツォは工業都市であったと規定することができるだろう。

　エトルリアの鉱山地帯といえば、主としてウェトゥローニア（鉱脈のある山岳がある）とポプローニア（エルバ島を含む）の一帯ということになるが、現在は廃絶した古代の鉱山の痕跡を遺すトルファ山脈を加えなければならない。この地域における金属の採掘（銅、鉄、そしてより小規模だが鉛、銀）はおそらく部分的には先史時代に遡るが、組織的に行われるようになったのは鉄器時代の初期である。アルカイックのエトルリアの歴史におけるそのことの重要性はきわめて大きく、ある意味では決定的なものである。こうした豊かな自然資源の有効活用は、おそらくティレニア沿海諸都市の発展そのものの恩恵によるといえよう。すなわち、エトルリア海岸に対するギリシア人の絶えざる圧力は、鉱山地帯を所有し、または影響力を与え、あるいは単に接近することを重視していた証なのである。金属の採掘や一次的加工の技術については明らかでないが、鉱脈のある丘陵部に掘られた坑道やポプローニア地区で発見された工具や溶鉱炉、鉄の溶滓などのわずかな考古学的資料があり、またたとえばポプローニアがエルバ島で採掘された鉱石の最初の溶鉱所であり、仕分けと発送の場所であったがそれ以上の作業は行われなかったらしいといった情報を示すわずか

な文献が存在する。

　エトルリアの産業は大部分領域内の金属資源によっている。墳墓の中に膨大に遺された武具、道具類、青銅および鉄の埋葬品によってそのことを知ることができる。特に注目に値するのは、ウェトゥローニア、ヴルチ、ビゼンツィオ、コルトーナ、ペルージャの周辺から出土した芸術的な金属工芸であり、これらに加えてリウィウスによればアレッツォがあった。カンパーニアでも鉄と青銅の工芸が制作され、おそらくここからは鉱石とともにさまざまな製品がギリシア世界に輸出されたと思われる。ギリシアではエトルリアの青銅製のトランペットの人気が高く、またアテナイのアクロポリスからヴルチの様式の三脚床几の断片が見つかっている。そのほか、織物や皮細工などの手工芸も忘れることはできない。特に皮製の靴類は評判がよく、広く地中海世界に輸出された。

　織物、木工品、陶器などの日用品の生産は当初は自家用かまたは集落内の流通に限られていた。専門の職人技術の発達とそれに伴う別の集落との間の物品取得が必要となるにつれて、相互の交換が広まっていった。こうして贅沢品・貴重品への欲求や上流階級における金属製品の使用などのおかげで、陸路および海上交通による外国との貿易の段階に移行する。しかしアルカイック時代の国際通商の最盛期において、すでに述べたように交易は主として物々交換で行われた。銅の原材の断片（aes rude）とそれに刻印したもの（aes signatum）が、斧といった加工品とともに、交易の媒体として使われた。加えて、東地中海の独特の重量単位で測る銀の重さ（不当にも「ペルシャ・ピエーデ」と呼ばれ、1単位は約5.70 g）が後にエトルリア通貨の重量基準となる。貨幣の鋳造はギリシア世界では前7世紀に遡るが、エトルリア経済の概念においては基本的に無縁のままとなる。原始的状態、あるいはアルカイズムとみなしてもよい。事実、ギリシアの貨幣は、より未加工の資材によるローカルな通商と相まって早くから流通し、アルカイック期には金（確証はない）や銀の模造品が現れた。しかしエトルリアの正真正銘の銀貨と金貨については前5世紀半ば、すなわち経済的な下降期に初めて登場する。特にポプローニアにおいて、南イタリアのギリシアの貨幣鋳造の影響を受け、エトルリアとカルキデアの重量基準に従ったものである。実際にエトルリアで貨幣を造ったのは鉱山地帯であり、通商の増大という当然の理由によるものである。ようやく前4世紀末にローマの覇権

が確定したときに、前述の青銅を鋳造した貨幣（aes grave）が登場するのである。

　エトルリア人が水の利用の分野で非常に進んでいたことはよく知られている。水流・治水の研究は aquilices と呼ばれる一種の「棒占い師」によってなされた。プリニウスはエトルリア人がポー河下流に運河を掘ったことを述べている（『博物誌』III-20, 120）。事実、ティレニア海沿岸のいくつかの場所で、ローマ以前に遡る排水用地下水道を確認することができ、それらが埋め立てと灌漑のためのきわめて有効なシステムだったことを示している。マレンマ Maremma や[**113]ポー河下流の湿地帯において、もしエトルリア文明の黄金時代にマラリアが広がっていたなら、人間の生存は終わっていただろう。まさにマラリアはヘレニズム後期にエトルリアの多くの沿岸諸都市の衰退を早めた一因だったのである。エトルリアの大部分を覆う森のおかげで、この文化の特徴である大規模な建築や船の骨組みといった木の工作の技術が発達したといえるだろう。もちろんこの分野での東方やギリシアの先例をおろそかにするわけにはいかない。しかし原料の扱い易さも重要なことだった。ともかくチェルヴェーテリなどのネクロポリスに見られる住居内部を模して岩に掘られた墳墓は、後に素材が石に代わるまで、木材がいかにヴァラエティ豊かに巧みに使用されていたかを暗示している。しかし木材の柱、扉、屋根とともに生煉瓦の併用が普及していたことも念頭に置く必要がある。

　木材のもう一つの基本的用途は軍用、または運搬用の船の製造であり、これはエトルリアの強い政治・経済力のための手段にほかならず、各時代にわたる多数の造形表現が遺されている。この点に関して重要なことは、前に触れたように、ヴォルテッラの造船所の一つにおいてスキピオのために船体が造られたことである。美術表現から見る限り、形式はギリシアのものとさして変わらない。船嘴（せんし）の発明はティレノスの息子ピセウスによるという話（プリニウス、VII-56, 209）は伝説に過ぎないが、へさきが魚の頭の形をしていてその口からボートが滑り出る形式[*29]はこの種のものでは唯一でおもしろい発想である。

武具と衣服

　アルカイック期エトルリアの陶器や浮彫には、戦士の単独像や行列、一騎打ち、戦闘の場面がしばしば現れる。本物の武具の遺物とともにこれらは戦争や武器類に関する豊かな資料となっている。エトルリアの兵法については伝承ではほとんど不明であるが、ローマ人の初期の軍隊組織がエトルリアに多くを負っていることがうかがえる。しかし美術表現で見る限り、重装備の歩兵がアルカイックの都市国家の精鋭部隊を構成しているという点でギリシアの武具や戦術の影響が支配的であったと考えられる。多くの美術に表された神話の場面によれば、当初は馬車に乗って闘っていて、人が馬に乗って操る馬術は前7世紀には成立していたと思われる。こうしたことを前提としても、エトルリアの初期にはギリシアよりもヨーロッパ大陸に存在したタイプの武具と関係のあるものがあったことを見逃すことはできない。

　攻撃用の武器としては以下のようなものがあった。先の尖った重い棒、青銅または鉄の槍、軽い棒あるいは投げ槍、長い剣（これは青銅器時代後期からアルカイック時代にも用いられていたと思われる）、短い剣あるいは両刃の短剣、前6世紀以降の反ったサーベル、短刀、両刃の斧（非常に古い時代には、前述のようにおそらく首長の武器だった）。防禦用の武器は、青銅の冑、盾、鎧、すね当てである。初期の冑は頂点が尖っていたり、ボタンがついたり、半球形のもの、それに飾りがついたりしたものなどがあった。かなり長い間コリント式のギリシアの冑が流布していた。エトルリアの青銅の冑の典型は時に上部を羽毛で飾った「モリオン」（へりが反りかえり、前立てがついた冑）の一種であり、副葬品として多くの例が出土している（オリンピアのヘレニズム期の聖域の奉納品の一つで、シラクーサの暴君ゲロンが前474年、クマエ沖でエトルリア軍を撃破した海戦の戦利品としてゼウスに捧げた碑文のあるものが代表的である）。近代の用語で「ネガウ Negau の冑」（ネガウはスロヴェニアの地名）というタイプは、いろいろなヴァリエーションがあるが、北イタリアやアドリア海地方、アルプス地方、スロヴェニアで発見されている。鎧は当初は布製で、金属の薄板の円形または角形の鋲がついていた。しかし後には青銅で全体が造ら

れ、いくつかの部品を組み合わせたものや一体として男性の胴部の筋肉を打ち出しで象ったものが現れた。青銅の丸い盾はアルカイック期から末期に至るまで使用されている。しかしいくつかの美術作品には、おそらく木か革でできた楕円形あるいは角形に近い形の盾も表されている。ある指摘によれば、攻撃・防禦用の棒には原始時代に用いられていた棍棒の記憶が見られるという。そうした棒はアルカイック期の遺物に現れるが、先端が鉤状に曲がった杖（lituo）はやがてもっぱら聖職者の持ち物となり、ローマ世界にも受け継がれてゆくことになる。

　男女ともに衣服や髪型については、アクセサリーや腐蝕しない他のわずかな物品を除いて、現存する直接的資料に欠けるために、幸いにして数多く、細部にわたる造形美術の遺品を手がかりとするほかはない。もちろん気候風土が地方的伝統以上に服飾には影響するわけだが、ギリシア世界に普及していた原型もまたこの分野では決定的な作用を及ぼした。男性の半裸姿というもっぱら地中海的な風習はアルカイック期のエトルリアでも行われていた。ヴィラノーヴァ文化の小さな造形美術に男女の完全な裸体の姿が数多く出てくるのだが、どこまで現実の日常生活を反映したものかは知ることができない（美術で見る限り、全裸はギリシアにおけるよりもはるかに少ない）。ともかく、前6-5世紀という最も文明が進歩した時代でも、男性は特に家庭内では、時には足には立派な靴を履き、頭には先の尖った帽子を被りながらも上半身は裸でいた。この伝統的風習は、ヘレニズム期の棺や骨壺の蓋の上の彫刻に表された饗宴に加わる被葬者の"英雄的"服装を反映している。完全な裸体の姿は従者やスポーツ選手の場合だが、それとて常時というわけではない。腰を覆っていた縁付きのTバックスタイルの下着とともに、胸も覆う短い上着も着用され、これは前6世紀末期の流行となった。ついでギリシア人のキトンを模倣したトゥニカがこれに代わるようになる。

　しかし男性の服装のもうひとつの典型的要素は、より厚手の着色された生地でできたマントであり、すでにアルカイック期から普及していた。地中海的な半裸姿の伝統が徐々に弱まり、衣料の必要性が増すにつれて、マントはますます重要となり、サイズは大きく、彩色あるいは刺繍によって豪華に飾られるようになり、エトルリア人の国民的衣裳であるテベンナ *tebenna* となった。ロー

マのトーガはこれに直接由来するのである。女性と老人はアルカイック期以来、以後ほとんど変わることなく、プリーツのある軽い生地でできて縁取りをした足元までの長いシャツの形をしたトゥニカを着てその上により厚手の生地のマントを纏った。注目すべきは、前7世紀末から5世紀初頭までの時期に、おそらく刺繍で作られたと思われる網模様の生地が用いられたことで、美術に表されたトゥニカ（ローマ市立博物館のカエレの小像、キュージの骨壺）や、マント（チェルトーザのシトゥーラ）にその例が見られる。

　最も古い時代からエトルリア人は靴に対して特別の関心をもち、入念な仕事をしていたことがわかる。ビゼンツィオのアルカイック期の墳墓から青銅で補強した木製のサンダルが発見されている。履物は動物の革または刺繍した布で造られた。前6世紀に流行した典型的なデザインは、後の部分をふくらはぎまで上げ、尖った先端部を反り上げたもの、つまりギリシア＝東方起源のいわゆる「カルケイ・レパンディ」calcei repandi であり、その特徴はいまでも中部イタリアの山人の履く「チョーチェ」ciocie に受け継がれている。時代が下がると、サンダルと並んで背の高いブーツも使用される。そしてこれらさまざまのデザインはほとんどそのままローマ人の服装に継承される。

　頭部には前6世紀には男女ともに刺繍付き布製の山型の帽子のほか、いくつかヴァリエーションがあるが東方イオニア起源の「トゥトゥルス」tutulus という帽子を被り、これはエトルリア人の服装の一つの特徴となった。その他の帽子としては以下のようなものもある。なんらかの特別の人物（たとえば前述の〈鳥占い師の墓〉の男）、聖職者、神々などの頂上部の尖ったハンティングまたは頭巾。内臓占い師が被ったウールまたは皮製のもので幅が広く頂上が丸い帽子で種々の美術品に表されているもの。そしてギリシア式のつばの広い帽子があり、これは特に北エトルリアで普及していたと考えられる（ムルロのポッジョ・チヴィターテの建築テラコッタの人物や、キュージの〈猿の墓〉の笛を吹く男）。しかし普通は男女とも何も被らなかったのであり、前5世紀以降この習慣が主流となった。

　はじめ男性は髭を生やし、肩までかかる長髪だったが、前6世紀末以降青年はギリシア風に髭を剃り髪を短くした。髭は前3世紀から完全に姿を消し、四百年後のハドリアヌス帝の時代までイタリアで流行することはない。女性は古

い時代（前8-6世紀）には長く垂れ下がる髪型で、結び目を付けたり肩の後で編んだりしたが、やがて巻き毛にして肩の上に垂らしたままにするようになり、最後に（前6-5世紀）頭上で冠状に編んだりヘアネットなどでまとめたりした。タルクイニアの〈豹の墓〉の壁画に描かれたように、髪を染めることも大いに流行したと見られる。前4世紀には両側の髪をカールして垂らすスタイルが主流となる。その後ヘレニズム期にはギリシア風に結び目をつけた前髪がより好まれた。

　エトルリアの服装で非常に重要なのは宝飾品（ジュエリー）であった。青銅器時代の末期には広く地中海全域に安全ピン、留め金が使用され、鉄器時代の墳墓の出土品としては最も特徴的なものである。男性用のものは女性用のものよりアーチ型の曲線が曲がりくねっている違いがあった。留め金は普通は青銅製だったが、貴金属で造られてガラスか琥珀の粉末を練ったもので装飾したものもあった。チェルヴェーテリの〈レゴリーニ・ガラッシの墓〉の金製の丸い留め金のような東方化時代の作品は、非常にサイズが大きく、豪華に飾られている。留め金の使用は前6世紀には下火となり、5世紀には完全に消滅する。そして内臓占い師のような伝統的な衣裳にのみ継承される。その他のジュエリーとしては、ディアデーマ（帯状髪飾り）、イヤリング、首飾り、ブレスレット、指輪があった。東方化時代におけるこうした宝飾品は贅沢だがあまり洗練されないものだった。ヘレニズム期についても同じことがいえる。エトルリア人の特に女性がつつましやかにも優雅にジュエリーを用いたのは前6-5世紀に限られるだろう。その時代にはペンダント風の形式やどんぐり型飾り玉を使ったネックレス、繊細な粒細工を施したイヤリングなど、見事な作例を見ることができる。

原注
＊29　チェルヴェーテリ出土の壺（ルーヴル美物館蔵）の一つに描かれた海戦の場に表されている。

訳注
＊＊111　オスティアなど、ローマ時代の遺跡で確認された4～5階建てのアパート式住宅。

**112　前 2-1 世紀頃エトルリアで製作されたと思われる大理石製の玉座風の椅子。ローマのサン・ジョヴァンニ・イン・ラテラーノ聖堂の地中から発見され、その後コルシーニ家の所蔵となり、現在パラッツォ・コルシーニの国立古代美術博物館に展示されている。

**113　トスカーナ州のリヴォルノからグロッセートに至るティレニア海沿岸地域を指す。

第3章
言語の問題

X　問題の設定

　エトルリア語の問題を検討するにあたって、あらかじめこの問題が一般大衆に及ぼし続け、いわゆる「エトルリアの謎」というきわめて通俗的でセンセーショナルな状況を生み出すに至った異常な魅力をもっていることを確認しておく必要がある。今日でも通常の知的水準の人々の90％はエトルリア語の文章は全く未知であると固く信じ、解読に期待をかけている（残念ながらしばしば一般の新聞・雑誌や学校教科書にさえそのように書かれている）。こうした事情から、ゼロから出発していかにもありそうな奇跡的な発見を試みる者が現れても容認する考えが生まれ、そうした新説が、一時的なジャーナリスティックな反響はさておき、読解しがたいスフィンクスの謎と繰り返しいわれてきた問題に対するさらなる情緒的好奇心を人々に煽るのである。

　歴史学・言語学の他の分野において、世間でまかり通る考えと科学的真実との間にこれほど明白で根深く、執拗な離反を見出すことはむずかしいだろう。後述するように、全く異なる種類の無理解なのである。この驚くべき事実の原因は何かということと、エトルリア人についての空想的・ディレッタント的逸脱という最も一般的な現象とこの事実がどのような関係にあるのかということは、本書の冒頭で述べた。しかし同時に、歴史家、文献学者、考古学者といった研究者たちも、エトルリア語研究の現状と暫定的・決定的結果について、かなり漠然とした認識しかもっていないことが多い。こういう状況であるからまず第一に、問題の基本点の明確な設定から始めて十分な広い視野をもってこのテーマの検討を進める必要があるだろう。

　なによりもまずいうべきことは、「解読」という語を、語源的意味においても、通例の意味においても、未知の文字を読むということと捉えるのは大間違いだということである。エトルリア語はギリシア語起源でラテン語に近い完全に読

み取れるアルファベットで表されている。つまり、正真正銘の解読の問題がかつて存在し、場合によってはまだ存在している多くの東方の言語（エジプト語、楔形文字、象形文字、エーゲ地方の線文字、キプロス文字など）のケースとは全く異なる。文字の書き方のむずかしさは別にして、言語についての知識が問題なのである。

しかしこのことについて、エトルリア語が絶妙な手口で発見されるなんらかの一つのきっかけとプロセスによって解明される可能性があり、その秘密の扉を突然全開させる（まさにいわゆる「鍵」の概念）かもしれないという誤った考えは一掃されるべきである。そういうことは過去において他の言語との比較から推測して全体的な解決を見出そうとして何度も失敗した幻想なのである。反対に、これまでに得られたエトルリア語の知識は、最近の二百年間に進歩と停滞を繰り返しながら進められ、現在全力で展開している忍耐強い研究を通し、さまざまな可能性と確実性が漸進的に探究された結果なのである。これまでに獲得された成果は、いまやこの問題の専門家たちが基本的に同意する巨大な知識の財産を構成している。しかし一方で、依然不確実で暗黒の広く深い部分があり、それが多くの点からポジティヴな事実に制限を設けるネガティヴな現実なのである。

文献学や言語学（特に古典世界の）に親しい人にとっては当然ながら、限定的でありながら改良可能で流動的な特殊な知識の状況に納得するのはむずかしいだろう。その原因を探ってみよう。エトルリア語が「不可解」であることは三つの基本的な要因に帰せられている。1）オリジナルの文学（文書）の欠落。かつて存在していたが、ローマ時代に言語そのものが使用されなくなり、知識も失われた。そして残存するエトルリア語で書かれた資料の貧困さ。それらはほとんど宗教的内容か墓碑銘に限られる。2）単語・文章の翻訳のための直接手段、すなわち語彙集や二言語併記の資料が少ないこと。3）かなり以前から確認されたように、既知の言語群に位置づけ、外的比較によって説明することができないというこの言語の本質そのもの。

いうまでもなく始めの二点は出発点としてきわめて重大なマイナス条件であり、古典語（ギリシア語、ラテン語）や古代オリエントの大型民族の言語となんらかの比較をすることを不可能にするものである。文学的文書なしでは、社

会的、家族的、感情的、知的生活に関連する言語の様態、直接話法や熟語的表現などはわれわれの知識から永遠に脱落するだろう。あたかも今日知らない外国語を街で見られる看板や墓地の碑銘や古い宗教文書の断片からだけで学ぼうとするようなものであろう。とはいえ、残存する文章の解釈との関係で有用な資料が活用できる可能性はないわけではない。この点に関して明らかにいえることは、現在われわれはエトルリア語の碑文のほとんど大部分の意味を理解することができる状態にあるということである。なぜかといえばそれらは短い文章が圧倒的に多く、そこに含まれるのは形式的な文言であり、人物名と神の名が頻繁に現れるからであり、一方長くて複雑な文章もまた少なくとも大意だけは把握することが可能である。

とにかく言語の性質に関する困難、つまり文法の不確かさ、語彙の相当部分の不明といった問題が未解決である。しかし一つの言語を「知る」可能性は、文章の量や質、わかり易さ、解釈のための補助手段の有無などに依存するのではない。古代イタリアにおけるウンブリ語、オスク語を例にとれば、それらの残存資料はエトルリア語よりも多いことはなく、語彙集や二言語併記などの補助手段を見つけることはむずかしく、あるいはウェネティ語についてはほとんど記録がないといっていい。ところがいずれもインドヨーロッパ語族に属し、語源学的な比較が容易であり、それによって説明し得るのであり、エトルリア語の研究が遭遇する諸問題とは無関係なのである。

もう一つのある意味で逆説的な例としてピルジの「バイリンガル」についていえば、これは解決の鍵として大いに期待され、確かにフェニキア語の文章を基にしてエトルリア語のテキストを解釈するための貴重な要素を提供したのだが、多くの単語の意味はもとより、語句の構造、統語論的関係、形態の価値といった言語学的問題そのものを解明するのに役立たず、ある意味では一層複雑・不可解なものにしてしまったのである。そこで結論としては、エトルリア語の構造を説明するのに値する「モデル」が存在しないこと、すなわちなんらかの既知の言語群・系統からエトルリア語が孤絶していることのゆえに、その構造の内部に侵入するための効果的能力を欠いているのである。このような隔絶の状態についてはすでに古代から注目されており（「……言語に関しては他のいかなる民族とも似ていない」ハリカルナッソスのディオニシウス、I-30）、

おそらく多かれ少なかれエトルリア語と類縁関係にあった他の言語の消滅にも由来するだろう。ともかく現在のわれわれにとってこれは現実の決定的にネガティヴな条件を形成しているのである。

ここでエトルリア語とその資料に関連する研究のすべての領域において、相互に連関しながら目的・進め方・これまでの成果の点で異なる二つのパースペクティヴが共存することを認識する必要があるだろう。1）文章の内容、すなわちその固有の意味と歴史的情報源としての価値を重点とする解釈。2）正真正銘の言語学的研究であり、言語の形式的特徴の特定と、語彙の財産としての決定、言語の起源と歴史の知識を志向するもの。この二つの方向性はこれまでのところ重なり合って混乱しており、特に「エトルリア語解釈法」という概念と、多くの研究者が相次いで提案した方法（「語源学的」「配合的」「併用言語対照法［バイリンガル］」）の議論が不安定であいまいな状況を生み出した。[**114]われわれの取得した知識の現状は、繰り返すが、言語学的考察よりも文章の理解の方が進んでいるのだが、そうした現状および将来への期待を批評的に判断すると、一方ではエトルリア語問題の解釈の局面と、他方では言語学的局面とをできる限り区別するようになった。以下の二節のおのおのがその二つの側面を扱うことになる。

先行研究の概略

エトルリア語研究の現状と将来への予測を明確に描くためには、少なくとも科学的な志向をもっていた初期の研究の歩みを見ないわけにはいかない。

19世紀の最後の四半世紀まで、エトルリア語の解釈法は基本的に他の言語との語源学的性質の比較に基盤を置いていたことはよく知られている。この方法の理念は、ルネサンス時代まで遡るとはいわないまでも、アンニオ・ダ・ヴィテルボやピエール・フランチェスコ・ジャンブッラーリ Pier Francesco Gianbullari など、18世紀のエトルリア研究者によるものである。やがてヘブライ語研究（当初すべての言語がヘブライ語から派生したと信じられていた）に代わって、全般的な言語学の知識の発達に加え、エトルリア＝イタリキ語（ランツィ、ファブレッティ、コルセン、ラッテス）の近縁性説や、ギリシア語、ア

ルメニア語（ブッゲ）、さらにはインドヨーロッパ語族外のバスク語、コーカサス語（トムセン V. Thomsen）、フィン・ウゴル語［フィンランド・ハンガリー語など］（マルタ）、そしてドラヴィダ語［タミル語などインド南部の言語］（コノフ S. Konow）！とエトルリア語との類似性を論ずるさまざまな仮説が提起されることになった。文章の碑銘学的、音声学的、形態論的、語彙的特徴の本質的な研究もおろそかにされていなかった。これは将来の「配合的」方法の胚芽であった。しかし研究の軸となった理念は、エトルリア語が属していると考えられていた言語グループの固有語を手がかりに、外側から意味論的・文法的な価値を推測することであった。すなわちまさに「語源学的」方法である。

　言語学的比較というこうした個別の試行の結果は、内容そのものによって認められるものと廃棄されるべきものがあり、結局失敗に終わるし、一方で科学的な判断基準が進歩したこともあって、避けがたい反動を生むことになった。そのような動きは、ランツィ、ヴェルミオーリ、ミリアリーニ、コネスタービレ G. C. Conestabile、ファブレッティといった主としてイタリア人の考古学者や碑銘学者の慎重で時には晦渋な作業で準備された。かれらの関心は伝存する遺物の選別と直接的研究に向けられたのである。その実績を示す記念碑的著作がファブレッティの『古代イタリア碑文全集』（*C. I. I.*）であり、これを補足するのがガムッリーニ（1867-1880）の『付録』（3巻）と『補遺』である。さらに重要なことは、すでに18世紀末から19世紀にかけて、特に墓碑銘に頻繁に現れる固有名詞との関連において、エトルリア語解読のためのいくつかの基本的な個別の知識が確定されていたことである。たとえば前接語 -*c*（ラテン語の -*que* に相当）の結合の規則、語尾変化 -*s*, -*sa*, -*al* の属格または形容詞としての機能、-*i* における女性形、代名詞 *mi* のほか、*ril*（……の歳で）、*clan*（息子）、*turce*（［三人称単数の主語］が与えた）などのいくつかの単語の意味である。これらの成果は他の言語との比較とは関係なく、もっぱら碑文の定型的表現のラテン語・ギリシア語の碑文との比較研究と、エトルリア語の文章内部での限定的な分析に基礎を置いたものであったことを強調する必要があろう。

　しかし語源学的方法の限界に対する正しい意識が生まれたのは、著名なラテン語学者コルセンの『エトルリア語について』（1874）が発表されてからである。かれはその中で厳密な方法による前提のもとで、テキストの形態論的確定と解

釈を試み、エトルリア語がインドヨーロッパ語族、とりわけイタリキ語に属することを確言した。しかしデーケの『コルセンとエトルリア語、一つの批判』（1875）のわずか39ページの反論は、コルセンの膨大な構築を紙屑と化してしまうのに十分であった。

　この有意義な批判によって、新しい科学的な方向性が確定するはずであった。デーケのほか、パウリ、ヘルビヒ、トルプといった研究者たちは、他言語との比較的方法を完全に棄て、エトルリア語の文章自体の相互関係の研究に的を絞った。内的な帰納的方法、あるいは「配合的」方法が生まれたのである。〈カプアの瓦〉〈ザグレブのミイラ〉の布の書き文字——これまでに伝存する最も長いエトルリア語文書——などの基本的資料の新発見や、パウリによって1893年に着手された『エトルリア碑文全集』（C. I. E.）の解析のようなより最近の研究、さらにラッテスの貴重な語彙集などが、新しい方法論に基づく研究にただちに刺激を与え、特にトルプの『エトルリアの貢献』（1902-03）と『エトルリア・ノート』（1905）によって、文法的知識、および特に短文の解釈の分野に著しい進歩をもたらした。前述の研究者たちの活動を受けて、ダニエルソン O. A. Danielsson、コルツェン S. P. Cortsen、ゴールドマン E. Goldmann、ライファー F. Leifer、エヴァ・フィーゼル Eva Fiesel、ヴェッター E. Vetter といった人たちが輩出している。かれらは20世紀の最初の数十年間に碑文の分析、エトルリア語の文法や語彙の問題などの研究に専念した。

　語源学的方法に対する反論は、当初は特に、19世紀にはかなり流布していたエトルリア語とインドヨーロッパ語との類縁関係の確信を拒否することに重点が置かれていた。しかしいくつかの点でこれらの言語との明らかな類似が確認される一方で、インドヨーロッパ語の語彙や形式の総体との根深い相違が認められ（具体的には一連の数の呼び名が比較不可能）、これは長期にわたる激しい論争を引き起こすことになった。厳密な意味での言語系統学からすれば明らかに矛盾するこの二つの事実は、執拗に対立する立場と同時に、研究者が態度をあいまいにしたり保留したりする状況を生み出すことになった（配合的方法を樹立した研究者の中にもエトルリア語がインドヨーロッパ語族に属するという説を容認する者もあった）。事実、もっと別の視点からの論議が必要だったのである。アスコリ G. I. Ascoli は地中海とヨーロッパでインドヨーロッパ語が

普及する前のこの地域の話し言葉の問題を提起したが、こうした言語的地層の研究の進歩とともに、別の視点が見えてきたのである。

　こうした新しい研究の方向性については、イタリキ世界の先史・原史時代について述べた際に触れておいたが、より一般的にはインドヨーロッパ語の起源と他の言語群との関係に関する知見の進展が、エトルリア語の枠組みについてのより深化した仮説を形成するのに貢献した。それは以下の三つの考え方であるが、これらは部分的な差異があるに過ぎない。1）「エーゲ=アジア語」あるいは「ティレニア語」と定義される地中海のプレ・インドヨーロッパ語的地層であり、インドヨーロッパ語とさほど遠くない地層に属する（トロンベッティ、リベッツォ）。2）プロト・インドヨーロッパ語、すなわちインドヨーロッパ語族の諸言語と並行しながらそれらと区別して「ラエーティ=ティレニア語」と特定される線上にあるが、いまだすべての要素において独自性を形作るに至らないアルカイック・インドヨーロッパ語に由来する（クレッチュマー）。3）「ペリ（周縁）インドヨーロッパ語」という概念で、プレ・インドヨーロッパ語の地層がインドヨーロッパ語諸言語の拡散によって接触した部分が漸次変化したと考える（デヴォート）。これらの説が現在いかなる価値をもつか以下に検討しよう。

　通時的方向に向けられた比較的関心、すなわち起源の問題を前提とした場合、トロンベッティの惜しまれた他界の直前に刊行された『エトルリア語』（フィレンツェ、1928）に発表された語源学的方法を再考しようとする試みは理解される。それは新しい基盤に立ち、部分的な比較（すなわちインドヨーロッパ語と非インドヨーロッパ語）という一層限定された範囲内で考察しようとするものである。これはこの研究者の時には混乱も見られるとはいえ、広範で鋭敏な言語学の経験に支えられた批評的態度によって、エトルリア語の文章の解釈と言語の分析に総合的に立ち向かおうとした作業であり、特に形態論的検討という点で疑いもなく評価できる結果を出しているが、同時に全体としてトルプの「配合的」仮説にヒントを得た提示がなされている。ただこの業績はある意味で孤立し、さまざまな次元での比較を取り入れたかれの方法設定は、正しく理解されない場合、ディレッタント的逸脱に利するような危険な一面をもっていた。

　その間、解釈法に関して、全く新しい別の視界が開かれようとしていた。こ

れまで語源学的であれ、配合的であれ、先行研究の全体において、文章の解釈は主として言語学的基準に委ねられていた。つまり歴史的文化的な具体的現実の表現として文章の内容を考察する意識が低かったのである。部分的にはエトルリア人と古代世界の他の民族に共通するこの現実を再構成し、最終的にエトルリア語の文章の理解に近づくために、考古学的資料、エトルリア語と無縁の碑文資料（ラテン語、イタリキ語、ギリシア語）、古代文学の記述を活用する可能性は、この研究の第一歩から解釈のプロセスに直感的なヒントを与える役割を果たしたし、配合的方法のいわば隠れた基本的要素を構成していたのである。より具体的にいえば、墓碑銘に含まれる死者の公職での称号の研究の進歩に役立つことがあった。しかしこうした方向の方法論的価値の十分な認識は徐々に成熟したのであり、特にエトルリア語の意味を、他の既知の言語（ラテン語、ウンブリ語、ギリシア語）の典礼、奉献、葬祭に関わる文章から類似の内容と推測されるものを選び、あたかも二言語併用の文書のように、その定式文から推論するという具体的な利用法がとられるに至った。こうしてまさに「二言語対照法」という新しい方法が設定されたのだが、それは当初、オルツシャと本書の筆者が提唱し、実行したものである。

新しい方向性とその展開

当初からエトルリア語研究の基本的条件とされていた識別力は、有効な資料の想定以上の量的・質的増加と、組織的な研究・収集の強化のみならず、その結果としての研究の方向性、批評的基準、目標の新しい展開によって最近数十年間で急速な進歩を遂げた。

現在、エトルリア語の碑文が全く過去に例のないほどの頻度で発見されているといってよい。これはエトルリア領内における考古学的調査の幅が広がったこと、墓地だけでなく都市部や聖所などの発掘に考古学者の関心が増したこと、たとえ極小の断片でも碑文を収集し観察することができるような発掘・修復の方法が洗練されたこと、そして明らかに幸運に恵まれたことのおかげである。われわれはとりわけ、アルカイック期の陶器に書かれたもののみならず、タルクイニアやカエレの墳墓の碑文（たとえばカエレの〈クラウディイ家の墓〉の

碑文については特別に後に詳述する）のような、単語や成句の理解を広めるために重要な一連の文章を入手するに至った。また、形式においても内容においてもきわめて重要な発見としては、ピルジとサンタ・マリネッラの聖域から出土した金属板の碑文があり、これらは正確ではないかもしれないが、これまで知られていなかった聖所の「アーカイヴ（保存記録）」の残滓ではないかといわれている。同類に属するのがいまや有名なエトルリア語＝フェニキア語のバイリンガル（あるいは準バイリンガル）で書かれた〈ピルジの金板〉であり、その発見は古代イタリア史、セム語の碑文学・言語学、そして当然エトルリア語の研究に与えた影響という点で、まさにセンセーショナルな科学的事件であった。

　もう一つの現在の局面は、これまで収集したすべての資料とデータ（固有名詞、語彙、文法に関するもの）をあらゆる次段階の研究に批評的な観点をもって活用することができるように、それらの分類、分析、出版の準備作業——いいかえれば近代的基準で大規模にそれらを整理する作業——に取り組んでいることである。過去において、19世紀末から20世紀初めにかけて、こうした要請は研究者の間では当然のことと思われていて、「名言集」、カタログ、組織的研究に時間と労力を費やすことを決して怠りはしなかった。しかし時の経過と碑文資料の膨大な増加によって、こうした仕事は不十分なものになってしまった。そしてしばしば不確かだったり完全に誤ったデータに基づいた仮説を生み出すようなこの種の作業は、その後数十年の間に少なくなっていった。こうしてより不可欠な「装置」を仕上げるための新たな努力がなされることになる。

　碑文テキストの収集と整理の新しい出発は以下の通りである。『エトルリア語の証言』（*Testimonia linguae Etruscae*；*T. L. E.* 1954, 1968）。C. I. E. の作業再開（1970）。『エトルリア語宝典Ⅰ：語彙索引』（*Thesaurus linguae Etruscae* Ⅰ, *Indice lessicale*, 1978）[**115]。ほかにエトルリア人の「添え名」（リックス、1963）や、エトルリア語におけるギリシア語からの借用語（ド・シモーヌ、1968-70）といった個別の問題を深めた作品もある。近代学術活動の一環としてのこの種の研究課題に対応するためには、国際的な環境における専門的研究者の間の協力と、権威ある研究機関の後援のもとに共通の作業プログラムを設定することの必要性が痛感された。こうした協力とプロモーションは近年主として「エト

ルリア・イタリキ研究所」(Istituto di Studi Etruschi ed Italici) が中心となって進められている。

研究の方法論においても新しい地平が開かれた。語源学的方法、配合的方法、そして最後に二言語対照法というエトルリア語解釈学の伝統的方法の相互間の判然とした区別について、最近特にリックスやフィフィッグによって議論された。それらを同時的に収斂した使用、あるいは配合的方法をより「グローバル」に解釈して、統合的な一つの手続きとして融合させる可能性が検討されたのである。しかしそれとともに、単語とフレーズの形態と機能の研究（すなわちエトルリア語の言語構造）に基づき、同時に古い語源学的方法による他の諸言語との比較も時には考慮に入れた「構造的」方向性と、文脈の構造と組み合わせの分析を通じてその文脈の意味を探り、時には二言語対照法によって異質の要素を判別する「文脈的」方向性を明確に区別しようとする試みもなされた。いまわれわれは新たな説明を必要とするきわめて重要な理念的修整の起点に立っているのである。

事実、研究の具体的な実践の過程において、エトルリア語の表現的・形式的構造の個別の様態をできるだけ探索して定義づけようとし、文章の解釈から離れても近代言語学の諸方法によってその構造を総合的に説明しようとする研究の大綱が示されようとしている。このために人名や神の名、ギリシア神話の登場人物など、人名学的な確実な土台に立った研究が行われたのもそのことを表している。この活動は言語学者たち（スロッティ、デヴォート、リックス、ド・シモーヌほか）の非常に専門的な分野で展開された。一方では、碑文資料に含まれる物質的情報や歴史的・文化財的関連に対する特定の関心が強まることにより、解釈学的努力が深められた。そこに関わったのは純然たる言語学者と並んで、文献学者、碑文学者、考古学者、歴史学者たちであった（オルツシャ、フィフィッグ、ウルゴン、ランブレヒツ R. Lammbrechts、コロンナ G. Colonna、クリストーファニ、それに筆者）。こうして実際に、研究者たちの意識の明確な固定が提案され、始動していった。つまり、エトルリア語問題の正確な設定と現在および将来の研究の合理的な発展のために必要な本質的理念としてあらかじめ言及しておいた言語の知識と文章の理解とを区別することである。

もう一つ確認すべきことがある。すなわち、新しい資料の発見、それに由来

する示唆・進路の増大、考古学的分類やテキストの歴史的評価に客観性を与える資料の固定・確定、適正なリスト類から入手できる資料をより確実に容易に利用できる可能性——これらが過去とは異なる視野における研究の進歩を加速させたと思われるのである。いいかえれば、単語と文脈の意味を正確に解釈するための要素がますます増え、相互に一貫性をもつようになり、さまざまな流動的仮説を確定した科学的真実の枠組みに徐々に変えつつあるのである。一例をあげれば、数詞 ci が3にあたることは早くから推測されていたがあくまでも仮説に過ぎなかったものの、現在ではピルジの二言語碑文のフェニキア語との対比によってまちがいないと確認され、その結果、多くの墓碑銘や典礼文が正しく解釈され、エトルリア語全体の知識にも役立つことになった。こうしてわれわれの注目はいやおうなしに、新しい基準により——あえていえば新しい思考態度により、以上のような定点に集中するようになった。それによって「可能性がある」ことについての延々と続く不毛な議論を乗り越えて、もちろん限界があるものの、できるだけ「確かである」ことを価値づけるようになったのである。

こうした「確かさ」が獲得されたことの出発点は、遺物の特徴を限定することによって示される明白な事実、言語学的形式とは離れ、二言語対照法による推測を援用してそれらがおそらく意味しようとするものを明らかにすることである。すなわちその明白な事実は、文脈の配合的評価によって確定されたものであり、こうしてまさに言語の構造的研究が正当化された。そしてこうした具体的で継続的なプロセスにおいて、解釈の諸方法、それらの違い、それらの選択という以前は先決されたと考えられていた問題が解決するのである。

こうしたプロセスが将来のますます大きな結果に道を開くことはまちがいない。ピルジの二言語併記資料のように、解釈学の発達のために決定的な重要性をもつ新しい資料の出現を期待することが正しいということを見てきた通りである。最近の出土品の堆積の中から活用できるデータの分析が現在進行中である。このことは文章の解釈のみならず、言語の特徴の確定に役立つ。しかしこの最後の点に関しては、すでに述べたようにエトルリア語が他の言語系との本質的な類似性に欠けるために、言語構造の知識、「記述可能性」に対する根本的な障碍が残るのである。そして将来どのような形であれいかなる場所であれ、

エトルリア語に十分に関連し得る新しい言語学的証言が突然発見されない限り、この障碍はいかにしても乗り越えることができない。

　エトルリア語の解釈学と言語学の諸問題の各論については膨大な論文が存在するのに対して、要約的作品は稀である。現在の状況はきわめて流動的であり、これまでに到達した結果の総決算のようななんらかの企画が現れるのは、非常に厳しいであろう。すでに述べたように、前線全体が急速な進歩と理念・判断の根本的見直しを伴って動いているのである。ともかく明らかなことは、インドヨーロッパ語やセム語などのよく知られた言語の解説書に現れるように、組織的な秩序にしたがって文法・語彙の知識を客観的に提示する単純な広報化は、エトルリア語に関しては不適当だということである。そのためには、そうした基礎知識の確認に基づく評価基準を明示し、まだ不確かな膨大な部分が存在し、その大海から新しい知識が徐々に姿を現すということを強調しなければならない。こうした要請を受けて、次節以下で可能な限りにおいてこの問題について検討したい。

訳注

＊＊114　metodo combinatorio まだ定訳がないので本書では「配合法」とする。未知の古代言語で書かれた文書を解読する方法で、コルセンがエトルリア語を他のインドヨーロッパ語の類似の単語と比較して解読しようとした metodo etimologico（語源学的方法）に対する反証として、1875年にヴィルヘルム・デーケが最初に提唱した。この方法は三段階からなり、①碑文の出土環境の考古学的状況を分析するもので、たとえば〈ピルジの金板〉は発見当初は宗教的文書と考えられたが、壁に貼られていたことからなんらかの「告知」であるとみなされることになる。エトルリア語とヒッタイト語、ハンガリー語との類縁もこの段階で斥けられた。②単語を形態素に分割してその構造的特徴を分析し、すでに解釈に成功している単語との対照によって語根と文章の中での役割を発見する。③最後に文章の内容と文脈を分析し、問題の単語が人名、性、物体、行為などの何にあたるかを探り出し、意味を推測する。この方法はエトルリア語以外では、1982年に純正クレタ語の解析に用いられた。

＊＊115　著者パロッティーノを中心とするチームにより、イタリア学術会議（CNR）の後援を得て編纂されたエトルリア語碑文全集。初版発行以後膨大な碑文が新たに発見されたため、2006年にそれらを補充した第二巻が刊行された。

XI　エトルリア語の文書とその解釈

資料：消失した証言の実体と特徴

　すでに述べたように、エトルリア語の知識にとって——より一般的にエトルリア文明についてといってもよい——根本的にネガティヴな要素の一つは、記録資料が少ないことである。とはいえ、これらの資料は決して無視してよいものではない。事実、これらはイタリアおよび中部・西部地中海全域において、ギリシア語、フェニキア=カルタゴ語、ラテン語のほかに話し言葉として使われていた一つの古代言語の書記資料の最大の集積なのである。アルカイック時代にはこれら諸言語の碑文遺物と肩を並べるほどの数があり、しかもまだ発見が続いているのである。こうした新発見が相次ぐさまを見れば、近い将来にも新たな驚きがもたらされるだろうと期待してもよいだろう。エトルリアの地下にはまだ豊かな碑文の財産が隠れていることはほぼまちがいない。大型の都市遺跡を注意深く調査すれば、ひょっとしてエトルリア語とラテン語で併記された公的な、歴史を記念するような、あるいは法令のような性格の碑文が発見されないとも限らない（つまりエトルリアがローマに支配されたり同盟したりした最も時代の下がった時期には大いにあり得ることである）。

　ともかく当然のことながら、文学的文章の不在という埋めがたい溝は残るだろうと思われ、それによってわれわれが他の古典世界の言語と同じ尺度でエトルリア語を知る可能性が閉ざされているのである。理論的にはエトルリア語の文学的資料が将来エジプトやエルコラーノのパピルスの中から発見される可能性はある（かつてエジプトのミイラを包んだ布に書かれたエトルリア語が発見されたという文字通りの奇蹟があったことが思い浮かぶ）。しかしそれはあいにく幻想というべきほどのはかない可能性であろう。

XI　エトルリア語の文書とその解釈　*315*

直接資料

　エトルリア語を知るためにわれわれが現在所有する資料は、直接のものと間接のものとに分けられる。直接資料というのはいくつかの文章である。大部分は *C.I.E.* に収録されているが、その他特別の収集、各種のモノグラフ的定期刊行物に掲載されたものがあり、いくらかの未発表のものもある（特に発掘が進行中で、発見されたばかりのもの）。これらはすべて記念的建築物や出土品に書かれており、碑文の形をとるものである。例外として〈ザグレブのミイラ〉の布の断片があるが、これとて考古学的発掘に由来する。

　最後にあげたものは、ギリシアおよびイタリキ＝ローマ世界に関して遺された唯一の布の上に書かれた宗教的文書であり、エトルリア文明のみならず古典古代文明全般に関して格別の重要性をもつ。もともとは矩形の一枚の布を折り畳んだものであり、エトルリアの他のいくつかの墳墓でもでも見られる。それを帯状に切り、プトレマイオス朝かローマ時代のエジプトの女性のミイラを巻くのに使われた。おそらく中部エジプトで発見されたと思われるが、出土地は不確かである。このように利用されたのは明らかに二次的な使われ方であって、そのためオリジナルの文章の重要な断片が失われてしまった。一体どのような状況からエジプトにエトルリア語の宗教文書が存在することになったのかは全く不明である。ミイラはクロアティア人の旅行者によってヨーロッパに運ばれ、ザグレブの国立博物館に寄贈され、そこでクラール J. Krall が布に書かれた文字がエトルリア語であることを判定した。これらの帯状の布を繋ぎ合わせると、少なくとも 12 列の縦の区切りいっぱいに書かれた文章が復元され、現在までに約 1200 語を読み取ることができた。さらに文脈から考えて他のおよそ 100 の単語が数えられる。用語の頻度から割り出して、確実に他と区別し得る単語の数は 500 あまりに絞られた。いずれにせよ、ザグレブ文書はいまのところわれわれの手中にあるあらゆるエトルリア語の資料の中で最長で最重要の文書である。

　エトルリア語の碑文は、ティレニア海沿岸、カンパーニア、エトルリア・パダーナ、そして数は少ないがラティウム、ウンブリ人領域、イタリア半島外（アフリカ、南フランス）で発見されているが、それらは建築の外面、墓室の壁面、石柱、棺、骨壺、瓦、彫像、家具、金属板、陶器などに彫られたり絵具で書か

れたりしている。その数は一万点以上にのぼるが、完全な形で残るものはきわめて少ない。これらのうちのいくつかは物品の本質とは無縁の独自の文書の性格をもっており、つまり物体は字を記すための表面の役割を果たしているわけである（エトルリアの美術にしばしばこれらは描かれているが、実際には織物や革製品、蝋板や木製の二つ折り書き板などのように腐敗する物質なのでイタリアの気候が原因で失われてしまった。ただしエジプトの乾いた気候のおかげでザグレブの布は救われた）。

　最も長文のものはカプア出土（ベルリン博物館蔵）の瓦の形をした一枚のテラコッタの板に書かれており、10 の区画に分かれた 62 行からなり、約 300 語を判読することができる。その第二部にあたる部分は破損が激しく、いわゆる犂耕(りこう)体の方式で各行が交互に向きを変える書式となっている。また、長い帯状の鉛板の両面に書かれた文書が、あいにく断片ではあるがサンタ・マリネッラの小さな聖域から最近発見された（C. I. E. 6310）。少なくとも 80 語が判読され、うち 40 が完全な形で読み取れる。細密画のような文字で彫り込まれている。マリアーノ出土のやはり鉛製の円板（フィレンツェ国立考古学博物館蔵）（C. I. E. 5237）は、両面の周縁から中心に向かって渦巻形に文字が彫られた特徴的なもので、少なくとも 70 語が数えられる（一つの文字群が 1 語なのか 2 語からなるのか判定しがたい場合もある）。すでに何度か触れたピルジ出土の金板（複数）（C. I. E. 6314-6316）は、アイテムとしても言語学的・歴史的な重要性という点でもきわめてユニークなものだが、これはエトルリア語・フェニキア語のバイリンガルで書かれ、最長の文章はエトルリア語は 15 行、36 または 37 語でフェニキア語に対応し、最短のものは 9 行、15 語からなっている。その他、「呪いの板」（tabellae defixionis；すなわち呪いを願う者が冥界の神に捧げた奉納文。特にモンテ・ピッティ Monte Pitti 出土のもの [C. I. E. 5211] とヴォルテッラ出土のもの [C. I. E. 52]）や、内容の定かでないものがいくつかある。

　典型的な碑文として傑出しているのはペルージャ国立博物館の石碑（おそらく境界標識）（C. I. E. 4538）であり、二面にわたって 46 行、130 語の長文が彫られている。さらに葬祭文としては、〈ラリス・プレナス Laris Pulenas の棺〉（タルクイニア博物館。C. I. E. 5430）の蓋の上に彫られた被葬者が広げた巻物に 9 行、59 語で書かれたものがある。さらにタルクイニア墓室の壁に描かれた、よ

り破損が進んではいるもののやはり長文の碑文もある。このほかある程度の相違点をもつ数行の碑文が記された種々の墳墓、石棺、石碑が存在するが、多くは少ない単語で定例の文章を組み合わせたものである。さらにいくつかのエトルリア語=ラテン語のバイリンガルの短い碑文もある。アルカイック期には移動可能な物品に独自の方式で寄進者の名が記された奉納文が見られ、少し時代が下がると神々の名もしばしば登場するが、いくつかの例外を除いてはやはり短文でステレオタイプである。最後に、墓室壁画、装飾土器、鏡などに描かれた無数の神話の解説的描写や、貨幣、鉛の弾丸、その他の小物体、工房の商標などに固有名詞が記されたものがあることを忘れずにおきたい。加えて、ユニークなのはトゥスカーニア出土といわれる有名な象牙製のサイコロ(複数)(パリ国立図書館蔵)であり、6面のおのおのに短い単語(明らかに数詞)が記されている。

間接資料

エトルリア語の知識のための間接資料は以下の通りである。1)クラシックおよびポスト・クラシック期の文人の作品が提供する語彙集やその他の情報。2)ラテン語に継承されたエトルリア語の要素とエトルリア語=イタリキ語の共通の要素。3)地名に残留したエトルリア語の要素。4)エトルリア語の原文のラテン語訳と推測される断片。

語彙集というのはエトルリア語のラテン語、あるいはギリシア語への翻訳に使われ、古典作家の文章に時に引用されていたり、正真正銘の辞書に組み入れられたりしていた。約60種が存在したが、エトルリア語を解釈するためのツールとしての価値は、エトルリア語=ラテン語のバイリンガル資料の場合と同様、かなり限定的である。種々の形の語彙集として、ワロ(『ラテン語論』)、ウェリウス・フラックス Verrius Flaccus(ローマの文法学者、前55-後20)(『言葉の意味について』)(フェストゥスおよびパウルス・ディアコヌスの要約)、イシドールス Isidorus(中世初期のセビリャの神学者:『語源』)、ヘシキウス Hesychius(『語彙集』)などが残されている。

その他、リウィウス、ストラボン、プルタルクス、カシウス・ディオ Cassius Dio(ディオンともいう。ギリシア語による『ローマ史』の著者。155-235)、マ

クロビウス Macrobius（5世紀のローマの文法学者・哲学者）、セルウィウス、ヨハネス・リドゥス Iohannes Lydus（ビザンティンの文人。『予兆について』など。490-557）などの作品の中でエトルリア語の単語が引用されていることがある。当初の形は時にはそのまま残され、ある時にはギリシア語またはラテン語の語尾変化がなされている。語彙の信頼性はエトルリア語の文章そのものの中で証明されるかまたは形態からほぼまちがいないとみなされることもある。時にある言葉の本来的にエトルリア的な語義がその単語のラテン語の性格と矛盾することがあるように思われる。特殊なカテゴリーに属するものとして、薬草名（ディオスコリデス『薬物誌』。ただしここでもいくつかはラテン語由来）や月名（『ライデンの語彙集』 *Liber Glossarum*）がある。エトルリア語の音声学的および文法的要素の考察は、あまり価値がないとはいえ、ワロ、マルティアヌス・カペッラなどまで遡る。

ラテン語の語彙に流入したエトルリア語の要素については、以下のような語尾によって区別される。-*na*（atena、persona：［エ］φersu）、-*rna*（*santerna*）、-*mna*（*antemna*）、-*sa*（favisa：［エ］*faviti*）、-*nt*、-*nd*（flexuntes、mundus：［エ］*munθ*）、-*on*（subulo：［エ］*suplu*、fullo：［エ］*fulum-*）、-*it*（veles, poples）など。いくつかの単語の由来に関しては古典作家たちによって明らかに証明されている（mantisa, histrio, lucumo, atrium など）し、その他についても類似的形成、すなわちラテン語の単語におけるエトルリア語由来の語尾の模倣が考えられる。同様に、時間的経過の中でのエトルリア語からの借用というより以上に、イタリア半島におけるプレ・インドヨーロッパ語の地層の残滓ということも考慮されるだろう。語源のあいまいなラテン語や、信仰、民生および軍隊の制度、工作技術などに関するエトルリア語化された語尾をもつラテン語の単語が確実にエトルリア語由来かどうかは判断の分かれるところである。

ともかくこの分野において初期ローマにエトルリアが強大な文化的影響を及ぼしたことを念頭に置く必要がある。また、エトルリア語がギリシア語とラテン語の媒介的役割を果たしたかもしれない単語も存在する。たとえばラテン語 groma（平地の測量の器具）。ラテン語の音声体系や文法の形態論にエトルリア語がある程度の影響を与えたことも否定できない。これらのこと全体が、エトルリア語の解釈学のためにも、より新しい一層細心の考察に値するだろう。

XI　エトルリア語の文書とその解釈　*319*

そしてトスカーナ語の発音がエトルリア起源とする仮説が何人かの言語学者に支持されているが、イタリア語の俗語において、あるいはエトルリア語の語彙の直系の生き残りが存在するかもしれないという問題も残されている。

　ピエーリ S. Pieri の実りある収集作業や、個別的な問題に限定されているとはいえ、エビッシャー P. Aebischer、ベルトルディ V. Bertoldi、ボッティリオーニ G. Bottiglioni、バッティスティ G. Battisti らの研究にもかかわらず、中部および北部イタリアのエトルリアの地名に関する問題は依然として体系的なデータと確実な結論を提示するには程遠い。根本的な難問は特に、プレ・インドヨーロッパ語の地名の伝播を時代ごと地域ごとに区別することにある。たとえば中部イタリアにも普及している「地中海的」あるいは「古ヨーロッパ的」地名の形態（carra-, pala-, gav- などの成分に基づく地名）と、歴史時代のエトルリア語に直接に由来する地名や、たとえばいくつかの都市の名のようにラテン語を経由するもの（[エ] *Velsna*-[ラ] Volsnii からボルセーナ Bolsena）との区別である。

　最後にエトルリア語からラテン語に転用されたのではないかと考えられる例にも言及しなければならない。エトルリアの宗教文書集がラテン語に翻訳されたり注解されたりしたことがすでに明らかになっている。現代に至るまで幾分の影響を残しているエトルリア語文書の間接的言及、要約、翻案などの集積の中には、エトルリアの文学や文明を知るためのみならず、特別な言語構造を反映するかもしれない表現形式という点でも興味のある文節が見出される。たとえば、農地の分割に関する女神ウェゴイア（エトルリアのニンフの一人）の託宣について、『土地測量術』（*Gromatici*）で触れられている『ウェゴイアの書』（*Libri Vegonici*）[**117]の一節などである。

解釈の手順

　われわれの関心が直接的資料、すなわちエトルリア語の文章そのものにあって、間接的資料は二次的・補助的なものとみなされるのは明らかである。この点に関してわれわれが集中的に対決しようとしている問題は、文章の解釈——あるいはエトルリア学で伝統的に使われている用語では「解釈学」（ermeneutica）——、すなわち、発見されている文章の意味を理解することであり、次節で取り扱う言語構造を知ることからは独立している。

　造形美術に表された要素（神や英雄などの名）を説明したり、被葬者の系図・年齢・役職・業績を明らかにしたり、特に献辞の付いた物品が奉納された経緯を示したりするエトルリア語の碑文の種類や内容の意味を判読する一般的な能力はかなり以前から存在しているのであるが、そのことが科学的な環境においていまや異論なく認知されているということが問題の出発点となる。一方、〈ザグレブのミイラ〉〈カプアの瓦〉〈マリアーノの鉛板〉〈ペルージャの石柱〉の記述のような長文については、内容の意味の全体的理解、時にはセクション、段落などの区別、ひいては独立した文節の解釈まで近づくことができる。

　知識をより深めるための根本的な障碍となるのは、エトルリア語の語彙の相当な部分の意味、語幹が不明なことである。これらの単語は時に頻繁に現れ、つまり重要な概念に関係することは明らかであり（たとえば *ar, ara, araś, arce, arθ* という一連の綴字が出てくるが、多くの意欲的な仮説にもかかわらず、正しい意味は確認されないと考えられる）、率直にいってわれわれの無知を告白しなければならないだろう。多くの単語について、一般的概念としては、客観的に確認する可能性を抜きにして、現代語に対応させることができる。たとえば典礼の文章の中には、*θez-, nunθ-, hec-, sac-, acas-* の語幹をもった動詞的単語がしばしば現れ、これらは「奉げる」「差し出す」「生贄を捧げる」「祈願する」など、神への崇敬の行為を意味し、一方 *faśe, vacl, zuśle（va）, cleva, tartiria, acazr* などの語は、典礼の形式や具体的な奉納物を表すことはまちがいない。なお、「奉げる」「贈る」「与える」——聖性に関係する状況、およびおそらくは世俗的な場合でも——の一般的概念は、まちがいなく *mul-, tur-, al-* という「動詞」で表されることがわかっているが、それらのニュアンスの違い、時代的な好みによるものか、全く同義語なのかといった相互の関係は不確かのままである。事実、エトルリア語の少なからぬ単語を正確に「翻訳」するためには、その単語が接点をもつ宗教的、社会的、制度的、工作技術的な面における概念がいかなるものであったかを知る必要があるだろう。つまり問題は、言語学的であると同時に多分に文化史的なのである。

　しかし、エトルリア語の語彙の巨大な闇の中に入り込み、単語や漠然と理解

できるフレーズの意味を確定し、ついで文章全体を正しく解釈するために、新しい資料が絶えず発見されるにしたがい、前章で明らかにしたように、緩やかで限定的ではあるものの実りある進歩が近年続いている。典型的な例の一つは先に触れたカエレの〈クラウディウス家の墓〉の碑文の発見のケースであり、ここには非常に重要な *apa-c ati-ci*（［ラ］paterque materque）という表現があるが、*ati* は「母」を意味し、-c は連結前接語であることがすでに確かめられていたので、これまで的に近づきながらも仮説の域を出なかった *apa* が「父」を意味することが決定的なものとして確認された。同様の考察は、〈ピルジの金板〉の二言語一致によって *ci* が「3」であると推論するケースにも当てはまる。

　これまでの研究の成果は当然ながら単語の意味から文脈全体の意味を割り出すことを可能とするそれらの単語の機能と相互関係へと展開する。この点に関して、人名の慣例的形式における「属格」の接尾辞、たとえば *Larces clan*（Larce の息子）で示される所属・系図の関係や、主語・動詞・目的語の基本的な要素が認定できる語句の構造、たとえば *ecn turce Larθi Leθanei*（これは Larthi Lethanei が奉納した）（*T. L. E.* 559）などのようないくつかの基礎的な要素が確認されている。しかし他の多くの場合についてわれわれは、しばしば形態論的な分類としての本来の正確な機能を把握する可能性がないとしても、単語の文法的な質や統語論的関係（派生語の形成、指示詞、数詞、接続詞、時制、奉納の相手、場所や時の指定など）をかなりの確率で理解することができる状態にある。すなわちたとえば動詞の変化形か分詞か、それとも名詞であるか（*mulu* の場合、「奉げられた」か「奉げられ」、あるいは区別しがたい他の意味に相当する可能性がある）、あるいは特定の接尾辞の真の性質は何であるか（たとえば-sa は単なる「属格」であると同時に、形容詞的派生語の働きも有する）などが確認されなくてもよいのである。しかしこうした点のあいまいさが語句の意味そのものを理解するのに負担となる場合もある。こうした問題については次節で詳述する。

　以上の点を前提として、いかにしてエトルリア世界に遺された碑文の多くの部分を理解するに至ったか、これまで獲得した成果を強化し拡大させるためにはどのような方向に進めるべきかについて考えよう。この問題の歴史の部分ですでに取り扱った伝統的な「解釈法」によって提案された偏見ある理論につい

ては、最近の批評による見直し、あるいは破棄が始まっていることもあり、その微妙であいまいな道程を再びたどることは避けようと思う。それよりも最も単純で具体的な論点に絞りたい。

この点に関して、われわれが得られる知識の第一義的源泉は何か、あるいは過去にしばしば用いられた表現を使えばエトルリア語の文章の解釈の「城砦」に穿つ突破口は何かを明確に識別する必要がある。そうした出発点は、限界があるとはいえ、客観的に確実な性格をもつべきであり、したがって主観性・仮説の周辺に留まるように見えてしまうあらゆるそれ以外の二義的な批評的操作とは区別されなくてはならない。

絶対に明白な理念が二つだけ存在するといえるだろう。1）なにはともあれそれぞれの単語の意味と機能を認識すること。2）文書の本質を確認し、そこから全体の内容を推論すること。つまり根本的に異なり、展開によってはまさに正反対のアプローチである。第一の点は分析的データに基づくもので、構造的・配合的言語学的検討を通してそのデータから文章（あるいは文脈）の全体的な意味を再構成することを目指すものである。第二の点は反対に、文章の考古学的特徴と文化的類似性から出発して、その内容を総合的に判断し、それから文章を構成している要素のおのおのの言語学的評価という細部に入るというものである。

最初に判定できるエトルリア語の単語は固有名詞である。事実固有名詞はエトルリア語の碑文に存在する単語の圧倒的多数を占め、つねにこの言語解読の試みの最初の土台となってきた。人名に関していえば、ラテン語の人名の要素との形式的一致（第一名、たとえば［エ］*Marce*：［ラ］Marcus と氏族名、たとえば［エ］*Vipi*：［ラ］Vibius）はだれの目にも明らかであり、二重命名（第一名、氏族名）あるいは三重命名（第一名、氏族名、添え名）と父方の名をとる方式の存在も確認された。同様に、ラテン語とエトルリア語に共通する神の名（［エ］*Menerva*：［ラ］Minerva、［エ］*Selvans*：［ラ］Silvanus）やギリシアの神々、神話の人物も容易に確認されている。さらに、ラテン語の形から読み取れる地名（たとえば［エ］*Pupluna*：［ラ］Populonia）や、特有の方式による地名の派生語（*Ruma-* = ローマ：*rumach* = ローマの）もある。これらすべての要素は確実な網目を構成する定点として対等の価値をもつ。語句の形態的な関係

XI エトルリア語の文書とその解釈　323

を多少なりとも明確に規定する可能性から発して、徐々にエトルリア語の葬祭と奉納に関する文章の多くの部分の解読へと展開していった（たとえば *Marces*《Marcus の》のように人名における血統の「属格」、*Menervas*《Minerva「の」、または「へ」》のような神の名における所属の「属格」、*Tarχnalθi*《Tarquinia において》のような都市の名における「所格」など）。

　固有名詞以外のエトルリア語の語彙、すなわち普通名詞のすべてに関しては事情が異なる。ここでは根本的な難題にぶつかるのである。語彙の中からかろうじて得られる知識を除いてわれわれは翻訳のための直接的手だてをもつことができない。だから古い語源学的方法のやり方で、他の言語の単語との共通の起源を想定して、それらの語根や構造との比較に手段を求めようとする。しかしわれわれはすでにこの種の推論を最初の知識の源泉として位置づけるための基本要素を全く欠いていることを知っている。わずかにギリシア語やイタリキ諸語からの借用語（その反対もある）に関係するきわめて歴然とした対応の可能性はあるし、とにかく文化的な用語の識別は、十分に規則的で理解しやすい音声的対応によって、特に問題はない。たとえば、陶器の呼称、宗教儀礼の概念、動物の名（ライオンや牡牛）、液体の名（ぶどう酒 *vinum* はエトルリア語とラテン語が同一であり、油 *eleiva*-はギリシア語由来）などである。当然のことながら、そのことはエトルリア語が地中海と小アジア地域の他のインドヨーロッパ語・非インドヨーロッパ語との幅広く根の深い「語源学的」関連をもたないということを意味するのではない。むしろこうした関係の確認はエトルリア語解読のための出発点ではなく、すでに言語学的に確かめられた要素の知識の結果としての到着点とみなすべきであることを意味するのである。この点は後に述べることによってより明らかになるだろう。

　さて一つの文章、あるいはその一部の表現を、外的な特徴から出発して捉えるもう一つの可能性の検討に移ろう。発掘された遺物の形式というものは最初からつねに意味を特定するための確実な手引きとなっていた。それについては長い間暗黙の了解であったが、二言語法が理論化されて初めて批評的な意識がもたれることになった。一つの棺や墓室の碑文が、おそらくラテン語の葬祭碑文と同じような定型の形式で述べられるから、一人の被葬者についてしか言及していないのは明らかである。18 世紀の研究者の観察以来、それは知られてい

たことで、被葬者本人と関係する用語も含まれる（人名や、clan＝息子、sech＝娘といった血縁関係を表す用語など）。同様に明らかなことだが、可動の物体（陶器、青銅小彫刻など）の表面には、ギリシア語、ラテン語の類似の碑文と同じく、所有者や奉納の相手が必ず表記され、特に聖所から出土した場合には、奉納者の名前、奉納の意図を表す言葉、時には神の名を含む文章が書かれているはずである。さらに、鏡面の線刻や壁画などにおいて神や英雄の図像に添えて書かれた言葉がその人物を指す注記（いわゆる「絵画的二言語」）であることも明らかである。〈トゥスカーニアのサイコロ〉の六面のおのおのに彫られた短い単語は疑いなく最初の六つの数詞を表す。こうした確実な要素は、部分的で時には包括的であるとはいえ、それを無視したならば的外れの解釈に向かうしかないことになるだろう。

　「二言語法」と定義された方法に沿って、エトルリアと文化的に近い環境にあり、時に内容的に類似が見られる他の言語の文章とエトルリア語を比較することから推論された「客観的」確かさは、出土した物と場所の考古学的状況があまり重要でない文章にも、慎重さが必要ではあるが適用されるだろう。特に〈ザグレブの布〉の文章の典礼的形式は、〈グッビオの青銅板〉のウンブリ語の典礼文書、あるいはラテン語の『アルウァレス教団の書』[**119]、カトーの『農業論』などの典礼文形式との並行関係を決定づける意図をもって研究された。時には文化的・歴史的な相互関係が一層遠縁の比較を合法化させるのに値することがある。たとえばエトルリアの司法官の称号「*zilaθ meχl rasnal*」（前4-3世紀の碑文に多少の変化を伴いながら頻繁に現れる）と帝政ローマのラテン語の尊称「praetor Etruriae」または「praetor（Etruriae）quindecim populorum」との比較である。これは典型的な「移し替え言葉」の印象を与えるが、それぞれの単語の意味や関係を分析するのはむずかしいという重要な例である（現在はピルジの碑文Aにおいて *meχ* という語が知られているので、「エトルリア市民の（あるいはエトルリアの）*zilaθ*＝praetor」という翻訳が考えられる）。

　文章全体を解釈するための最初の手がかりとしての「並行文書の理念」自体は、正真正銘の二言語併記文書にもより客観的な正確さをもって適用される。しかしピルジの特例を除いて、そのような文書は少なく、きわめて短いものである。エトルリア語とラテン語で併記された葬祭碑文がその例であるが、そこ

では人名の対応と例外的に語彙や文法を知る上で役立つデータが示される。フェニキア語とエトルリア語の文章が刻まれたピルジの金板から得られたものは非常に大きく、これは二つの別々の物体であるから（ただし同型で一体となって発見された）、「バイリンガル」という用語が適当かどうかは議論の余地があるとはいえ、二つの文章は明らかな部分的相違点を除けば基本的に同じ内容が表されている。つまりエトルリア語のヴァージョンがフェニキア語のそれによって相当に効果的に解明されたのであり、解釈学的にきわめて重要な結果をもたらしたのである。この点については後に詳述する。

これまでに述べた基本的に確実なこと（特に固有名詞に関わる単語や文章全体の意味）から出発して、解読の操作は文脈的・構造的分析のより深化した試みを経て、新たに仮説の段階に発展する。そうした分析の作業にはいわゆる配合的方法の神髄が含まれる。すなわち作業の全体としては絶対的な解釈学的解決の能力をもたないが、獲得されたデータの検証やさらなる展開という二次的機能を発揮する。すなわちそれぞれの単語の使用の頻度を調べ、その文中の位置、他の語との関係、形式、機能を研究し、文章を構成するフレーズと文節を区分するなどである。多くの場合こうした再構築の調査の結果は明白であるかもしくはきわめて確率が高く、つまり出発点から正しく進んでおり、実際に確実な翻訳可能の地帯が広がっているのである。一方で他の場合には、しばしば互いに食い違う巧妙だが証明できない仮説をでっち上げ、あるいは仮説の上に仮説を積み重ね、それを断固として主張し、巨大な機械が空転する印象を与える傾向もある。まさに最近数十年の「配合的」試みの多くの部分の失敗を生み出したものであり、一層の正しい判断と慎重さをもって対応しなければならない。

最後に、これまでにエトルリア語の解読の経過で得たものすべてのみならず、次節で詳述するエトルリア語の構造・特徴についての知識全体もまた、前述したような第一義的な根拠となるデータに由来するものであることを認識し、強調する必要がある。言語学的研究は意味を確定することに次ぐものであることは明らかで、その反対ではない。この点についてはあらゆるあいまいさや疑問は取り払われなければならない。この理念は以下の二つの例によって明らかとなるだろう。エトルリア語の *Velθurus* が第一名 *Veθlur* の属格であるという

文法的価値は、言語学的な考察において、ギリシア語の「ヘクトル」の変化の形式に類似することから推論されるのではなく、反対に、*Velθurus* が *Velθur* の属格であることを原典の根拠から絶対確実に知っているからこそ、これらの形式を比較することが可能となるのである。

　もう一つの例は、ピルジのエトルリア語の *tmia* という語根がそれに相当するギリシア語・ラテン語の語根と同じであることはほぼまちがいないが、この場合のような語源学的比較は、二言語併記のフェニキア語の対応する単語によってこれが「聖所」を意味することをあらかじめ知っていなければ不可能であったということだ。とはいえ、すでに獲得したデータを用いた言語学的分析が、二次的な配合的彫琢の操作を経て大きく展開させることによって、それはそれで文章の意味の解明に寄与することがないというわけではない。一例をあげれば、接尾辞 $-t(i)$、$-\theta(i)$ は所格であることは確認されており、それによって場所の設定を表す形式の解釈につながる（*clθi mutniaθi*（C. I. E. 5458、この棺には）、*unialti...aθre*（ザグレブ XII, 10-11, ウニの神殿で）など）。

解読された文章

　これまでの考察についてのより具体的な情報を読者に与えるために、現在のわれわれの知識の状況で内容と総体的・部分的な意味を理解することが可能な限りにおいて、エトルリア語の文章の種々のカテゴリーに関する解読結果と問題点を示す例文をあげてこの章を終わろう。これによってこれまでの成果と現在進行中の研究の状況と依然として残る欠落について理解されるだろう。まさにこのような研究はその土台と経過の本質からして、非常に短く非常に簡単な碑文を除いては正真正銘の逐語的「翻訳」はむずかしく、不確かな点や欠落が残る（「手引書」的な拡大解釈を提供しようとするいかなる考えも、多くの点でまだ誤った印象を与える恐れがある）。それゆえ、特に複雑な文章については婉曲表現や総括的説明をあえて選ぶことになるだろう。

　最も基礎的に確実な記述資料から始めて、単純に物体やその形態、奉納先、所有者などを表す碑文の例を列挙しよう。たとえば都市の名を付した貨幣があるが（*Pupluna* = ポプローニア、*Velaθri* = ヴォルテッラ）、必ずしも 100 パーセ

ント確実とはいえない。絵画に描かれた図像が伴う説明文には多くの神、英雄、その他の人物の名が記されている。たとえば、タルクイニアの〈オルクスの墓〉には「*hinθial Teriasals*」(テイレシアスの魂《あるいは影》)とあり、女神トゥランの侍女の脇の鏡には、「*snenaθ Turns*」(トゥランの侍者《あるいは化粧係の女》)と書かれている。[**120]

さらに別の鏡に彫られた「ヘラクレスに授乳するユノ」の場面の以下のような簡単な説明がある。「*eca sren tva iχnac Hercle Unial clan θra sce*」。大体の意味は「この図は (*eca sren*) いかにして (*iχnac*) ヘラクレスがウニの息子 (Unial clan) となったかを表している」となる。ついで、物品の所有者に関する注釈がわかりやすく記されたものがいくつかある。たとえばカエレの〈レゴリーニ・ガラッシの墓〉の銀製の壺には、「*mi Larθia*」(私はラルティのものである)、とあり、「*mi qutun Karkanas*」(私はカルカナの *qutun*《意味不明》である) と書かれたものもある。また墓室のファサードや壁、石柱、棺などの面に書かれたものとして、「*ta suθi Avles Θansinas*」(これはアヴレ・タンシナの墓である) がある。

さて次に特に葬祭に関する分野を観察すると、なにはともあれ埋葬の場所において (墓室の壁、石柱、棺、骨壺など) 死者を記念する個人的な碑文に出会うことになる。被葬者の名前だけのことが多く、これがエトルリア語の碑文のうち最も数が多いのだが、その人物の役職や年齢を記したものも稀ではない。死者の重要度に応じて書式は大体定則化されて普及しており、付加されるデータはまさに伝記的な性格をとることがある。以下に個人に関する記述の最も一般的な例をあげる (訳注：ここでは便宜上エトルリア語の原文を省略し、イタリア語の訳文のみを訳出する)。「ヴェルトゥールとラムタ・サトゥルネイの息子ヴェル・パルトゥヌス、28歳で死す」(*C.I.E.* 5424：タルクイニアの棺)。「ラルトとラムタ・ネウトゥニの息子アルント・クルクレは *zilc parχis*《国家の最高司法官の一つの称号》であり、市の *marunu cepen*《聖職の役職名》の役を勤めて75?歳で死んだ」(*C.I.E.* 5874：ノルキア出土の棺)。

ラテン語の碑文で見られるのと同様に、役職の履歴 (cursus honorum) には特定の役職 (一年度) に何度就いたかが明記され、上記の例のように下降する順序 (上位の役職から下位に下る) こともあれば、次のように下から上に上が

る順序で書かれることもある。「アルント・トゥテとラウントゥ・ハトゥリの子ラルト・トゥテは *zilχ* を 8（?）回、*purśvana*（*purθ* の最高の地位）を 1 回勤め、82（?）歳で死んだ」（*C.I.E.* 5315：ヴルチ出土の棺）。

最も長い伝記的葬礼碑文の一つは、先に触れたタルクイニアのラリス・プレーナ Laris Pulena の棺に記されたものである（*C.I.E.* 5430）。これはウルゴンが有名なギリシアの予言者ポレス Polles であろうと推測した曾祖父のギリシア人 Laris Pule まで遡る大げさな系図から始まり、本人の宗教的な役職名と功労の数々を並べ立てているが、文章全体は定式に則った紹介の部分といくつかの個別の表現を除けば依然としてかなりあいまいである。プレーナは鳥占いの書の著者であり、タルクイニアの市政を司る高位の役に就き、カタ *Catha*、パカ *Pacha*（バッコス）、クルス *Culsu*（おそらくヘルメス）などの神々の崇敬に関わる活動をしたと考えられる。

その他のエトルリアの葬祭碑文もまた、古典時代の文学・碑文、あるいは歴史的事績に出典を求めることができると思われ、それらの証言については本書のエトルリア世界の歴史に関する章で明らかにされている。いくつかの例をあげる。タルクイニアの〈オルクスの墓 I〉の一部欠損した文章（*C.I.E.* 5360）ではおそらくラテン語のタルクイニアの「頌歌」の中で追悼されているスプリンナ家の一人に関するもので、とにかくこの人物は *zilaθ meχl rasnal*（エトルリアの複数の都市に関わる役職）と *purθ* の称号をもつきわめて高位にあったと思われる。オルヴィエート近郊のセッテ・カミーニのレイニエ Leinie 家の〈ゴリーニの墓 I〉にある最大の碑文に記された主人公のヴェル・レカーテ *Vel Lecate* もまた「上昇履歴」によれば、都市の高位の司法官であり、キュージなどの複数のエトルリア都市に関する役職に就いており、前 4 世紀末から 3 世紀初頭にかけてローマとエトルリア諸都市の間に起こったさまざまな事件に積極的に関わった人物であることが認定された（文中には確実にローマあるいはローマ人という名詞が現れる）。そして氏族名 Leinie に代わって legatus（= Lecates）というローマの称号が付せられることになる。もう一つ、タルクイニアの *La*(*rth*)*Felsna* という人物の最も普通の碑文には、この男が第二ポエニ戦争でハンニバルがカプアを占領していた時に戦いに参加し、106 歳で死んだことが読み取れる。

いくつかの墓室の碑文には、墳墓の構築、装飾、副葬品の配備などに関する記述が含まれている。こうした注釈は、個人の葬祭碑文の中で最も一般的な追悼的データとともに見出すことができる。一例として、ペルージャの〈ウォルムニ家の霊廟〉の入口扉の側柱に彫られたものをあげる。「*Arznei* の息子たちの *Arnth* と *Larth Velimna* は墓（？）の製作を完成した」。

タルクイニアの〈盾の墓〉には筆記板を掲げる有翼の小天使が描かれ、名祖の司法官の指示による出来事の日付が確かめられる（*C.I.E.* 5388）。「*Velθur* と *Aprθnei* の息子 *Larθ Velχa* はこの墓に葬儀の（？）捧げ物を奉げた」。

前4世紀末から3世紀初めにかけるカエレのクラウディイ家の人物史研究上の重要性と文章構造の明確さという点で、カエレの一つの墓の中心柱の前面に発見された以下の碑文（*C.I.E.* 6213）はこの種のものの最も意義深い例である。「*Laris* の息子たちの *Laris* と *Avle* は生前にこの墓を造らせ、亡き父と母はクラウディイ家の成員としてここに安置された（横たえられた）」。

〈ペルージャの石柱〉の長文の碑文（*C.I.E.* 4538）は全く特別な性格をもっている。19世紀にこれが発見されて以来、研究者たちの強い関心を惹き起こした。その解読にはエトルリア語の主な研究者のほか歴史家、法律家など（トルプ、トロンベッティ、デヴォート、ゴールドマン、クルーゲほか）が全力をあげた。非常に見えやすく石に刻まれ、二つの家族の間での土地の売買、あるいは相続の契約証書を再現したこの文章の法律的内容は疑う余地はない。文書の主要な区切りもはっきりしており、いくつかの表現や語句全体を説明できるものもある。しかし文章全体の理解は、なかんずく専門技術的な点に関して、いまなおむずかしい。まず *Velthina* 家の一員に属していた12単位の土地の所有に関して、現行の規定に従って *Velthina* 家と *Afuna* 家との間の合意が述べられる。この後、その土地の分割に関する付帯条項が続き、そこには *Arznei* の子 *Aule Velthina* と *Larth Afuna*（連帯責任者として一人の息子）という双方の人名が特記され、土地の範囲、境界、*Velthina* 家の墓地、双方が履行すべき種々の義務に言及されている。ここには一連の単語がしきりに繰り返され、おそらくこの「証書」の合法性と契約者の良心を保証する目的をもった特定の契約書であろう。最後に上記の内容に関する契約者の合意が強調されている。

宗教的分野に属するものとしては、なにはともあれ奉納品の献辞がある。し

ばしばアルカイックの陶器の面に以下のような決まりきった形で書かれている。「*Mamarce Velchana* が私を奉納した」。これに対して、名詞を入れたり、反対の受動態を使った構文もある。「私は *Licine Velchaina* の寄贈品（あるいは L. V. によって奉納された物）である」。

興味深い特例は、タルクイニア出土のオルトス Oltos とエウクシテオス Euxitheos の署名のある大型のアッティカ陶器の台の下に書かれたものである（*C.I.E.* 10021）。「これは *Venel Atelinas* が *Tina* の息子たち（すなわちディオスクリス）に捧げたものである」。

しかし非常に長いアルカイック陶器の碑文は、単語の区切りがむずかしいこともあって、一般に非常にわかりにくい（同時代のギリシア語・ラテン＝ファレリイ語の類似の碑文と同じく、神や死者への献辞のほか、世俗的な贈り物、愛情の表現などがあり得る）。おもしろい例として、「プーペのアリバロス」と呼ばれるブッケロの小壺があり、渦巻形に書かれた文章には女神トゥラン Turan の名とその変化形が繰り返し出てくる。青銅小彫刻などに記された後期エトルリアの献辞は総じてよりわかりやすく、普通は奉納者の名前のそばに対象である神の名も書かれている。典型的な一例をあげよう（*C.I.E.* 437、コルトーナ出土の双頭の神像）。「*Arntia* の *Velia Cviti* は *Culsans* に捧げ物をした」。

ピルジの金板の碑文も一応は神への献辞であるが、長さと内容の点で普通の奉納文と区別される（*C.I.E.* 6314, 6315）。二枚のうちの長い方（A）では、書き出しはある意味で神に対する奉納文の定式に近いが、より複雑で詳細な内容を伴っている。周知のように、この文章の解読は少なくとも部分的にはもう一枚のフェニキア語の対応する部分に「導かれた」。近年多くのエトルリア学、セム語学、言語学、歴史学の研究者が精力的に取り組んだ。これはピルジの聖所内にカエレの最高神としてのフェニキアの女神アスタルテの神殿を創設することを述べ、女神の恩恵（あるいは意志の表現）を記したものである。エトルリア語の文は「この聖なる場所（あるいは建物）ともう一つの物（神像か？）――ただしフェニキア語の方には示されていない――はアスタルテと同一視されるウニに捧げられた」ことを宣言して始まる。奉納者テファリエ・ウェリアーナは、フェニキア語版では「*Cisra*（すなわちカエレ）の王」と記されているが、かなり意味不明の一節にかれの名が登場し、おそらくカエレの都市国家への言

及と奉献の行為が明記されている。文章の核心部分はフェニキア語版における奉納の「動機」の説明と並行して進むと考えられるが、特に「3 年」（*ci avil*）という語句など、離れ離れのいくつかの単語を除いては基本的に解読不可能である。フェニキア語で mlk（王）という語で記されたテファリエ・ウェリアーナの権力の概念が、司法官の称号として知られるエトルリア語の単語 *zilacal* によって表されているとしても、全体としては漠然としている。最後の部分はフェニキア語文の結語（祝辞？）に相当すると思われ、聖所もしくは女神像の成立の年代が、「これらの星」と対比されている。「星」は空の星なのか聖所内に描かれた星印のことなのかはわからない。ピルジのもう一枚のプレートに書かれたより短いエトルリア語碑文（B）は、毎年特定の月に同じ場所で行われる奉納者の取り仕切る典礼の行為について述べている。

やはりピルジから、青銅板に彫られた女神ウニに関わる宗教的な内容の碑文の断片が出土している（*C. I. E.* 6312, 6313）。さらにサンタ・マリネッラに近いプンタ・デッラ・ヴィーペラ Punta della Vipera の小さな聖所から発見された鉛のリボンの断片にはこまかい長文の碑文（*C. I. E.* 6310）があり、カプアとザグレブの大規模な儀式を思わせる典礼の用語が含まれている。しかしこの種の遺物の中で最もオリジナルで興味深いのはマリアーノの鉛の円板の碑文である（*C. I. E.* 5237）。おそらく葬礼の奉納、あるいは公的な性格の捧げものの対象となった複数の神々の名（*Cauθas, Aiseras, Marisl, Calus, Tins*）と多くの地名が記されている。ギリシア・ラテン世界で広く知られている碑文の一種の「呪いの鉛板」についてはすでに触れたが、ポプローニア近くのモンテ・ピッティ出土のものは特に意味深い例であり、一人の解放奴隷の女（*Titi Setria Lautnita*）が複雑な呪文を繰り返して冥界の神に捧げたいくつかの家族に属する人名が含まれている。

最後に、現在われわれが所有する最も長いエトルリア語の二つの碑文、すなわち〈カプアの瓦〉と〈ザグレブのミイラの布〉について考察しよう。これらはいずれも捧げ物をする者の指針となる常套的な文言であり、同様の性質をもった内容は、〈グッビオの青銅板〉（前 3-1 世紀）のウンブリ語の文書や、文学や碑文で伝えられるローマの典礼書にも見られるものである。異なるのは典礼の性質である。〈カプアの瓦〉はおそらく冥界を司る神々を称える葬礼に密接

に結びついている。文中にはかなり均一な構造の短いフレーズが確認され、命令形の動詞や、時に数を明記した奉納物の指定や、所格・与格での神の名が含まれる。一方技術に関する用語の正確な意味を決定するのはもっともむずかしいし、宗教的行為を表す動詞や、捧げ物を表す名詞の正しい翻訳も同様である。一例をあげれば、以下のような典礼の決まり文句の一つがある。「Letham に対して三つの tartiria と、さらに三つの cleva が捧げられねばならない」。この文にはおそらく奉納に携わる聖職者の名と、死者の家族の名が記されている。儀式についての記述はある種の暦に従って書かれている可能性がある。すでに述べたように、カプアの典礼は『アケロンの書』[**122]に含まれる「救済」の供犠に関係し、複数の古典後期の作家が言及している。

エトルリア語解釈学の最大の努力は、いうまでもなく最長の碑文資料である〈ザグレブの布〉に向けられた。これは完璧な編集、単語がきちんと区分された規則正しい書法、最も新しい時期の言語、頻繁に現れるいくつかの語彙や定式表現といった点において、解読の研究に最も有利な条件を備えている。ラッテス、トルプ、ローゼンバーグ、トロンベッティらによる研究はすでに相当の成果をあげているが、近年さらに深化した考究の対象となっている（リューンズ M. Runes、ヴェッター、オルツシャ、パロッティーノなど、最近はロンカッリ F. Roncalli によるこの布の原初の構造の研究がある）。

これがなんらかの意味でエジプト世界と結びつき、書物の切れ端で巻かれたミイラそのものと関係する葬祭典礼書とする仮説はいまや完全に破棄され、今日ではこれは宗教的な暦に則った公式な儀式に関する規定集と考えられている。最も注目を引く部分は少なくとも四回繰り返される典礼的内容の一節で、そこでは種々の「神々」とネプトゥヌスが称えられている。別の箇所ではその他の神（Veltha、Tin、Culsu、Uni）が、それぞれの規定に応じて称えられる。それぞれのパラグラフは或る月の或る日の指定から始まっている。たとえば、「アカーレ Acale の月（6月）の 18 日」。繰り返して使われている単語のいくつかは十分確実に理解できる（例：vinum ＝ ワイン、ais、eis ＝ 神、fler ＝ 生贄、捧げ物、tur ＝ 与えよ、など）。その他、正確な訳語を当てることはできないにしても、大体の意味がつかめる単語がいくつかある。（例：zeri, vacl, faše, ešvi, zušleva ＝ 聖なる儀式、捧げ物、nunθen, θezin, tul, heχśθ ＝ 崇敬に関わる技術的

な「動詞」など)。その他の多くの単語の意味については研究者の間で疑問・反対意見が残ったままである。

　文章の完全な説明に近づくための最も有効な手段は、完結したフレーズの主要な要素、すなわち主語、動詞または名詞的述語、補語をできるだけ区別して、フレーズに対応する統語論的単位を識別する試みにある。このためには、接続的な要素——たとえば前接語 -c, -um や etnam, ich, nac といった単語——および名詞形と動詞形の区別、接尾辞の統語的機能の確定が有用である。検討の結果は必ずしも達成されたわけではなく、また達成できるものでもないが、条件が整った場合にはエトルリア語の文章の構造は、統語的な関係において整理され、ただ各単語の意味の正確な内容が不明だということである。一例として、cis-um pute tul θansur haθrθi repinθi-c というフレーズにおいて、tul は命令法の動詞、θansur は複数名詞の目的語、haθrθi repinθi-c は所格あるいは具格の補語でおそらく複数形の二つの名詞に語尾変化の -θi と前接語 -c が付いたものであることが認定される。しかしいくつかのケースでは、大なり小なりの可能性において、単語の正しい意味もまた直感で把握され、フレーズの意味はだんだんと晴れてゆく霧のかなたのように垣間見えてくる。それは特に宗教暦の各項目の序文の部分についていえる（訳注：以下具体例は省略）。

　結論として、残存するエトルリア語資料の中の最大のものを調査することにより、一つの文章の総合的な理解とその全く正確な「翻訳」の可能性との間にある相違が浮き彫りにされた。また一方で、総合的な意味についても、いまのところ仮説の域を出ずには探索することのできない広大な影の領域が残っているのである。

訳注

＊＊116　79年のヴェズヴィオ火山噴火の際にポンペイなどとともに埋没したエルコラーノ（ヘルクラネウム）の遺跡から18世紀に二千本に近い炭化したパピルス（前2-1世紀）が発見され、遺跡は「パピルス荘」と名づけられた。巻物状のパピルスは解体できないので内容の解読は不可能とされていたが、1983年からNASAが開発したmultispector image の技術を活用して、約半数の解読に成功した。大部分がギリシア語で一部にラテン語が使用された文書は、エピキュロスの作品などが主体となっており、共和政末期のラテン文学に及ぼした影響が改めて証言された。

** 117　伝説によればニンフのウェゴイアが直接書いたとされ、タルクイティウス・プリクス（前1世紀）がラテン語に訳した一部が現存している。

** 118　前の語の末尾と結合して、発音も綴りもその一部となる単音節で無アクセントの語（小学館：伊和中辞典）。

** 119　Arvales［ラ］はローマの貴族から選ばれた12人の神官団で、もっぱら大地母神ディア Dia の祭事にあたった。

** 120　Orcus は冥界を司る神。恐ろしい顔をした巨人として壁画などに表される。

** 121　チェルヴェテリ出土のブッケロで、アリバロス aryballos はギリシア陶器の形式の一つ。ベルギーのエトルリア研究者プーペ Jean Poupé が研究した。

** 122　Acheron は冥界を流れる川で、死者は渡守カロンの舟に乗ってこれを渡った。ただし「アケロンの書」は死者の不死などについても記されたより広範なエトルリア宗教の理念と実践の聖書と思われ、のちにローマに継承された。

XII　言語学的知識

表現の要素：文字と音声

　以上に述べたことによって、一般の入門書のようにエトルリア語の「文法」を再構築することが不可能であることは明らかである。これまでに獲得された十分な根拠をもつデータと今後の議論を待つ問題の慎重な説明以上の話をするにはあまりにも根本的な欠落があるのである。
　疑いもなく、エトルリア語を知るために必要なすべての要素の中で、音声とその図形的表示——すなわち音韻論と文字——の研究が、批評的深化と成果の確実さという点において現時点での最も進んだ分野である。そのことはこの研究がその目的の性質自体により、解読のむずかしさ、あるいは形態論的・語彙的認識の問題性・欠陥に基本的に左右されるものではないという事実に起因している。
　最初に文字について考察しよう。すべての絶滅言語について、音声システムの再現のための唯一の方法は記号システムを分析することである。エトルリア語に特定すれば、前7-1世紀にエトルリアおよびエトルリア人の影響下にあった地域で用いられた特殊なアルファベット記号がこの方法を適用する条件を与えてくれる（ラテン語のアルファベットで書かれた数少ない碑文や、フェニキア語、ギリシア語、ラテン語に転用あるいは縮減使用されたエトルリア語の単語、そして時には注解などから得られる寄与は例外であり、ほとんど無視してよい）。
　エトルリア語のアルファベット記号の識別と解読は、実際問題としてむずかしいわけではない。それぞれの記号のもつ価値は、すでにルネサンス時代から18世紀、19世紀初頭にかけて、ラテン語とギリシア語のアルファベットとの比

較によって徐々に確定されてきた。1833年にレプシウス R. Lepsius がエトルリア語の文字 *I*＝z と認定して以来、アルファベットの研究は一つの結論に達したといえる。つまり碑文の直接的で完全な解読が保証されたのである。しかし最近いくつかの副次的な発見があった。たとえばかつては t と混同されていた×の記号は、アルカイック時代の短い時期には限定的な地域、すなわちカエレとウェイイでは *s* の音価をもち（フィーゼル、1936）キュージと北部では *θ* の音価をもつ（クリストーファニほか、1971 以降）という発見である。

エトルリア語のアルファベットの起源は多くの議論を呼び、いまだすべてが解決されていない。近東またはエーゲ地方からの文字記号システムがはるか昔に直接伝わったとする空想的な仮説は斥けられ、いまではアルファベットの書式がイタリア半島南部のギリシア人植民、特にピテクーサ（イスキア島）とクマエに定住したエウボイア島由来の植民（カルキデス人とエレトリア人）によって中部イタリアのティレニア海沿岸、とりわけエトルリアに導入されたということは疑いない。それはエトルリア語のアルファベットがいわゆる補足的記号の使用という点で基本的に西部ギリシアのアルファベットの形式に属すことと、ピテクーサの最古の碑文と形式が類似することによって証明される。とにかくエトルリア語のアルファベットはマルシリアーナ・ダルベーニャ出土の象牙製の筆記板（前7世紀初頭）に彫られた26字に完全な形で表され、その他の陶器などの表面にもほぼすべての文字が書かれている。これらはギリシア世界におそらく普及し、各地で部分的に変化して用いられていたアルファベットの完全な"一覧表"の再現と思われる。

エトルリア人によるギリシア文字の導入は——それは要するに最初の文字の採用であるが——カンパーニアのギリシア植民市との関係、および都市化の始まったエトルリア諸都市の急速な経済的・社会的・文化的発達という明確な歴史的状況（前8世紀末頃）に関連するものである。その原因、具体的事情、経路はさまざまだったかもしれない。台頭する地方貴族や聖職者の東方やギリシアの様式や風習を歓迎する文化的欲求と結びついた交易の進展があり、カエレ、タルクイニア、ヴルチを入口とした同時的だが内容を異にする導入が考えられる。最後の点については、ローカルなアルファベットの形成においてわずかではあるが相違があることの説明となるだろう。要するにそれは単一な一時的な

出来事ではなく、多分一世代を越えて連続して行われたプロセスである。だからそういうプロセスが偶発的・自発的に起こったと考えるのは間違いだろう。反対に、そうした導入の複雑な技術的メカニズムを見れば、その根底には確かな意志と賢明な人物の存在があったに違いないことを思わずにいられない。

　事実、言語学的観点（ここでは最大の関心事だが）からすれば、エトルリア語の音声を表記するためにもう一つの全く異なる言語であるギリシア語の音声表記にほぼ完璧に用いられたシステムを活用する必要があったということである。26文字のうちのいくつかについては、それぞれの音素に非常によく類似する対象が存在したからそのことが容易であった。他の場合には、音価の排除・転位、種々の代替の採用などが行われた。母音 u と区別なく発音された o の記号は用いられなかった。また、エトルリア語には有声子音は存在しないので、β と δ は使われず、γ は半月形の c として k や q に対応する無声の軟口蓋子音を表すようになる（c, k, q の用法の違いは、南エトルリアではアルカイック時代には、次に来る母音によって、ka, ce, ci, qu となり、時代が下がると c だけが使われ、北エトルリアでは、長い間 k が優先し、やはり後には c に代わる）。ギリシア語では F＝v は早期にアルファベットから姿を消すが、エトルリア語では音声的な必要から生き続け、η も帯気音 h の音価のために存続した。一方ギリシア語の音声体系と全く無関係なのは唇歯音の摩擦音 f であり、これを表すために当初は二文字の vh を用いねばならなかった。しかし前6世紀以降、全く由来のわからない 8 の記号が発明され、エトルリア語のアルファベットの最後に位置を与えられた。

　最後に最も厄介なのは歯擦音の問題である。エトルリア語にギリシア語の文字を適用した場合、区別すべき二つの異なる音声を解決する必要があった。このためギリシア語のアルファベットに含まれる互いに対極的な二つの文字（マルシリアーナの象牙板から知られるもの）、すなわちおそらくフェニキア語の sade に由来する M に似た記号 M と śin に由来する S を逆にしたようなもの ⌇（それぞれ ś, s と転記）が同時に用いられた。この二つはギリシア語の一つの音声を表記するためにギリシアの各地方によって使い分けられたものだ。しかしながら、初期の研究段階において×と前述の3画のSの逆文字が混同されていたのが解決され、南と北のエトルリアで M に似た記号と S 逆文字がエトル

リア語の二つの歯擦音に対応することが明らかになったのである。

　エトルリア語アルファベットの形成は前6世紀に完了したとみなすことができる。それはおそらく書記の養成学校で習得されたことが、マルシリアーナ・ダルベーニャの象牙板をはじめとする種々の出土品に記載されたアルファベット表によって証明される。なかでもチェルヴェーテリで発見されたブッケロの筒型の瓶は、基台に完全なアルファベット表が書かれ、胴部にはエトルリア語に導入された文字だけの音表が記されたユニークな教材である。文字を書くことは前7世紀にはかなり普及しており、その後より広い社会階層に広まった。文字使用の地理的相違に関しては、いくつかの文字の用法・形態の特徴の地域による違いを垣間見ることができる。南部ではカエレとウェイイを中心とする地域（ファリスキ人領土、ラティウム、カンパーニア内陸にも波及）とタルクイニア、ヴルチ、ウォルシニイの地域（カンパーニア沿岸部の「植民市」にも部分的に結びつく）という二つのグループがあり、北部ではキュージとヴォルテッラを中心に、アペニン山脈北側に普及した。文字表記のこうした広大で強力な坩堝を発信地として、エトルリアのアルファベットは、他のさまざまな文化的刺激と相まってエトルリア人以外の言語をもつ民族に対しても文字表記の気運と方式を提供することになる。すなわち多くの部分でギリシア語の源泉から直接借用しているとはいえ、ラティウム人、カンパーニアおよび南中央部のオスク語の住民のアルファベットの形成に寄与し、ウンブリ人、ウェネティ人、そしてアルプス南麓の住民にまでも文字表記の最初の経験を与えたのである。

　前6世紀末から4世紀初頭にかけて、さまざまな原因による状況の危機的推移に伴い、エトルリア語のアルファベットに明らかな内的変化が現れる。当然のことながら、それは中部地区と最も進歩した環境から始まって、ゆっくりと辺境地域に及ぶ（北部での k の使用の継続が思い起こされる）。新たに文字記号の数が減ることになる。すなわち k と q のほか、×と複数の画数の s（カエレを除き）が姿を消す。ことにいくつかの文字の形、いわゆる古文書的形式が変化する。すなわち全体として $e, v, m, n, r, u, \phi, \chi$ の縦線の下方の細線がなくなり、z, t の横断斜線は縦線と交差するか、または外側の斜線に変わる。さらに、線の曲がりが多く取り入れられるようになる（ただし曲線化や突起をつけるやり方は、それぞれの碑文の範囲内で一貫した「様式的」論理に従っている）。

エトルリア語のアルファベットの特徴と変遷の要約は図5の通りである。各文字のオリジナルの形は、最も頻繁に現れる典型的なものが表示されているが、地域的な伝統や時代の違いはもとより、特に「文化的な」格差に由来する多くの微妙な変化形がある（陶器の表面や不定形の墓室の石材に荒々しく書かれたものから、カエレの〈石棺の墓〉の石板の碑文（C.I.E. 5985）のように、ラテン語の大文字を真似て精一杯優美に書かれたものや、ザグレブの手書きの規則正しい「文学的な」文章までがある）。時代が下がるとエトルリア文字と並んで、ラテン語の文字（歯擦音には文字の上下に補助記号《ダイクリティカル・マーク》をつける）とギリシア文字 θ, ϕ, χ が付加される。文字表記は記号や書記素（言語の基本となる図形として認識される要素）を便宜的に表すもので、それぞれの音声や音素を再現しようとするものではないことはいうまでもない。

文字に関していうなら、最後に数字についての考察をおろそかにすることはできない。数字は多くの碑文で見られ（とりわけ被葬者の年齢を示す）、タルクイニアのある宝石の面の浮彫には apcar（［ラ］abacus に由来）という名称の書記板に数字を書き込んでいる簿記係が表されている。数列は十進法であり、ラテン語の命数法に明らかに似ているが、エトルリア語のアルファベットと無関係ではない。表記はヴィーペラ岬の鉛板には以下のようになる。｜ = 1、Λ = 5、× = 10、↑ = 50、✱ または Θ = 100、Φ = 1000 のほか、✪ と ⊙ も 100 と 1000（あるいは 10000 か？）マリアーノの鉛板（C.I.E. 5237）における 80.ez（80倍または80回？）のケースのように表意文字（数字）と表音文字（アルファベット文字で書かれた数を表す副詞的接尾辞-ez）が混在していた可能性がある。

文字の並び方は、試行錯誤を経た後、ギリシア語やラテン語と反対に右から左への方向に定着した。いわゆる犂耕体、すなわち改行ごとに方向が変わる書法は例外的である（〈カプアの瓦〉では右から左への方向を保ちながら、改行の際に交互に上下をさかさまにしている）。最も初期の碑文では単語が分離していないのが普通であり、だから当然、単語や節を区別して解読することや、結果として、特に長文の場合、文章の意味を理解することが非常にむずかしいことになる。句読点が付いていることもあるが、使用法はしばしば気まぐれで一定しない（時には二重に打たれている）。しかし興味深いことに前6-5世紀の南エトルリアとカンパーニアにおいて、一つの子音と一つの母音で構成される

基本形式	アルカイックの書体 (前7–5世紀)	後代の書体 (前4–1世紀)	音標文字・音価
A	A	A	<u>a</u>
			(<u>b</u>)
	)	⊃	<u>c</u> (= k)
			(<u>d</u>)
	⊒	⊒	<u>e</u>
	⊣	⊣	<u>v</u>
	I	⊥	<u>z</u>
	⊟	⊙	<u>h</u>
	⊗ ⊕ +	⊙ ○	<u>θ</u> (th)
	l	l	<u>i</u>
	X		<u>k</u>
	J	J	<u>l</u>
	M	M	<u>m</u>
	M	M	<u>n</u>
			(<u>s</u>)
			(<u>o</u>)
	⎡	⎡	<u>p</u>
	M ⋈	M	<u>ś</u>
	Q	d	<u>q</u>
	ζ ζ ζ	ζ ζ	<u>r</u>
	T	T	<u>s</u>, <u>ś</u>
	Y	Y	<u>t</u>
	X	V	<u>u</u>
			<u>ṡ</u>
	Φ	⊕	φ (ph)
	Ψ	Ψ	X (kh)
	(⦵ 8)	8	<u>f</u>

図5 エトルリアのアルファベット

正常の「開いた」音節（ma, lu, ce のように母音で終わる）を除く文字（複数の母音と子音）をピリオドで区切るいわゆる「音節句読点」の法則がおそらく知識人の手によって普及した。おもしろいことにこの方式はウェネト語に導入され、その特色となる。前5世紀以降は単語をピリオドまたはコロンで分離する用法が一般的となる。最後にエトルリア語の碑文の書式の様式として、文節を区分する水平線（〈カプアの瓦〉、チェルヴェーテリの〈クラウディイ家の墓〉の碑文など）、文の改行、行の上または下に付けられる補助記号（ザグレブの手書き文など）といった区分の方式があり、これらも文章の意味の理解にとって重要である。

　先に述べたことを繰り返すが、こうした文字表記は、資料が存在するという点において、エトルリア語の音韻論システムの唯一の客観的識別可能な投影像といえよう。しかしそれは以下のような理由で不完全で限定的な根拠に基づくものといわざるを得ない。1）言語の総体（アルファベット導入以前の発展のすべて、文字記録以外の民衆の普通の用語、記録にない文学的用語、その他）の大部分は欠落していること。2）外国語のアルファベットを採用したため、音声の表記は便宜的、近似的なものでしかないこと。3）書記法はしばしば不安定で変わりやすく、近似的な音声を表す文字を交換したり、同一地域、同一時代でも同じ単語をさまざまに表記したりする（例：南エトルリアのアルカイック期の碑文によっては *muluvanice, mulvanice, mulvannice, muluvenice, mulvenece, mulvunuke* など）。この現象の原因は、音声的原因、すなわち実際の発音の相違、社会的階層の相違、その発展過程、あるいはもっと直接に意味や文法的機能の違いにあるのか、もしそうならどの程度までなのかといったことがこれまでも議論されてきた。しかしこうした言語学的説明の可能性を認めるとしても（いくつかのケースでは確認された）、文字を書くという伝統が浅いという状況に原因があるとせざるを得ない「書き間違い」というごくあたり前のことであったというべきであろう。

　エトルリア語の音韻論の研究は、デーケ、ラッテスの最初の評価すべき準備的研究の後、デヴォート、ド・シモーヌによって大幅に進化した。この二人は、エトルリア語の音素の性質と諸関係、そして可能な限りにおいてより総合的にエトルリア語の音韻論システムを再構築するために、エトルリア語に移入され

たギリシアの神々や神話に出てくる人名の大量の資料と比較する研究を行った。エトルリア語文書に現れる単語（固有名詞のみならず）の分析によって得られる他のすべての判断材料の考察と合わせ、この作業の結果は満足すべきものであった。

エトルリア語の基本的な音声は以下のように考えられる。

　　4母音：a, e, i, u
　　1半母音：v
　　1有気音：h（ほとんど単語の頭文字に限られる）
　　6閉鎖子音（軟口蓋子音、歯音、唇音）：k, t, p（無声音）、χ, θ, ϕ（有気音）
　　1破擦歯音（と思われる）：z
　　2歯擦音：s^1, s^2
　　1唇歯音（と思われる）：f
　　2流音：l, r
　　2鼻子音：m, n

流音、鼻子音は、半母音 v や時には歯擦音と同様に、音節の中で母音の代わりに「有声音」の機能をもって現れることは注目に値する（例：*clθi, cnl, lvsl*）。アクセントのない音節では、この現象は母音の弱化あるいは消滅という形をとる（例：*Turans→Turns*）。

事実われわれは、先に述べた「音節句読点」に基づいて、少なくとも当初のアルカイック・エトルリア語においては、単純に開かれた母音で終わる音節が基礎的な音声という意味においての単一の母音、あるいは子音より以上に、基本的な音韻論的単位として発音されていたと考えねばならない。そのことに関係して、*muluvanice, Veśtiricinala* といった母音を多く含んだ単語がしばしば現れることになり、アナプティシクス anaptysix、すなわち二つの子音の間に補助的な母音を挿入して発音しやすくする方法が見られる。結果として新しい「正規の」音節が生まれる（例：Herecle, Hercle→Herecele）。その後、エトルリア語の構造を根本的に変容させることになる最初の音節に表現性の強さを集中させる傾向が強く働き、上記の音節の概念はあいまいなものとなる。すなわち、第二以降の母音は弱化し、音色のアイデンティティを喪失し（*Ramaθa, Rameθa, Ramuθa*, のように文字表記が変動する）、あるいは全く消えてしまう（*Ramθa*）。

こうして前5世紀以降の後期エトルリア語の特徴であるシンコペーション（語中音消失）という独特の現象が定着する。

　エトルリア語の母音の構造において非常に特徴的なことは、まず第一に、文字表記から明らかとなる「o」の欠落である（ただしラテン語のアルファベットで書かれた後期のエトルリア語碑文で確認されるように、場所と時代によってはこの音声は「u」と区別して発音されていた可能性がある）。「e」音も「i」と非常に近い感じで発音されていたはずであり、アルカイックの表記では時に変換されている（cipen が後に cepen）。「i」はおそらく子音と母音との中間的な半母音の音価をもっていた（アルカイックにはたとえば Vipiiennas のように重複して表記されたと思われる）。「u」と「v」の変換はしばしば行われた（Mvras = Muras）。エトルリア語の母音の長さについては確かなことはほとんどいえないが、対応するギリシア語・ラテン語の固有名詞との比較から、長母音は音色の変動やシンコペーションに抵抗力を示したことが推測される。音色の変動に関わる紛れもない事実は、母音調和、すなわち隣接する音節の母音同士の同化である（同一の母音のみの単語が頻繁に現れることも注目に値する。例：Fuflunsul, acnanasa）。二重母音 ai, au, ei, eu, ui の存在も知られているが、ai は ei, e に、au は a, u に変異する傾向があり、最も後代では au, eu はしばしば av, ev に代わる。

　エトルリア語の子音の最も特徴的な現象は、閉鎖音が有気音に変わる傾向である（k>χ, t>θ, p>φ）。さらに進んだ段階として、p は f に代わり、f が h に変わる。インドヨーロッパ語の「子音移動」、すなわち有声子音（b, d, v, m, l, r）から無声子音（p, t, f）へ、そしてさらに有気音（h）へと「転換」する経過に似ていると考えられたことがあった。その場合、有声子音ははじめから文字としては消失しているだろう（エトルリア＝ラテン語の碑文において、たとえば Larθia の代わりに Lardia となる）。事実、無声閉鎖子音から有気音への移行が、この言語のアルカイックの段階から最新の段階への経過において、ディアクロニカルな発展を伴ったという具体的な証拠は存在しない。無声音と有気音の使用法は、表記のあいまいさ（sec と seχ）からしても、しばしば無頓着に見える。一方、互いに全く無縁の単語同士（例：ci, χi）や、文法的に対立的機能をもった単語同士（肯定的な価値をもつ動詞的接尾辞 -ce と受動的価値をもつ

-χ*e*)《後述》ではその違いは本質的なものである。

　歯擦音については特別な問題がある。二つの異なる音——音韻論としては便宜上 s^1, s^2 と表記する——が存在することはまちがいない。その違いは「*Velus*」型の単純な接尾辞（たとえば「属格」を示す）は s^1 で発音され、「*Velusa*」型の母音接尾辞は s^2 で発音されるという点である。同じく確かにいえることは、当初はこの二つの音を表記するためにギリシア語のアルファベットの二つの異なる文字を採用したのだが、南エトルリアでは s^1 を s とし、s^2 を ś と表し（*Velus, Veluśa*）、北エトルリアでは s^1 が ś で、s^2 が s で表された（*Veluś, Velusa*）ことである。これらの違いはエトルリアにおけるアルファベット表記の導入の過程でのもっぱら書き方に関わる問題である。それに反して、エトルリア語のこの二つの歯擦音の接合と発音の実際の相違がどうであったかという問題が残っており、さまざまな説明が提出されたがすべて仮説に過ぎない。一説によれば、s^2 はより強い発音であり、後期エトルリア語およびラテン語の固有名詞における接尾辞 -sa を含むもの（*Presntessa, Hannossa*）によって証明されるといわれている。最後に、稀ではあるが、二つが逆転されているケースがあることもいっておかねばならない。破擦音 z は明らかに歯擦音と関係があり、*Utuśe, Utuse, Utuze* の変化や、*zal*（数詞 2）が語頭音添加の母音を伴って *es*(*a*)*l-*（*esals, eslem, eslz*）となることで証明される。

　子音に関する最後の考察は、主としてアルカイックの文章に、n を除いては二重子音、または重複子音を表す文字表記が存在しない問題である（n についてはたとえば *mulvannice* や、より後代の〈ペルージャの石柱〉に *tanna* などがある）。鼻子音が重複したりしなかったりすること（*mulvannice* と並んで同じ時代の同じ環境の碑文に *mulvanice* というのも存在する）は、たとえば氏族名 *Vipiiennas* が時代が下がると *Vipinas, Vipenas* と変わり、ラテン語では *Vibenna* となるといった例が示すように、発音、つまり音声的性質が一定しないということを反映しているというべきであろう。

文法的構造：形態、機能、統語論

　エトルリア語の形態論の問題は、単語の性質、変化、機能、文節の構造との

関係によって規定される言語学の「構造」の概念と不可分である。その構造は、外的な有効な比較の対象を利用することができないので、それ自体の内部においてではなく、部分的に、外観的にしか考証することができないものである。インドヨーロッパ語、とりわけギリシア語・ラテン語の文法の構造・枠組みを直感的に応用することは、後述するように全く無意味ではないにせよ、不適切であり邪道である。かつてパウリ、フィーゼル、トロンベッティ、オルツシャなどの研究者は、たとえば、膠着語に似た接尾辞の重ね合わせ[**123]、単語の基本的構成要素とその文法的機能を決定する要素とを区別することのむずかしさ、動詞の意味のあいまいさ、などといったインドヨーロッパ語との明確な構造的相違に注目していた。こうした現象の明らかな特異性はなにはともあれそれを説明できないわれわれの能力不足によるものであるとはいえ、現在研究者の大部分の間で大筋の意見や感じ方は共有されている。一方、インドヨーロッパ語のシステムに確実に対応する対象があって容易に定義づけられる可能性のあるエトルリア語の形態論的・統語論的システムの確かな姿が見えている。それはギリシア語・ラテン語の言語学的環境に当初から類似していることに加えて、その世界との接触をますます強めていったことに由来するといえるだろう。

　文章の諸部分、つまり単語の分類について考察するなら、最も確かな根拠をもち、よく研究されている分野は名詞であると躊躇なくいえるだろう。それは固有名詞から得られる豊かな知識から出発したものだ。名詞の中には単音節の語根にあたるもの（Vel《男性第一名》、Tin《神の名》、$clan$《息子》）、動詞的要素で形成されるより複雑なもの（$Velu$《氏族名》、Uni（女神）、apa《父》、$śuθi$《墓》）、子音の変化によるもの（$Larθ$《男性第一名》、$Turan$《女神》、$zilc$または$zilχ$《称号》、$avil$《年》）、音節的変化によるもの（$Larice, Larece, Larce$《男性第一名》、$Θalna$《女神》、$zusle$《おそらく神への捧げもの》、$mut(a)na$《棺》）などのほか、複数の接尾辞を付加したもの（$Ravnθu$《女性第一名》、$Fulnuns$《神の名》、$marunuχva$《称号 $maru$ からの変化》）などがある。

　いくつかの接尾辞（単独のものと複合的なもの）については、使用の特定を認定することができる。たとえば、非常に頻繁に現れる-naは形容詞的に関係性あるいは限定の働きをもつ派生語を作り（$śuθi$《墓》から派生した$śuθina$は《墓の、墓に捧げられる物》）、したがって大部分の氏族名の特性を表す（$Aleθna$,

Marcna, Spurina など)。しかし接尾辞 -*ie*（明らかにインドヨーロッパ語の -*io* と関係がある）も同様の機能をもつことがあり、「バッコス」のエトルリア語化した名詞 *Paχa* または *Paχe* から *paχana, paχie*《バッコスの》という形容詞が生まれる。特に地理的な由来を示すには、接尾辞 -*na*（例：*Kalaprena*-）と -*ie*（例：*Latinie*-）のほかに、-*aχ*（例：*rumaχ* は *Ruma*《ローマ》から派生）と、-(*a*)*te*, -(*a*)*θve*（例：*Nulaθe*-《ノーラの》）が使われる。-(*a*)*θ*, -*nθ* で終わる語は一定の役職を務める人物または神の特性を表すと考えられ（*zilaθ* は司法官の称号）、接尾辞 -*θur* は所属すること（例：*Tinθur* は *Tin* 神に由来する名）、とりわけ家族的・社会的集団への所属（*Velθinaθuraś* は《Velthina 家の一族》、*paχaθurs* は《バッコス教団のメンバー》）を表す。-*iu*, -*za* は特に固有名詞に使われる場合には指小辞あるいは親愛辞を形成する可能性がある（*Auliu, Aulza* は男性第一名 *Aule* に由来）。属格的接尾辞の重複・付加、代名詞由来の定冠詞の付加・吸収、あるいはこれら諸要素の複合などによって特徴づけられる複雑な構造については後述する。

　単純な構造の名詞では、文法的機能を示す形態素や語尾変化によって、母音あるいは子音による「語幹」を区別することが可能である（*Marce-s* は《Marce の》、*śuθi-θ* は《墓の中で》、*Larθ-al* は《Larth の》）。語幹を形態の上で見極める問題については、名詞の意味の分類と密接な関係があり、そこには「性」の概念も含まれる。これに関連していえることは、「性」の違いがなく物や人に関する子音の語幹をもった単音節または二音節の名詞の基本的なタイプを区別することが可能である（*spur*-《都市》、*usil*《太陽》、*vacal, vacil, vacl*《捧げ物》、*sval*《生者》、*clan*《息子》、*seχ*《娘》）。これは神の名についても同様であるが（*Laran*《男神》 *Turan*《女神》）、人名においては男性の第一名に限られるようである（*Vel, Larθ, Laris*）。母音の語幹をもった音節の場合はこれと異なり、一般的な意味（*cleva*《捧げ物》、*apa*《父》、*Lasa*《ニンフ》）をもつものに加えて、意味を特化する傾向を示す語幹がある。たとえば、固有名詞における -*e* は男性名を表し（ギリシア語・ラテン語の -*o* の語幹に対応）、-*i*, -*a*, -*ia* はしばしば女性名詞を示す（*Uni, Cerca*《いずれも女神の名》、*ati*《母》、*puia*《妻》）。語幹 -*u* は人物の身分に関わる名詞を表すと思われ、固有名詞からも証明される（称号 *maru*＝［ウンブリ語］maron-、［ラ］Maro-；*suplu*《アウロス奏者》＝［ラ］

subulo)。

　一方、ある種の名詞の構成においては、正真正銘の語幹と接尾辞、または語形変化との線引きがはっきりしないものがあり、あるいはエトルリア語の言語学的構造の本質としてそのような区別が存在しないのである。つまり、そうした接尾辞は、単語の構成要素であると同時に、性、数、格に応じて単語の価値を変換する要素として機能する可能性がある。したがって、たとえば女性形の記号-i は *ati*（母）においては確実に語幹であるが、*at-* という男性を表す語幹はなく、これに対応するのは全く異なる *apa*（父）である。そして反対に、氏族名 *Petru* の女性形は確実に *Petru-i* という変化形となる。接尾辞-s^2a（南エトルリアでは-*śa*、北エトルリアでは-*sa* と表記）は、単純な「属格」の語尾変化を表し（*Velu-śa* = Vel の）、所属を示す形容詞的派生語となる（*Marcnisa*《Marcniの妻》におけるように夫の名前との婚姻関係が示される）。

　こうした問題に関係のあるのは語尾変化をする複数の接尾辞を重複させる可能性であり、この際後にくる接尾辞は語幹の要素をもつことになる。すなわち、すでに「変化した」形を「変化させる」可能性である（ギリシア語・ラテン語の構造ではありえない）。典型的な一例 *Unialθi*（Uni の神殿において）においては属格 *Uni-al*（Uni の）に所格-*θi* が付加されている。同じことは人名の「属格の属格」についてもいえる。たとえば *Veluśla*（Vel の息子の）において、単純な属格 *Vel-us, Velu-śa*（Vel の）に属格的接尾辞-la が付けられている。しかし人名における属格的接尾辞の複合的重複についてはさらに後述する。

　文法上の「格」は、まさに語幹的接尾辞によって表現される傾向をもち、たとえば *false*（>*faśe*）《捧げ物》、*ceχase*（>*ceχa*）《称号》、*munsle, munisule-θ*（>*mun-*）《場所、貯蔵所》における-*l, -s, -sl*、あるいはすでに述べた地名や *Nulaθe-s, Nulaθi*（>*Nula*《ノーラ》）のような地理的派生語における属格的接尾辞-*i(t), -θi* によって新しい派生語が構成される。さらにこれらの現象を一層複雑にしているのはもう一つのエトルリア語特有の文法的要素、すなわち名詞の後に付く前接指示詞の存在である。これらは単に自律的な語形変化と合体することもあれば（例：*munis-tas*）、語幹を形成する性格をもったり（例：*municle-θ*）、それ自体が単語の複雑な構成に組み込まれたりすることもある（例：*θevruclnas* は *θevru-cl-nas* と分節される。すなわち「牡牛」を意味すると

みなされる単語を出発点として、指示的前接辞 cl、語幹形成接辞 na、文法的語尾変化 -s が付加される)。特別に注目に値するのは接尾辞の連続付加からできあがる長く複雑な名詞の構造であり (例：*mar, marunu, marunuχ, marunuχva*《よく知られた称号》)、また、膠着語におけるようにそれぞれが文法的機能をもった形態素の連続付加によるものである (例：*clenaraśi*《息子たちの (または息子たちから)》の *clen-* は《息子》の語彙素、*ar(a)* は複数を示し、*śi* は格の語尾変化)。最後に、*clan* の変化において語根の母音が a から e (アルカイックでは i) に変わる (*clenś, clenśi, clinśi, clenar* など) 特徴的な変化をあげておく。この現象はインドヨーロッパ語のメタフォニー (母音変異) に似ているように見えるが根本的に説明されていない。

　以上の一般的考察の後、名詞の変化に特化して検討しよう。「性」の文法的カテゴリー、すなわち男性と女性の区別は、人物に関する名詞、一般的には人物の固有名詞だが、一部は普通名詞や神の名以外には認められない。すでに述べたように、女性の表示は、語根的であれ語尾変化であれ、接尾辞 *-i, -a, -ia* である。この点については特にフィーゼルが提出した「直接動議」(インドヨーロッパ語から見て正常) と「間接動議」(エトルリア語特有) の相違に注目したい。第一は二つの性に二つの異なる語根を用いるものであり (例：男性第一名 *Seθre*、女性 *Seθra*、男性氏族名 *Casne*、女性 *Casni, Casnia*)、第二は男性の語根に女性の記号を付加するものである (例：男性氏族名 *Anina*、女性 *Anina-i*、二重母音 ai は ei に変わる：*Aninei*)。接尾辞 -ia は時代が下がってから用いられると思われ、これはイタリキ諸語の影響と考えられる。人名、特に氏族名においては、後述するように二つの性は属格でもはっきりと区別される (男性 -s、女性 *(a)l*)。普通名詞では「自然の」性の違いが異なる単語で表される (*apa*《父》、*ati*《母》、*clan*《息子》、*seχ*《娘》)。しかし *lautni*《(男性) 解放奴隷》から変化した *lautniθa*《女性の解放奴隷》という特例もある。

　「数」のカテゴリーはきわめて欠陥が多く不確かなデータからしか認定できない。唯一の確実なことは、完全に普遍化しているかどうかは不明だが、複数を表すために接尾辞 -r (母音を付けた -ar, -er, -ur) が用いられたことである (*clen-ar*《息子たち》、*papals-er*《孫たち》、*huś-ur, husi-ur*《少年たち》)。双数形は判別できないように思われる (*ci clenar, clenar ci*《三人の息子たち》、*cle-*

**124

nar zal《二人の息子たち》)。しかし単数・複数の形式の違いがなかったり (*avil*《年、複数年》)、他の方式で表されることもある (*murs*《棺》、*murśl*《複数の棺》)。それとは別に、集合名詞の概念に結びつく「数えることのできない」量の問題があるが、それはしばしば現れる接尾辞-*θur*(a) で示されると思われ (例：*Velθinaθuraś, paχaθuras* ほか)、ほかにおそらく-*χva* も同様の機能をもつ (例：*flerχva*《捧げ物の総体？》)。

「格」の区別、すなわち名詞の文法的機能に関する語幹が変化することは明らかである。しかしエトルリア語においてインドヨーロッパ語型の通常の格変化のモデルにどこまで似ているか、あるいは格変化を規則化する方向性をもった種々の「膠着的」表現の要素（「後置詞」と理解してもよい）が当初から存在したかということは正確にいえない。したがって、多くの留保付きのこの総括的論述においては、「語形変化表」として系列化する可能性から離れ、単独あるいは各種の機能に明白に位置づけられる主な形式から出発するのが妥当であろう。ここでわれわれはインドヨーロッパ語の文法用語——インドヨーロッパ語以外の言語学者も使用してはいるが——を慎重に使うことになるだろう。こうした用語で表される概念につねに一定の留保を残しつつ、明らかな機能的類似性を検討することになる。

単純な直説的機能、または文中での主題的機能（すなわち「主格」）は、エトルリア語の名詞においては目的語の機能（「対格」）と形の上で異なるとは思われず、単純でニュートラルな、あるいは「語幹的」な形態で表され、つまり特別な目印がない。しかし氏族名（およびいくつかの神の名）はおそらく「属格」に由来する接尾辞-s^1（南では-s、北では-$ś$）を男性主格に付けた形で表され、女性主格は前述の-*i* で示される。名詞とは異なり、指示小詞のすべての場合（代名詞、形容詞、前接的「冠詞」）と人称代名詞（後述）では、接尾辞-*n* を付けることにより、対格を必ず主格とはっきり区別させている。このことから、ラテン語に対する新ラテン語におけるのと同様、主格と対格の二つの機能の当初の差異が名詞では消滅したが代名詞では残ったと考えることができる。

エトルリア語における主格の「直格」に対する「斜格」は、特に相関的・所有的機能を示すために、子音接尾辞-*s* ($-s^1$, $-s^2$) と-*l* を用い、その母音的変化と組み合わせ・積み重ねに特徴がある。これはある意味で古典言語の属格と与格、

同時に動作主補語、時制の補語などの機能に対応することができるので、形式的にも機能的にも唯一の「格」、あるいは相互に結びつきながら差異を保って特化する文法的要素の連鎖と考えるべきかが問われることになる。非常に多くのデータが人物名から得られるということを前提として、以下の三つの形態を検討しよう。

　１）明確な名詞の属格の機能をもった単純な形式で、二つの接尾辞、-s^1（南では-s、北では-ś）と-(a)l（アルカイックでは-a, -ia, -aia）で表され、インド＝ヨーロッパ語の「格変化」（Avle-s clan《Avleの息子》、Larθ-al seχ《Larthの娘》、Snenaθ Turn-s《Turanの侍女（？）》、tularśpur-al《都市の境界》など）と同様に、語幹、性、音声的条件によって同義語として使われる。所有の意味は例外なく「与格」となり、たとえば「捧げ物」を表す語句では、Uni-al《Uniの（あるいは Uni に）、turceśelvan-ś《……はシルワヌスに捧げた》となる。時間を表す表現としては、avil-s LX lupuce《かれは60歳で死んだ》、eslem celaχ-us《28日》となるが、時間の継続は語幹的形態で表されるように思われる（svalce avil XXVI《26年間生きた》はラテン語の「対格」vixit annos……に似ている）。

　２）一つの母音を加えて拡張した形式で、すでに述べたように、単純な属格を表したり、属格的派生語を作る場合に、-s^2a は-s^1と同等となる（同様に-la は後述するように指示詞において、また「重複属格」の形成において見られる）。さらに接尾辞-s^1i（同義語-(a)le）が存在し、その機能はまだ明らかではないが、おそらく「属格」と「与格」、あるいは能格、動作主の二重の働きをすると思われる。（例：mi mulu Kaviie-śi《私は Kavie の捧げものである》、mi Araθ-iale ziχuχe《私は Arath に指名された》）。

　３）二つの接尾辞が合成された形態で、これはエトルリア語形態論の最も特異な要素の一つである。すなわちまず第一に、単純な「属格」の価値がなんら変わることなく、-s^1, -s^2a が-(a)l に重ねられる。あるいは強調されることもある。これは「形態論的再決定」と命名されている。たとえば、Paci-al-s《Paciの（息子）》、hinθial Teriasa-l-s《Tiresiaの影》、Larθ-ial-iśa《Larthの（息子）》。しかしながら複合接尾辞-(a)l-s^1 が-is^1 の同義語として時には動作主の機能をもつことができるかもしれないと考えられる（例：……farθnaχe Marces Tarnes Ramθes-c Xaire-als《（かれは）Marce Tarna と Ramtha Chairei に

よって生まれた》)。反対に-lが-s¹に重ねられることがあり、これも単純な「属格」または「与格」の価値を表す（例：*Leθam-s-ul*《Letha（女神）に》）。しかし一般に-s²-laの組み合わせは-s²aの含蓄ある「属格」、つまり「重複属格」または「属格の属格を形成すると考えられるべきである（例：*Vel-uś-la*《Velの（息子）の》）。最後にこうした重複の頂点に、きわめて複雑な「二重属格」の形がある（例：*Arnθ-al-iś-la*《Arnthの（息子）の》）。音声学的な面では、語幹の子音的要素とさまざまな接尾辞との間に置かれる明らかに音便としての母音の存在が注目される。アルカイックの形態（母音が多く使われたことがわかっている）ではより頻繁に見られるが、時代が下がっても一定の法則をもって使われ（例：流音（r, l）の語幹の後の*u*：*Vel-us, Velθur-us*）、あるいは恣意的に用いられることもある（例：*Arnθaliśla*と同義で*Arnθaliśala, Arn-θaliśvala*）。

　問題の重要性・多様性、人名学における資料の豊富さのために、われわれは-sと-lを伴う「斜格」について詳述した。しかし種々の文法的機能に対応する他の形態素も存在する。接尾辞-*t(i), θi*は大体において場所を表し、まさに「所格」とみなすことができる（*cela-ti*《聖像安置所で》、*spur-eθi*《都市において》）。しかし、一対の複数の所格*haθrθi repinθi-c*に対し、〈ザグレブのミイラ〉の碑文の類似の位置で、つまり同じ所格の機能として、*haθe-c repine-c*が相当すると思われる。つまり接尾辞-*e*もまた所格の意味があると推測されるのである。事実接尾辞-*e, -i*を伴う形式の多くの例が存在するが、それらの正確な価値は不明であり、おそらく「多価値」なのである（所格のほか、「具格」や時を表す？）。それに対して、接尾辞-*(e)ri*の機能はより明らかであり、便宜・好機・必然などを表し、これはウンブリ語で後置詞-per、ラテン語で前置詞proで表される機能に似ていると思われる（例：*śpur-eri*《都市のために》）。その他の接尾辞や名詞に合成された要素については種々の後置小詞（たとえば*Turan-pi*《Turanに（またはために）》の-*pi*）との明確な区別を設定するのはむずかしい。

　以上の考察から明らかなように、エトルリア語の名詞の変化に関しては、一定の「格」の枠組みに編入し、「語形変化表」（パラダイム）として翻訳できるような正真正銘の語形変化を語ることが不可能である。しかしながらいくつかの単語については、なんらかの形である種の「語形変化」の全貌に近づくことができるような形式のヴァリエーションがわかっている。一例をあげる。

meθlum
meθlum-eś
meθlum-θ, meθlum-t
meθlum-eri

　代名小詞の検討に移ると、人称代名詞については一人称のみが認識できるといえる。すなわち *mi*（主格）、*mini, mene*（対格）が「私」である。（この二つの形の違いはほぼ一定している。）人間関係を示す要素についてはよくわかっていないが、それは主としてエトルリア語の残存資料の性質そのもののためである。つまり一人称については、ギリシア語・ラテン語の碑文と同様に、「私はだれそれのものである。」とか「だれそれが私を与えた（与えさせた。）」といった語句によって「物体（捧げ物）が語る」形式の文章が数多く存在するのである。

　一方、指示代名詞は非常に種類が多く、代名詞そのものと名詞の品質形容詞の二重の用法によって（ただし形は同じ）、頻繁に現れ、しかもわかりやすい。最もよく出てくるのは、k音とt音を基礎とした二つの平行的形式であり、すなわち主格を表す *ca* と *ta* は名詞の格変化に似たさまざまな語形変化を伴って現れる。特に文頭に位置する代名詞の場合、語頭音 *e-*（アルカイックでは *i-*）が添加されることによって変化し、おそらく強調される（例：*eca*(*ica*), *etan, ecs* など）。意味は近接の度合いを確定することである（*clθi mutniaθi*《この棺の中に》）。しかし二つの異なる指示代名詞によるニュアンスの違いがピルジの碑文Aの冒頭陳述で見て取れる：*ita tmia ica-c heramaśva*《この聖なる場所とこの（より強いかまたはより精確な意味合いをもつ？）（彫像？）》。

　ギリシア語や新ラテン語、ゲルマン語と同様に、特に指示代名詞が後置詞であったりあるいは前接的に名詞に添加されたり組み込まれたりする場合、それは名詞と伴ってその名詞の意味のあいまいさを取り払い、単なる定冠詞となる傾向があることは明らかである。このことはエトルリア語で格別特徴的な事実であり（便宜上「冠詞化」と定義することができる）、普通名詞のみならず固有名詞にも広がり、名詞の格変化のための接尾辞やその重複のためもあって、一見無制限な種々の複雑な発展現象が生じる。（例：*śacni-cn, śacni-tn*《聖所》、*śacni-cś-tr-eś*《聖所に所属するものの？》、*Calu-ś-tla*《Calu（神の名）「の」（ま

たは「に」)、*Velθur-us-cl-eś*《Velthur の（息子）の》。ここでこれまで検討した指示代名詞の単独あるいは前接的な複雑な語形変化の一覧表を以下に提示してみよう。

[主格]	*ca, -χa*	*eca, ica*	*ta*		*eta, eθ, ita*
[対格]	*can, cen,*	*ecn*	*ten, tn,*		*etan, itan, itun*
	cn, -χn		*θn*		
[属格的形態]	*-cas, ceś*	*ecs*	*-tas, teiś, itas*？		
	ceus, cś		*-tś*		
	cal, cla		*-tla*		*eθl, ital*？
	-cles				
[所格]	*ceiθi, cal-*				
	ti, calθi	*eclθi*			
	clθi, clθ				
[-e, -i 形]	*cei, -cle*		*-te, tei, tle*		
[-eri 形]	*-cleri*				
[r を含む形：複数形？]			*-traś, -θraś, -treś*		

以上のほか、*catica, cnticθ, cntram, cltral, teisnica* といったいくつかの複合的形態がある。

エトルリア語の文章に現れる数多くのその他の短い単語については、意味や機能がほとんどわかっていない。発言された状況を確定する要素だと推測するほかはない。しかしいくつかの場合にのみ、多少の可能性として代名詞、副詞、接続詞、前置詞または後置詞であることを認定あるいは推測することができる。代名詞の範疇には「変化形」も含まれるだろう。たとえば *ipa, ipas, ipal, ipe, ipei, iperi*（ほかに *inpa, inpein* もある）は、もしかすると不定関係代名詞または量に関する関係代名詞（文頭で［イ］ció che, quanto di？）であり、*χi-, χim, χiś, χias, χimθ* のシリーズもある。(*χiem* における接尾辞 *-em* は、後述する数詞の項で見る通り、量的概念に関係するかもしれない。「すべて」の意味とする一説もある。複合的形式 *θi, θii, θil、ei, ein, eis, eiθ、eśta, eśtla、enac, enaχ, enaś*（おそらく所有の意味を表す《かれの？》)、*enesci, eniaca*（おそらく比較の意味を表す《いくら？、いかに？》）などは興味深い。かなり頻繁に現れるのは小詞 *an, en, in*

であり、このうち *an* は、葬祭碑文ではラテン語の関係代名詞 qui のように、死者の名前と肩書・活動を結びつける働きをしているので、なんらかの関係詞の価値をもつと考えられる。副詞の *θui* は所格の意味（ここに）をもつことはまちがいない。副詞的性質の他の小詞としては、*hui, hen*（指示詞とともに *ce-hen*《これ》となる）、*hevn, hia, zia* がある。*ic, iχ*（いかに）、*nac*（このように、……ので？）も重要である。接続的機能は一般にラテン語の -que にあたる前接的連結語 *-c, -χ*（おそらく *ic, iχ* の後置詞的省略）で表され、第二の単語とつなげられたり（*puia-c*《・・と妻》）、二つの語が結ばれたり（*apa-c ati-c*《・・と父と母》）する。しかしほとんど同じもう一つの前接的連結語 *-(u)m* があり、これはフレーズ全体を接続するために用いられる。最後に *etnam*（おそらくアルカイックでは *itanim* であり、ラテン語 item, etiam との関連が考えられる）はおそらく強調的接続詞であり、文の途中で「・・と・・もまた」の意味でしばしば現れ、時には *-tnam* の形で第二の語に前接的に添加される（*vacl-tnam*《・・と *vacl*（捧げ物）もまた》）。この項の最後として、閉鎖唇音 *par, pen, pul*（語頭音添加の *epl*）, *-pi* を基礎とした小詞に触れておくと、これらは名詞の前または後に置かれ（所格としては *pul alumnaθ, meθlumt pul*）、おそらく前置詞または後置詞として使われると思われる。

　数詞については次の「語彙」の項で扱われる。しかしそれらの形式はここでの考察に値する部分がある。1 の位の数は単音節で表される（*θu, zal, ci*《1, 2, 3》ほか）。7, 8, 9 は音声学的に特殊な唇音で終わる（*semφ-, cezp-, nurφ-*）。10 の位の数は接尾辞 *-alχ* を付けて作られる（*cialχ-* あるいは *cealχ-*《30》、*cezpalχ-*《おそらく 80》）。10 は例外的にまだ正確にわかっておらず、20 は他の言語でもあるように、別の接尾辞を付ける（*zaθrum*）。数詞はすべて語形変化し、関係する名詞に一致する（例：*avils cis zaθrmis-c*《23（3 と 20）年（歳）の》）。10 の位では「属格的」斜格は $-s^1$ のほか $-(a)ls^1$ でも示される（*cealχls*《30 の》）。その他の特徴的な文法的機能としては、最も低い数、すなわち *θu*(1), *zal*(2), *ci*(3) に接尾辞 *-em* を付けて、ラテン語の de と同様に、10 の位の数からの減算を表すやり方（例：*ciemzaθrums*《20 マイナス 3 ＝ 17》）や、数的副詞を表すために *-z(i)* を用いる（例：*ciz*《3 回》、*nurφzi*《9 回？》）。接尾辞が付く *zal* はつねに語頭に母音が添加され、そこにアクセントが置かれ、破擦音が歯擦音に変

化する（esals, esl-em, eslz）。そのほかに数詞を基礎とする派生語でおそらく序数の意味をもつもの（例：zaθrumsne《第20の（日）？》）や、代名詞的な意味合いをとるもの（θunśna《おのおの》、θu(n)《一人の男》から派生）などがある。

最後にエトルリア語の動詞の問題が残る。これは言語構造として根本的に不確かな様相を呈し、これまで多くの議論を呼んだ。なかでも名詞と区別がつかない（パウリ）、本質的に「受動性」をもつ（オルツシャ）、自動詞的性格がある（ピサーニ）などの説がある。エトルリア語の動詞の機能とわれわれがよく知るインドヨーロッパ語の動詞を隔てる現実の特殊性という点のほかに、動詞の範疇に分類されるさまざまな語形の意味や、それが現れるフレーズの統語的構造についてのわれわれの貧困な知識によって、明らかに困難が生じている。だからわれわれは多くの部分であいまいなテーマについて議論せざるを得ない状況にある。とはいえ、エトルリア語の中に「動詞的本質」ではないにせよ、確実に能動態で他動詞的な「動詞的機能」をもつ単語の存在を保証する定点がないわけではない。それは-ceで終わる数多くの単語であることはまちがいない（例：mini mulvanice Mamarce Velχanas《私（捧げ物）をMamarce Velchanaが捧げた》）。

ここでまず基本的な段階として語形の特徴を分類してみよう。1）単音節の語幹、あるいは語幹的形式（tur）。2）不特定の母音あるいは音節的語尾をもつもの（tura, ture, turi, turu, turune）。3）動詞的機能特有と思われる接尾辞をもって構成されるもの（turce, turice, turuce）。本来的に、そして例外なく動詞的語根が存在するということを確言することはできない。まさにturやmul-, alがそうであり、いずれもニュアンスの差があるものの「与える」「奉げる」という行為を意味する。また、ar（意味不明）、おそらく「在る」「置く」の概念に関するst-（語中の母音変異《メタフォニー》を伴うことがある。例：śaθ-, seθ-, sut-, suθ-）など。最後の例ではsuθi, śuθi（場所、したがって墓）という「動詞派生」の名詞が生まれることになる。しかしsval（生きている）とsval-（生きる）、あるいはziχ（書かれたもの、本）とziχ-（書く）という例では、名詞的語根と動詞的語根の根本的な区別があいまいなものになってしまう。〈ザグレブのミイ

ラ〉のような典礼規範の文の中に語幹の単純な形が見られることから、*tur*（与えよ、捧げよ？）というような命令法が使用されているという仮説が成立するかもしれない。しかしこの機能については子音の接尾辞を付けた形もあるのではないかと推測される（例：*ar*→*arθ, heχz*→*heχśθ*《置け》）。

より問題がむずかしいのは第２のタイプの形の識別であり、この形は単音節の語幹に母音または主として *n* を含む音節的接尾辞を添加する特徴がある（例：*mula, muli, mulu, mulune, muluane, mulveni*；*śaθe, śatena, śatene*）。前述の名詞的「語幹」の形成との類似は明らかである。-*u* の形は、*lupu*《死んだ》、*cesu*《横たわる、安置された》、*mulu*《捧げられた、捧げられた物》などの単語の意味からして、動詞状名詞（不定法、分詞、ジェランド）かまたは述語としての価値をもつ自動詞的、あるいは受動的条件を表す分詞ではないかと考えられた。-*ne* の形はかなりの頻度で現れるが、おそらく動詞的表現である（例：*acilune turuneścune*［ペルージャの石柱］）。これと -*na* の形（例：同じ碑文の中で *ścune* と *ścuna*、*śatene* と *śatena*）とは機能的に反対であることが明らかであるが、時間の対立、つまり現在に対する過去か、完了形か半過去時制か、継続か、その他の性質かを判断することはむずかしい。

動詞に関して最後に第３のタイプを検討しよう。前述の二つのタイプ、すなわち単純な語根または種々に拡大された語根、あるいは明らかに名詞的語根、すなわち他の要素を付加すること（膠着）によって動詞的機能をもつような語根に添加される接尾辞がある。この現象の典型は接尾辞 -*ce* であり、過去のある行為や状況を表現してエトルリア語の文章に種々の構造でかなり頻繁に使われる。すなわち単音節の語根に付加されたり、二音節に拡大されたりする。形態論的性質の変化と説明されるが音声的原因によるとも考えられる母音的要素を伴う。注意を要するのは、アルカイックの形 *turi-ce, turu-ce* または *amu-ce* と後期の形 *tur-ce*《与えた》、*am-ce*《……であった》（いずれも三人称単数）が違うことである。また、異なる接尾辞や重複する接尾辞などで表現が複雑化したり（たとえば *mulenike, mulnice, muleanice, mulvanice, mulvenece, mulvenice, mulvunuke, muluvuneke* という明らかに奇妙なアルカイックの変化があるが、これらは発音と表記の変動にもまた影響されていることはまちがいない）、名詞の後に直接付けられたり仲介的接尾辞が働いたりする「名詞派生的」

形式もある（例：最も特徴的な司法官の称号 zilac-, zilc-, zilχ から zilaχ-ce, zilaχnu-ce, zilaχn-ce《（かれは）zilc または zilaθ であった》となる。しかし語尾の-ce が付かない「第 2 タイプ」の形も存在する（例：zilaχnu, zilχnu, zilaχnve）。

　エトルリア語の文法的特殊性に関するきわめて際立った事実の一つは、文節の中で主語が単数でも複数でも変化しない接尾辞-ce の用法である（例：カエレ出土のほぼ同時代の二つの碑文。Vel Matunas...an cnśuθi ceriχunce《この墓を造らせたところの Vel Matunas....》(C. I. E. 6159) と Laris Avle Larisal clenar...cnśuθi ceriχunce《Laris の息子たち Laris（と）Avle はこの墓を造らせた》(C. I. E. 6213))。いまや確認されているもう一つのユニークな事実は、接尾辞-χ の存在であり、-ce（無声閉鎖音と転換可能の帯気軟口蓋子音）と音声的にほとんど違わないが、異なる形態素と全く反対の機能、すなわち受動的行為を表す（例：ziχu-χe《……は書かれた》）。前に触れたアルカイック時代の装飾陶器の表面に記された碑文「mi Araθiale ziχuχe《私は Arath によって彫られた（描かれた）》」は一人称の使用も示しており、接尾辞-ce と同様の無変化の性格が確認される。

　動詞に関する他の特殊な要素は、その価値は確定するに至っていないものの、-as[1]（南では-as、北では-aś）と-ś[2]a（南では-śa、北では-sa）である。これらの接尾辞は名詞の「斜格」の語尾変化と同じような二つの歯擦音の対置を示していることがわかる。したがって名詞斜格の変化との共通の起源、あるいは相互干渉があったとする仮説は排除できない。しかし-as（または前述の「命令法」と考えられる-θ の要素に接尾辞を重複させた-θ-as）の形をとる動詞の機能が、死者の年齢を数える定式文の中で書かれている svalθ-as と svalce《生きた》が等しいことに疑問を与えるとは思えない。いずれにせよ、ここでは「生きたところの、生きながら」を意味する分詞または関係詞またはジェランドの働きをする可能性が見え、また、apasi svalas という表現は「父は生きていて」を意味する「絶対的奪格」におそらく等しいということもいえる。-sa をとる形は、意味がわかる場合、過去に終了した行為を表すように思われる（例：sacni-śa《奉納した？》）。「...anśuθi...ceriχu teśamusa」という碑文（C. I. E. 5470) において、-χu で終わる動詞と-sa で終わるものとの同時使用が見られるが、これは

非常に有名な定式文「...an cnśuθi ceriχunce」と実質的に等しいと思われる。しかし単純に「墓を造った」という代わりに、ラテン語の「faciundum curavit」（造るように手配した、造らせた）に相当する婉曲表現をとっているのである。つまり teśamusa は動詞の完了形であり、ceriχu はラテン語の受動分詞と同様に ceriχunce のもととなる成分を作る「第二タイプ」に分類されるだろう。

最後に接尾辞 -(e)ri を見落すわけにはいかない。これは受動行為を示し、またおそらく定式文においては、ラテン語の受動分詞 faciundum (est)（造られねばならない）におけるのと同様、義務、あるいは行為の必要性を表す（例：θez-eri《（生贄が）行われなければならない》）。この要素が、便宜上の理由、あるいは必要性の理念に結びつく機能を表すと思われる名詞の語尾変化-eri と本来的な関係をもつかどうかは疑問である。その場合、名詞的形態と動詞的形態の本来の無差別の兆候に、再びわれわれは直面するだろう。

エトルリア語の動詞の問題は、実際のところ、形の研究のみならず、とりわけフレーズの言語学的構造との関係、すなわち統語論の視野で考察されることになる。純然たる「掲示板」ではなく、壁画や鏡面に描かれた人物の横に記されたり、墳墓などに表記された被葬者の名前などではないところでは、文章の筆者は主語と述語によって質、条件、行為などを論理的に表現するだろう。主語の性質を確定する名詞的術語の通常の構造は、解釈が容易なエトルリア語の多数のフレーズの中で問題なく認識できる。たとえば、miśuθina《私は葬礼の捧げ物（である）》、eca mutna Arnθal Vipinanas Śeθreśla《これは Sethre の（息子）Arnth Vpinana の棺（である）》あるいは《この棺は A.V.S. のもの（である）》。

エトルリア語の動詞の「主格性」あるいは「受動性」とおぼしきものについてかつて提出された問題は、この言語には動詞的述語が存在しないかまたはほとんど発達していないのではないかという疑問だった。つまり「動詞的」形態は名詞的述語とたがわずに、名詞の条件を決定するものとして（そしてまた受動の行為の「現実の目的語」として）理解されるべきではないかということであった。しかし、インドヨーロッパ語と同様に、主語＋動詞＋直接目的補語という形式の正常の動詞的述語の形で構成された十分に数多く、理解しやすいフレーズが存在することを考えればそのような仮説は受け入れがたいと思われ

る。そして同様に主語の自動詞的または受動態的条件を表す形の動詞的機能を否定することはできないだろう。これに関してエトルリア語においても名詞的述語を導く「be 動詞」が存在することに気づく。有名なのは *am*(?), *ama, ame, amce*（アルカイックでは *amuce*）であり、たとえば *puia amce...*《（彼女は）...の妻であった》、*zilaθ amce*《（かれは） *zilaθ* であった》となる。そして名詞的術語が動詞的形態に変異する傾向があるのは明らかである（例：*zilaθ amce* = *zilaχnce*）。とはいえ、エトルリア語のフレーズの構造を規定しようとすれば、部分的にこの言語の特有の特徴に関係するわれわれの説明できない不確かさがつきまとう。それはとりわけそれらの形の統語論的な配置に関するものであり、われわれが「第2タイプ」と定義し、その使われ方からしてエトルリア語動詞に本来的に「主格性」があるという仮説や、名詞的述語と動詞的述語の区別があまりないことが正当化されてもやむを得ない。*lupu* と *lupace*《（かれは）死んでいる、死んだ》、あるいは *zilaχnu, zilaχnve, zilaχnce, zilaχnθas*《（かれは） *zilaθ* であった（こと）》といった少し異なる文の「現実の」意味は一致しているのである。加えてアルカイックの陶器の面の碑文に広く用いられている *mini mulvanice Larice....*《Larice が私を捧げた...》という「正常な」構文と *mi mulu Laricesi...*《私は Larice によって捧げられた...》《私は Larice の捧げ物である》という「逆の」構文は等しいのである。

　フレーズの展開は主語・述語のほかに他の表現や補語などを伴い、それらの形式については名詞格のところですでに述べた。これらの表現のいくつか（場所、時間に関するものなど）は副詞が担当することはいうまでもない（例：*θui*《ここに》、*ciz*《三回》）。主語と述語はそれぞれ「連体修飾語」（指示詞、形容詞、同格、属格的補語）により限定されることがある。フレーズの従属関係は、時を表す価値をもつ「絶対的な」挿入句（たとえば前にあげた *apasi svalas*（父が生きているので？）や時点を表す定式文 *zilci Velusi Hulχniesi*《Vel Hulchnie は zilc であるので》）を除いて、*ipa* や *an* のような単独の代名詞的小詞の関係詞的価値がまちがいないと判断される場合においてのみ認定することができる。単語・語句の等位法は時には接続詞なしで行われる（例：*Laris Avle Larisal clenar*《Laris の息子たち Laris（と）Avle》）。しかし普通は接続詞 *-c, -(u)m, etnam*(*-tnam*) などが典礼の文章にしきりに現れる。たとえばタルクイニ

アの Ramtha Matulnai の葬礼「頌歌」(C. I. E. 5525) では、...puia-m amce...cis-um...tameru...clal-um ceus...lupu-m avils...とある。

興味深いのはフレーズの中の単語や単語のグループの順序が部分的にラテン語の語順と一致することであり（属格が主節の名詞の前に置かれ、動詞が最後にくる）、しかし人名の正式な呼称である「第一名＋氏族名」の順序が例外的に逆になるなど（例：Camnas Larθ《Larth Camna》）、自由な様式がないわけではない。文の構造・様式は文章の内容によって変わるように思われる。たとえば典礼文では（〈ザグレブのミイラ〉〈カプアの瓦〉ほか）、短い既定の語句が連続する分析的構文が主流であり、一方〈ペルージャの石柱〉やピルジの碑文Aのような「法的な」文書では、連辞の構造がより複雑でわれわれにはわかりにくい。最後に、特に宗教的な文章の場合、反復、頭韻法（〈ミイラ〉XII, 7-8 hin-θu hetum hilarθuna)、韻文、単純な語の繰り返しなどが見られることに気づく。さらに、さほど顕著でないにしても、奉献や葬祭の文章には、韻律や中間休止を含む詩的な構文が存在することも見落とすことはできない。

語彙と固有名詞

エトルリア語の語彙の遺産は、残存する資料の性質からいって、一部分、あるいは最少部分しかわかっていない。意味論のレヴェルでは一層説明しがたく、実用はむずかしい。

われわれが比較的よく知っているのは、主として葬祭や宗教に関する文章に含まれる伝記的・制度的内容、奉納文・典礼書に現れるいくつかの決まりきった語彙の類である。いうまでもなくこうした特定の分野に限られるということから、すべての言語に共通する基本的表現、当然のことながら概念的分野の用語の多くを判別することがむずかしくなる。かなり明確に理解できる語彙の中には、正しい翻訳が可能な単語と、近似的であいまいではあるが特定の意味の範囲内にまちがいなく納められる単語がある。大別してみよう。

1）人間の生命と血縁関係に関する用語（farθ(a)n《世代、誕生》、lupu《死》、ril《年齢》、apa《父》、ati《母》、nefts《甥、姪》、puia《妻》、lautn《家族》など）。

2）時間、自然に関するもの（*avil*《年》、*tiu(r), tivr*《月（暦）、月（天体）》、*tin-*《日》、*θesan*《朝、昼》、*usil*《太陽》、*leu*《ライオン》など）。

3）社会、制度、称号に関するもの（*spur-, tuθi, meχ*《都市、国》、*tular*《国境》、*ten-*《‥の役職を務める》、*lauχum-*《王》、*zilc, zilaθ, purθ, maru, camθi*《司法官の称号》、*lautni, leθe, etera*《社会的身分》、*θanasa*《俳優》、*teśam-, tesn-, tesinθ*（規則の概念や役職に関する）。

4）宗教文化のさまざまな局面に関するもの（*ais*《神》、*fler, flere*《生贄、神》、*sac-, sacni-*《奉納する、神に捧げられた場所》、*tmia*《聖なる場所または施設》、*al, acas, hec-, heχ-, θez-, mul-, nun-, nun θen, ścum, trin, tur* など《供犠の行為、捧げ物、祈祷、奉納、または世俗的な意味での贈り物》、*cver, vacl, cleva, zusle, faśe*《贈り物、捧げ物、種々の祭典》、*cepen*（アルカイックでは cipen）、*śanti*《聖職者》、*netśvis*（*netsviś*）《内臓占い師》、*trutnuθ*《他の種の占い師》）。

5）葬礼に関するもの（*neś-*《死者》、*hinθial*《影、魂》、*suθi, θaura*《墓》、*cela*《聖像安置所》、*munθ, muni*《収納所、聖像安置所》、*mutn(i)a, murs*《棺、骨壺》、*ces-*《横たわる、安置される》）。

6）工作技術に関するもの（*car-, cer-*《設置する、建設する》、*zin-*《（陶器などを）造る》、*ziχ*《書く、描く》、*śran, sren-*《人像？》、*nap-*《寸法》）。

7）家具調度に関するもの（*cletram*《担架、台車》、*malena*《鏡》、*cape, capi, cupe, culiχna, qutun, pruχum* など《陶器その他の容器類》）。

ここにあげた例は、単語の基礎的な形、あるいは語幹のみであって、語彙の内容を拡充するさまざまの変形、文法的分節、派生語が存在することを念頭に置く必要がある。（たとえば *ais, eis*《神》から派生する一連の単語として、*aisiu, aisvale, ais(u)na, eisna*《神聖な、聖職》、*eisnev(c)*《聖職者の称号》などがある）。

以上のほか、エトルリア語の語彙の遺産の一部として、かなり頻繁に碑文に現れる数の呼び方が含まれ、これについては依然として不確かな部分も残ってはいるが、現在意味を認定し数列を確定することが可能である。すなわち、*θu(n)*（1）、*zal, es(a)l-*（2）、ci（3）、*huθ*（4 または 6 ?）、*maχ*（5）、*sa, śa*（6 または 4 ?）、*semφ-*（7 ?）、*cezp*（8 ?）、*nurφ-*（9 ?）、*śar-, -zar*（10 ?）、*zaθr(u)m*（20）、*cialχ-, ceialχ-*（30）、*muvalχ-*（50 ?）、*śealχ-*（60 または 40）、*semφalχ-*

(70?)、*cezpalχ-*(80?)。そして中間の数を示すために10桁と1桁の数を加算または減算した表現が、確実なものと不確かなものがあるが、いくつか解読されている（*cisśariś* 13?, *huθzars* 14 または 16?, *ciemzaθr(u)ms* 17, *eslem zaθrum* 18, *θunem zaθrums* 19, *cis zaθrumisc* 23, *huθiś zaθrumś* 24 または 26?, *maχs zaθrums* 25, *ciem cealχuś* 27, *eslem cealχus* 28, *θunem cialχuś* 29, *cis cealχs* 33, *huθs celχls* 34 または 36?, *θunem muvalχls* 49?, *esals cezpalχals* 82?）。1の位の数の他の派生語については、文法を扱ったところで前述した。

　われわれが把握している以外に、その豊かさが垣間見られる深い地層が確実に存在する。いいかえればギリシア・ラテン世界との接触による発達した社会と文化的言語をもつ地中海文明の系譜としての表現の要請に対応する語彙である。特に種類が多くて特定の微妙な意味をもつのがこの文明特有の精神性と習俗を反映する用語であり、つまり信仰や供犠、あるいは葬祭の儀式や施設に関するきわめて数多くの語根や語形が確かめられる。一見同義語に見えるいくつかの言葉が、当初の特化された意味を秘蔵している可能性がある。一方で、ある特定の単語の意味が推移したり、拡大したり、減少したり、二重の意味をもったりする現象が解明されている。たとえば*ais*（神）の形容詞的派生語*ais(u)na*は、名詞化して「神聖な奉仕」、すなわち供犠の儀式という意味になり、墓あるいは死者の安置所を意味する*munθ, muni, suθi*は、はじめの意味は「場所」であった。*suθi*は疑いなく埋葬の空間を意味しているが（ペルージャの〈サン・マンノの墓〉の碑文）、一般的には「墓」というより広い意味で使われる。われわれの能力の限界のため、その他のケースで語幹・語根の同名異議、同形異議（および同音異議）がどのような場合に語彙としての独自性を示しているのか判断することができない。たとえばピルジの*tesiameitale*、オルヴィエートの〈ゴリーニの墓〉の*tesinθ*（称号か？）、〈ザグレブのミイラ〉の碑文の*teśamsa, tesim, teśamitn*という単語の間に関係があるのかといったことである。ただし別の例として、*θu*(1)と副詞の*θui*（ここに）との関係はないと考えられる。

　語彙の問題の別の要素として、碑文とは離れ、エトルリア語からラテン語に借用されたと推測される単語の研究が可能となる。そのような認識の間接的資料については前章で重要な例をあげておいた。このことから意味論の範囲は碑文資料という領域の限界を超えて、場合によっては概念的表現にまで広げられ

XII 言語学的知識　363

ることになる。しかし大部分のこれらの資料、または可能と思われる復元は、自然環境に関する語彙（動物・植物）を含めて特殊な用語の範疇に留まり、一方、主として形態論的特徴をもとにして提案されたラテン語への移行は、特に制度的・工作技術的表現に関わると思われる。これに関して重要なことは、ラテン語の populus（人民）という単語がエトルリア語 puple, puplu に由来する可能性があることであり、すでに述べた組織された共同体の意味の spur-, tuθi, meχ と明らかな同義語とみなされるだろう。少なくともわれわれにとって明らかな技術的用語は、ギリシア語からの借用語──とりわけ陶器の名──で構成されることが語源学的に確認されるものである。あるいは、エトルリア語とラテン語、エトルリア語とウンブリ語の共通の語彙的要素があり、それらが単一の別の語源から派生した遠い時代の借用語かもしれない（ここでも調度品の名称についていえば、［エ］cletram =［ウ］kletra。spanti はエトルリア語では陶器に関係し、ウンブリ語では祭壇に関係すると思われる。またより一般的な言葉として、［エ］nefts =［ラ］nepot-（甥、姪）がある）。

　語彙的遺産の中には、無限に増幅し得るきわめて特殊な分野ではあるが、固有名詞、すなわち実在の人物や神話に登場する神の名、場所の名、月（暦）の名がある（固有名詞がエトルリア語の碑文に現れる単語の中で圧倒的な数を占めることは繰り返すまでもない）。固有名詞と普通名詞の共通する由来としばしば形態論的構造の類似性の関係、および固有名詞同士の関係（つまり人名、神の名、都市の名の相互の関係）は、非常に多くのケースで明白である。数多くの人名、特に氏族名と添え名が名詞的・動詞的な語根や「シニフィアン」（能記、読点記号表現）的形成に由来する（例：Claniu と clan、Turi(a) と tur、Šuθiena と śuθi）。**125 しかし第一名でも、Spurie と spur-、Avile と avil などの例がある。また、神話・寓話の人物、その中であまり重要でないものについても同じことが言え、つまりその名と個性そのものが性質や役割を意味する属性に由来する（例：鏡の浮彫に描かれる女性像の中で、Alpan, Mlacuχ と alpan, mlac-, mlaχ《捧げ物》、Snenaθ は女神 Turan の侍女を意味する）。一方、紛れもない「多重意義」の現象が以下のような重要な神の名について見られる。Tin《ユピテル》と tin《日、昼》、Θesan《アウローラ》と θesan《朝》（したがって文章を解読するにあたってしばしばこうした単語に神の名を当てるか普通名

詞を当てるか困惑させられる)。普通名詞と人名・神の名との相互関係は都市の名や月（暦）の名にも及ぶ。都市に関しては、デヴォートの研究によれば、*puple*（人民）から人名 *Pupli, Puplina, Fufle* などと神 *Fulfun(s)*《バッコス》、都市 *Pupluna, Fufluna = Populonia* が生まれ、月の名では *acale, acalve, aclχa, aclχn* から氏族名 *Aclina, Aclna* などが生まれ、*Aclus*《6月》となる。

しかしながら、ある意味でこれまでの考察とは反対の一面を強調する必要がある。すなわち、固有名詞の語形を基礎としたきわめて特徴的な語根の存在であり——さらに人名、神の名、場所、月の名など、あらゆる範疇の固有名詞の中で最も数多く、それらの相互間では形態論的構造の点では関連があるが——ほとんど全く一般的な普通名詞の語彙との関係が見出せない。つまり絶対的に「固有名詞的」な語根なのである。例をあげれば、*vel* については、単純な語根のみの *Vel* はきわめてよく現れる第一名であり、その他第一名 *Velθur*、氏族名 *Velie, Velu, Velχa, Velθina, Veliana, Velna, Velimna, Velsie*、神の名 *Veltune*、都市の名 *Velc- = Vulci*、*Velsna- = Volsinii*、*Velaθri = Volterra*、月（暦）の名 *Velcitanus*（3月）などと派生する。lar は、これもまた後期の北エトルリアに限れば語根のみで第一名となり、ラテン語の Lar は有名な神の名であるが、拡大した形として、よく現れる第一名 *Larθ, Laris, Lar(i)ce* や、氏族名 *Laru, Larcna, Larθu, Larθru, Larna, Larisna, Larste* となり、さらに神の名 *Laran, Larun-* と発展する。神の名 *Lasa* との関連はよくわからない。また、*tarc-, tarχ* は人名に多く使われ、第一名 *Tarχi*、氏族名 *Tarcna, Tarχna, Tarχunie, Tarχnte, Tarχelna, Tarχvetena* など、英雄の名 *Tarχunus*、都市の名 *Tarχna-*（タルクイニア）となる。エトルリア語の語彙の総体とは基本的に無縁のこれらの語根が、エトルリア語と異なる言語的地層・環境の膨大な地名・人名の要素と関係があることは重要なことで、これについては後述する。

エトルリアの人名の定型については社会構造についての項ですでに触れた。言語学的視点からすれば、「名前」は、はじめはおそらくすべてがそうであり後に下層階級の人間にも当てはまるように単一の言葉であったにせよ、あるいは二つの要素からなるにせよ（第一名と氏族名）、さらに父方、母方、結婚相手の姓などに由来する添え名やあらゆる他の親族関係、所属関係に基づく第三の要素を付加するにせよ、全体として名詞的機能をもつ一つの塊、あるいは「連辞」

（sintagma）を構成するのである。「名前」の諸要素を分析して、以下のように分類される。**126

　1）第一名（あるいは個人の唯一の名）。一般にかなり単純な一語（*Vel, Larθ* など）で表されるが、時には人名あるいは神の名の派生語（*Velθur* は本来「Vel に属する」の意）の場合もあるし、アルカイック時代には形容詞的な語尾 -na が付加される（*Karcuna*）こともある。

　2）氏族名。本来二次的なものなので、さまざまな普通名詞のほか、個人名や神の名、地名などに -na, -ie を付けて形容詞的な派生語の形をとる（*Velie, Velθina, Caluna*《神の名 Calu に由来》, *Latinie, Suθrina*《都市名 Sutri に由来》）。

　3）添え名（［ラ］cognomen）。氏族名と本質的に似ているが、形式的により幅があり意味性が強い。

　4）家族的血縁性。必ず名詞の属格的「斜格」の形で表される。父方からの名、母方からの名（これらは時には儀礼的な意味合いをもつ）は、主節の普通名詞（*clan, seχ*）を伴うこともあれば伴わないこともあるが、それぞれ父の第一名と、母の第一名もしくは氏族名あるいは母の氏族名で表される。婚姻関係に関する場合は夫の個人あるいは氏族の人名形式に従う。先祖、傍系親族、尊属の指示には必ず対応する普通名詞が使われる（*nefts*《甥、姪、孫》, *prumaθs*《曾孫》, *ruva*《兄弟？》, *ati*《母》など）。奴隷、解放奴隷、クリエンティスの場合は主人あるいは元の主人の名をもらい、時には氏族名も受け継ぐことがあった。

　文化史的観点からにせよ言語学的観点からにせよ、エトルリア語の固有名詞に関する基本的な考察の一つは、ラテン語、オスク=ウンブリ語の人名とのきわめて親密な相互関係であり、それは複数語での言い方という共通性のみならず、その形式を構成する各要素の統語的関係、形態論的構造と、名詞の語彙としての独自性と互換性によるものである。つまり、イタリキ文明圏、特にラテン語圏においてはエトルリア語由来の名前、エトルリア語圏ではイタリキ由来の名前が存在し、そして両方の圏内において由来のわからない古来の共通した起源をもつ名前が存在するのである。以上述べたことの総括としてわれわれの関心を惹くことは、エトルリアの固有名詞、ことに氏族名と添え名の相当数がイタリキ諸語のインドヨーロッパ語の単語に由来することである（例：*Nuvi*＜novus, Novius；*Petru*＜オスク=ウンブリ語の petr-《数詞 4》, ラテン語 Petronius；*Punpu*＜オスク=ウンブリ語の pomp-, pump-《数詞 5》, ラテン語 Pomponius；*Macre*＜macer, Macer, Macius)。その他の外的影響の可能性をさておき、アルカイック時代以降明らかにギリシア語起源の名前が認められ、特にヘレニズム時代の奴隷身分の名前に多い（例：Licantre, Nicipur, Clepatra)。

　神の名と神話の人名の考察に移ると、主としてギリシア神話の図像のキャプションとして現れるのはエトルリア語風に書かれてはいるが純然たるギリシア語の名前であり、その膨大な数の資料を選別して排除する必要がある。それらは「語彙的」な面での人名研究のためには重要でないのである（それらがエトルリア語の音声的構造を知る上でいかに大きな関心事であるかはすでに見た通りである)。ギリシア神話から名前を借用したエトルリアの神（*Ap(u)lu*＜Apollon, *Her(a)cle*＜Herakles）の他に、イタリキ地域の神の名と共通し、あるいは音声が類似する名称が見出され、明らかに相互の接触の深さを示している（*Menerva*＜Minerva, *Maris*＜Marte, *Neθuns*＜Nettuno, *Uni*＜Giunone)。しかしギリシアやイタリキとの対照が成立せず、おそらくエトルリア固有の語彙や人名の要素に結びつく神の名もあり（*Tin(ia)*×Giove, *Turan*×Venere, *Seθlans*×Vulcano, *Fuflun(s)*、特に冥界の神やマイナーな神の名称に数多く見られる。*Calu, Vanθ, Culsu, Culsan*(s), *Lasa, Mean, Malavis*(χ), *Epiur* など)。形態論的な面で注目すべきは、-*an*（*Selvan*(s), *Turan, Laran, Evan*)、-*un*（*Neθuns, Xarun, Larun-, Xelφun*)、-*nθ*（*Vanθ, Lei nθ, Aminθ*）といった形がよく現れることである。

　神の名についても人名の方式と類似して二つの名が重なることがよくあり、この場合、最初の名はいうなれば本体で、第二の名は特有の属性を表すと考えられ（*Lasa* は単独でも使われるが、*Aχununa, Vecu(via), Θimrae, Racuneta, Sitmica* などを伴うことがある)、また別の例では第二の名が紛れもない属格に似た形容詞的性質の形をとる（例：*Fuflunsul Paχies, Culsl Leprnal*)。また二重の形式の場合、神の名の前にラテン語の deus, dea にあたる神性の概念そのものを表す用語を付けることもある（例：*flere Neθunsl, aiseras Θuflθicla*)。

　次に都市の名に関しては、人名との相互関係について前述したが（*Velc-*と*Velχa*；*Velsna-*と*Velsina*；*Pupluna* と *Pupli, Puplina*；*Tarχna-*と *Tarχna* な

ど)、それはなんらかの意味で最初にそこに住み着いた氏族と関係する起源を想像させ、-(u)na という語尾をもつ独特の形式が優先することがわかる（Pupluna と並んで Curtun《Cortona》, Valt(una)《Vetulonia》など）。しかしその他に-θri もある（Velaθri, Suθri）。中部イタリアのティレニア海沿岸、特にラティウム地方の地名との類似・関連が人名について確認されたのと同様に顕著であり（[エ] Velaθri [ラ] Velitrae [イ] Velletri；[エ] Tarχna [ラ] Tarracina [イ] Terracina）、しかしさらに明快にイタリアおよび地中海世界のより広大な底層の語根や形式にも関連は広がっており、おそらくそれらはおのおのの言語の語彙とは無縁の地層の共通性に根差していると考えられよう。

　主として人名において確認される民族の名に関しては、その形成についてすでに述べたが、-na と -ie に由来する通常の接尾辞のほか、特別に-(a)te, -aχ もまた用いられる。これらは或る都市共同体への所属を示すために使われるが（Nulaθe＜Nola, Manθvate＜Mantova, Mefanate＜Mevania, Rumaχ＜Roma, Velznaχ＜Volsinii など）、-na と -ie は民族集団の呼称を表すこともある（Kalaprena はカラブリア人、Latinie はラティウム人と関係がある）。-na と-aχ はおそらくイタリキ語の接尾辞-(a)no と-ko との並行関係にあり、イタリキ圏内の民族名では-ko の語尾がよく使われる。

　ここでエトルリア人そのものの呼称が問題となるわけで、一方では Turs-を基本として接尾辞-na を付けたギリシア語の Tursenoi に対して、イタリキ地域では接尾辞-ko を伴う Tursku-, Tu(r)sci, Etrusci の形が現れる（二つの接尾辞が連結される例として、氏族名 Tursikina、都市名 Tusacana がある）。他方、Ras-という基本形は、ハリカルナッソスのディオニシウスが記している Rasenna という「土着の」名前やエトルリア語碑文の rasna のように典型的な接尾辞-na で終わっている。しかしヴルチの〈フランソアの墓〉のマスタルナの物語の人物の名のように Rasce という形も存在し、典型的な接尾辞-ko が付けられているにせよ、単に「エトルリア人」を意味する可能性がある。

　最後に、もう一つの些細ではあるが興味深い一連の固有名詞として月（暦）の名がある。これらは主としてラテン語から転用されたもので、以下の順となる。Velcitanus（3月）、Cabreas（4月）、Amp(h)iles（5月）、Aclus（6月）、Traneus（7月）、Ermius（8月）、C(a)elius（9月）、Xo(s)fer（10月）。〈ザグ

レブのミイラ〉の宗教暦には *acale* と *celi* というエトルリア語の形が出てくるがこの中間に *θucte* という名詞（おそらくラテン語の語彙と異なる7月または8月を意味する）が置かれ、*masn*（〈ピルジの鉛板〉Bでは *masan*）という語が付け加えられる。これらのうち神の名との関係は、*Traneus* は Turan に、*Ermius* は Hermes に由来するということができそうだし、おそらく *Celius* は Celi と関係がある。また *Velcitanus* は明らかに人名（氏族名 Velciti）と神の名とも結びつく。*Xo(s)fer* は、もし Chosfer と読み替えればラテン語 October のように *cezp-*（8）という数詞に由来するかもしれない。その他の月名についてもなんらかの普通名詞との関係がある（*acalve, capra, celi, hamφe-, θucu, masu*）。つまりローマの月名の種々の性質との一般的な並行関係が認められるだろう。

エトルリア語の言語学的位置づけ、その起源と発展に関する考察

　これまでに述べてきたことから結論づけられることは、エトルリア語が諸言語のうちの特定のグループとか、より正しくいえば過去において激しく論争されたインドヨーロッパ語、あるいは他の言語群に含まれるかどうかといった旧来の系譜的言語学による「分類」は不可能ということである。それはエトルリア語の文法・語彙の多くの面について依然として無知であるということのみならず、知り得た事柄の一義的で完全な比較的枠組みを見出すことのむずかしさに起因する。事実は、時に確実な説得力のある必然性をもった、他の言語に驚くほど近似する外的対比の可能性が数多く存在するのである。しかしそれらは明らかに一貫性のない個別の対比であり、簡単に合理的に説明できないような方法で、インドヨーロッパ語族諸語の特定の要素や、地中海圏や周辺地域の非インドヨーロッパ語の言語学的・人名・地名学的現象にまで広げて結論を得ようとするのである。要するにそれは決定的な類縁関係の理念に要約することのできない類似点がばらばらに存在しているということであり、客観的に納得のいく対比が全くできないその他の特殊な要素がそれに見合うほど存在するということである。

　形態論的視点からいえば、すでに述べたように、屈折語特有の形式——イン

ドヨーロッパ語との明らかな類似——と同時に膠着語（たとえばトルコ語）との形式的類似が共存する。-u(n), -na, -nθ, -s(-sa)のような語形変化を作る接尾辞は、インドヨーロッパ語で頻繁に見られるが、とりわけ古い地層から探り出すことのできる地名に広く行き渡っている（たとえば地中海全域に、-na, -en(n)a, -nt-, -nd-, -s(s)o-, -s(s)a-などを含む地名があり、単語全体の形と平行することがある（例：クレタの地名 Ritymna とエトルリアの氏族名 *Ritumenas*)。とはいえこうした一致の現象は複数の形で起こり、接尾辞としての機能的本質を確定するのが不可能でもあるため、正確な類縁関係を認定することはむずかしい。

　ここでより具体的に文法的にほぼまちがいないと思われる機能を表すいくつかの語尾変化について考えてみよう。インドヨーロッパ語との関連という意味で重要なのは-nで終わる「所格」である（代名詞に限る）。「属格」を表す-s もまたインドヨーロッパ語の文法の際立った特色の一つであるが、小アジアからコーカサスの言語に至るインドヨーロッパ語の周縁にまで広がっている。エトルリア語の「斜格」の-(a)l の表記については、ラテン語の代名詞 talis, qualis や形容詞 vitalis, annalis の形式と深い関係がある可能性を否定できない。また一方、アルプス地方の残存言語、レムノス語、アナトリア諸語、北コーカサス諸語などにも種々の形をとって関係が見出される。コーカサス諸語では接尾辞-s と-l の接合も確かめられる。さらに、非常に明確な形態論的一致の一つとして、エトルリア語の所格-ti とギリシア語の-θi の関係があり、それほど確かではないが動詞的接尾辞-ce とギリシア語の-ke、ヒッタイトの象形文字-ha、リュキア語-ka などとの関係もある。加えて、代名詞的語根（人称代名詞 *mi*、指示代名詞 *ta, ka*）のインドヨーロッパ語との一致がある。最後に、前接的連結語-c（[ラ]-que）と-m（[ヒッタイト]-ma,［リュディア]-m）や、エトルリア語の接続詞 *etnam* とラテン語の etiam, item とがきわめて似ているという問題もある。

　ギリシア語からの借用語のように比較的新しく獲得した文化的用語を除き、本来のエトルリア語の単語・語幹の核となる部分では、なんらかの意味でインドヨーロッパ語に共通する類型にたどり着くことができる相当数の要素を見出す。前述の代名詞的語根の基本的一致のほか、たとえば動詞 *θezi, θezin, tece, hece* など (「作る」「置く」などの意) は語根 *dhe*- と、典礼または司法の概念を表す用語 *voc(a)l, vaχr* は wak-, wek- と、*lautn*（家族）は *leudho*（「種族」などの意）と、*tin*（昼、およびユピテル神）は *dei-n-, din*- と、それぞれ関係する。その他のケースにおける対比の可能性は、それぞれが特定のインドヨーロッパ語、あるいは限定された地域（特にイタリアからエーゲ＝アナトリアにわたる地域、たとえば語幹 *sak*- はイタリキ諸語とヒッタイト語に共通する sacri, sacni と関係する）との関係に集約されるように思われ、言語的深層からの借用、互換、地域的改変が起こったと説明することができると思われる。このことは判定がつねにたやすいものではなく、むしろしばしば不可能である。*puia*《妻》がギリシア語の動詞 $\sigma\pi\nu\iota\omega$《取る、娶る》に顔を出すプレ・インドヨーロッパ語の地層に由来する語であるのに対し、*nefts*《甥、姪》はインドヨーロッパ語の遠い起源から発するというよりも、*prumaθś* = pronepos《曾孫》で明らかなようにラテン語からの借用であろう。また「地域的な」対応の例としては、*tmia*《場所、聖なる施設》とラテン語 templum の関係がある。あまり確かではないが、女神の名 Turan（「夫人」の意か？）はギリシア語 $\delta\rho o\acute{\nu}\nu\acute{\alpha}$《力》、$\tau\acute{\nu}\rho\alpha\nu\nu o\varsigma$《暴君》と関係があるかもしれない。かなり仮説的な域を出ないが魅力的に思われる一致の例もあり、たとえば動詞 *tur* はギリシア語の $\delta\tilde{\omega}\rho o\nu$、アルメニア語の tur《贈り物》とか、*mur*- がもし「滞在、休息」の意を表すのであれば、ラテン語の mara, moror と対応する。

しかし、エトルリア語の特に基本認識を表す単語の核をなす部分については、われわれはインドヨーロッパ語や既知の他の言語グループの語源を見出すことができないし、少なくとも現時点では孤立した語彙体系として語るほかないのである。碑文資料に最もよく記録され、意味もよくわかる分野から選んだいくつかの例をあげればそのことが理解されるだろう。すなわち *clan*《息子》、*seχ*《娘》、*sval*《生きている、生きる》、*lupu*《死んでいる、死ぬ》、*spur*-《都市》、*tiu*(r)《月（天体）、月（暦）》、*al*-, *mul*-《与える、捧げる》など、および一連の数詞。そして最後に、*vel*-, *lar*-, *tarχ* といった固有名詞に（ほぼ）限定される語根に言及する必要がある。これらについては明らかにインドヨーロッパ語と無縁でプレ・インドヨーロッパ語の言語的地層に関係する地名および人名の系統に対比する豊富な例が遺されている。そしてこれらの比較の枠内でも一定の微

妙な違いがあることは興味深いことで、つまり語根 vel はイタリキ地域の地名に類似を見出す度合いが濃く、*tarχ* は小アジアに特に現れ、lar-は近東からイベリア半島までの地中海全域に広く見出される。

エトルリア人の起源の項で述べたように、北エーゲ海の「ペラスゴイ人」の民族的言語を代表するレムノス島のプレ・ヘレニズム言語とエトルリア語との関係から一つの特異な問題が生じる。事実、これは突き詰めていえば、なんらかの意味でエトルリア語との「親戚関係」について語ることができ、組織的に比較ができる言語の唯一の断片なのである。しかし組織的比較とはいえ、資料がたった一つしかないこと、その内容と、当然ながら有効な語彙が限られること、漠然とした部分的な仮説を用いなければ意味を解釈することが不可能であること、エトルリア語との形態論的・語彙的対応そのものの不確かさといった点で、その価値は最小限のものとなってしまう。しかしながら少なくとも並行関係ということにおいて、非常に高い可能性をもって関係が存在するのである。そして重要なことは、前項で要約した比較検討の知見の範囲内でいえば、レムノスの言語はインドヨーロッパ語として説明することができず、ともかくインドヨーロッパ語に結びつかないように思われることである（*naφoθ* という単語がもし家族的類縁関係に関する語だとすればインドヨーロッパ語の napt-を想起させるが、これ以外に全く語彙の結びつきが見出せない。エトルリア語の nefts との直接の関係はなさそうである）。要するにレムノス語はエトルリア語以上に「インドヨーロッパ語化」の度合いが低いという印象がある。おそらく地名である一連の単語 *holaies(i)*（ギリシア語 γλαἱος と関係）, *φokes, Φokiasiale*（都市フォカイアと関係）は東ギリシア地域と結びつく。

レムノス語以外の「構造的」関係の可能性として、全く地理的方向の異なるアルプス地方のラエティア語の形態論的・語彙的・固有名詞的な合致が議論されたことがある（-s, -ale, -eli で終わる「属格的」形式、*mulvainice, trinaχe* のような動詞的形式と思われるもの、前接的接続詞-k）。これらは他の異なる特徴を併せ持つと思われ、おそらく少なくとも部分的には歴史の曙において接触があったかもしれず、すなわちポー川流域にケルトの侵入があった後にも、アルプス山麓、中部・東部アルプス地方に強力なエトルリアの文化的影響が残った可能性がある。

これらのデータはすべて断片的、意味不明瞭で、時には矛盾を含むものであり、歴史的なエトルリア語の形成、言語学的な位置づけについての説得力のある解釈の方向性をそこから導き出すことが非常にむずかしいと思われる。ことに複雑なのはエトルリア語とインドヨーロッパ語との関係の問題であり、文法的・語彙的な議論の余地のない違いを考慮すれば、エトルリア語をインドヨーロッパ語と定義することは肯定しがたいものがある。個別の諸要素や構造的現象の遠い過去や深い地層における一致――漠然としてはいても――によってクレッチュマーの「原インドヨーロッパ語」という意味で共通の起源をもつという仮説が正当化されたのであるが、かれは後にインドヨーロッパ語族に近縁の一つの言語集団がヨーロッパ大陸からイタリアおよびエーゲ海地方（レムノスも含まれる）に南下したという「歴史的」な側面を主張して仮説を裏付けようとした。

　一方デヴォートは、エトルリア語に内在するインドヨーロッパ語の影響の継続性・多様性の側面から見て、インドヨーロッパ語的要素（改新的）と非インドヨーロッパ語的要素（底層的）を伴い、一種の近似的で系統的でないインドヨーロッパ語的性格をもつ、正真正銘のインドヨーロッパ語圏に隣接する「周縁インドヨーロッパ語」地帯の存在を想定した。一義的なインドヨーロッパ語的性格と、二次的インドヨーロッパ語的性格があるという前提は有効である。対してそれらの後付けの理論化は有効と思えない。はるかなる遺伝的類縁を想定しても、エトルリア語の語彙のいかんともしがたい非インドヨーロッパ語的部分、基層との深い関係、コーカサスにまで至る東方との類似性、エトルリア語を定着させたどちらかといえば新しい（イタリアおよびエーゲ＝アナトリアとの）「地域的な」接触の重要性などを説明することはできない。逆に、「周縁インドヨーロッパ語」の立論は、遺伝的類縁性あるいは混血についてどのような事実に即し、どこまで論を進めることができるかという根本問題を解決しないし、便宜上の唯名論とまでいわないにしても、一般論的性格をもつものにほかならない。

　方法論的に究極のポイントは、「インドヨーロッパ語論」と「非インドヨーロッパ語論」の二つの理念の対立という抽象的な単純思考を超えることにある。つまりあらかじめ設定された二つの現実の言語的実体、あるいは「媒介的言語」

や「混合的言語」として理解されたエトルリア語の二つの成分を乗り越えることである。一方、インドヨーロッパ語全体、あるいはそのうちのいずれかに特有の要素と、ようやく近年になってほとんど否定的に「非インドヨーロッパ語的」と規定することができる要素とが絡み合う長く複雑な構築の過程についてわれわれは考えなければならない。この「非インドヨーロッパ語的」ということでいえば、前述した基層でのつながりの可能性やアナトリアやコーカサスとの類似性を除いて具体的な一致の可能性が全くなく、いかにしてもエトルリア語を「地中海言語」、「アジア言語」、その他（インドヨーロッパ語に分類することはもはや不適当である）として簡単に片づけてしまうことを妨げる複合的な遺産の存在が想定できる。エトルリア語の形成過程において、われわれの抽象論を除けば解明のむずかしい分野よりも、伝統の形成の通時的展望、改新の存続、諸影響の交錯・重層、推測される発展の連続に注目すべきであろう。その過程の結果として、歴史時代の曙にエトルリア語の「システム」は、自身の長く複雑な懐妊の痕跡を書き文字資料として保持しながら決定的な存在感を示すのである。

　このプロセスがいつ、どこで、どのように起こったかは、われわれにとって基本的に確かめることができない状態である。とはいえ、その基盤と最初の熟成は先史時代のかなりの広がりをもつ民族的集団の枠内で起こり——ハリカルナッソスのディオニシウスがいうエトルリア語の「孤立」は絶対的なものではなく、レムノス島の残存語がそれを証明している——、この原初の話し言葉の中核には絶対にインドヨーロッパ語と無縁でいかなる合理的類似にも欠ける語彙があるが、しかし部分的にはいかにもインドヨーロッパ語に似た文法的構造（クレッチュマーの「原インドヨーロッパ語」？）が共存していたことを想像させる兆候がないわけではないのである。鉱脈はインドヨーロッパ語圏の南部との接触や共通の進化と特に固有名詞の分野における基層言語の要素の導入や並行する言語の影響を通じて徐々に豊かさを増したに違いない。イタリアに集約されたその最終的発展の状況は、ともかくかなりの長期にわたると推測されるが、イタリキ諸言語との間の音声学的・形態論的・語彙的・固有名詞的な深い複合的な干渉の中で展開される。（具体的に、音声学的な面では、唇歯音ｆの音素、語頭の強い呼気のアクセント、二重母音のシステムといった共通の現象が

考えられ、形態論的には、接尾辞-i に対する女性形のための-a の漸進的一般化と「語幹」としての性格づけ、-na と並んで-ie による形容詞の形成、さらには語順による統語的構造と形式的慣例の併存、エトルリア語の語彙の中に見られるラテン語、オスク＝ウンブリ語との長期にわたる干渉の結果としての共通要素、あるいは人名・神の名の類似や一致などの点である）。こうした他言語の干渉は、多くの部分で測りがたい古い時代に始まったことだが、明らかにエトルリア語の歴史的進化の時期を通じて継続し、増大するのである。

　しかしながら、エトルリア語特有の音声学的・形態論的システムが紛れもなく存在するのであり、一つの文章や一つの単語にも「エトルリア語的」性格が、イタリキ世界の他の言語資料と比べたとき、ただちに分別することができる。そして外来のすべての要素が、その起源を問わず溶解し合体し、いわゆるエトルリア化するのである（例：ギリシア語 πρόχους が *pruχum, pruχs'* となり、ラテン語 Silvanus が Selvan(s)となり、イタリキ語 Trebiis が Trepi, Trepina となる）。こうした方式は先史時代の終点として、歴史時代の始まりに決定的なものとなったとみなされるべきである。語源学的に語彙に関する対比の可能性がない、いわば「エイリアン」の文明を含め、エトルリアは主として「文化的な」複数の接触の対象をもっていたわけで、つまりラテン語やオスク＝ウンブリ語のようなインドヨーロッパ語を話す地区と近接し、それよりも古来からギリシア語との関係があったにもかかわらず、それらの語彙とは全く異なる体系に属している。要するにこのことが昔から研究者たちについに満足する結果を与えなかったエトルリア語の異質性なのである。つまりエトルリア語はわれわれにとって古い伝統文化の世界に属しながら、古典世界の辺境の他の民族の諸言語と同様に、消滅しつつある周縁的残存語であるばかりでなく、歴史時代全体において、文字文化のレヴェルで突出する一つの文明の表現だったのであり、それにもかかわらず、それが解明できないという不満を与え続けてきたのである。

　この本来のシステムは本質的にエトルリア文明の全期間を通じ、聖職者や世俗的貴族の文筆活動によって固定化された。アルカイック期からヘレニズム時代にわたる発展的変化（特にアクセントのない音節の母音省略による単語の音節的変化）は、この言語の基本的性格を損なうことがなかった。エトルリア語

とラテン語の性質の違いはきわめて明白であり、おそらくローマに従属したエトルリアがローマの社会的・文化的枠組みに組み込まれたときに一層意識されたに違いない。つまりラテン語、ウンブリ語、オスク語の間——要するに語源学的・分類学的に相似するこれらの言語の間——には認められる部分的な接近の現象がなかったのである。エトルリア語はラテン語に圧迫され、トスカーナの「ゴルジャ」**127 にわずかに顔を出す子音の帯気音の傾向や、固有名詞と語彙の遺産——特に、ラテン語に借用され、ラテン語から近代のイタリア語に転移した文化に関するいくつかの用語がある（mondo《世界》、popolo《人民》、persona《人》、milite《兵士》、atrio《ロビー》など）——を除いてはなんら痕跡を残すことなく、完全に消えてしまったのである。

訳注

- ****123**　膠着語とは、名詞・動詞の語根の後に接尾辞や単語を付け、語形変化によって文法的機能を決定づける言語。日本語や韓国語、フィンランド語などが該当する。
- ****124**　文法用語「双数」（または「両数」）dual は「単数」「複数」とは別に、一対の二つの物を表す単語をいう。インドヨーロッパ語では古代ギリシア語に存在したが、現代語にはない。
- ****125**　signifiant。ソシュールが提出した言語学用語で「意味するもの」。つまり話者（あるいは書き手）がある内容を表現するために発した記号を指し、その記号はシニフィエ signifié「意味されたもの」となる。「言葉」を表と裏から見た関係。
- ****126**　ソシュールが提出した概念で、二つ以上の単語的要素のつながりが一定の意味をもつこと。名詞的連辞、動詞的連辞、形容詞的連辞などに区別することができる。たとえばイタリア語で、Ho comprato una rosa rossa（私は一本の赤いバラを買った）の場合、Ho comprato が動詞的連辞、una rosa rossa は冠詞・名詞・形容詞からなる名詞的連辞である。
- ****127**　gorgia はフィレンツェ方言などで、baco の c、capo の p、seta の t のように、本来 [k] [p] [t] であるべき音が母音に挟まれるときに、それぞれ [h] [ɸ] [θ] で発音される現象（小学館：伊和中辞典）。

訳者あとがき

　近年わが国でも語られることの多い偉大な古代ローマ文明が、地中海に栄えたギリシア文化を母胎として形成されたことは常識であろう。しかしそのギリシアの最盛期の紀元前6-4世紀の同時期に、ローマのすぐ近くのイタリア中部に、エトルリアという豊潤な文化が存在し、ある意味ではギリシア以上に直接にローマの形成に影響を与えたことは、これまであまりにも知られなかった。本書でも随所に指摘されているように、ローマはエトルリアが準備したものを多く継承しているのである。

　エトルリアについての無関心が続いた理由は、なにはともあれ地上にギリシア神殿のような壮大な建造物の遺構が全く残存しないことであり、知られていたのは草むす原野にわずかに醜い姿をさらす廃墟や不気味な地下墳墓の開口部だけであり、散発的に発掘されていた出土品もヘレニズム彫刻のような完成された美術作品とはいいがたい矮小なものに過ぎなかったからである。しかし科学的な近代考古学に根差した発掘・研究が進むにつれ、エトルリアはひとつの完結したユニークな古代文明であり、しかも後続のローマにさまざまな面で多大な影響を与えたことが明るみに出たのである。こうしてエトルリアへの知的関心は19世紀からまずアルプスの北側諸国で高まるのだが、20世紀後半からようやく地元のイタリアにも本格的研究の気運が生まれ、本書の著者マッシモ・パロッティーノがローマ大学に「エトルリア学研究所」を開くに至って、これがエトルリア研究の最も権威ある中心的拠点となったわけである。

　本書は著者の多数の各論的論文を土台として総括したいわば「エトルリア学大全」ともいうべき古典的作品であり、1942年の初版以来継続的に版を重ね、1984年の第7版が現在もロングセラーとして刊行されている。いうまでもなく、その後の20年間に新進の研究者たちによる新しい発掘・研究が各所で進められており、エトルリア学は緩やかながらも「日進月歩」の感があるが、さりとて本書で総括された問題性を本質的に変更するものではない。わが国では、

シビレ・クレス=レーデン『エトルリアの謎』（河原忠彦訳：みすず書房、1965）、D. H. ローレンス『エトルリアの遺跡』（土方定一・杉浦勝郎訳：美術出版社、1973）、ドミニク・ブリケル『エトルリア人』（平田隆一監修、斎藤かぐみ訳：白水社、2009）などの一般向けの著書が出版されているが、奇しくもイタリア人のエトルリア研究第一人者による専門的な概説書の訳出は本書が最初となるものである。

著者は「エトルリア文明に関する知識と問題点の全体像を一般大衆に提供する」ことが本書の執筆意図であると第7版の序文で述べているが、訳者が感じることは、イタリア語で書かれた本書の記述内容は、イタリア語によるいわば中学・高校的基礎的教養、すなわちとりわけローマ史やラテン語に関する教養を前提としていて、その点で日本の読者層の教養との質的相違は全く考慮されていないということである。さらに著者の世代特有の晦渋で衒学的な文体は現代的感覚とズレがあるのも当然である。訳者はその点に留意し、つとめて平易な訳文を考案し、専門用語には可能な限りの訳注を付したつもりであるが、煩瑣にならぬように最小限度に留めた（原注は多くが出典や参考資料を示したものなので、一部のみを訳出した）。

内容に関して、第3章「言語の問題」ではギリシア語やラテン語との関連や比較がしきりに検討され、これは多くの日本の読者にとって有用なものとなり得ないのが事実であり、この章を割愛することも考えられたが、いまだに完全に解読されていないエトルリア語の問題こそ、「エトルリアの謎」の中心的命題なのであり、資料的価値としての本書の意義を考慮したとき、出版社の意向もあってあえて全文を掲載することとした。ただし原書では最後にすでに意味が確定された単語や接尾辞など（180余）の「辞書」が添えられているが、主要なものについては本文中に解説されていることもあり、これは省略したことを断っておく。

原書には100点あまりの写真図版が添えられている。考古学においては遺跡などからの出土品こそが第一資料となることはいうまでもなく、本書においても随所にいくつかの物的資料に基づく論述がなされている。しかしながら現存するエトルリアの発掘品は世界の複数の公的機関などに分散して保存されており、それらの写真掲載の版権取得の困難さのゆえに、本書では断念せざるを得なかったことは残念というほかはない。学術書としての不備というそしりも免

れないかもしれない。しかしこれらの多くは他のエトルリア関係の書籍でしばしば出会うことができる「有名な」遺物であり、この分野に詳しい読者ならば本文の解説によって現物を想起するに違いないことを祈りたい。

　訳者は1967年にローマに留学してまもなく、エトルリア美術専門の「ヴィラ・ジューリア博物館」で初めてエトルリア美術に接し、その表現力と内面性に打たれ、その後交通不便ないくつかの遺跡を車で探訪した。それらの体験については拙著『地中海美術の旅』（新潮選書、1985）に取り上げ、また『イタリア12小都市物語』（里文出版、2007）ではペルージャ、マントヴァなどの都市とエトルリアの関わりを論じているが、エトルリア民族の本拠である現在のトスカーナ、ウンブリア州はイタリアでも最も風光の美しい地方であり、そのあたりを旅しながらいつも古代エトルリア人の生き様に思いを馳せたものだった。ここに本学のバイブルとでもいうべき一巻の訳出を完了し、いささかの満足を覚えるものである。

　わが国ではエトルリア学の専門的研究者は先駆者的存在として平田隆一氏（東北大学名誉教授）ただ一人を数えるのみであり、まして一般になじみの薄い主題であるがゆえに本書の出版は当初から困難が予想されたのだが、考古学を専門として実績を有する同成社が本書の学術書としての意義を適正に評価することによって刊行が実現した。同社の代表取締役・山脇洋亮氏、取締役社長・佐藤涼子氏の英断にひたすら感謝申し上げる。さらに、煩瑣極まる本書の編集作業を担当され、あまたの的確な助言をいただいた編集部の三浦彩子さんに深謝する。

　ヨーロッパでは枚挙にいとまないエトルリア関係の著作が刊行されているが、本書の訳出にあたって参考にした主要な文献は以下の通りである。
- Jacques Heurgon：*Vita quotidiana degli Etruschi*, Mondadori, 1963.
- H. H. Scullard：*The Etruscan Cities and Rome*, Thames and Hudson, 1967.
- Paolo Giannini：*Centri Etruschi e Romani del Viterbese*, Società Archeologica Viterbese, 1970.
- Massimo Pallottino：*Civiltà artistica etrusco-italica*, Sansoni, 1971.

- A. Ciattini, V. Melani, F. Nicosia：*Itinerari Etruschi*, Edizioni Tellini, 1971.
- F. Bottani, M. Cataldi, M. Pasquinucci：*Le Città Etrusche*, Mondadori, 1973.
- Mario Moretti：*Pittura Etrusca in Tarquinia*, Silvana Editoriale d'Arte, 1974.
- Ferruccio Calonghi：*Dizionario Latino-Italiano*, Rosenberg & Sellier. 1975.
- Enrico Fiumi：*Volterra*, Pacini Editore, 1978.
- Paolo Bruschetti：*Il Lampadario di Cortona*, Calosci, 1979.
- Mario Torelli：*Storia degli Etruschi*, Laterza, 1981.
- Soprintendenza Archeologica per l'Umbria：*Pittura Etrusca a Orvieto*, Edizione Kappa, 1982.
- Giampiero Pianu：*Itinerari Etrusci 1 Perugia*, Electa Editrice, 1985.
- Mario Torelli：*L'Arte degli Etruschi*, Laterza, 1985.
- Mauro Cristofani (a cura)：*Dizionario della Civiltà Etrusca*, Giunti Martello, 1985.
- Soprintendenza Archeologica per l'Etruria Meridionale：*Un Artista Etrusco e il suo Mondo；il Pittore di Micali*, De Luca Edizione d'Arte, 1988.
- Salvatore Pezzella：*Gli Etruschi Testimoniale di Civiltà*, Edizioni Orior, 1989.
- Anna Pasrelli：*Museo Archeologico di Chiusi*, Visioni, 1991.
- Massimo Pallottino：*Storia della Prima Italia*, Rusconi Libri, 1994.
- P. Bruschetti, M. Gori Sassoli, M. C. Guidotti, P. Zamarchi Grassi：*Il Museo dell'Accademia Etrusca di Cortona*, Caloschi, 1996.
- Anna Maria Moretti Sgubini (a cura)：*Il Museo Nazionale Etrusco di Villa Giulia*, Soprintendenza Archeologica per l'Etruria Meridionale, 1999.
- Maria Cataldi (a cura)：*Taruquinia；Museo Archeologico Nazionale*, 〈Erma〉2001.
- Gilda Bartoloni：*La Cultura Villanoviana*, Carocci, 2002.

2014年　桜咲く日

小川　熙

エトルリア学(がく)

【著者略歴】
マッシモ・パロッティーノ（Massimo Pallottino）
1909年ローマ生まれ。1995年同地で歿。ローマ大学で考古学を学んだ後、ローマ古代文化財監督官となり、次いでヴィラ・ジューリア博物館長を務める。第二次大戦後ローマ大学の最初のエトルリア学の教授に就任。1964年には著名な〈ピルジの金板〉を発見。古代イタリア研究、エトルリア語解読などの業績に対し、バルザン賞、サン・マルコ金獅子賞などを受賞。主要著書として本書のほか、*Storia della prima Italia*, Milano：Rusconi, 1984. *Origini e storia primitiva di Roma*, Milano：Rusconi, 1993. *Gli Etruschi*, Milano：Bompiani, 1998. など多数。

【訳者略歴】
小川　熙（おがわひろし）
1930年東京都生まれ。1954年東京大学文学部美学美術史学科卒業。(株)新潮社『藝術新潮』編集部勤務ののち、1967年イタリア政府給費留学生として渡伊。帰国後はフリー・ジャーナリストとして活動。武蔵野美術大学非常勤講師、(財)クラフト・センター・ジャパン常務理事、青山学院大学非常勤講師、國學院大學非常勤講師、中部大学教授などを歴任。現在、美術史学会会員、地中海学会会員。主要著書・訳書は『地中海美術の旅』(新潮選書、1985年)、『イタリア12小都市物語』(里文出版、2007年)、『澁澤龍彦のイタリア紀行』(共著、新潮社、2008年)、L.ステルペローネ『医学の歴史』(翻訳、原書房、2009年)。

2014年6月30日発行

　　　　　著　者　マッシモ・パロッティーノ
　　　　　訳　者　小　川　　　熙
　　　　　発行者　山　脇　洋　亮
　　　　　印　刷　三報社印刷㈱
　　　　　製　本　協栄製本㈱

発行所　東京都千代田区飯田橋 4-4-8　　㈱同成社
　　　　（〒102-0072）東京中央ビル
　　　　TEL 03-3239-1467　振替 00140-0-20618

ISBN978-4-88621-672-4　C3022